U0501490

　　本书系青岛市教育科学"十二五"重点课题《以学校特色为实践载体的弱势群体子女教育策略研究》（市重点课题批号：GJK125B019）成果之一

编委会

主 编：马 晖
编 委：张 颖　王 华　周 媛　刘晓东

真诚关切

『葫芦娃爱心学校』的实践探索

马晖◎主编

现代教育出版社

图书在版编目（CIP）

真诚关切："葫芦娃爱心学校"的实践探索 / 马晖
主编 . — 北京：现代教育出版社，2015.8
　　ISBN 978-7-5106-3032-3

　　Ⅰ．①真… Ⅱ．①马… Ⅲ．①小学—校园文化—青岛
市 Ⅳ．① G627

　　中国版本图书馆 CIP 数据核字（2015）第 176122 号

真诚关切——"葫芦娃爱心学校"的实践探索

马晖 / 主编

责任编辑　王春霞　庞晶晶
封面设计　点击成金
出版发行　现代教育出版社
地　　址　北京市朝阳区安华里 504 号 E 座
邮政编码　100011
电　　话　（010）64244927
传　　真　（010）64251256
印　　刷　廊坊市海涛印刷有限公司
经　　销　全国各地新华书店
开　　本　720mm×1020mm　1/16
印　　张　23.5
字　　数　435 千字
版　　次　2015 年 8 月第 1 版
印　　次　2015 年 8 月第 1 次印
书　　号　ISBN 978-7-5106-3032-3
定　　价　48.00 元

＊版权所有　翻印必究＊

序

让学生自信、从容、有尊严的成长

认识马晖校长是 2009 年，那时她是四方实验二小副校长，是青岛市中小学教师教育科研工作站第四期访学教师，经常从访学作业中读到她写的既有思考深度，又有实践个性的文章。她爱读书、有思想，具有很强责任感和行动力，善于从教育教学实践中提出问题，用行动研究寻找突破的路径，探寻教育真谛。

2011 年，马晖担任青岛湖岛小学校长。这是一所地处岛城老工业区的学校，外来务工人员子女占全校学生总数的 80.6%。如何办一所"真诚关切"的学校，让来自不同地域、不同生活背景的孩子都能自信、从容、有尊严地成长，是马校长思考最多的问题。她认为，"推进义务教育均衡发展""办好每一所学校，教好每一个孩子"，既需要政府提供条件保障，更需要基层学校的自觉行动和创造性实践。她带领她的团队申报了《以学校特色为实践载体的弱势群体子女教育策略研究》，对外来务工人员随迁子女教育问题进行深入探索，该课题被立项为青岛市教育科学规划"十二五"重点课题。

他们以真诚关切每一个学生作为学校办学的核心理念，将立德树人的根本要求具体化为"植贤树人"的育人目标和"葫芦娃爱心文化"办学特色，通过"植爱、植智、植美、植行，树博爱之人"，培养富有爱心、全面发展、具有社会责任感的未来公民；他们以融合型课程开发为突破进行课程与教学改革，形成了富有学校特色的融合型课程体系，"五步教学法"、"三点梳理、学教相融"等教学策略；他们倡导学生"爱己爱人、自立自强"，成立"爱心葫芦娃"志愿团，"爱心小督查""路队小先锋""安全小救护""环保小卫士""校园小记者""书吧小管家""文明小使者"等多个分团直接参与学校管理和各种活动的组织，学生在丰富多彩的实践中学会自主成长；他们以"家长志愿团"的名义组织义工团、护校团、托管团、评教团、合唱团，把"爱心文化"延伸到家庭、社区；他们以课题研究为载体，带领教师深入探索教育规律，创新教学方法，提升育人质量，鼓励教师"唯实唯新、修业修身"，做研究型、学习型、创新型教师，形成了促进教师专业发展的"十大策略"；他们与上海真爱梦想基金会合作建设"梦想中心"，开设"梦想课程"，以"我和小家""我和大家""我和国家"为主题，研发《我爱我家》必修课程、"缤纷课堂"选修课程、"活力葫芦娃"社团活动课程，将社会主义核心价值观教育从内容上具体化，从评价上显性化，从实施主体上全员化。行动研究的过程是师生共同成长的过程，也是学校办学育人特色不断形成的过程。我们欣喜地看到，葫芦娃爱心文化已渐入人心，友爱、善良、包容、勇敢、自强不息的品格像种子一样，在每一个学生的生命中生根、开花、结果……

办一所真诚关切的学校，是马晖校长及其团队的教育理想，更是一种凝聚着责任与担当、寄托着爱心与希望的创造性的教育生活。《真诚关切："葫芦娃爱心学校"的实践探索》一书，是马晖校长和她的团队对课题研究的回顾和总结，真实、生动地记录了这所学校创新发展的足迹，记录了每一位教育者和学生生命成长的故事，记录着校长、老师们的求索、实践、思考与创造……难能可贵的是，他们把"办好每一所学校、教好每一个学生"的教育追求，变成了真实、具体并卓有成效的教育行动，变成了办一所"真诚关切"的学校，为国家、社会和学生未来负责的职业使命。有了真诚的关切，才肯俯下身子去了解每一个学生，关注每一个学生，发展每一个学生，建筑在了解校情、了解学生基础上的爱，才不是盲目的爱，这也是湖岛小学爱心文化的精髓。马晖校长和老师们的实践，一定会为对更大范围的教育实践提供启示和借鉴。

作为青岛湖岛小学创新发展的见证者，我深知这本书稿是马晖校长和她的团队长期实践、持续创新的智慧结晶，即将付梓，表示衷心的祝贺。我也真诚地祝愿，马晖校长和她领导的学校，在立德树人的教育事业里扬帆远航、勇创辉煌！

2015 年 6 月

前　言

办一所"真诚的关切"学校

真诚的关切——这是和谐发展的一般基础。在这个基础上人的各个品质——智慧、勤勉、天才，都会获得真正的意义，得到最光辉的发扬。

——选自苏霍姆林斯基《帕夫雷什中学》

"和谐全面发展"是苏霍姆林斯基的教育理论精髓。在苏霍姆林斯基看来，和谐全面发展的核心是高尚的道德，一个和谐全面发展的人首先是道德高尚的人，和谐全面发展的教育就要从"真诚的关切之情"开始，在"真诚的关切"中培养学生高尚的情感，让学生在日常生活中学会"真诚的关切"。

办一所"真诚的关切"学校——对于青岛湖岛小学来说真是再合适不过了，它印证着我们的昨天、今天的努力，宣告着我们所有的愿望和追求。

学校地处市北区西北端，位于市北区的最西端，北靠跨海大桥，东临有着六百多年历史的湖岛村，是青岛市"环湾保护、拥湾发展"的桥头堡，充满建设和发展的机遇，因此周围租住着大量的外来务工人员，他们的子女大多在我校就读。自2000年起，学校开始接收外来务工人员子女入学以来，到2014年外来务工人员子女人数占学生总数的81%。长期以来，因为地理位置、生源、师资、校园环境都不占优势，是大家心目中相对薄弱的学校。

"教育公平是重要的社会公平。"作为一所以外来务工人员子女为主要生源的学校，实现教育公平，是学校承担的社会责任。实现教育高位均衡发展，是学校办学的职责所在。2011年起，学校以外来务工人员子女教育为课题研究基点和特色发展支点，创建"葫芦娃爱心文化"特色学校。通过特色学校文化建设、个性化教育研究，形成特色育人文化，提升学生的精神面貌，提升学生的综合素养，为学生从容、自信、有尊严的成长打下良好基础。

从此，湖岛小学开始了虽艰难，但充满希望的转型性发展之路……

五年来，湖岛小学师生的每一天都过得充实、坚定，因为学校和师生的变化是实实在在发生在身边的故事，作为每一位亲历者由衷地为这些变化，为自己和团队为这些变化付出的努力感动着、激励着。作为亲历者之一，我深深体会到：社会和政府的支持固然重要，但转变当从自身起，努力当从自身始，因为每所学校都有着潜在的特色和能量，只要被发现、被释放，成为好学校皆有可能。

本书力图从九个方面真实记录学校转型发展历程：一是学校师生对学校文化的理解，以及基于理解对学校文化的思考；二是学校文化的探索足迹，记录了学校由"关爱教育"到"爱心文化"再到"葫芦娃爱心文化"理论框架的制定历程；三是环境文化，学校以"营造一片氛围，展现一股力量，熏陶一份情操"为出发点，倾力打造"爱在四季"文化氛围；四是制度文化，精选守护师生家园的管理、安全和评价制度，体现着朴实的教育梦想：每个孩子都值得爱，让每个孩子学会爱；五是课程文化，以山东省"十二五"教育科研重点课题《"融合型"课程建设的策略研究》为载体，秉承着"植爱、植智、植美、植行，树博爱之人"的育人目标，力争实现课程、内容、课时、评价的"四个融合"；六是课堂教学变革，介绍了开放尊重合作理念下的"五步教学法"和"三点梳理、学教相融"教学法；七是教师文化，着重介绍校本培训总结出来的教师专业发展的"十大策略"，引领实现"唯实唯新、修业修身"的教风目标；八是德育文化，"爱在四季"德育课程、"葫芦娃"爱心志愿团……孩子们在接受爱、实践爱中实现着特色品牌目标：用爱播撒爱的种子，以爱传递爱的硕果；最后是学校秉承"一枝一叶总关情"的核心理念，坚持开放办学，广纳社会资源，构建爱心文化大舞台。有了家长、社会组织和团体的参与，学校更加富有生机。

我们努力把学校特色发展的做法，特别是特色建设中的成功经验和亮点工作写下来，凸显学校的"葫芦娃爱心文化"历程。希望这本书既是本校特色发展历程的回顾和总结，同时这些回顾和总结也能为其他学校的特色办学提供借鉴。

鉴于笔者自身能力和水平有限，书中难免有纰漏与瑕疵，欢迎广大教育同仁给予批评和指正。

马 晖

2015.1

目　录

第一章

仰望星空：
把脉教育使命，探索特色办学之路

第一节　课题引领

青岛市教育科学"十二五"规划重点课题
"以学校特色为实践载体的弱势群体教育策略研究"
开题报告（2011年）

青岛湖岛小学

一、问题的提出

（一）基于学校现状。我校现有学生439人，其中外来务工人员子女336人，约占全校总人数的76.5%。在我校学生中，特困家庭子女10人，失业人员子女21人，残疾人子女1人，约占全校学生总数的7%。这些学生中多数家庭面临物质与精神双贫乏的困境，我们称为"弱势群体"。

通过观察，我们发现这些弱势群体的孩子具有以下特点：一是心理健康水平普遍较低。1.缺乏自信心。课堂发言不敢直视教师的眼睛；在校外见到老师，绕行回避。2.对外界事物的敏感性较高而心理承受力较低。时常感觉自己各方面不如人，低人一等；不能理智地对待别人的意见和建议，微小的刺激就能引发他们强烈的心理反应，出现紧张、焦虑、恐惧和忧郁等情绪状况，认为是对他们的歧视。二是缺乏积极向上、开拓进取的精神。他们抗挫折能力差，在学习、生活中遇到挫折一般会惊慌失措，对挫折结果难以承受，心灰意冷，甚至消沉下去；一部分人不善于主动与人交流，缺乏合作意识。

（二）基于学校的特色建设现状。本课题从2010年已开始前期研究准备。在制订《2010—2013学校三年发展规划》中，学校就将自己的特色确定为"关爱教育"。2011年在各级专家、领导的指导与帮助下，学校经过深度思考，进一步提炼了文化核心价值观，将特色品牌进一步拓展为"葫芦娃爱心文化"。它在继承中华"仁爱"思想传统美德，体现中国"和谐"价值观的基础上，明确了学校办学宗旨，就是以充满童心童趣的"葫芦娃"为载体，通过温暖、博大的"爱心文化"让学生由接受爱、感受爱到认识爱、传递爱，经历由受爱到施爱，由施爱到爱的自觉的人性完善过程，培育富有爱心、具有社会责任感的公民。

本课题研究的出发点是以特色学校培育学生精神。通过特色学校创建，提升学生的精神面貌，树立弱势群体学生自信、自立、自强的意识，转变弱势群体学生的精神风貌，提高学生的综合素养，达到爱己爱人、自信自强的愿景，为学生的后续发展打下良好的基础。

二、国内研究现状述评

"以学校特色为实践载体的弱势群体教育策略研究"将关涉到同行研究者在以下四个方面的最新研究进展：

（一）关于对学校弱势群体的概念及划分。目前社会学家认可的城市弱势群体主要包括四部分人：首先是下岗职工，或已经出了再就业服务中心，但仍然没有找到工作的人，没有稳定的收入来源；其次是"体制外"的人，即那些靠打零工、摆小摊养家糊口的人，以及残疾人；第三是进城的农民工，他们没有享受到城里劳动者的同等待遇，劳动权益得不到保护；还有一部分是较早退休的"体制内"人员，这部分人主要是从集体企业退下来的，退休时工资水平非常低，原来的单位现在要么破产，要么奄奄一息，没人为他们交纳医疗等社会保险。（中国青年政治学院　陆士桢、宣飞霞《关于中国社会城市青少年弱势群体问题的研究》）

学校弱势群体指的是上述四部分人的正在接受学校教育的子女。除这些子女外，学校弱势群体还包括由于社会、学校、家庭、自身等原因造成的在学业、生活、生理、心理等方面长期处于困难或不良状况的那部分学生。

（二）关于对弱势群体教育现状的研究。城市弱势群体教育的最大问题就是教育的相对弱化，主要指教育资源分配、教育环境、受教育机会、教育经费、教育教学质量、办学条件等方面出现了相对弱化的趋势。主要表现在政府和学校减免相关费用的覆盖面很窄，不能满足真正的需求；贫困家庭子女享受教育的机会远低于富足家庭子女；外来务工子女跟随家庭四处流动，很多学生有过短期辍学的经历，超龄问题严重；在城市，新市民子女90%就读在教学质量一般的学校，无缘享受优质教育资源；还有的城市独立开设"打工子弟学校"，如北京有近三四百所外来农民工子弟学校，有几十万的农民工子弟在简陋、艰苦的环境中求学。这类学校教育弱化问题尤为明显。（《我国弱势群体现状及问题的探究》《兰州学刊》2006.2、《弱势群体教育现状分析与对策研究》《科教文汇》2008年09期、《我的课桌在哪里：农民工子女教育现状调查》人民文学出版社出版）

国家、各省市政策研究机构、高校学术研究机构、中小学科研机构都高度重视弱势群体的教育问题，把它作为实现教育公平、提高教育质量的重要举措，并形成较为一致的教育策略——政府健全法律法规，确保弱势群体子女的教育权；实行九年义务教育全免费制度，实现义务教育机会均等的目标；社会、学校对弱势群体中的贫困生进行补助，建立奖学金制度；教师在教育教学过程中进行心理帮扶；实施激励教育，开展激励活动，增强学生的自信心；举办家长学校，主动与这些家长沟通，传授家庭教育的知识，提高他们教育孩子的能力。

当前对弱势群体教育的研究大多集中在宏观层面的研究，强调国家政策的扶持和社会救助。但因为国家地域辽阔、情况复杂，弱势群体教育涉及到社会政策、社会公正、社会流动、反贫困等问题，此类课题研究的深度和广度远远跟不上社会转型期的发展进程，是中国发展进程中面临的教育难题。（长沙民政职业技术学院开展的湖南省教育科学"十五"规划一般资助课题《弱势群体子女教育问题研究成果公报》、江苏省扬州市第一中学的研究课题《弱势群体子女教育问题透视及解决途径之探析》、北京金坐标家庭教育研究中心《弱势群体子女教育问题研究》、四方区教育科研"十一五"课题群《外来务工人员子女的教育研究》、《中国城市青少年弱势群体现状与社会保护政策》社会科学文献出版社 主编：陆士桢 2004年）

（三）关于对弱势群体教育策略的研究与实践。当前，在微观层面针对弱势群体子女共性的心理特征和发展需求进行专门教育策略研究的不多。

在Google上以"弱势群体""教育策略"为关键词查询，共搜索到226，000条信息，这些信息主要集中在三个方面：大学生中的弱势群体的教育；弱势群体子女基本状况的调查研究；泛指在某项学习活动中处于不利状况的学习，如数学学习中的弱势群体、体育弱势群体。以"弱势群体""教育策略"为关键词在维普上查询，共搜索到9篇文献，这9篇文章与Google中的研究方向分布基本相似，所谈的策略仍然是一种宏观意义上的探索，没有一种可靠的实践行动。

在实践层面，大多数的学校把弱势群体子女与其他城市儿童进行同等教育，这种统一的、看似公平的教育并没有照顾到这一群体学生的发展特点与心理需求，事实上造成了一种不公平。

（四）对特色学校的描述和趋势分析。特色是学校价值取向、生态环境、创新发展、教育传统的集中体现。特色的内涵是丰富的，其核心是办学理念，办学理念贯穿于办学的整个过程和各个方面，在教风、学风、校风、科学道德、为人等方面起着潜移默化的熏陶作用，不同的办学理念形成不同的办学风格特色，并决定着人才培养的质量和水平。

特色学校至少具有五大特点：是一所学校办学理念的全方位物态化；是

学生个性的突出发展；载体是学生；是群体学生素质的整体优化；有一个自然积淀的过程。特色学校问题是当前中小学十分关注的问题，办特色学校成为中小学热门话题。近几年各地涌现了一批特色学校，对于教育事业的发展起了重要作用。创建特色，打造品牌，已成为越来越多的教育工作者的共识。(《人民教育》2011 年第 1 期、《人民教育》2011 年第 21 期）

综上所述，当前理论研究中，专门针对弱势群体进行有目的的学校特色建设研究，并以此为途径形成专门的教育策略的研究并不多见。

在当前实践中，针对弱势群体子女的特殊发展状态，通过学校特色促进弱势群体儿童健康和谐发展的也不多见。

三、理论基础

（一）儿童心理学中儿童心智发展的阶段理论。弗洛伊德把儿童童年期心理发展分成了五个阶段：口欲期、肛门期、性蕾期、潜伏期和青春期。他认为每一个阶段儿童有不同的成长需要，也面临着不同的心理冲突。当冲突不能得到解决时，儿童会产生相应的心理问题，出现不同的性格特征，而且儿童的心理成长也将受到相应的影响。可见小学阶段塑造良好的性格及心理素质的发展，对学生的健康成长至关重要。

（二）皮亚杰的儿童道德认知发展理论。皮亚杰认为儿童的道德发展具体表现为自我中心、权威、可逆和公正四个阶段。他总结出儿童道德认知发展的总规律，即儿童道德的发展经历了一个从他律到自律的认识、转化发展过程。所谓他律，是指 10 岁前，儿童对道德行为的思维判断主要依据他人设定的外在标准。所谓自律，则是指 10 岁以后，儿童对道德行为的思维判断大多依据自己的内在标准，也就是自律道德。他律水平和自律水平是儿童道德判断的两级水平。小学阶段正是儿童从他律道德向自律道德转化的分水岭。

（三）弱势儿童教育中马斯洛的需要层次理论。马斯洛把需要分为五个层次：生理需要、安全需要、归属与爱的需要、尊重的需要和自我实现的需要。后来，他又在尊重需要与自我实现的需要之间增加了求知和理解的需要与美的需要。

马斯洛把生理需要、安全需要、归属与爱的需要、尊重的需要称为缺失性需要。因为它们多在缺乏的情景下产生。也就是说，学校教育和家庭教育首先要满足孩子的以上需求。求知和理解的需要、审美的需要和自我实现的需要，是个体在追求人生存在价值过程中产生的，是高级需要，称为成长性需要。

（四）奥苏贝尔的成就动机理论。美国心理学家奥苏贝尔提出，学校情境中的成就动机包括认知内驱力、自我提高内驱力和附属内驱力三个方面的内容。在学习活动中，认知内驱力指向学习任务本身（为了获得知识），是一种重要的和稳定的动机。由于需要的满足（知识的获得）是由学习本身提供的，因而也称为内部动机。自我提高内驱力的需要从儿童入学时起，成为成就动机的组成部分。它把成就作为赢得地位与自尊心的根源，显然是一种外部动机。附属内驱力，是指为了保持长者们（如教师、家长）或集体的赞许或认可，表现出要把工作做好的一种需要。这种动机特征在年幼儿童的学习活动中比较突出，表现为追求良好的学习成绩，目的就是要得到赞扬和认可。

四、研究目标和研究内容

本课题基于的研究假设是：学校的特色文化活动是弱势群体学生融入学校生活，形成良好品格的充分条件。在特色学校创建的过程中以弱势群体教育为关注基点，既有助于学校形成特色育人文化，又能全面提升弱势群体的综合素养，为城市务工群体子弟更好地融入城市学校生活打下坚实基础。

（一）研究目标

1.改善弱势群体学生自信、学习习惯（用数据说话，学生前后对比）。

2.形成弱势群体德育教育的有效策略（用德育教学活动实践变革展示）。

3.开发形成葫芦娃爱心文化特色课程（形成物化的资源或者课本）。

（1）以加强培养学生的社会责任感为目标，开发形成"葫芦娃爱心文化"德育序列活动。

（2）开发形成以励志、自信、自我认识等为主题的学校课程和综合实践活动。

（3）开发形成"葫芦娃"系列社团活动。

4.形成"葫芦娃爱心文化"学校特色环境，为物质环境赋予"一枝一叶总关情"的特色文化内涵，增强弱势群体对学校的归属感、对学校文化的认同感。

（二）研究内容

本课题研究的中心是"以学校特色为载体的弱势群体教育策略研究"，通过环境建设、德育序列活动、课程体系构建和社团活动的实施，研究弱势群体教育问题，揭示弱势群体教育策略，具体内容包括四个方面：

1.本校弱势群体子女基本状况的研究。

包括家庭教育现状、教育需求的研究，学生智力与情感发展的基本状况的研究，学生道德行为习惯、学习态度、学习习惯的研究。

2.葫芦娃爱心文化特色课程体系构建研究。

隐性课程——校风等精神环境、物质环境，实施以"爱"为主题的校园建设，营造"大爱无声胜有声"的文化氛围。

德育系列课程——前期学校形成了"爱在四季"四大节庆活动，学校将研发"爱在四季"德育序列活动课程；打造家校爱心共同体。

葫芦娃爱心文化学校课程——把学校课程、综合实践打造成融合型课程，把"葫芦学堂"建成学校品牌课程。

社团活动课程——着力培植腰鼓社、葫芦丝社、排球社、编辑社，让特色社团带动学生特长发展。让"爱心葫芦娃"学生志愿团走出校园，融入政府、社会志愿组织。

3. 基于学校特色的弱势群体教育策略研究。

在开发形成课程体系，课程实施过程中，在实施策略上，包括德育教育策略研究，社团活动中的教育策略研究，学科教学策略，研究符合本校弱势群体学生的教育策略。

4. "葫芦娃"特色文化实践活动与弱势群体子女内驱力形成的相关性研究。

运用奥苏贝尔的成就动机理论，通过特色实践活动和特色评价，进行学生内驱力的相关研究。

五、研究思路和研究方法

（一）研究思路

本课题是一项应用研究，旨在针对弱势群体学生存在的自信心不足、习惯不良、能力不足等问题，借助特色学校的创建，通过环境、德育、课程等全方位的策略研究，提升学生综合素质。本课题是一项教育管理人员和一线教师合作进行的研究，广泛的参与性、多向的互动性、过程的开放性、成果呈现的多样性将是本课题的鲜明特点。

（二）研究方法

1. 本校弱势群体子女基本状况的研究。通过采用实地观察、结构性访谈、问卷调查方法，进行学生智力与情感发展的基本状况的研究。学生道德行为习惯、学习态度、学习习惯的研究采用观察法、问卷调查和访谈。了解弱势群体学生的心理特点、学习态度和精神面貌，分析现状，为下步解决问题创造条件。

2. 葫芦娃文化特色课程体系构建研究。对弱势群体学生特点分析、成因归因、家长对子女的影响探索、课程体系构建的难点和关键点作用的分析，通过个案分析法、访谈法、文献研究法、行动研究法、实验研究法，对课程体系的构建进行深入剖析和研究，研究弱势群体学生的成长需求，提出策略，并加以实施。

3. 以学校特色课程为载体的弱势群体教育策略研究。采用个案分析法、文献研究法、行动研究法、经验总结法对研究的问题进行总结提炼，从中找出规律性的东西，提出解决办法和教育措施。

4. "葫芦娃爱心文化"实践活动与弱势群体子女内驱力形成的相关性研究。制作相关性研究量表，通过个案跟踪法、问卷调查、实验法，首先确立指标，有前后测，并做相关性检验。

六、研究过程设计

本课题自 2011 年 9 月起，课题组进行实质性研究，分三个阶段：

（一）第一阶段：课题研究准备（2011 年 9 月—2012 年 3 月）

1. 通过问卷调查数据和访谈结果的分析评价等途径了解学生的家庭背景、家长受教育情况、对教育的需求等情况，调查分析学校弱势群体教育的现状和存在的问题。

2. 通过 CMI、SCL-90、瑞文、学习心理测试等心理量表测试研究对象的个性心理特征、智力发展状况，积累一系列数据，建立个人发展档案。

3. 通过调查、访谈、专家论证、教代会等形式规划、完善特色学校建设方案。

4. 通过调查问卷、座谈等，了解学生需求，针对学生实际问题，制订学校德育序列活动方案。

5. 研究制订学校课程和综合实践活动实施框架，组织骨干教师开发学校课程和综合实践课程。

6. 立足学校实际，发放需求调查表，开发社团活动内容，初步组建各种社团。

（二）第二阶段：课题研究实施（2012 年 4 月—2015 年 12 月）

1. 召开课题开题会，聘请专家指导，进行课题论证。

2. 建立完善课题评价考核标准。建立课题实施相关保障制度。结合学校办学特色，开展一些丰富多彩的活动，为研究对象搭建增强自信、展示自我的舞台。

3. 在学校课程中开发《学校课程教师指导用书》。把学校课程、综合实践打造成融合型课程，把"葫芦学堂"建成学校品牌课程。

4. 研发"爱在四季"德育序列活动课程并形成体系。打造家校爱心共同体。

5. "四时风光各不同"环境建设全面完成。

6. "葫芦娃"各种社团活动形成常规。"爱心葫芦娃"学生志愿团走出校园，融入政府、社会志愿组织。

7. 爱心评价体系。完善科学合理、可操作性强的师生评价体系。设立学生"与葫芦娃同成长"成长档案。

9. 每年年终召开教育教学年会，通过论文征集、经验介绍、课例观察等形式总结课题研究年度成果。

10. 通过观察、访谈、调查等形式，汇总、提炼课题实施过程中的策略方法，形成中期研究成果，召开中期成果汇报会。

11. 弱势群体学生的精神面貌大为改观，成为四方区星级特色学校。

此阶段形成如下物化研究成果：

1. 《学校课程教师指导用书》全面使用。

2. 特色学校宣传片制作完成。

3. 编辑《葫芦娃爱心文化学校特色活动掠影集》。

4. 编辑《葫芦娃爱心文化学校特色》刊物。

5. 编辑《葫芦娃德育序列活动参考资料》。

6. 编辑《葫芦娃综合实践活动》集锦，各子课题撰写结题报告，并形成最终研究成果。

7. "葫芦娃小剧场"定期汇演。

8. 各子课题相继结题验收。

（三）第三阶段：课题总结验收（2016年1月—2016年6月）

1. 整理在学校特色实施过程中对弱势群体教育所取得的成功经验和有效途径，总结弱势群体教育的策略方法，并形成经验材料。

2. 整理资料，完成总课题研究的工作报告和研究报告。2016年底召开课题结题会，聘请专家进行鉴定。

3. 录制《葫芦娃爱心文化特色学校专题片》。

七、预期研究成果

1. 研究成果：课题研究报告。

2. 资料成果：《"葫芦娃爱心文化"学校特色创建文集》《青岛湖岛小学"葫芦娃爱心文化"学校特色专题片》。

3. 展示成果：营造"葫芦娃"特色校园环境、学校课程、综合实践活动、社团活动展示。

八、课题组分工

课题组成员	课题组内分工
马晖	组织协调所有资源。 筹划课题组各项活动。 介入各个课题的各项活动。 组织和推进课题组各项工作按序开展。
王玉倩	执笔撰写课题研究方案，负责制订、调整研究计划。 执笔撰写学期汇报、成果鉴定申请书和研究报告。 开发和设计与课题相关的各种模板，并对各项指标进行数理统计；组织理论学习活动，进行课题实践研讨。
张颖	负责"葫芦娃爱心文化特色课程体系构建研究"。按分工参与课题的规划、实施和反馈。其中包括：观察与评价，组织与活动，数据的汇总与分析，提炼课题的初步理论框架和实施策略。
周媛	负责"以课程体系的构建促进弱势群体学生综合发展的策略研究"。按分工参与课题的实施和反馈。
刘晓静	负责"以德育活动为载体的弱势群体学生德育教育的策略研究"。按分工参与课题的规划、实施和反馈。
周娜	负责"以社团活动为载体的弱势群体学生自信心培养的策略研究"。按分工参与课题的规划、实施和反馈。

九、完成课题的保障条件

1. 制度保障：学校将逐步建立、健全相关课题管理制度，完善评价、激励制度。教科室定期对教师实验情况进行检查指导，按计划进行阶段性成果汇总，保证课题顺利进行。

2. 经费保障：学校还将设立课题实验专项资金，保证研究经费的到位，为课题研究创造最佳的经费保障。为了调动实验教师的积极性，对在课题研究中做出贡献的教师从精神上和物质上给予一定的奖励，在评优、晋级优先考虑。

3. 培训保障：为使课题研究顺利进行，学校为研究人员准备了丰富的理论书籍资料，提供学习和借鉴的音像资料。学校将根据实验进展的情况，及时聘请相关专家或上级教科研部门予以技术支持和指导。

第二节　对办学特色的认识和理解

我仰望星空，

它是那样辽阔而深邃；

那无穷的真理，

让我苦苦地求索追随。

我仰望星空，

它是那样庄严而圣洁；

那凛然的正义，

让我充满热爱、感到敬畏。

我仰望星空，

它是那样自由而宁静；

那博大的胸怀，

让我的心灵栖息依偎。

我仰望星空，

它是那样壮丽而光辉；

那永恒的炽热，

让我心中燃起希望的烈焰、响起春雷。

《仰望星空》是前国务院总理温家宝同志创作的一首诗歌。诗言志，歌咏言。从这首诗，我们可以读到一位大国总理的所思所想。全诗平白质朴而又意味深长，诗中所透露的对真理、正义、自由、博爱的思考，对国家、民族、人类共同命运的关怀，令人动容，发人深省。

"一个民族有一些关注天空的人，他们才有希望；一个民族只是关心脚下的事情，那是没有未来的。"在为这首诗做介绍时，温总理引用了他在同济大学的演讲。笔者认为，教育工作者就应该是这个民族中仰望星空的一群人——沉静心灵，免于浮躁和激进，把"星空"看做是理想世界的教育精神镜像，在"仰望"中明晰教育是一项扎根培元的事业，根底首在立人。教育工作者的使命则是对教育作为立人伟业的殷殷守护。它需要我们立足长远，有开阔的视野，直面教育的基本问题，踏踏实实地回到教育的原点——文化育人。

"文化育人"对于学校来说就是发挥教育对师生潜移默化的影响力，"以文化人""以文育人"，这种影响力的背后就是学校文化的作用。可以说，每一所学校的生态和发展都离不开学校文化。只要我们认真考察一下各个学校之间的差异，就会发现，这些差异其实就是学校文化生态的差异，或者说是办学理念的差异。所以说，一所学校的生存和发展，主要取决于学校文化，办学校就是办学校文化！

什么是学校文化？它是指由学校成员在教育、教学、科研、组织和生活的长期活动与发展演变过程中共同创造的，对外具有个性的精神和物质共同体，如教育和管理观念、历史传统、行为规范、人际关系、风俗习惯、教育环境和制度以及由此而体现出来的学校校风和学校精神。[1]

学校文化有共性特质。台湾学者龙应台说："什么是文化？它是随便一个人迎面走来，是他的举手投足，他的一颦一笑，他的整体气质。他走过一棵树，树枝低垂，他是随手把枝折断丢弃，还是弯身而过？一只满身是癣的流浪狗走近他，他是怜悯地避开，还是一脚踢过去？电梯门打开，他是谦抑地让人，还是霸道地把别人挤开……"这是学校教育中共性的文化特质，是文化积累的外在表现。

学校文化还有个性特质。在长期办学文化中，各个学校有着不同的校情、不同的学情，所以在学生成长的不同阶段，对学生进行教育的形式和内容是不一样的，久而久之呈现出来的带有学校特质的个性文化，就是学校的办学特色。因此，特色是一种文化积淀，是一所学校自内而外散发的精神气质。不是人为打造出来的，也不能速成，它如同一个生命，在师生认同的氛围中慢慢地生根、发芽，在我们慢慢地等待中一点点儿地生长起来的。

这种由内而外显现出来的精神气质，需要学校精神文化的统领和浸润，那就是学校核心理念的确定。笔者对特色办学核心理念的认识涵盖在以下几个关键词中。

第一个关键词是：弘扬。特色办学要弘扬"立德树人"主旋律，要围绕提升学校品质、促进学校可持续发展这一中心，更多地指向那些能够促进学生发展、教师发展和学校发展的项目，那些多年办学形成的优势，那些阻碍学校发展的问题，并从这些项目、优势、问题中挖掘出潜藏在它们背后的精神层面理念，梳理出提升学校精神品质的理念文化，将项目、优势、问题与学校精神、学校理念紧密结合，做到知行合一，促进学校整体发展。避免在特色办学过程中目光仅仅停留在体育活动、艺术教育等特色项目上。

第二个关键词是：传承。中国具有几千年的优秀的教育传统，其中有许多东西直到今天都值得我们深入研究，有效传承。学校教育的发展也经历了漫长的历程，许多学校拥有几十年，乃至上百年的办学历史，在漫长的办学过程中逐步形成了许多优良的办学传统，这些优良的办学传统在新的历史时期有什么样的社会价值和深远意义也值得我们深入探讨。学校的校长可以经常更换，学校的教师也经常在更新，但是长期以来形成的学校文化是相对稳定的，校长就是要善于挖掘、发现和传承学校的优秀文化传统，在传承中创建特色。

第三个关键词是：养就。所谓养就，一是指熏陶，二是指培养，三是指练就。学校是养就教师、学生素养的场所。养就是一个长期的过程，需要持续付出努力，有氛围陶冶，有措施培养，有目标练就，不能仅仅依靠搞运动式的突击。养就的最终教育目标是实现培养带有学校特质的学生。

第四个关键词是：发展。学校要注重内涵的发展，在基于学校周边的社会资源、学校当下的现状和未来的发展走向的基础上，不断优化发展先进的理念，使富有文化内涵的理念体现在学校的行为文化上，体现在教师和学生的脸上，体现在他们的言行举止之中。所以，学校特色的创建要以内涵发展来优化办学资源。

总之，办学特色是基于学校实际、自主发展的结果。其实每所学校都有着潜在的特色和能量，只要被发现、被释放，实现"各美其美、美美与共"的办学特色皆有可能。湖岛小学亦是如此！

第三节　学校办学特色的三个阶段

"学校文化"和"特色学校建设"是进入 21 世纪以来教育战线的热门话题，这是基础教育改革的必然趋势，也是现代教育发展规律的必然要求。但是"方向比速度更重要"，特色学校为什么要创建，如何创建，是摆在每一个教育工作者特别是学校校长面前必须深入思考和回答的紧迫问题。

要想在传承的基础上弘扬、发展学校文化，实施特色办学，就要了解这所学校。

青岛湖岛小学始建于 1946 年。新中国成立后，由湖岛村南河的两间低矮简陋土房，搬迁到"寄骨寺"（即现校址）。"寄骨寺"改为学校后，建筑基本保持原样，最北有砖墙青瓦挥檐木柱，庙宇式瓦房并排两处四间，前面另有并排东西厢房，学校光线比原土坯草屋的阴暗好多了，学习条件也有所改善。

1985 年，党和政府为改善学校办学条件，推倒"寄骨寺"庙宇式教室，改建了具有 80 年代风格的四层教学大楼。设有 24 个窗明、墙白、宽敞明亮的教室，师生在这样的教室里上课学习，教学质量得到了明显的提高。

2010 年区委区政府对教学楼和操场进行了校舍防震加固改造，并按照青岛市标准化学校要求为学校配备了教育教学硬件设施，为学校实现内涵发展打下良好的物质基础。

学校地处青岛市市北区西北端，北靠跨海大桥，东临有着六百多年历史的湖岛村，是青岛市"环湾保护、拥湾发展"战略的桥头堡，充满建设和发展的机遇，因此周围租住着大量的外来务工人员，他们的子女大多在我校就读。自 2000 年起，学校开始接收外来务工人员子女入学。到 2014 年秋季，全校 650 名学生中外来务工人员子女人数占 80.6%。他们来自全国 17 个省和自治区，真是地域文化在这里碰撞，八方方言在这里交汇。

青岛湖岛小学的特色办学之路大体分为三个阶段。

第一阶段：特色项目（1949 年—2001 年）

1985 年后，学校先后在军事、科技和排球项目上显现特色。与海军 37331 部队（现在的 92664 部队）协商，1993 年 12 月 29 日联合成立"青岛海鹰少年军事学校"。结合少先队开展的"雏鹰行动"，通过军校特殊的教育途径，开阔了学员们的视野，锻炼了学员们的政治思想、军事素质、身体素质。

1998 年配齐男、女两支排球队，进行初步的排球知识的学习和技巧方面的训练，积极参加区级的比赛。1999 年，在参加区级比赛取得名次的基础上，加大排球训练的时间和力度，并在三、四年级中发展小队员，培养爱好者，准备后备力量。2000 年在校级排球队的带动下，成立班级排球队，在全体学生中普及排球运动，举办学校的排球节。2000 年被评为青岛市排球项目特色学校。

学校选择了纸折模型、四驱车竞速、航海模型等小而省时、省钱的项目，开展科技项目培训。科技辅导员摸索出了一套切实可行的辅导经验，使得学校的科技比赛项目取得了优秀的成绩，2001 年被评为原四方区科技特色学校。

经过几代教职员工五十余载的辛勤耕耘，学校积淀了较为丰厚的文化底蕴和办学经验。

第二阶段：关爱教育（2001 年—2010 年）

自 2000 年起，学校开始接收外来务工人员子女入学。新市民子女已超过全校学生 80%，学生的行为习惯、思维习惯、家长文化素质、家庭教育的影响参差不齐；新市民子女家长对教育期望值较高，但学生的习惯养成教育不够，许多学生在文明礼仪、节约环保、学习、劳动等方面，没有形成良好的习惯，缺乏责任感和合作意识，集体观念淡薄，影响了其良好品质的形成。和城市学生相比，他们朴实、善良，他们渴望融入城市生活，但又往往缺乏自信，尤其需要学校、教师的关爱。

学校立足校情、继承传统，围绕"提质量显特色，促进学校优质发展，争创四方特色学校"的发展战略目标，凝练确定了"关注新市民学生成长"的特色教育，并逐渐形成了以"关爱教育"为内涵的学校办学理念，即关注师生发展，共筑"关爱"校园。关爱每一位教师，促进教师专业素质的提高，帮助每一位教师获得成功；关爱每一名学生，关注学生的学习、生活、思想、健康，帮助学生成长、成才；关爱每一个学生的家庭，帮助每一名家长掌握正确的教育方法，形成家校合力，共塑未来。

在 2009 年制订的《青岛湖岛小学三年教育发展规划》中提出了以"关爱教育"带动学校整体工作，把促进学生发展作为对学生的最爱，把培养学生的各种优秀品质作为实现素质教育的特色目标。提出三个"给予"的分层递进育人模式——给予温暖、给予力量、给予思想。

学校着眼于优质教师和"激情团队"建设，将"关爱"教育与教师发展相结合，培养师德高尚、业务精良、行动领先的教师。着眼于学生在未来社会的责任担当，将"关爱"教育与素质教育相结合，培育健康向上、富有爱心、自主自强、全面发展的学生。着眼于校园文化的建设和学校特色的形成，将"关爱教育"与学校发展相融合，努力建设具有"关爱文化"底蕴和富有特色的四方特色学校。

学校将"关爱教育"融于各项教育实践活动中，开展好"新市民家长、学生联谊活动""新市民之家建设""圆心愿过馨年""四季家访"等活动，"给予学生温暖，给予学生力量"，最终落实好"给予学生思想"这一最高层面，教育学生学会关爱他人，学会感恩社会。新市民子女关爱工作得到社会各界的支持和关注。

第三阶段：葫芦娃爱心文化（2011 年至今）

2011 年在各级专家、领导的指导与帮助下，学校进一步提炼了文化核心价值观，将学校特色文化由原来的"关爱教育"拓展为"爱心文化"，为什么要做这样的拓展呢？"关爱"的本意是关心和爱护，一般指长辈关心、爱护小辈。从视角上看，属于俯视，是强者对弱者的关怀。它很好地表达了学校有教无类、关爱学生的美好愿望。但是特色文化建设是为学生服务的，最终目的是促进学生的发展，我们要培养怎样的学生呢？显然，"关爱教育"在育人方向诠释上尚有欠缺。

爱心则是相互的，是发自于内心的情感，是培养学生的根本。"爱心文化"从视角上看，属于平视，爱心是平等的和融合的，是可以传递和延续的。"爱心文化"在继承中华"仁爱"思想传统美德，体现中国"和谐"核心价值观的基础上，明确了学校办学宗旨，就是每个孩子都值得爱，让每个孩子学会爱。即以充满童心童趣的"葫芦娃"为载体，通过温暖、纯净、博大的"爱心文化"让学生由接受爱、感受爱到认识爱、传递爱，经历由受爱到施爱，由施爱到爱的自觉的人性完善过程，培育富有爱心、具有社会责任感的公民。

经常有人问我："你为什么要在'爱心文化'的前面加上'葫芦娃'？"我们的认识是，"爱心文化"是培育学生的载体，因此"爱心文化"要用学生容易产生联想的话来表达、用贴近学生生活经验的活动去实施，只有找到充满童心童趣的载体，文化才能被学生理解、接受、践行。全校师生几经论证、筛选，选定学生熟悉、喜欢的动画片《葫芦娃》作为爱心载体，《葫芦娃》主题歌这样唱道："葫芦娃，葫芦娃，一根藤上七朵花。七个兄弟一颗心"，讲的是友爱、包容；"风吹雨打，都不怕""葫芦娃金刚神通广大"讲的是勇敢、智慧。"友爱、团结、勇敢、智慧"的葫芦娃精神正好契合学校爱心文化的主旋律。

学校借船出海——推出了"爱心文化"卡通形象葫芦娃"关关"和"爱爱"，这个被赋予了友爱、善良、包容、勇敢等品质的可爱形象，孩子们非常喜欢。"葫芦娃爱心文化"一经推广，就被学生们接受和理解。创编葫芦娃故事、传唱葫芦娃歌曲、创葫芦娃班级文化、做各类葫芦娃学生……围绕着葫芦娃做文章，为学校文化在孩子中的传播创设了无限的可能。

第
一
章

准确定位：
理念引领航向，蓝图谱写实现突围

第一节 理念文化体系的思考

要是你在野外迷了路,
可千万别慌张,
大自然有很多天然的指南针,
会帮助你辨清方向。

太阳是个忠实的向导,
它会在天空给你指点方向:
中午的时候它在南边,
地上的树影子正指着北方。

北极星是盏指路灯,
它永远高挂在北方。
要是你能找到它,
就不会在黑夜里乱闯。

要是碰上阴雨天,
大树也会来帮忙。
枝叶稠密的一面是南方,
枝叶稀疏的一面是北方。

雪特别怕太阳,
沟渠里的积雪也会给你指点方向。
看看哪边的雪化得快,哪边的雪化得慢,
就可以分辨北方和南方。

要是你在野外迷了路,
可千万别慌张,
大自然有很多天然的指南针,
需要你细细观察、多多去想。

《要是你在野外迷了路》是人教版小学二年级的一篇课文，用浅显易懂的语言告诉学生在野外迷路后，大自然里面隐藏的辨别方向的生存常识。其实细细读来，诗歌里面描写的不光是生存常识，还告诉我们选择方向和找准方向的重要性。

方向比速度更重要。在出发前要理性思考：我们为什么出发，我们要奔向何处？找准方向远比盲目奔跑有意义，否则就会出现"方向不明干劲大，目标不清点子多"等违反教育规律的错误。

对于教育工作者来说，这个方向就是确立正确的办学价值观。未来的学生是什么样的人，与所在学校的办学价值观密不可分，它如同一个生命，在师生认同的氛围中慢慢地生根、发芽，在慢慢地等待中一点点儿地生长起来，甚至终生带有学校的文化气息。确立正确的价值观念，必须从社会学、历史学、心理学等角度分析思考教育的旨归，从教育哲学的角度考量教育的取向，教育既需乌托邦式的理想主义，也需要老黄牛式的现实主义，只有在理想和现实之间合理定位，才能促进学校教育的和谐、健康、持续发展！

在确定湖岛小学办学方向时，笔者除了正确把握国际教育发展趋势、国家教育发展要求外，还对学校历史、文化、教师、家长，采用实地观察、结构性访谈、问卷调查方法，进行学校基本状况的研究，寻找学校发展的着力点和外部的期待点；采用观察法、问卷调查和访谈，进行学生道德行为习惯、学习态度和学习习惯的研究，研究内部的契合点和发展的突破点。通过专家、校务委员会、教代会、家委会反复征集论证，最终确立了学校的发展方向——办一所"真诚的关切"学校。

"真诚的关切"对一个社会、一所学校、一位教师、一个人都是需要的，它关乎情感、关乎人性、关乎成长。有了真诚，才会有爱心；有了爱心，才肯丢开自己去了解学生、关注学生、发展学生；建筑在了解校情、了解学生上面的爱，才不是盲目的爱，才是学校爱心文化的精髓。

教育要关注人性，直抵人心——这就是对学生"真诚的关切"。

青岛湖岛小学对外来务工人员子女接纳的多，对学校来说是挑战，挑战管理理念，挑战教育能力，挑战教学质量；同时也是机遇，外来务工人员进入城市是社会改革大背景下不可阻挡的历史潮流，如何接纳他们是社会难题，是国家关注的问题。"教育的公平是社会公平的重要基础"，学校作为社会的一个窗口，理应承担起体现教育平等、实现教育均衡的教育历史使命。外来务工人员子女多，就是我们的现状，就是我们的特点，如果做得好，对学生"真诚的关切"，不但会成为学校的办学特色，更是具有重要的社会意义。

在构建"葫芦娃爱心文化"理念体系过程中，我们力争实现"三个尊重"，尊重国家教育方针，尊重学校发展需要，尊重学生认知规律。在三个尊重的前提下，关注师生的生命生活状态，让他们自信、从容、有尊严地生活在美丽的校园里！

2011年，学校逐步完善并形成了以"爱心文化"为核心的理念体系，如"每个孩子都值得爱，让每个孩子学会爱"的核心教育观，"一枝一叶总关情"的办学理念，"爱心校园、幸福家园"的办学愿景，"爱己爱人、自信自强"的校训。这些文化理念都是伴随着湖岛小学的发展内生而成，是从"真诚的关切"学生出发确定的教育方向，即以"爱"为理念统领，用"融合"做行动指南，让来自大江南北的孩子在关爱、平等、和谐的家庭氛围中自信、从容、有尊严地幸福成长。

第二节 理念文化体系的构建

在笔者的心目中，理念文化体系对于学校文化建设的作用就好比轮船航行中的灯塔、汽车远行时的 GPS。理念文化体系是学校文化中最基本、最重要、最核心、最"上位"的核心环节，对整个学校文化体系起到统领作用。核心理念文化体系，一般包含学校的使命、愿景、精神和核心价值观。核心价值观是全体教师都必须珍视的信条；学校使命是指学校应担当的角色和责任；学校愿景是对学校前景和发展方向的蓝图勾画；学校精神指师生所具有的共同内心态度、思想境界和理想追求。学校的理念文化梳理经历的三个阶段，即提炼核心、搭建架构、诠释理念，历经三年，最终完善并形成了学校理念文化体系。

一、学校理念文化体系

（一）文化品牌：葫芦娃爱心文化
- 每个孩子都值得爱，让每个孩子学会爱。
- 爱心，从自己做起，从小事做起，从细节做起。
- 爱心，是一种品德，是一种境界，更是一种行为。
- 爱自己，爱他人，爱自然，爱社会，是一种人生责任。

（二）核心理念：一枝一叶总关情
诠释：学校借用这句诗作为核心理念，寓意爱是学校教育的灵魂。学校关爱每一位教师和学生的发展，关注教书育人的每一个细节，关心学校一草一木等环境建设，即通过教育教学的每一个细节，对师生实施"真诚的关切"，让每一位师生学会爱——这是教育的追求。

（三）学校愿景：爱心校园　幸福家园

营造和谐关爱、融合有序的教育环境，是学校教育的基石。通过温暖、纯净、博大的"爱心文化"，让学生由接受爱、感受爱到认识爱、传递爱，经历由受爱到施爱，由施爱到爱的自觉的人性完善过程，培育富有爱心、具有社会责任感的公民，为学生的幸福人生奠基。

（四）校训：爱己爱人　自信自强

诠释：认识自己、珍爱自己，在爱己中有爱人的胸襟，乐观进取、积极向上，与自然、社会和谐相处，做生活的强者。

（五）育人目标：植贤　树人

诠释：植爱、植智、植美、植行，树博爱之人

（六）教风：唯实唯新　修业修身

"唯"，乃追求、执著之意。唯实立其基，引教师教学风格；唯新培其志，导教师创新精神。"修"乃学习、修炼之意。修身养其心，树教师教育之魂；修业培其根，立教师教育之本。

"唯实唯新、修业修身"，辩证统一，融为一体。即教师以修身为先、以修业为基、以唯实为根、以唯新为进。

（七）教师誓词

我是青岛湖岛小学的教师，我在国旗下庄严宣誓：

教师是我光荣的选择！

我懂得：我担负祖国的重托！我要勤勉敬业，严谨治学，传人类文明薪火！我要团结协作，甘于奉献，筑教师高尚人格。

我知道：我肩负家庭的重托！我要热爱学生，为人师表，做学生良师益友！我要终生学习，完善自我，树学生人生楷模。

我承诺：我要遵循湖岛教风，唯实唯新、修业修身，筑学生自信基座。以爱育爱，成己成人，绘教师多彩生活。

（八）学校文化歌曲

爱 在 四 季

——青岛湖岛小学"一枝一叶总关情"学校文化歌曲

作词：马晖
作曲：张欣

1=F 6/8

♩=128 积极向上、富有激情地

```
5 4 3  3 2.1 | 2. 5. | 5 2 2 2  4 3.1 | 2. 2. | 5 4 3  3 2.1 | 2. 6. |
带着那 梦想的期待，我们向着 太阳出 发。 心怀对 未来的憧憬，
迎着那 校园的轻风，我们向着 快乐开 拔。 倾听着 老师的话语，

5 7 7 7  2 6.7 | 1. 1. | (间奏) | 5 1.1  1 3 0 | 5 2.4  3 1 0 |
笑脸伴着 四季开 花。        春天里 播下 希望的种子，
心儿随着 温暖安 家。        植爱， 植智， 植美呀植行，

5 7.7  7 2 0 | 2 6.7  7 5 0 | 5 1.1  1 3 0 | 5 5.3  5 6 0 | 6 4.3  2 6 0 |
夏日里 呵护 舒展的枝桠。秋天里 收获 丰收的果实，冬日里 将爱
一枝， 一叶， 四季呀有情，爱己， 爱人， 自信呀自强，湖岛的学子

7 7 7 5  2 1 0 | 0 0. 0. | 1. 4 5 | 6. 6. | 6. 4 3 | 2. 2. | 2. 5 #4 | 5. 5. |
珍存彼此 心房。      春 夏秋冬， 四季有爱， 一枝一叶，
珍惜童年 足迹。

5 0 5  2 1 | 3. 3. | 1. 4 5 | 6. 6. | 6 6 4 6 | 5. 5. | 2. 5 #4 | 5. 5. |
树木有 情， 你们我们， 心与心相连， 共同创造，

5 0 7  2 0 3 | 1. 1. : | 5 4 3  3 2.1 | 2. 5. | 5 2 2 2  4 3.1 | 2. 2. |
温馨家 园。 啦啦啦 啦啦 啦 啦啦，一枝一叶 装扮校园，

5 4 3  3 2.1 | 2. 6. | 5 7 7 7  2 6.7 | 1. 1. | 5 7 7 7  2 6.7 | 1. 1. |
啦啦啦 啦啦 啦 啦啦，爱在四季 四季有爱， 爱在四季 四季有爱。
```

第三节　视觉文化体系的构建

一提起视觉文化系统，我就想起了可口可乐红色的易拉罐，苹果手机背面被咬了一口的苹果 LOGO，想起了海尔冰箱上的海尔兄弟和肯德基门口立着的肯德基大叔。它们就是这些著名企业生动的、视觉化的传达形式，宣传最有效，效果更直接。这就是视觉文化的力量。

学校借鉴企业视觉文化经验，从学校标识、文化卡通形象、宣传色、文化用品等，构建起具有湖岛小学特色的视觉文化体系。

品牌标识《爱》

品牌标识以金黄为底色，寓意洒满阳光的爱。以红色和绿色两个"人"形相互拥抱而成一颗幸福的心。标识又像一张快乐的笑脸，四周以枝叶环绕，寓意师生在"葫芦娃爱心文化"的润育下，幸福成长，并让爱的种子生根发芽，传承不息。

"葫芦娃爱心文化"形象—— 关关和爱爱

他们是一对可爱的葫芦娃，男孩叫"关关"，女孩叫"爱爱"。其造型充满童趣，富有亲和力。"关关"头顶一片绿叶，"爱爱"头戴一朵鲜花，寓意在"一枝一叶总关情"的教育下，学生们枝繁叶茂，快乐成长。

"葫芦娃爱心文化"宣传色

诠释：主色为黄色，寓意学生的未来充满阳光与希望，也寓示湖岛小学的明天会更好。辅色为绿色和红色，寓意朝气蓬勃的校园和充满爱心的师生。

"葫芦娃爱心文化" PPT 模板

"葫芦娃社团"部分形象

文化产品

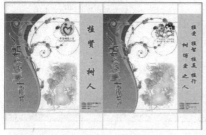

处室标牌

楼层安全提示牌

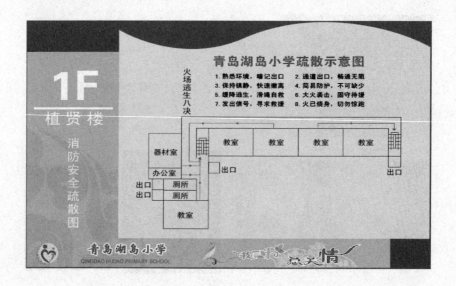

第
三
章

潜移默化：
环境文化熏陶，大爱无声胜似有声

第一节　环境文化建设的构思

　　指尖轻舞一段旖旎的风景，
　　温柔地走在阳光里。
　　沐浴着人间芳泽，
　　轻点词曲
　　谱成一首百转千回的诗谣，
　　聆听世间的风，
　　吹起那一池皱水，
　　浪花朵朵抵心胸，
　　心胸被我们装点成诗意的风景。

（摘自互联网）

　　这是一首无名小诗，诗虽无名，但诗句寓意深刻，"风景"既可视为一处风景，也可视为一段旅程，更可视为一段人生；无论风景、旅程还是人生，因为可视、可唱、可听、可感，因为触动心灵，所以才印象深刻美好——"朵朵抵心胸"。

　　校园生活就是学生经历的一段人生，要想让其美好，校园环境文化肩负着特殊而多样化的功能。它是学校文化最直接的表达语言。它以视听为载体，将学校文化、学校规范等语意转换为具体可感的符号。应用在视听的展开和行为的展示，合奏成一部立体的多层次的学校文化协奏曲，使师生得到一种从视听感受到心灵熏陶的提升。[2]

　　因而学校的环境文化不仅仅是彰显学校办学文化的宣传舞台，更应是陶冶师生情操的隐性课程。让环境和人产生和谐互动效应，让"一草一木"都包含课程文化的内蕴，成为师生健康成长的伙伴。

　　湖岛小学的环境文

化建设始于学校理念文化确定之后，我们梳理出"葫芦娃爱心文化"的本质内涵、核心理念和文化个性后，按照核心理念进行规划，尽可能地强调学校以"爱"为主题的个性文化，凸显爱心文化的本质核心，给师生以鲜明的视觉冲击，形成学校明晰的文化特质。

　　为此学校制订了校园环境文化规划方案，确定了每个区域的建设主题。操场规划主题为"爱在四园——大爱无声胜有声"，把育人目标的核心词作为操场区域的名称，植爱园、植德园、植行园……把文化宣传、运动健身、校园景观和绿化种植融为一体，实现"大爱无声胜有声"的文化目标。

　　为了体现环境与学生的和谐互动，学校开辟了八处"爱心庄园"实践种

植基地，拿出六块种植区进行全校公开竞标，两处种植区进行爱心农夫招募。每年的竞标大会上，参与班级现场宣读竞标书，学生评委现场打分，产生六个夺标班级。学校与竞标成功班级签订"爱心庄园开发协议书"，颁发"爱心庄园开发证书"。实践中，每班会挑选出专门的耕种员、观察员、记录员和保卫员，及时了解和记录自己所播种的农作物的生长规律和种植要点，并实地操作。学校还聘请专业的指导人员定期到学校进行技术指导、召开经验讨论会、成果分享会，帮助"小农民"们更快更好地掌握耕种要点。让每一个孩子在种植实践中锻炼自己、感受生命的成长历程、学会爱、传递爱。

　　教学楼内文化主题为"爱在四季——四时风光各不同"。每层楼梯开阔处都有一个小厅，学校将这些小厅的设计主题确定为"一楼：春季花团锦簇——学校核心理念墙；二楼：夏季浓荫覆地——特色文化主题墙；三楼：秋季果实累累——教师文化墙；四楼：冬季玉树琼花——开放式书吧"。学校把核心理念的宣讲、教师的风采展示和开放书吧融入其中，每一处都有自己独特的语言和文化内涵。例如，三楼的教师文化墙设计成一片橙黄的叶子，应和学校"一枝一叶总关情"的核心理念，叶子上镶嵌着所有教师的生活照，或端庄或活泼，或生动或文静，与左侧的"唯实唯新、修业修身"的教风交相呼应，寓意学校

发展的枝繁叶茂，源自每位教师个人成长的郁郁葱葱。

走廊的设计主题确定为"植爱长廊——春季梢头嫩绿；植智长廊——夏季绿叶成荫；植美长廊——秋季色香俱佳；植行长廊——冬季银装素裹"。绿、蓝、橙、粉，一层楼一个色彩，一层楼一个主题语，如一楼"爱的种子悄悄萌芽"，二楼"爱的枝丫慢慢生长"，三楼"爱的果实满满收获"，四楼"爱的记忆深深珍藏"，学生每升高一个年级都有新色彩、新期待在迎接他们。

教学楼内狭长的走廊只能两个人并排行走，显示着20世纪80年代的走廊设计风格。为了增加开阔的视觉效应，学校在每个走廊的廊顶增设了镂空设计，把学校的文化理念做成一个个吊牌，悬挂在廊架上，如一楼"植爱长廊"的五个吊牌：爱自己——让自信相伴；爱亲人——让幸福相随；爱学校——让温暖相牵；爱祖国——让责任相连；爱自然——让和谐相近。把爱的顺序告诉学生，让爱的期望时时浸润孩子心田。

第二节 环境文化建设实施框架

一、操场文化

（一）总体构思

一亭一池休闲处，两侧区域种植园。

三面墙壁会说话，四园景色各不同。

（二）分部构思

"爱在四园——大爱无声胜有声"

景观名称	景观内容
植贤楼	教学楼
植德园	东院墙：文化宣传展示区
植智园	实验室门口：读书休闲区
植行园	南操场：体育健身区、种植区
植爱园	操场西空地：植物种植区、绿化景区
植美园	传达对面：雕塑景观区

二、教学楼内文化

（一）总体构思

植贤树人教学楼，春夏秋冬蕴其中。

一步一景细品味，大爱无声胜有声。

（二）分部构思

1. 特色厅文化——四时风光各不同

一楼：春季花团锦簇——学校核心理念墙

二楼：夏季浓荫覆地——特色文化主题墙

三楼：秋季果实累累——教师文化墙

四楼：冬季玉树琼花——开放式书吧

2. 特色走廊文化——爱在四季

春季梢头嫩绿（一楼）：植爱长廊

夏季绿叶成荫（二楼）：植智长廊

秋季色香俱佳（三楼）：植美长廊

冬季银装素裹（四楼）：植行长廊

3. 特色楼梯文化——爱满阶梯

一楼：同写一个爱

二楼：快乐时光

三楼：教师风采

四楼：社团活动

4. 特色角落文化——手工创意园

一楼：春色满园

二楼：童心妙想

三楼：异想天开

四楼：我行我秀

三、教室文化——爱心教室

（一）总体构思

班牌挂表显特色，宣传文化秀风景，

照片墙面人人爱，一路关爱一路情。

（二）分部构思

各班根据班级特色文化，自行设计。

第三节 环境文化建设实景照片

学校环境文化实景——操场

学校环境文化照片——走廊

学校环境文化照片——楼厅

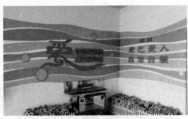

学校环境文化照片——楼梯

学校环境文化照片——角落

学校环境文化照片——教室

【案例】

青岛湖岛小学2014年最美教室展评方案

为进一步推进班级文化建设，引领教师关注教室资源的开发、构建教室课程、关注学生成长，将教室打造成为学生最喜欢的学习场所，我校开展了卓有成效的爱心教室建设活动。近期，学校将组织最美教室展评活动，具体要求通知如下：

一、评选流程

1. 材料申报。以班级为单位参加最美教室的展评，展评材料于2014年10月8日前报德育处（具体要求见第二部分材料要求），逾期不报视为放弃。

2. 10月13日将组织学生、家长、教师进行校内最美教室交流展评。展评以"发生在最美教室的故事"为主题，以展示、叙事为主要形式，围绕"最美教室"创建中人本化、主题化、书香化、多元化、课程化五个主要核心元素，讲述在最美教室里发生的故事，五个核心元素不必面面俱到，可以侧重某一方面，多角度反映出最美教室建设的理念，学生的参与过程，师生的共同生活和成长，并且结合教师的理性思考

3. 奖励形式。对最美教室予以表彰和奖励，并推荐参加市北区最美教室评选。

二、材料要求

1. 文字材料。要求文字生动形象，故事性、可读性强，能给人以启迪，总题目与文中小标题都要鲜活贴切。每篇故事以3000字为宜。

2. 文字格式。题目（含正标题与副标题），例如：在阳光下生长的教室——某班最美教室的故事。

第一部分：班级诠释，包括班名诠释（含明确的愿景、使命、价值观，班训、班级标识等）、教室内涵诠释（含教室内各板块的内容、建设意图及作用诠释），可图文并茂；

第二部分：教室故事；

第三部分：图片材料。

3. 图片材料。班级合家欢、与故事内容相匹配的照片 6～8 张。其中，班级合家欢一张，最好采用活动中的照片，人物神态要清晰。每张照片需要根据故事内容的要求进行标注说明或者直接对照片进行命名。

青岛湖岛小学

2014 年 9 月 20 日

【最美教室评选案例】

爱是你我用心交织的生活
——四年级（2）班最美教室的故事

班主任　解明慧

我们湖岛小学传播的是"一枝一叶总关情"的葫芦娃爱心文化。学校里的每个学生都是小小的葫芦娃，学校的愿景是"爱心校园、幸福家园"。综合这些因素，我将我们班级定名为：爱心葫芦娃班。我希望班里的每一个学生都能成为一个爱心满满的葫芦娃。

第一部分：班级诠释

班名：爱心葫芦娃班

诠释：人们都说，学习不好，是次品；身体不好，是废品；思想不好，是危险品。所以，我常常想，学生可以不会看图说话，可以不会列式计算，也可以不会正确拼读英语单词，没关系，只要他的心里阳光灿烂，有一天，当他走上社会，他也会尽己所能自食其力，而不会成为一名危害社会的恐怖分子。所以，我想学校的教育从这个角度上说，归根结底是爱的教育。班主任的历史使命就是要让爱深深地、牢牢地驻扎在每一个少年儿童的心里。要让每个孩子懂得：学习好，是一种美；心灵美，更是一种美。拥有一颗正直善良的心灵，才是最美的。我想这应该就是每个学生心中的价值观。

"我爱我班，我为班级添光增彩！"这成为每个学生的光荣使命。

班训：手手相牵，心心相连，人人向上。

班级标识：这是我们的班级标识，是在我们学校的 logo 基础上进行了再创造，突出了班级特色，红色象征老师，绿色象征学生，老师和学生心手相牵，共同构建爱心葫芦娃班！

教室内涵诠释

板块一：照片墙

这是我们班的照片墙，上面展示着同学们灿烂的笑脸，张贴着我们的班名、班训，还有学生的优秀剪纸作品。照片所摆出的图案，是学生自主设计的雨伞的形状，寓意着 43 名同学都在教室的保护伞下安全地生活。在空白处，同学们用各种各样的爱心图片进行了装饰，非常漂亮。

板块二：时钟墙

这是每个班都有的时钟，我们在钟表的旁边贴了一些花朵，寓意是：桃花谢了春红，太匆匆。提醒同学们珍惜美好时光。

板块三：PK 墙

这是葫芦娃快乐大比拼的 PK 墙，展示的是学生的软笔书法作品和硬笔书法作品。底下的黄色笑脸粘贴的是得过葫芦娃奖状的同学的名字。

板块四：光荣榜

这是我们班的光荣榜，我们提出的口号是：瞧！我在努力进步呢！我们相信：每天都进步一点点，日积月累，就会有质的突破。

板块五：读书角

"书籍——通过心灵观察世界的窗口"，这是我们对于读书的理解。在这个区域里，

同学们必须回答一个问题："同学们，今天你读书了吗？"提倡学生天天读书，读好书，上面粘贴了六篇精品读后感，小星星的形状寓意着星星之火可以燎原。

板块六：梦想墙

"新学期，新梦想"开学之初，同学们写下了自己的梦想，正如那首歌里唱的那样：有梦想谁都了不起。

板块七：卫生角

孔雀爱惜自己的羽毛，每天都整理自己的羽毛，"我是清洁小孔雀！"寓示着我们应该像小孔雀那样，也天天打扫我们的教室。

板块八：生活角

这是我们班的生活角，有的学生上学时会忘记戴红领巾，这里提供红领巾

借用服务；有的学生午饭时会忘记带餐具，这里也提供备用餐具；有的学生腰鼓带断了，这里提供针线服务；有的学生指甲太长，这里有指甲刀，免费使用。生活角虽然小，作用可真不小呢！

第
四
章

制度精粹：
守护师生家园，"爱心文化"凝聚关切

第一节　制度文化建设的思考

我的家园

生长野花一样的孩子

淳朴的孩子

善良的孩子

和我一样

在土地上渐行渐远的孩子

背负一生痛苦

和幸福的孩子

面对着身后的家园

一种文明，浮尘漫天

如花如月的美丽

迷乱了双眼

我轻轻翻过一页

我像翻一本书一样

轻轻地翻过一页

让它们的一切不被撕裂

散落一地

（摘自互联网）

告别了山村，告别了牛羊，带着忐忑，带着迷惘，跟随父母走向未知的城市，走向心中的向往。这些被城市人称为"新市民子女"的孩子就是诗中所写的"在土地上渐行渐远的孩子"，他们带着农村习俗的烙印，开始崭新的城市生活。他们想融入城市，却因父母社会地位和身份的边缘化，一直游离于城市边缘。下面这首诗歌就是我校一位四年级从农村转来的学生写的，代表了大多数外来务工人员孩子来到城市学校的真实心情。

我来自山东临沂，

十岁时，

跟随父母离开家乡，

来到陌生的地方，

我有些担心，有些恐慌：

英语没有学过，学习基础差，

学校的课程我能不能跟上？

青岛的小伙伴吹拉弹唱样样棒，

我也想，像他们一样。

可是，父母起早贪黑，顾不上，

父母生活困难，他们不让，

我还能不能像他们一样？

我们知道，家庭背景和生源的差异越大，教育的力量和价值就越能凸现出来。学校应该怎么做，才能像开头诗中写的那样"我轻轻翻过一页，我像翻一本书一样，轻轻地翻过一页，让它们的一切不被撕裂，散落一地"？那就是对这些学生实施"真诚的关切"，它既是学校办学文化的需要，更具有重要的社会意义。

实施"真诚的关切"，首要任务是用制度文化为师生筑起围栏，守护师生的精神家园。学校制度是什么？从理论上讲，学校制度文化是学校文化的重要组成部分，属于学校精神文化和物质文化的中层次文化。通常定义为：学校制度文化是指学校各项规章制度、岗位职责、工作流程等制度在制订和执行中反映出来的价值取向；是学校的各种规章制度，包括师生的价值观、行为理念在内的精神成果和学校管理思想、管理制度及管理模式的凝结形式。[3]

笔者认为，制度本身蕴含着丰富的教育意义，好的学校制度是重要的教育资源，它可以增强人的权利意识、自主意识，提高人的主动和自我发展的责任心，从而提高发展人的层次，塑造健康和谐的人格。越来越多的教育学者把制度文化归入学校隐性课程范畴。因为它们隐藏在学校的仪式、人际关系、教育观念、课程课堂、教育组织形式、传统与习俗，乃至心理氛围中。

我校制度文化建设遵循三个要点：

一是规范行为。"没有规矩不成方圆"，学校制度文化的规章设置是为了保证学校正常的教育教学活动的开展，因此在宪法、教育法规下"规范行为"是制度文化建设的首要目标，它既要体现国家的意志，符合社会需求，还要渗透学校的道德要求与办学思想，又要符合学生个体的需求。并在具有情感色彩的具体生动的环境中，通过暗示、舆论、从众等特殊机制，让学生产生有关规范意识的潜在心理压力和动力。

二是以人为本。"以人为本"从本质上是一种"软"的管理，学生的学校生活是自身生命不可复演的一种经历。为了让这段经历生动鲜活，学校应有平等意识，遵循学生的成长规律，树立为学生发展服务的观念，力求建立起不失原则而又可亲可爱的学校制度文化。通过对人的积极主动性的调动，将学校制度文化转化为学生内心法则和外显行为。

三是情感陶冶。学校制度文化若从形式上看，可分为传统、仪式和规章。规章相对死板，但仪式是鲜活的，它对学生产生的作用更多的是一种气氛的影响，使人与这种环境相互作用，使学生在特定的环境中自然而然地获得一种道德情感与心灵的熏陶。理论研究表明，情感的重要特征之一是"情境性"。任何人的情感总是在一定的情景中产生的。学校制度就应该提供这样的现实情境让学生体验感悟，从而使学生建立良好的道德情感。这是学校制度文化发挥作用的最佳方式。

第二节 制度文化建设的实践探索

学校篇（一）——学校章程

《国家中长期教育改革和发展规划纲要（2010—2020 年）》指出，要建立依法办学、自主管理、民主监督、社会参与的现代学校制度。这四个方面的基本要求，它的核心是依法办学。具体到学校，依法办学就是——制订学校章程，依法按章程自主办学。

我校从 20 世纪 90 年代起制定了《青岛湖岛小学章程》，历经 2008 年修订、2014 年再次修订，形成了学校现在的学校章程。在章程制订和修订过程中，学校坚持"从制订学校章程、发展规划和制度体系入手，探索构建政校之间、社校之间、学校内部各要素之间的关系规范"。即围绕政府与学校、学校与社会、学校内部这三个层面，构建新的制度和规范。

现行学校章程包括总则、学校治理结构与运行机制、教育教学管理、教职工、学生、学校资产管理、学校与家庭和社会、附则等八部分，具备以下特点：

1.继承了学校原有章程的精髓内容，根据学校规划发展状况等实际情况进行了修改。

2.修订后的章程突出了"学校持续发展""科学发展""快速发展""特色发展"等要点。

3.章程更加注重全体师生的合理权益的保护，更具人文性，更加注重教学改革的推进，提出了建设现代化学校的要求，提出了推进"葫芦娃爱心文化"的要求。

4. 突出了教代会的监督作用。

5. 章程修订经历法定程序：一是召开全体干部会，讨论学校发展的方向及修改构架；二是召开教师座谈会，号召全体教师献计献策；三是汇总教师建议，修改章程；四是将章程修改稿交由全体教师会讨论并通过；五是组织全体师生学习，并落实。

【案例】

青岛湖岛小学校务委员会章程（节选）

第二章　职能与工作原则

第四条　校务委员会的主要职能包括：

（一）咨询和建议。提供社会对教育的需求信息，提出完善学校管理和学生教育的建设性意见，反映学校服务对象的意见和建议。

（二）宣传和协调。宣传学校的发展规划和重大决策，协调社会各方面的关系，调动各方面的积极因素，为学校发展和学生培养创造良好的环境。

（三）审议和决定。对有关学生管理、学生发展和涉及家长切身利益的相关事项进行审议并做出相应决定。

（四）评议和监督。对学校贯彻国家教育方针、执行教育法律法规政策、实施素质教育等方面的情况进行评议，对审议决定事项的执行情况进行监督。

第二节　委员的权利与义务

第十一条　委员的权利：

（一）听取学校学期和学年工作报告，了解学校办学基本情况和发展规划、决策的知情权。

（二）应邀参加学校相关会议，提出意见和建议的参与权。

（三）提出有关学校管理、学生发展和涉及家长切身利益的相关事项的提案权。

（四）参加校务委员会工作例会，审议有关事项并做出决定的表决权。

（五）听取校务委员会工作汇报，对校务委员会审议决定事项的执行情况进行监督的权利。

第十二条　委员的义务：

（一）按时参加校务委员会工作例会，遇到特殊情况不能参加时，履行请假手续。

（二）主动加强与所代表方的联系，收集和提出社会对学校教育的意见和建议，并及时向学校反馈。

（三）宣传学校办学成果、发展规划和重大决策，协调学校、家庭、社会的关系，以多种方式支持学校办学。

（四）根据校务委员会的安排进行专项调研，提出有代表性的议题，维护学生切身利益。

（五）完成校务委员会安排的其他工作。

第四章　工作与议事规则

第一节　校务委员会工作

第十三条　校务委员会依据本章程和相关工作制度开展工作。

第十四条　校务委员会设主任委员一名、副主任委员两名，主任委员主持校务委员会会议。主任委员由学校校长担任，副主任委员由校务委员会委员推选，同时指定一名学校委员负责校务委员会会议的记录、决议的起草、档案资料的收集整理以及委员的联络工作。

第十五条　校务委员会实行工作例会制，每学期集中开一两次会。会议除通报学校办学、管理和发展情况，听取委员的意见和建议外，重点审议决定学生管理、学生发展和涉及家长切身利益的事项。

第十六条　校务委员会非会议期间，校外委员应当主动了解学校教育教学实际及社会影响，通过调查研究，向学校提出合理化建议；协调各方面关系，使学校工作得到社会各界的理解和支持。遇有特殊情况，经校务委员会主任或者多数委员提议，可以召集临时会议。

第十七条　校务委员会建立工作总结和工作汇报机制。审议有关议题，要及时总结相关情况。决议执行情况须在校务委员会工作例会上予以通报。每学年结束时，校务委员会主任应通过不同方式向学校、家长和社会汇报校务委员会工作。

学校篇（二）——"五维度"评价制度

在实践中，我们总结出教师"五维度"评价制度：家长——教育服务的购买者；学生——教育服务的享受者；领导——教育服务的管理者；同行——教育服务的协作者；自身——教育服务的实践者。"五维"评价，将"过程性评价和发展性评价""自我评价和他人评价"及"定量精确评价和定性模糊评价"相结合，构建全方位的动态性教师评价体系，一直是学校对教师评价努力的目标。

从 2012 年起，学校对教师的年终评价采取五个维度：

维度一：做家长满意的爱心教师。作为学生的父母和教育的投资者之一，家长自然十分关心学生在校的发展和受到了什么样的教育。评价服务质量最有发言权的是服务对象。没有家长的满意与认可，教师的工作价值无从体现。当家长感受到满意的服务时，也就是他们对所有服务特征的期望都得到满足或超额满足时，他们把整体服务感知为优质，并因此而对学校和教师保持忠诚，从而对学校产生归属感。我校年底由家长委员会投票产生爱心教师，并将爱心教师作为学校年终评价考核的重要内容之一。

维度二：做学生喜欢的最美教师。作为学校教育的接收对象，他们对教师的客观评价，直接作用于他们接受教育的态度，因此学校引导教师贯彻学校文化理念，用爱心关注每一名学生，用真诚教导每一名学生，努力做学生喜欢的老师。学校每年年终评价考核都评选最美教师，最美教师的产生完全来源于学生投票，所有参评教师都不参与，由学校中层以上干部现场唱票统计，前十名得票者年终总结会颁发最美教师证书和奖励。三年来，我们努力让教师在头脑中树立主动接受学生评教的意识，正确地看待学生评价。

维度三：建团结同事的和谐团队。和谐团队的评选，也是教师互相评价、互相认同的一个过程，同时体现群众的公论，评价结果也容易被认同，也能够增强教师对所在学校、教研组、办公组的责任感和归属感。学校每年进行和谐团队的申报，既可以是教研组，也可以是办公室组，由团队集体申报、学校集体评选产生，对优秀的和谐团队，举行现场和谐团队展示，提供教师交流学习的机会。和谐团队的评选，促使教师实现强强联合，强弱合作，和谐发展；促使教师不断从同事中获得信息、借鉴和吸收经验，少走弯路；促使教师相互间的合作与交流，让每个教师都能收获单独学习所得不到的东西。同事间的鼓励评价，会让教师感到是对自身的尊重、爱护，久而久之，团队中的每一个人不仅会更加上进，而且会形成尊重和爱护别人的良好心态。

维度四：做学校公认的感动校园人物。此项评选以校务委员会成员为主，校务委员会参与教师评价，可以促进教师个人发展目标与学校发展目标的整合，激励教师拓展自身的潜能，在自我的不断超越中推动、实现学校的发展。同时，客观公平的评价和有的放矢的指导，能帮助教师树立正确的教育观、学生观，提高组织执行力。此举也促使领导层深入基层了解情况，增强和教师的沟通与互动。校务委员会每年综合考评教师的工作情况和教育教学贡献，最终评选出2～3名感动校园人物，旨在树立教师中的典范，引导教师团队积极向上、和谐奋进。

维度五：自我认同做有特色的教师。特色教师的评选为教师自评过程，有助于增强教师的自我责任感，消除"打工"心态，增强教师对学校的归属感和对学校的忠诚；评价过程作为教师展示自我的平台和机会，使评价成为促进教师发展与自我实现的工具；有助于教师进行内省，提高教师对自己行为的反思意识和能力；有助于教师特色发展,使更多的教师发挥自己的优势和专业特长，督促教师在平时的工作中多思考、多审视、多调整、多积累，把自己工作中的创新点和不足及时总结记录，并进行交流，从而最大可能地实现其自身的发展。

"五维度"教师评价制度，紧紧围绕学校"爱心文化"思想，体现了"规范、人文、陶冶"的制度发展方向。

【案例】

青岛湖岛小学关于进行 2014 年教育教学
年会特色奖项申报的通知

一、指导思想

2014 年年末的临近，又一个年度的工作即将收尾，这一年里，我们是否成长了？是否有收获？是否有自豪？都值得我们回顾和反思。同时，我们教育教学年会新一轮特色教师、教师个人特色和团队申报也将开始,希望通过个人申报、集体评选，树立典型，引导我校教师团结协作、创优争先，带动学生全面发展。

二、时间安排

2014 年 12 月 18 日—2014 年 12 月 28 日

三、奖项设立及评选办法

（一）综合类

1. 干部教师

● 优秀中层 1 人（干部述职、教师评定）

评价标准：团结协作、善于创新、执行力强、成绩突出

● 最美教师评选（学生投票）

评价标准：富有爱心、阳光健康、学生喜欢、工作出色
- 和谐教师团队（教研组自主填表、申报，上报副校长室）

　　评价标准：关系融洽、团结协作、教研氛围浓厚、成绩显著
- 年度突出贡献奖/感动校园人物(校务委员会评定)

　　评价标准：成绩卓越、贡献突出
- 和谐办公室(处室申报)

　　评价标准：关系融洽、团结和睦、相互帮助、共同进步
- 特色教师（自主填表、申报奖项，校务会评定）

　　评价标准：教师认为自己本学年在某一方面特色鲜明，成绩突出，均可申报。

【案例】

"女超人英语教研组"申报材料

　　这学期，由于学校扩班，以及陈圆圆老师休产假的原因，我们三位英语老师承包了整个学校17个班的英语教学，在语文老师教一个班、数学老师教两个班的大背景下，我们英语老师一上手就是四个班，五个班，八个班，真是响当当的女超人，所以，我们申报的是女超人教研组。

　　我们这三位女超人，没有哈利波特的魔法棒，没有阿拉丁的神灯，也没有孙悟空的七十二变，有的只是对教育事业的一腔执著。桃李不言，下自成蹊，我们默默地用自己的青春和生命，谱写着三尺讲台的华彩乐章。

　　一、工作态度认真

　　徐峰老师和我都属于老教师了，工作态度一直是勤勤恳恳；朱洋洋是新教师，也表现出了认真踏实的工作品质。

　　二、追求精益求精的教学质量

　　我们英语老师一直在不断地培训提高英语水平，比如每个暑假长达半个月的封闭式外教培训，以及经常性的区级、市级教研活动，都为我们打开了一个提升自己的窗口。

　　我们的英语教材今年进行了大变革，以前所有的备课和课件都需要修改才能使用，所以，我们一旦空堂，就忙着做课件、改教案。课程本身要求我们不断地更新自己的知识储备，要求我们精益求精地对待课堂教学，提高教学质量。我感觉我们英语老师是全校最上进的教研组。

　　三、远程研修成果显著

　　我们英语教研组有我和徐峰老师参加了远程研修，我们在暑假里积极完成

作业，徐峰老师的作业获得了课程专家的推荐，我的作业累计两次获得了指导教师的推荐。

四、任劳任怨，不计得失

我们三位英语老师不仅教的班多，而且都是班主任，工作量大。我和徐峰经常是埋在作业堆里抬不起头，别人下班了，我们依然加班加点努力完成工作任务，所有学校的各项工作我们都没有落下，班级也管理的有条有理。

五、团结协作，教研气氛浓厚

我们三人经常进行组内教研，三人都上了录像课。在上课之前，我们组内对课堂教学环节的设计进行了深入探讨，徐峰和朱洋洋老师师徒结对，共同进步。

综上所述，我们英语教研组申报女超人教研组。

【案例】

2014年和谐教研组颁奖词（节选）

语言是她们的工具，嗓子是她们的武器，讲台是她们的阵地，爱心是她们的动力。她们是一个斗志昂扬的集体，迎难而上是她们的习惯，携手共进是她们的风尚。人人跨级部授课，个个兼任班主任工作，她们用爱心、慧心、耐心、细心编织理想的风帆，带领学生在英语的天地中遨游，为学生打开一扇别样的窗户。她们就是学校的和谐教研组——英语教研组。

（撰稿人：王华）

2014年特色教师颁奖词（节选）

她努力在做一只快乐的"小蜜蜂"，一步一步向"勤劳、勇敢、团结、快乐"靠近，带着这种信念在青岛湖岛小学这个大花园中采蜜，将"勤劳、勇敢、团结、快乐"带给青岛湖岛小学的每一朵花。

她就是"小蜜蜂教师"——盛晶晶。

（撰稿人：刘文胜）

2014年感动校园人物颁奖词（节选）

她们，这学期来上班的时候，孩子分别是四个月和五个月，距离产假期满，正式上班的日子分别差两个月和三个月，当听到学校因为人员紧缺，希望她们提前上班的消息后，没有推脱、没有抱怨，二话没说，放下孩子，奔向讲堂；舍下自己的孩子，是为了更多的孩子；放弃哺乳期，是为了心中那份对教育的热爱。平凡中透出伟大，朴素中蕴含大爱，默默中体现无私！让我们为她们的精神歌唱——王新玲、朱琳老师！

（撰稿人：马晖）

教职工篇——守土有责

引用一句我最喜欢的诗句："当我走近你时，周围都是芬芳，当我离开你时，还带着你的余香，那是你美德的香味，丝丝缕缕都化为我的涵养。"这就是我心中的理想教育。我理想中的制度文化应该是自由、平等、博爱原则之下，散发着质朴而温暖的人文气息：着眼于每一位学生长远发展时对细节的高度重视；对学生充分的尊重和接纳；对每一位教职员工教育职责的准确定位。其实，每个老师都是一个士兵，每个人都有自己的阵地和责任。即规定的时间、规定的地点、规定的任务。树立"学生安全，我的责任"意识。须知：对学生爱护就是对自己的爱护，对学生的尊重就是对自己的尊重，对学生的保护就是对自己的保护。因此学校制度摒弃了冷冰冰的条例要求，从文化的角度鼓励倡导师生的发展方向，使制度更具有人情味、更便于操作执行。

【案例】

守土有责——教职工行为守则

学校特约定此守则，作为在遵守国家法规时的特别提醒。

所有青岛湖岛小学的教师都应该人手一份，了解它、实践它，并随情况的变化不断地丰富这个守则。

安全

- 安全是所有生命最大的智慧,学校实施"赢在终点"的教育计划。
- 学校每个人都负有安全时段的管理职责,在岗一分钟,履职六十秒。规定时间做规定动作。这个要求只需服从,不必"创新"。
- 对学生爱护就是对自己的爱护,对学生的尊重就是对自己的尊重,对学生的保护就是对自己的保护。
- 只要人活着,就永远有问题。不同的问题反映着我们的工作质量和状态,有的是生存问题,有的是发展的问题,有的是主动预防问题,有的是被动应付、疲于奔命的问题。
- 不要说刺伤人的话,无论是开玩笑还是认真说话,都不要嘲笑任何人,即使他给了你这样的机会。不体罚或变相体罚学生,也不授权班干部这样的权利。
- 学会平等,学会参与,学会诉求,学会协商,学会文明理性解决分歧,学会制订游戏规则,学会与别人分享果实,培养学生的公民意识。
- 孩子就是孩子,对学生进行安全教育时,注意不要流于形式、流于口头、流于单调,而要重视安全实践能力、儿童化和趣味化。
- 人是世间最宝贵的,"皮之不存,毛将焉附",教师的第一责任就是保证孩子的安全,这是我们实施教育的基本前提。
- 学校重大突发事件实行"首遇负责制",第一现场目击人或责任人要第一时间报告学校行政或主管,或报告安全主任或校长。

教学

- 在规定时间内上课、下课或开展活动,延时或变动要提前通知家长。
- 上课第一环节是清点人数,班级配备值日班长,报告人数并在第一时间和无故缺席的学生家长联络。各班要配备"安全小卫士",这也是孩子成长的平台。学校对"安全小卫士"定期培训。
- 任何意外的发生都会有预兆,人的外在就是人的内在,上课期间,老师在教学的同时,更要留意学生的情绪、表情及健康状况,并给予及时帮助,这是一项重要工作。
- 不允许教师中途因为取教材、作业等任何理由驱赶学生离校、离堂;严禁教师在学生入校之后让家长取送作业本;教师不上"闹情绪"课,不和学生一样"闹情绪",做到从容、冷静、有情;倡导"教育爱"。

你的行为就是学生最好的教材。

- 工作期间，教师离校必须向教学处或办公室请假，并有正当理由。
- 教师批改作业不适用大红笔，不要在作业或卷面使用刺激性、侮辱性言辞或大大的批示，建议使用温和的颜色、鼓励的语言、大小适当的字体，老师要控制好自己的情绪，做学生的表率。
- 上实验课严格执行实验操作规程。
- 注意教学时和学生保持正确的距离。
- "天生我材必有用"，老师要对不同的"材"，施以不同的方法和期待，帮助学生成功，成为最好、最快乐的他（她）。

德育

- 每学年学校与教职工签"一岗双责安全协议"，明确安全职责。
- 每学年开学由校医对特殊体质、特定疾病、心理异常及学习障碍学生统计并将统计结果上报主管行政及相关教师，以便在实施教学中规避和关照，避免意外或提出不切实际的要求。
- 组织学生社会实践或大型活动都要配备校医，制订应急预案；选择合作伙伴必须具有合法资质，并签订安全责任书上报街道或教育局批准。
- 上课或活动时间清点人数时发现孩子缺席，应该第一时间和家长取得联系，了解情况；通过同学或他人口头请假的，班主任或负责老师一定要亲自打电话和家长再次确认。
- 中途离校的学生，必须由家长同意、班主任填写离校申请单，批准后上交值班门卫放行。
- 上一周的周值负责人负责在每周一行政例会报告和总结上一周情况。
- 只有爱才会产生安全感。通过教师对学生或他人的行为中，让学生学会"平等、民主、法治、公平、和平、诚信"。
- 不要任意拔高教育标准："高标准、严要求"的"圣人教育"，而要从点滴小事做起，从学生实际出发，否则长大后连一些最起码的要求都做不到。
- 要求学生课间走廊不奔跑和激烈游戏，不跑步追逐到操场跑道。习惯有时需要老师的 16 次带动。
- 只能在爱中学会爱，在仇恨中学会仇恨，在冷漠中学会冷漠。更多地向学生或周围的人表示"爱和感谢"，这，连水也知道。
- 在非教学时段的校内其他活动，要和家长签订"自愿协定"，取得家长的同意和授权后方可实行。

- 教师家访须结伴，并事先征得对方同意，不要在家长处饮酒、借钱、留宿等不当行为。老师要保证学生安全，也要保证自己安全。
- 相关部门每月进行一次校内安全隐患排查和报告。
- 应急处置能力的核心要求是反应快速、程序规范、处置到位，把危害降到最小，或化险为夷，或坏事变好事，而最高境界是防患于未然。
- 如有意外事件、事故发生，采取公平协商友好的原则，不推诿、不隐瞒，主动承担自己相关责任。
- 校园文化和课室文化的建设符合儿童安全及环保要求，如材料、高度、气味、色彩等。
- 学校的慈善活动要尊重和保护工作对象，施恩的最高境界是保护人的尊严。我们不能在帮助别人的同时，践踏他们的自尊。

办公室

- "磨刀不误砍柴工"，各办公室要确保建筑、设备和教工"不带病"工作。及早发现问题及早报告，积极沟通协调，化解问题，不推诿，不抱怨。
- 学校后勤做到购买物资来源规范、程序规范、使用规范、财务审批规范、用途正确。
- 培养老师的同情心，形成互助的氛围，不幸灾乐祸。
- 努力结交品质好的朋友，和品行不好的人交往还不如独处。自己也要和自己相处友好。

值日教师

- 值日教师，在配合落实本周德育目标之外，特别是站在前门的老师还要：迎送同学时说"你好"或"再见"，或营造友爱的气氛；审视学生的仪容或状态并指导确保入校或离校时的良好状态和秩序安全或应急处理，原则上进入学校的孩子没有特殊情况不准离校。在楼层和花园的老师重点在安全和行为。其实每一位老师都要把这当作自己的职业习惯。因为教师是一个特殊的职业。

物业管理

- 学校的大门是学校安全的第一道防线。保安人员要做到礼貌、规范。

- 确保水电、监控设备正常。每周定时检查学校水、电、监控系统处于安全工作状态，有问题及时排查、报告、调整。
- 严禁在门卫室个人接待或吃吃喝喝；并和男女学生保持正确和安全距离。
- 教学时段，不允许学生通过校门外出购物。
- 不经学校主管同意，禁止外借、租赁学校场地或器材或擅动学校物品。
- 严格执行学校教工、学生外出登记制度。
- 外来人员一律要经过确认后放行，凭活动的邀请函进入校园。
- 妥善保管监控记录及派出所巡逻台账记录及证据。

总之，问题一旦发生，总有一个环节（木桶的短板）出纰漏，但希望不是你的那一块，也但愿永远不会。

学校实行安全事故或责任"一票否决"。重视安全工作并不代表今后只做安全工作，把安全和发展两者兼顾好，就是我们的工作水平和艺术，学会"弹钢琴"。

努力让真善美爱这一良知的圣火在你的胸中熊熊燃烧。努力避免因细小的纰漏造成的恶果，大家都来"补台"做好人！

教师要培养自己对学生的吸引力，要是学生痛苦绝望需要怀抱或肩膀依靠的时候，希望他能扑向你的怀抱，而不是挣脱出去。

学生篇——良好习惯

英国唯物主义哲学家、现代实验科学的始祖，科学归纳法的奠基人培根，一生成就斐然。他在谈到习惯时深有感触地说："习惯真是一种顽强而巨大的力量，它可以主宰人的一生，因此，人从幼年起就应该通过教育培养一种良好的习惯。"著名教育家叶圣陶先生说，教育就是培养习惯。只有学生良好的行为习惯和学习习惯养成了，自学能力和自我管理的能力得到高度发展了，才能为孩子今后走向社会打下良好的人生基础。

任何好习惯都是相通的。一个生活习惯不好的人，很难养成良好的学习习惯，任何事情都要注意从培养、引导方面去塑造，让生硬的习惯约束变成鼓励引导。欲求好人生，先求好习惯；欲求好习惯，只需要做一件事：告诉学生如何去做，激发学生愿意去做，支持学生努力去做，鼓励学生坚持去做。

因此，学校在规范学生的行为和习惯制度方面，没有从不许怎样去做、不能怎样去做、必须怎样入手，而是从引导入手，从可以怎样去、学会怎样去做、努力怎样去做入手，给学生提出了《小学生好习惯40条》，并把好习惯做成书签，人手一张，使教条的制度规范变成了鼓励引导的制度规范，让学生易于接受、易于执行。

【案例】

青岛湖岛小学学生好习惯40条

1. 与大人应对，学习有礼貌，有分寸。

2. 与人互动，眼睛最好看着对方的眼睛。

3. 别人有好表现，学会替他高兴。

4. 学习尊重别人的发言与想法。

5. 自己有什么好表现，不要炫耀，输给别人也不要生气。

6. 见到老师或客人，主动问好，是有礼貌的表现。

7. 众人面前打喷嚏、咳嗽是不礼貌的小动作，应该学会说对不起。

8. 别的同学受到批评的时候，盯着他看，会让他更加尴尬。

9. 别人送你任何东西，学会主动说谢谢。

10. 全班一起念课文时，学习看着文章一字一句。

11. 学会以完整的句子回答所有的问题。

12. 每天做完作业是学生的基本能力。

13. 换科目书本的时候，做到动作快、安静、守秩序，你就最棒了。

14. 别的老师来代课，也能够遵守班级常规。

15. 课堂上发言，腰杆挺直、声音洪亮，是最棒的。

16. 做好眼保健操，爱护自己的眼睛。

17. 每天坚持锻炼身体一小时，让身体更棒。

18. 同学、朋友一起玩耍时，经常耍小脾气会不受欢迎。

19. 注意洗手间的卫生，把身边的病源减少到最少。

20. 用餐学会讲究礼仪。吃完饭，自己的垃圾自己处理。

21. 认识新朋友，努力记住对方的名字，他人会更尊重你。

22. 别人掉东西，弯腰去帮帮他，别人会喜欢你。

23. 进门时，如果后面有人，请帮他扶住门。

24. 别人碰到你，不管有没有错，主动说声对不起。

25. 进行校外活动时，无论到哪一个公共场所都努力做到安安静静。

26. 去参观别人的地方，学会不吝于赞美。

27. 一趟校外教学结束，学会谢谢所有随行的老师和家长。

28. 全校师生集会的时候，学会倾听不讲话。

29. 接电话时言谈努力做到大方得体。

30. 搭乘电梯时，学会站右边，请赶时间的人走左边。

31. 列队行进时、看电影时遵守公共秩序，不大声喧哗，是有公德人的表现。

32. 学会不插队，但看到别人插队时不大呼小叫，让老师知道就好。

33. 主动不带玩具、零食到学校来。

34. 有谁欺负你，让老师知道，不去私下解决争吵。

35. 自己的兴趣爱好自己学会坚持。

36. 抓住今天——乐观，享受人生。

37. 努力帮助别人，不留遗憾。

38. 不管何时，都努力做到诚实。

39. 用小小的贴心，为别人制造惊喜。

40. 在你的能力范围内，做最好、最好的人。

家长篇——民主参与

　　为了真正保障学校依法按章程自主发展，我们主要把握了两点，即牢固树立服务意识和依法接受监督。我们把搞好服务作为学校的主要目标，服务教师、服务家长、服务社会，并定期邀请学生、家长、社会对学校教育教学工作进行监督评价和考核。学校的发展不是孤立的，必须根据社会发展需求和人的发展需求，及时调整办学行为，调整教育教学方式。因此，围绕民主监督、社会参与，我们充分发挥家长委员会、校务委员会等组织的作用，参与教育督导，监督学校办学行为，维护学生、家长的合法权益。像我们的《校务委员会制度》《家长委员会制度》《家长学校授课制度》都得以体现。

【案例】

青岛湖岛小学家长志愿团队伍管理规定（节选）

第二章　服务领域与形式

　　第四条　志愿者服务领域：

　　（一）活动部：能够在走向社会课堂的活动中配合老师组织学生参加各种社会活动；能够主动参加或者组织学生参加到对学生有教育意义的活动中来。

　　（二）项目部：能够为学校的活动提供相应的理论或者技术方面的帮助。

（三）联络部：能够在家长工作、学校工作、社会活动中发挥联络组织的作用。

（四）宣传部：对学校的教育、教学等各项工作能够做到及时了解，并且能够通过飞信、QQ、微信、座谈交流等各种方式宣传学校的工作，让家长对学校服务于家长的理念、行动充分了解。

（五）安全部：能够和有关部门联系对学生进行各种讲座，带领学生学会自护自救的相关知识，能够配合学校让学生更加懂得关注生命，远离危险。

第五条　志愿者服务形式：

（一）为家长们提供相关的学习资料。

（二）为学生讲授学生可以接受的知识。

（三）为老师提供有价值的教育学生的思路。

（四）为学校提供可以促进学生更好地发展的场地或者其他帮助。

第三章　申请加入与退出

第六条　本队伍常年接受志愿者加入申请。

第七条　申请者可根据湖岛小学公布的需求信息，填写申请表格，加入本队伍。

第八条　志愿者若遇特殊情况中止服务，须提前一个月向本队伍提出书面申请。

第四章　志愿者誓言、行为规范

第九条　志愿者誓言：

我志愿成为一名光荣的志愿者。我承诺：尽我所能，不计报酬，帮助家长，服务家长，践行志愿者精神，参与学校的教育教学和各类活动，宣传正确的教育思想、教育方法。为湖岛小学的发展最大限度地贡献自己的力量。

第十条　志愿者行动口号：

携手、奉献、互助、共创

【案例】

2013年家委会考察、选择配餐公司案例

张颖

一、产生缘由

根据市北区教育局8月22日《关于公布具有市北区学校供餐资格的单位的通知》要求，学校教师、学生午餐必须从经审核准入的配餐单位中选择，不得擅自选择未经审核的企业或者个人。并且要求学校按照要求成立膳食工作委员会，对配餐企业进行实地考察两家（含两家）以上，综合评定供餐企业并签订供餐合同。作为师生关注的午餐问题，为做好配餐选择和配送管理工作，学校将此项工作提交家委会审议。

二、审议过程

2013年8月27日，在青岛湖岛小学召开了2013—2014学年度第一次家委会会议。

此次会议家委会成员着重讨论"师生午餐配送选择及管理"这一话题。

在会上，学校马晖校长传达了《关于公布具有市北区学校供餐资格的单位的通知》通知精神，重点通报了此次配餐的获准入校的配餐企业、配餐确定工作流程，抛出了我校"选择哪家配餐企业的"议题，随后参会的各位委员畅所欲言，发表了各自观点。

张颖：配餐企业选择关系到食品安全、师生的身体健康，必须慎重，多征求家长和教师意见，确保师生家长满意。

郭劲材：作为家长，既要考虑午餐价格，又要考虑午餐营养和质量，可以邀请部分家长到企业参观，最终家长投票选择。

贠利：教师也每天吃午餐，希望也听一下教师的选择意见。

马晖：根据大家的意见，我们学校建议成立学校膳食委员会，邀请部分家委会代表和学校工会代表参与，并一起参观几家配餐企业，由教师和家长投票确定最终选择哪家企业为师生配餐。

三、措施成效

2013年8月28日—29日，学校在校务委员会的监督下，成立了家长膳食委员会，组织家长膳食委员会的成员考察参观了为学校提供学生午餐的青岛美味达和青岛新希望两家配餐中心，一起来为学生午餐把把关。

配餐公司的负责人热情地给学校膳食委员会介绍了配餐公司的概况，详细

讲解了配餐中心菜品加工、制作的流程与规范，认真回答了家长们提出的各种问题。在配送中心参观时，配餐公司的管理员仔细地给大家讲解了配餐公司蔬菜的初加工、浸泡、切配的整个操作流程，并演示了配餐中心蔬菜农药残留检测的过程。在学生餐具消毒间，大家听取了工作人员介绍了餐具的具体消毒过程后，都感到可以放心使用消毒餐具了。在参观的过程中，家长们还查看了配餐中心进货单、工作人员健康证、食品安全卫生许可证和检验检疫等相关凭证，确保孩子们吃上合格的食品。

通过参观，使学校膳食委员会的人员亲自了解了学生午餐的制作过程，同时也针对学生就餐的要求和午餐品种及营养的搭配提出了合理化的建议，并填写了学校配餐选择意向建议书，根据膳食委员会的意见，最终学校确定同青岛美味达配餐中心商谈师生午餐配餐，并通报给校务委员会成员。

通过两个多月的实际配餐，绝大多数家长都比较满意。

四、案例启示

本案例就是学校在决策前召开家委会会议，集思广益，汇聚智慧，对学校师生午餐配餐问题进行了"一事一议"，达成了一致共识，得到了家长的一致肯定，取得非常好的效果。

第五章

着力行走:
融合课程变革,真课题破解真难题

第一节　课程文化建设的思考

循着清楚的路标

穿过林中小道

最后来到无人走的地方

我拾起每一片枯叶

把它们寄往春天的田野

我的脚在泥土里

摸索前进

心中早已找到春天的路

（摘自互联网）

喜欢这首小诗，喜欢一遍一遍地读。想象自己就是诗中的"我"，哪怕前方没有路抑或是没人走过，只要有清楚的路标，只要心中有追求，只要我的脚一直在泥土里行走，我就能找到通往春天的路。喜欢这首诗，是因为诗中藏着韧劲，藏着希望，藏着我从事课程改革的决心和信心。

我还喜欢哲学家维特根斯坦的一句话："我们不要在云端舞蹈，而要贴地行走。"正如李吉林老师称自己是"竞走运动员"——永远向前不停步，永远不要离开大地，踏踏实实地一步一个脚印地走。我坚定地认为，人是一种意义的存在，意义不是别人赋予的，而是自己创造的。"竞走运动员"的永远向前，教育者的"贴地行走"，内在动力永远是创造意义的追求。因为尼采忠告诉我们："我们新的荣耀不是在所来之处，而在将要前往的那个地方。"

小学教育工作者的教学研究尤其要"贴地行走"，只有火热的教育现场，只有鲜活的教育行动，才是生长教育理论最适宜的气候，也是实现教育理想最温润的土壤。

我们知道，学校特色文化的最终指向是实现育人目标。把"葫芦娃爱心文化"理念具体化，就是我们的育人目标"植贤树人，即植爱、植智、植美、植行，树博爱之人"。"植贤树人"育人目标深刻践行着特色文化要求，是学校教育的灵魂。那么怎样把这个"教育灵魂"最终变成学校教育的基本坚守？学生自信心不足，学生视野不够宽广，学生与城市融合有困难……这些问题如何解决？

我们的选择是由问题到课题，用真课题破解真难题。学校成功立项青岛市"十二五"教育科研重点课题《以学校特色为实践载体的弱势群体教育策略研究》，成为山东省"十二五"重点课题《个性化教育：理论研究与实践探索》的子课题学校，山东省"十二五"重点课题《课程整合研究》实验学校。

著名教育家杜威说，所确定的目的必须是现有情况的产物。我们申报的这些课题就是我们当前"所确定的目的"，它是基于校情，以"特色文化"为实践载体，通过应用研究和行动研究寻求突破和发展的产物。一言蔽之，它具有现实意义和研究价值，是以校为本，由问题到课题的自然生成，用真课题破解真难题。育人目标、学校困难成为倒逼我们思考、提出并践行"融合型课程改革"的催化剂。

实现育人目标的核心实践载体是课程。关于特色文化与课程的关系，我有一个形象的比喻：特色文化和师生就像河的两岸，特色在左，师生在右，隔岸观火、隔空喊话永远无关痛痒，可知未必可行。要想知行合一，就需要给这条河架一座桥，这座桥就是课程。

也就是说，特色文化要通过课程在师生心中落地生根、开花结果。独特的价值、思想和个性的课程，就能让学校形成独特的特色文化，提升教育内在品质。

国家提出"国家课程校本化，校本课程特色化"，我对这句话解读为一个词——"融合"，在"百度百科"中，"融合"一词指熔成或如熔化那样融成一体。对于学校来说，是实现文化、教师、学生、教材四者有机融合，共融共生编织在一起，能够点燃学生的梦想与激情，使他们充满发展后劲的，就是好的课程。对于湖岛小学的课程建设来说，"融合"还包括城乡的融合、地域融合、观念融合和心理融合。

【案例】

山东省教育科学规划重大课题课程整合子课题
融合型课程的实施策略研究

一、本课题核心概念的界定

所谓融合，在词典中的定义是指将两种或多种不同的事物合成一体。教育对融合课程的定义是把部分的科目统合兼并于范围较广的新科目，选择对于学生有意义的问题进行学习。

我们提出的"融合型课程"是指学校在"葫芦娃爱心文化"引领下，树立大课程观，围绕着"植爱、植智、植美、植行，树博爱之人"的育人目标，将国家课程、地方课程、学校课程、德育课程和社团活动内容按照国家教育目标和学校育人目标，从课程目标、课程框架、课程研发、课程实施和课程评价五个层面重新整合后，融入植爱、植智、植美、植行学堂"四大"课程体系中，力争实现课程、课时、内容、评价的"四个"融合，以课程彰显学校办学理念，以课程促进学生全面发展，实践"国家课程校本化，校本课程特色化，特色课程师本化"。

二、国内外研究现状述评

（一）国外研究现状

首次系统论证课程综合化的是德国教育家赫尔巴特，他认为，只有综合教学"能够承担教育所要求的建立整个思想体系的任务"。他是"相关综合课程论"的代表人物，倡导教育要以儿童的"思想圈"为出发点，选择相关的教材学习，从而使得新的观念不断被已有观念所同化，最终目的是要培养人的完整人格。罗杰斯在其著作《学习的自由》中明确指出：教育目标应该促进"整体认知的学习"与变化，"培养对变化开放、灵活和适应的人，学会怎样学习并且因而能不断学习的人"。后现代主义课程论的主要目标之一就是重建整体的、有机的世界，极力主张"去中心"和"边界松散"，极力主张学科之间界限的消除，极力主张科技整合。无论是知识中心综合课程论、儿童中心综合课程论、问题中心综合课程论，还是人性中心综合课程论，都倡导综合课程。

20世纪80年代，在美国出现了广域课程和核心课程，即将具有逻辑相关性的一组学科归纳组成社会、理科、美术、人文一类的若干领域。如STS课程、社会中心课程，都是综合课程的不同形式。日本出现了合科指导的思想，注重儿童自身的主动探究，打破学科界限，他们现行的综合理科即是在这种思想的指导下的实践。

（二）国内研究现状

我国当前所深入推进的新课程改革，正是以倡导全人教育、扭转课程过分注重知识传承和技能训练的倾向为特征的，主题课程恰好具备这一功能，它能转变我国单一的课程功能，从而实现整体的课程功能的发挥。国家教育部门2001年颁布的《基础教育课程改革纲要》中就指出："要改变课程结构过于强调学科本位、科目过多和缺乏整合的现状。"

关于课程整合的探索，国内步伐迈得比较大的目前有北京十一学校及清华附小、重庆谢家湾小学等。

清华附小对现有的课程进行结构化的改革，提出了"1加X课程改革"的思路。所谓"1"就是整合后的国家基础性课程，即必修课程；所谓"X"，即丰富的必修与自选课程。整合后的课程分为四大类：品德与健康（品德与生活、品德与社会、健康与体育），语言与阅读（含语文与外语），数学与科技（数学、科学），艺术与审美（音乐、美术与综合艺术）。其中每一类包含国家基础课程和若干个性化课程（含必修和选修两类）。十一学校小学部的课程称为全课程，即面向每个完整的儿童，整合全部学科，由全科教师任教，培养全面发展的人。学校采用自编教材进行教学，各个学科整合成一本教材，国家印发的教材只作为阅读书目，无练习册之类的材料，但有教师自主开发的综合作业纸；也不分学科，每周可申请一次专业助教（主要指音乐、美术）。每个月围绕一两个组织中心展开教学。谢家湾小学构建的小梅花课程体系，十几门国家、地方课程被分成阅读与生活、数学与实践、科学与技术、艺术与审美、运动与健康五大类，推动课程形态、课程内容、课程与人的全面整合。山东省青岛经济技术开发区实验初中等学校也进行了课程整合研究，构建了较为完善的学科整合体系。

三、选题意义及研究价值

（一）选题意义

湖岛小学是一所以外来务工人员子女为生源主体的学校，外来务工子女占全校学生总数的80%以上。通过对学生家庭状况、心理状况、行为表现的问卷调查和访谈，我们发现，因父母所处社会地位的边缘化和家庭教育缺失，学生普遍缺少自信、思维呆板、视野局限。

湖岛小学也是一所相对偏远和薄弱的学校，校舍、师资都不具优势。2011年，我们确立了"葫芦娃爱心文化"特色品牌，明确了"每个孩子都值得爱，让每个孩子学会爱"的办学理念，梳理出"植贤树人"的育人目标，开始了"一个理念引领，四大文化推进"的学校蜕变发展进程。其中课程文化是教育的核心力量，针对我校现状，我们希望通过课程结构的完善、课程内容的整合、课程评价的改革，实施深度的课程融合改革，落实以师为本、以生为本的理念，提升教师专业素养，减轻学生学习负担，拓宽学生视野，改变师生的生态，使学生加快融入社会、融入城市的脚步，为师生健康、持续、全面、和谐发展提供可能性。

（二）研究价值

1.理论意义

课程是学校一切工作最终的物化体现。本课题研究充分体现了学校文化理念下的融合型课程改革，在梳理和明确特色文化、育人目标、办学追求等顶层设计基础上，实践着基于学校文化——围绕育人目标——课程框架分解育人目标——课程整合落实育人目标的课程改革设想，为"以课程整合为实践载体的学校文化建设研究"提供理论和现实范例。

2. 实践价值

新课改以来，课程从单一走向多元，推行三级课程管理，学校被赋予了课程开发和管理的权利和责任。如何让学科课程形成育人合力，如何让课程成为国家和学校育人目标的重要支撑，如何让课程建设解决现实问题，如何让课程建设统一指向教师和学生的发展，这些问题凸显出课改进入"深水区"的艰难。本课题拟以实践的力量找到课程改革的突破口，具有积极的实践价值。

3. 推广价值

我校课程建设以"植爱、植智、植美、植行，树博爱之人"育人目标为出发点和落脚点，实践"学科融合、课时融合、内容融合、评价融合"的课程改革路径，打破三级课程壁垒，通过有效地删减添加、合并补充，实现课程与社会、课程与生活、课程与人、课程与发展的融合。总结出较科学的、富有学校特色的课程体系整合经验，具有较实用的推广价值。

四、本课题的研究目标

1. 通过"融合型"课程的研究，探索适合校情、学情的课程内容，构建适合我校学生的四大学堂课程体系，探索出课程改革实施路径，并总结可供借鉴推广的经验。

2. 通过"融合型"课程的实施，探索与之相匹配的课程评价，全面、客观、公正地评价学生，促进学生的可持续发展。

3. 通过"融合型"课程的研究实施，激发学生学习探究的兴趣，培养学生自主学习、动手实践的能力；给学生创造参与实践、获得体验的机会，在获得成功的过程中树立自信心，获得幸福体验；培养学生具有初步的社会责任意识，能尽己所能向社会、家庭和他人奉献爱心；拓展学生视野，培养认真负责的学习态度、团队合作精神和创新意识。

4. 通过"融合型"课程的研究实施，使教师成为课程的建设者和开发者，促进教师的专业发展，提升职业幸福感。

五、研究内容

本课题研究的中心是"融合型课程的实施策略研究"，通过课程目标、课程体系构建、课程内容、学科、课时和评价的实施，研究课程融合路径，揭示课程融合实施策略，具体内容包括四个方面：

1. 基于育人目标下的融合型课程目标的研究。围绕学校育人目标，确定科学、明晰"融合型课程"总目标和"植爱、植智、植美、植行"四大学堂的课程分目标。

2. 四大学堂课程实施框架的研究。围绕课程目标，研究并确定符合校情、师情、学情的"融合型课程"实施框架。

3.课程和学科内容融合的研究。研究并确定符合校情、师情、学情的"融合型课程"和学科整合内容。

4."融合型课程"的实施策略研究。研究学科融合、课时融合、评价融合的实施路径和策略。

六、研究假设和拟创新点

与国内研究现状相比，本课题有以下创新点：

1.融合型课程核心概念的界定。针对目前国内和国际有相关课程、广域课程、全科课程的界定，我校提出的"融合型课程"核心概念的界定是对课程整合的个性化研究。

2.课程体系框架名称是育人目标的分解。围绕"植贤树人"的育人目标进行顶层设计，将国家课程、地方课程、学校课程、德育课程和社团活动深度整合，研究制订融合型课程的"植爱、植智、植美、植行"四大课程体系框架。

3.四大板块课程内容的确立。围绕四大课程体系框架，探索必修课程、选修课程、特色课程、拓展课程四大板块的课程，四大板块课程内容具有学校特色。

4.课程进行全面融合探索。尝试进行四个方面的融合探索，即内容融合、学科融合、课时和评价融合。这四个方面全方位涵盖了课程建设的实施路径。

5.本课题是一项教育管理人员和一线教师合作进行的研究，广泛的参与性、多向的互动性、过程的开放性、成果呈现的多样性将是本课题的鲜明特点。

七、研究思路

第一步：在充分调查的基础上，进行专家论证，制订《融合型课程改革规划方案》，进行课程的顶层规划设计。

第二步：根据《融合型课程改革规划方案》，制订融合型课程体系框架和课程目标体系。

第三步：根据体系框架和目标体系，制订"植爱、植智、植美、植行"四大学堂课程标准。

第四步：根据课程标准，将课程整合分为几种不同的整合门类。学科内整合类，学科制定课程内容整合纲要，并确定整合的内容；学科间融合类，学科间确定整合的内容和实施途径；课程融合类，要确定国家课程和补充课程内容范围；拓展类融合，要有指导教师进行课程融合的特色或拓展类课程手册。

第五步：根据课程整合门类，进行课时的融合研究。保证必修课程的开齐开足，探索特色和拓展课程的课时融合方法。

第六步：进行评价的融合研究。

第七步：进行必要的校本培训。提升教师理念，进行融合课程实施策略的跟踪、研究、指导。

第八步：举行融合型课程阶段性总结梳理工作。确保课题研究工作科学有序开展。

八、研究方法

本课题将综合运用文献法、调查法、行动研究等方法。

1. 文献资料研究法：研究国内外新的课程整合的理论和发展；借鉴已有的理论成果，支撑和构建本课题的理论框架和方法论，调整研究思路，深化课题研究。

2. 调查研究方法：调查学生的学习和发展状况，积累调查数据；调查、总结、推广教师在实施中的新方法，取得的新经验。

3. 行动研究方法：边实践边总结边研究，在研究实践中解决出现的问题，及时反馈、修订研究方案，在行动中研究，在研究中行动。

4. 经验总结法：采取总体规划、分步推进的研究策略。每个阶段有方案、有计划、有记录、有总结，定期进行定量和定性分析，课题组每位教师在研究过程中，写出体会、提出意见，梳理研究成果，最后汇总阶段成果。

九、技术路线和实施步骤

技术路线

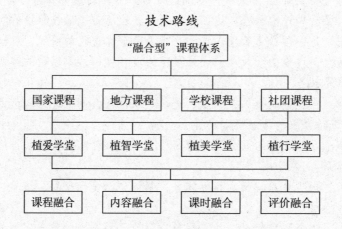

融合课程整合后，形成四大课程体系，即植爱学堂、植智学堂、植美学堂和植行学堂，进行内容融合、学科融合、课时融合和评价融合的探索，旨在解决如下问题：1.学科过多，学科内容重复、交叉；2.减少学生过重的课业负担，使学生更好地发展，成就学生；3.解决我校学生存在的共性问题，实现"植贤育人"的目标；4.激发教师的专业智慧，提升专业素质。

实施步骤

（一）课题研究的构建阶段（2014年10月—2014年12月）

成立课题研究领导小组与工作小组，制订研究方案。

1.通过调查、访谈、专家论证、教代会等形式规划、完善《融合型课程建设方案》。

2.加强课题研究的理论学习与指导。

3.转变教师观念，举办配套的理论学术讲座与研讨交流。

（二）课题研究的实施阶段（2015年1月—2017年1月）

在专家指导下，理论与实践相结合，实施研究计划，加强过程管理。

1.通过问卷调查数据和访谈结果的分析评价等途径，了解学生需求；通过CMI、SCL-90、瑞文、学习心理测试等心理量表测试调查研究课题前后，了解学生的学习与发展的状况。

2.研究制订学科内整合的课程纲要、整合方案，学科间整合后的课程标准和实施框架，拓展课程的整合内容和措施。

3.以子课题研究团队为单位，分别进行以下策略研究：

学科内整合：语数英音体美课程整合。

学科间整合：地方课程与综合实践活动的整合，思想品德与学校课程的整合。

拓展性课程：依据学生年龄特点和课程标准，确定各年级各学科的专题拓展内容，并进行教学实施。

4.组织教师编写各学科的《课程整合教师指导用书》。

5."我爱我家"课程手册分册（2015版）、《德育课程手册》《葫芦学堂课程手册》（2015版）出台。

6.研究并梳理融合型课程的不同课型模式，落实课程目标，提高课堂教学实效。

7.研究融合型课程的评价体系。完善科学合理、可操作性强的"三融合"师生评价体系。设立学生"与葫芦娃同成长"成长档案袋。

8.每年年终召开教育教学年会，通过论文征集、经验介绍、课例观察等形式总结课题研究年度成果。

9.通过观察、访谈、调查等形式，汇总并提炼课题实施过程中的策略方法，形成中期研究成果，召开中期成果汇报会。

（三）课题研究的总结阶段（2017年1月—2017年6月）

整理研究材料，分析研究结果，总结梳理经验。

1.在前一阶段研究的基础上，全面梳理，总结研究情况，撰写研究报告和工作报告。2017年6月召开课题结题会，聘请专家进行结题鉴定。

2.整理在课题实施过程中所取得的成功经验和有效途径，总结融合型课程建设的策略方法，并形成经验材料。

3. 出版《我们这样走过——融合型课程研究》(含研究论文、教学设计、案例等)。

4. 录制《用课程改变学校》宣传片。

十、完成课题的可行性分析

（一）课题主持人的主要学术经历

"十一五"期间，主持青岛市"十一五"规划课题《教师专业发展的策略研究》，顺利结题。

承担青岛市"十一五"重点课题《小学生国学启蒙策略研究》，顺利结题。

"十二五"期间，承担教育部"十二五"重点课题《个性化教育：理论构建和策略研究》的子课题。主持青岛市"十二五"重点规划课题《以学校特色为实践载体的弱势群体教育策略研究》。

（二）主要参加者的学术背景和研究经验、组成结构

课题组成员中很多承担或参与市区级课题研究，有一定的理论基础和实践经验。他们均耕耘于教学第一线，在教学方面积累了丰富的经验，都参加过科研培训，有一定的科研能力；每个人都在省市论文评选中获奖，多人次在省、市级刊物发表过论文。

（三）完成课题的保障条件

1. 组织保障：学校成立课题领导小组，进行课题顶层设计，开发校内外课程资源，保障课题方向性和有效性。

组长：马晖

成员：王华　周媛　刘晓东　周娜

2. 制度保障：学校建立、健全相关课题管理制度，完善评价、激励制度。教科室定期对教师实验情况进行检查指导，按计划进行阶段性成果汇总，保证课题顺利进行。

3. 经费保障：学校保证本课题专项研究经费充足，及时到位；确保开题论证、过程研究、结题鉴定的各项费用及时到位；保证购置书刊、资料采集、会议研讨、论文结集等各项经费的如期支付；为了调动实验教师的积极性，对在课题研究中做出贡献的教师从精神上和物质上给予一定的奖励，在评优、晋级优先考虑。

4. 培训保障：为使课题研究顺利进行，学校为研究人员准备了丰富的理论书籍资料，提供学习借鉴的音像资料。学校将根据实验进展的情况，及时聘请相关专家或上级教科研部门予以技术支持和指导。

十一、预期研究成果

主要阶段性成果（限报 10 项）				
序号	研究阶段 （起止时间）	阶段成果名称	成果形式	负责人
1	2015 年 9 月	"我爱我家"课程手册（2015 年版）	教材	周媛
2	2015 年 9 月	《葫芦学堂》课程手册（2015 年版）	教材	周媛
3	2016 年 6 月	各学科课程整合指导用书（上下册）	教材	王华
4	2015 年 3 月	《德育课程手册》	教材	周娜
5	2015 年 11 月	《用课程改变学校》录像片	影像	王华
6	2016 年 12 月	《我们这样走过——融合型课程研究路径》	专著	马晖
7	2017 年 6 月	《融合型课程的实施策略研究》工作报告	报告	马晖
8	2017 年 6 月	《融合型课程的实施策略研究》研究报告	报告	王华
最终研究成果（限报 3 项，其中必含研究报告和系列研究论文）				
序号	完成时间	最终成果名称	成果形式	负责人
1	2017 年 6 月	《融合型课程的实施策略研究》工作报告	报告	马晖
2	2017 年 6 月	《融合型课程的实施策略研究》研究报告	报告	王华
3	2016 年 12 月	《我们这样走过——融合型课程研究路径》（含研究论文、教学设计、案例等）	专著	马晖

第二节 融合型课程实施框架

学校借鉴西方广域课程理论，实施以"融合型"课程开发为内容的课程改革探索。

一、"融合型课程"的诠释

所谓融合，在词典中的定义是指将两种或多种不同的事物合成一体。教育对融合课程的定义是把部分科目统合兼并于范围较广的新科目，选择对于学生有意义的论题或概括的问题进行学习。

　　"融合型课程"是指学校在"葫芦娃爱心文化"引领下，树立大课程观，围绕着"植贤树人"的育人目标，将国家课程、地方课程、学校课程整合到植爱、植智、植美、植行四大课程体系中，力争实现四个融合，即课程融合、课时融合、内容融合和评价融合，以课程彰显学校办学理念，以课程培养学生的自信性、适应性，促进学生全面发展，实践"国家课程校本化，校本课程特色化"。

二、指导思想

　　全面贯彻党的教育方针，全面实施素质教育，积极推进学校特色文化建设工作。从学校的实际状况和学生的实际需要出发，树立大课程观，将综合实践课程、学校课程、德育课程和社团课程融入其中，打造"融合型"课程，促进学生全面发展，以适应社会进步、教育发展和教育改革的客观要求。

三、课程理念

　　总理念：植贤树人，即植爱、植智、植美、植行，树博爱之人。
- 植爱学堂基本理念：学会做人、学会自爱、学会爱人。
- 植智学堂基本理念：学会思考、学会运用、学会创造。
- 植美学堂基本理念：学会欣赏、学会表达、学会创新。
- 植行学堂基本理念：学会生活、学会合作、学会实践。

四、"融合型课程"体系

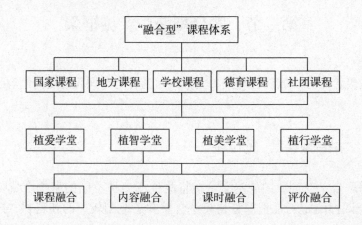

五、"融合型课程"目标

（一）总目标

1.通过"融合型"课程的实施，给学生创造参与实践、获得体验的机会和条件，在获得成功的过程中，树立自信心，获得幸福体验。

2.通过"融合型"课程的实施，培养学生具有初步的社会责任意识，并能根据自身的爱好，运用已有的知识和技能，向社会、家庭和他人奉献爱心。

3.通过"融合型"课程的实施，激发学生科学探究的兴趣，培养学生自主学习、动手实践的能力，学会运用知识参与实践，初步掌握收集、处理和运用信息的能力。

4.通过"融合型"课程的实施，拓展学生视野，培养认真负责的学习态度、创新意识和合作精神。

（二）分目标

● **植爱学堂**

基本理念：学会做人、学会自爱、学会爱人。

课程领域：品德与生活或品德与社会（部分内容）和地方课程整合到"我爱我家"特色课程、"爱在四季"德育课程、心理健康教育中。

课程总目标

1.强化学生行为习惯养成教育，提高学生自我管理能力。

2.培养学生良好的心理素质，促进学生身心全面和谐发展和素质全面提高的教育活动。

3.通过各种教育活动，使学生学做真人。学生发自内心变得自信、从容、有尊严。

4.通过课程的学习，让学生更加深入地了解自己，培养自信乐观和团队合作能力，同时感受爱，学会表达爱，懂得感恩。在活动中，让学生学会爱自己、爱他人、爱社会。

年级段分目标

低年级

1.珍爱生命、爱亲敬长、诚实勇敢、有责任心。初步培养学生的做人意识，要求孩子做一个诚实的人。

2.保护环境、爱惜资源、文明待人、乐于劳动。熟悉优美的校园环境，教育学生热爱祖国、热爱学校、尊敬师长，关心班级。

3.具有与同伴友好交往、合作的基本方法和技能。创设良好的课堂环境，帮助学生了解并掌握学生基本行为规范，适应小学学习生活，逐步培养学生良好的学习、生活、劳动、卫生习惯。

4. 注重培养孩子对自我以及所处环境的认知，学会感受爱、表达爱，懂得感恩。利用丰富的活动环境，培养学生诚实、说真话、谦让、不任性、活泼、合群、勇敢等良好的个性品质。

中年级

1. 自尊自律、乐观向上、崇尚公平、诚实守信。在诚实的基础上，教会孩子时刻抱有一颗平常心，公平公正对待每一个人。

2. 热爱集体、团结合作、友爱和善、勤劳朴素。爱护整洁的校园环境，教育学生热爱祖国，热爱家乡。落实文明行为规范的教育与训练。发扬拾金不昧、团结友爱、助人为乐的精神，进行"心中有集体"教育，培养学生积极为集体做好事，以实际行动珍惜集体的荣誉。

3. 创设和谐的课堂环境，培养学生自觉遵守纪律的习惯。明确学习目的，培养刻苦认真、不怕困难、虚心好问的学习态度，养成良好的学习习惯。初步认识自我，学会清楚地表达自己的感受和见解。

4. 利用多彩的活动环境，让学生参加力所能及的公益劳动和家务劳动。积极投入少先队的主题教育实践活动，培养他们自主、自理、自动的能力。

5. 调节适当的心理环境，使学生在生活、学习、人际交往中能正确把握自己、调节自己的心态，促进和提高他们的心理素质。注重培养孩子与人交往能力、团队合作能力和心理调节能力，学会爱己爱人，自信乐观。

高年级

1. 爱惜身体、热爱生活、勤劳勇敢、诚以待人。珍惜爱护自己的身体，世界上只有一个自己，教会孩子学会保护。

2. 尊师重友、友爱宽容、平等合作、积极参与。接受校园环境的熏陶，教育学生热爱祖国，初步树立远大的理想。学会待人接物的日常礼仪。关心集体，为集体增光。增强遵纪守法的观念和自我保护的能力。

3. 接受课堂环境的陶冶，培养学生专心踏实、勤奋好学的学习态度与主动、积极、认真的学习方法和习惯。尝试自己解决生活中的问题，力所能及地参与社会公益活动。

4. 通过活动环境的锻炼，掌握一定的劳动技能，发挥各人的个性特长，挖掘自身的内在潜能，展示各自丰富的想象力和创造力。强调开拓孩子的视野和想象，认识到生命与自然的多元化，学会保护自然，和谐共处。

5. 运用心理环境的矫正，培养学生自尊自爱、正直坦诚、宽厚待人、守信用、有毅力、勇于克服困难的个性心理品质。

6. 注重对孩子多元技能的培养，如创新实践能力、问题解决能力等，学会自立自强，学会传递爱。利用人际环境的创设，使学生与学生之间互助、合作、竞争，使教师与学生之间发扬民主，使学生与家长之间加强沟通，有利于基础道德教育的渗透。

- **植智学堂**

基本理念：学会思考、学会运用、学会创造。

涉及领域：数学、科学、信息技术。

课程总目标

1. 通过植智课程的学习，学生能够学会思考，能够独立地内化知识、理解知识，能够及时提出问题，主动探究问题，积极解决问题。学会理性思考问题、解决问题，并能对问题进行反思；养成良好的学习习惯，具有初步的创新意识和科学态度，养成终生学习的习惯。

2. 在植智课程的学习过程中，学生能够阶段性地归纳总结所学知识、思想和方法，并能够举一反三将这些知识、思想和方法运用到新知识的学习中。

3. 学生学会创造性地解决问题，具备初步的创新意识，形成坚持真理、改正错误、严谨求实的科学态度。

4. 保持和发展对周围世界的好奇心与求知欲，形成大胆想象、尊重证据、敢于创新的科学态度和爱学习、爱家乡、爱祖国的情感；亲近自然、欣赏自然、珍爱生命，积极参与环境保护，关心科技的新发展。在学习中体验获得成功的快乐，锻炼勇于克服困难的勇气，建立自信，善始善终，尊重他人。

分目标

低年级

1. 对学科保持好奇心，愿意在课堂上提出问题，能够在独立思考的基础上通过同学、老师的帮助解决问题，并能够有条理地表达自己的观点。

2. 初步感知学习的系统性、条理性。能够用所学知识解决生活中的简单问题，体会学习的意义。

3. 能够对生活中常见的自然现象进行初步解释。

中、高年级

1. 能够从学科的角度思考问题，掌握学科基本的思想方法和学习思路，能够以小组合作学习和探究学习为主要的学习方式。

2. 能够将已有的学习经验迁移到新知识的学习上，对所学知识进行分单元、分学期总结。

3. 能够利用信息技术有效开展各学科学习和探究活动，积极参与社会实践。

4. 形成积极的信息技术学习态度，养成健康负责的网络使用习惯。

5.能够解释生活中常见的自然现象，了解常见的动植物习性。形成热爱自然，珍爱生命的意识。

● 植美学堂

基本理念：学会欣赏、学会表达、学会创造。

课程领域：语文与"主题阅读"整合，英语与外教社团整合，美术、音乐与葫芦丝、腰鼓整合，体育与健康和阳光体育活动整合。

课程总目标：

1.在学习过程中，培养审美情趣，提高文化品位；养成良好的语言学习习惯，发展思维能力，激发想象力和创造潜能；发展个性，培养合作精神，逐步形成积极的人生态度和正确的价值观。

2.善于同他人用口头和书面语言友好交流，感受中外语言文化习俗。

3.学会用艺术的眼光欣赏生活。通过观察，学会用发展的眼光和积极的心态欣赏社会、人、事、物，并逐步学习使用语言、文字、音乐、绘画、肢体等表达情感与思想，改善环境与生活，提高审美能力。

4.学会聆听。聆听他人、聆听社会、聆听自然、聆听生活，通过聆听，感受人生之美，尝试表达和体验收获。

5.增强体能，培养运动的兴趣和爱好，培养良好的心理品质，表现出人际交往的能力与合作精神，形成健康的生活方式；弘扬正能量，形成积极进取、乐观开朗的生活态度。

阶段目标

低年级

1.学习使用口头和书面语言与他人进行友好交流,学会使用文明用语与人交流。

2.愿意观察生活，并尝试使用语言、文字、音乐、绘画、肢体等表达观察感受。

3.学习聆听，知道聆听是一种有修养的表现。乐于倾听他人的表达，乐于倾听教师的教导、父母的叮嘱、同学的回答，乐于了解生活中的各类信息，并将了解的信息与老师、父母、同学交流。

4.学习阅读。愿意阅读书籍、报刊，并将阅读感受进行表达或记录。

5.喜欢运动，初步掌握一种自己喜欢的运动技能或兴趣爱好。知道运动能增强体质，乐于参与班级和学校的各项体育活动，积极尝试和加强所学习的体育技能。

6.初步具备良好的心理品质，表现出乐于交往的能力与合作精神，遇到困难知道寻求解决办法去克服。

7.有合理的作息和健康的生活方式，性格开朗，愿意与他人共处。

中年级

1. 熟练地使用书面和口头语言与他人进行交流，并能将所看、所想、所感的事与物书写或交流表达出来。

2. 学会用艺术的眼光观察生活，较熟练地使用语言、文字、音乐、绘画、肢体等表达情感与感受。

3. 积极聆听他人、社会、自然、生活中的事与物，通过聆听，积极感受生活之美，尝试表达体验和收获。

4. 经常阅读读书籍、报刊，坚持将阅读感受与身边人进行交流或进行日记记录。

5. 爱好运动，掌握一种以上自己喜欢的运动技能或兴趣爱好。主动通过运动增强体质，定时参与班级和学校的各项体育活动，并运用所学体育技能为班级争得荣誉，积极尝试和加强所学习的体育技能。

6. 培养良好的心理品质，愿意与他人交往和合作，能自己克服困难或帮助他人克服困难，遇事不退缩。

7. 坚持合理的作息和健康的生活方式，并用自己的方式影响和带动周边人形成健康的生活方式。

高年级

1. 善于使用书面和口头语言与他人进行交流，随时将所看、所想、所感的事与物书写或交流表达出来。

2. 善于用艺术的眼光观察生活，熟练地使用语言、文字、音乐、绘画、肢体等表达情感与感受。

3. 随时聆听他人、社会、自然、生活中的事与物，通过聆听积极感受生活之美，能够表达体验和收获。

4. 习惯阅读书籍、报刊，坚持将阅读感受与身边人进行交流或进行日记记录。

5. 爱好运动，掌握两种以上自己喜欢的运动技能或兴趣爱好。经常通过运动增强体质，随时参与班级和学校的各项体育活动，并运用所学体育技能为班级争得荣誉，定期尝试和加强所学习的体育技能。

6. 培养良好的心理品质，善于与他人交往和合作，主动克服困难或帮助他人克服困难，遇事不退缩。

7. 形成合理的作息和健康的生活方式，积极地用自己的方式影响和带动周边人形成健康的生活方式。

● **植行学堂**

基本理念：学会生活、学会合作、学会实践。

课程领域：学校课程、综合实践活动整合到特色课程"葫芦学堂"和社会实践课程、社团课程中。

课程总目标

1.综合实践课程的开发研究,将更加丰富学生的学习方式,让学生有更多的机会亲身实践,积极体验,获取经验,形成对自然、对社会、对自我的责任感,培养学生收集、分析、整理信息、解决问题的能力和实践、审美及创新的能力,养成合作、分享、积极进取等良好的个性品质。

2.以葫芦文化为切入点,延伸到丰富多彩的民间艺术,让学生在实践中感知新知,形成操作技能,培养自信感与成就感;在参与中学会学习,学会生活,学会做人,学会审美,享受快乐;在欣赏中充分领略民间艺术与民族文化的博大精深,增强民族自豪感与责任感,从而为学生终生学习与发展奠定基础。

3.通过班级种植园区招标和葫芦种植园养护志愿者、指导教师的招募,规范招标区种植(须严格按照标书规范种植),使种植区实现学生爱心实践体验、劳动技能锻炼、自然科学知识学习的多重教育目标。

4.通过学校课程的开展,在知识、品质、能力、个性等方面得到和谐、全面、可持续的发展,使学生的发展有更广阔的空间。

5.在实施学校课程中,我们要让学生的基本知识和技能得到充分提高,从而发展主体性,将视野超出基本知识和技能,但也要将创新意识和能力培养建立在扎实的知识和技能之上。

6.通过德育实践课程,让学生参加到走进大学、科技馆、海边、农村、超市、糖球会、菜摊、鱼摊等各类实践基地活动中,让学生了解社会、增强公民意识和文明责任意识。更加感受到社会各界对他们的关爱,用自己的实际行动回馈社会,关爱社会。

7.学校通过德育序列教育活动的开展,让学生进一步了解民族精神的丰富内涵,感受民族精神的伟大力量,体验民族精神的时代风采,不断感受中华儿女对祖国的热爱。

8.学校将会通过开展爱国主义教育活动、社会实践活动、德育序列教育活动,不断开拓学生的视野,增长学生的见识,让学生感受到浓浓的关爱真实地存在,从而拥有感恩之心,为将来更好地报效祖国做好准备。

9.通过常规社团训练,让每一个参加活动的学生都有收获,在培养指导的基础上提高他们的多样才能。

10.在社团活动中加入特色文化元素,增设葫芦丝演奏、葫芦饰品制作、葫芦电烙画、葫芦娃动漫,在活动中开阔视野,增长见识。

分目标

中年级

1.外延葫芦文化,通过引导学生收集与葫芦有关的故事、传说、神话等资料，使学生在感知故事的过程中，受到良好的中华民族美德教育，养成良好的道德品质。

2. 将葫芦与以葫芦丝为主的民间乐器结合，引导学生在学习各种器乐的演奏过程中，接受艺术熏陶，感受艺术魅力，享受艺术快乐。

3. 将葫芦工艺与民族文化尤其是经典古诗文诵读结合，引导学生赏葫诵经，培养民族自豪感与责任感。

4. 根据学生身心发展特点，结合教学内容，采用灵活丰富的学习方式，在教学过程中注重学生的实践体验，满足学生兴趣爱好和发展要求，提高学生综合素质。

5. 开展系列读书活动，组织学生读好书，并通过亲子共读、朗诵、读后感、读后摘抄等形式，推动此项活动的深入开展。通过开展知识竞赛、读书征文、访谈阅读、讲故事等形式多样的学习教育活动，引导队员掌握党情队史，增强少先队员的光荣感和自豪感。

6. 通过艺术社团活动，培养学生的观察能力和创新思维能力，提高学生的审美观以及音乐修养和自身素质。

高年级

1. 通过对葫芦的栽培与管理，使学生了解葫芦的生长历程，掌握相关的劳动技能；在对葫芦的生长观察记录中，引导学生发现问题，探究问题，解决问题，并最终引导学生转变学习方式，培养合作、探究与创新能力。

2. 在工艺葫芦制作中，使学生掌握基本的制作方法，形成简单的操作技能，在制作过程中培养学生充分的成就感及创新意识与自信意识，在观赏宝葫芦中培养学生审美情趣，形成正确的审美价值观。

3. 将葫芦文化进一步延伸到广袤的民间艺术，如剪纸、花鸟字画、篆刻等，使学生在初步认识有代表性的民间艺术的同时，掌握简单的民间工艺的制作知识与技能，感知到祖国民族文化与民间艺术的精髓。

4. 通过学习，不断发展学生的创新意识和实践能力，具备应用所学知识解决简单实际问题，并能获取新的知识的能力。

5. 从生活教育入手，提出"雅言雅行新风范"教育内容，采取高年级对低年级学生进行一对一的礼仪培训，这对高年级学生是一种督促，对低年级学生也是一种学习，培养男孩子的风范意识，培养女孩子的修身意识，并通过"礼仪巡礼""校园礼仪抓拍回放"等形式，引导学生爱生活、会生活的能力，并注重良好行为习惯的细节养成。

6. 通过体育（排球、乒乓球）社团活动，培养学生坚持锻炼、认真刻苦、服从指挥的品质。并且掌握扎实的技能技巧，提高学生的身体素质。

六、融合型课程内容框架

植爱学堂	小课	晨读、晨练、晨扫	
		营养午餐、午休	
		葫芦娃广播站	
		班队活动	
	中课	"我爱我家"特色课程	
	大课	学校课程——"爱在四季"德育课程	春季——植智季： 农历年、开学典礼、经典诵读节、五一劳动节
			夏季——植爱季： 爱心文化节、六一儿童节、母亲节、毕业典礼
			秋季——植行季： 开学典礼、教师节、国庆节、阳光体育节
			冬季——植美季： 元旦、爱心体验节、寒假、社团展示节
			《青岛湖岛小学爱心文化读本》 《青岛湖岛小学学生会唱的爱心歌曲集》 《青岛湖岛小学学生必看的爱心影片》
		家校课程	家长学堂、亲子活动、家长志愿团
植智学堂	小课	周末大舞台	
	中课	数学	
		科学	
		信息技术	
植美学堂	小课	眼操 健身大课间	
	中课	语文与主题阅读	
		英语与外教	
		美术	
		体育与健康	
		音乐融入腰鼓和葫芦丝	
	大课	阳光体育活动、腰鼓活动	

植行学堂	中课	学校课程——葫芦学堂	葫芦种植课程（统编）
			葫芦文化研究课程（三到六年级）
			葫芦串珠编织（统编）
			葫芦绘画课程（统编）
			电烙葫芦课程（统编）
			葫芦创意制作
		学校课程——拓展课程	学科拓展课程
	大课	学校课程——走班课程	学科综合类：书法、动漫设计、美术编辑 体育活动类：排球、围棋、乒乓球、足球、武术、舞狮、轮滑、国际象棋 艺术体验类：腰鼓、绘画、葫芦丝、合唱、剪纸、丝网花、布艺、中国结 生活实践类：西点烘焙、软陶、手工制作 团队合作类：梦想与团队
		学校课程——主题实践课程	爱心葫芦娃学生志愿团：爱心小督查、路队小先锋、安全小救护、环保小卫士、校园小记者、书吧小管家、文明小使者 班、校级社会实践活动
		学校课程——社团课程	合唱社团、葫芦丝社团、舞蹈社团、七巧板社团、文学社团、美编社团、绘画社团、书法社团、腰鼓社团、排球社团、乒乓球社团、葫芦雕刻社团、民乐团、葫芦电烙社团

七、课程融合原则

1. 全体参与和自主选择相结合的原则。

特色课程和拓展课程以全员参与、教师走班的形式，使学生在小学阶段全面接受爱心文化教育和综合素质教育；学校课程由学生自主选择，针对学生兴趣爱好进行学生走班制教学。

2. 专课限时专用，保证实效的原则。

在课程教学安排中，学校对融合型课程的教学内容做出限定性课时时间安排，在限定的时间内统一进行融合型课程的内容实施。这样，既可以避免把课程挪作他用，又可以保证课程的教学实效。

3. 开放的原则。

开放，指的是教学时间内，教学形式的开放、教学内容的开放、教学要求的开放。对限定性界定，不求同步发展。

八、课程管理和保障

1.健全组织

学校成立由校长为组长的融合型课程工作领导小组，领导小组在遵循课程基本设计思想的前提下，结合学校特色文化发展，制定《"融合型"课程实施方案》。建立"工作例会制度"，定期进行工作的交流与研讨。

2.保障机制

（1）课时安排：依据课程内容，设大、中、小课。大课60分钟、中课40分钟、小课20分钟。

（2）课程资源的开发

开发学校资源：利用学校文化教育特色、学校特色教师特长，以及学校场地、设备和设施，建立融合型课程资源库。

研发课程：各社团教师、综合实践课程教师从学校的办学目标、学生的发展目标出发，自主设计、开发有学校特色、有个性的《学堂课程手册》，建立起具有针对性和个性的学堂课程体系。

开发社区、社会资源：学校建立一支外聘指导教师队伍，建立共建基地。

开发家长资源：发挥家长特长、专业技能、经验和能力，充实学校课程指导力量，帮助学生开展活动。

（3）设备经费的投入

建立学校课程学习的专用教室，为学生活动创造良好的教学环境。专用教室必须要有专人管理，有管理制度。管理员要管理到位，配齐所需用品。而学生只有遵守制度，才能在活动室里，在老师的指导下，利用各种仪器设备和多种材料，进行自由学习。

3.过程管理

（1）课程资源的管理

组织教师编写各课程读本和教师参考用书，重视资料积累，提供共享机会。师生在活动过程中所获取的信息、采用的方法策略、得到的体验和取得的成果，对于本人和他人、对于以后的各届学生，都具有宝贵的启示、借鉴作用。将这些资料积累起来，成为广大师生共享并能加以利用的学习资源，是学校进行课程建设的重要途径。

（2）教研活动的管理

设立大教研组，严格教研组建设的常规管理，每次教研活动做到时间排定、人员固定、内容确定、方法选定。通过争创和谐教研组活动，进一步巩固、完善教研组建设，促进教研活动的质量，努力提高"融合型"课程的教学质量。

第三节　融合型课程的实践探索

学校从 2012 年开始，重点围绕着学科融合、内容融合、课时融合、评价融合四个方面进行融合型课程改革研究，让世界成为教材，真正开阔学生的眼界，实现世界与人的融合；教给学生受益终身的学习能力，实现知识与人的融合；发挥教师的潜能，实现课程与人的融合。在这全力打造的三年中，我们欣喜地看到了老师和学生们的成长，让我们更加有信心继续坚持把这条路走下去，并且走得更好、更远。

融合型课程——学科的融合

在新的基础教育课程体系中，各个学科领域形成一个有机整体，既有其独立性，又有密切的联系，甚至还有重复和空白。这就为学校进行学科的融合提供了实践的可能。在改革过程中，对学科进行整合，学校采用了以下途径和方法。

嵌入式融合

我国的课程政策鼓励教师开发课程，因此在编制课程时，预留了供教师创造的空间。基于这点，可以在所预留的空间中嵌入一些其他学科的内容，来补充完善课程。

学校运用嵌入式整合方法，将学校课程"我爱我家"与品德与社会（品德与生活）学科相整合，形成富有学校特色的课程。

"我爱我家"，这个"家"统指自己、家庭、学校、自然和社会。课程定位为：基于"全人教育"理念，融合爱心教育、自我认知、冲突处理、手工操作、绘本拓展、环保教育、表演想象以及当家理财等元素的融合型课程。

（一）课程建设的三大核心步骤

第一步：明确拟解决的主要问题，并制定课程目标。

我们把自信心培养、沟通能力、拓宽视野和多元技能培养作为课程拟解决的问题。强调"问题比答案更重要,方法比知识更重要以及信任比帮助更重要"的课程理念。为此,学校分四个方面制定课程目标。

态度:喜欢自己、接受自己,愿意关心他人与他人合作,拥有参与和进取等基本态度。

知识:学习和解决不同问题,思考从多方面来建构知识的意义,以形成自己对知识意义的全面理解。

能力:学会采取灵活多样的学习和实践策略,在探究和实践中培养自己的创新精神和实践能力。

学校精神:实现学校"植爱、植智、植美、植行,树博爱之人"的育人目标。

第二步:制订课程框架,并研发课程内容。

"我爱我家"课程框架为五大模块,分别是"我与自己""我与家庭""我与学校""我与自然""我与社会"。教材遵循赫尔巴特的"泛爱主义教育"的基本思想,从教会学生爱自己入手,学会爱家人,到爱社会、爱自然。

"我爱我家"课程建设历时两年,目前共研发出 168 课时内容,供老师们按年级段选用。

"我爱我家"课程框架

模块 年级	A 我与自己	B 我与家庭	C 我与学校	D 我与自然	E 我与社会
1 (低年级)	我是谁	认识"爱" 学会爱	我的小伙伴 我的学校	认识动物 认识植物	做一个有爱心的人
2 (中年级)	我的个性秀	认识"爱" 学会爱	我的小伙伴 我的学校 自我突破	认识植物 认识动物 快乐大自然	做一个有爱心的人 认识城市 认识乡村 实现自我
3 (高年级)	我的成长路	认识"爱" 学会爱	自我突破 团队合作	快乐大自然 我的家园	做一个有爱心的人 认识城市 认识乡村 实现自我

(三)第三步:学科融合策略与途径:

在学科融合过程中,我们遵循三个原则:

(1)整合原则:我们对思品学科、地方课程教材进行了保量求质的整合,尝试实现"国家课程校本化",促进教学内容、过程整体上的优化和进步。学校分四步整合：一是成立课程开发中心，负责课程整合开发工作；二是教师列出整合细目表，经课程开发中心审核、修订；三是进行整合后的教材编写；四是课程实施探索。

（2）借鉴原则：学校结合本校实际，实事求是，以科学的精神和严谨的态度，借鉴吸收他人的课程资源，汲取精华，为我所用。如学校借鉴上海真爱基金会的梦想课程教材、金融知识教材、慈善绘本、教育戏剧等优秀成果，编入《我爱我家课程手册》。

（3）创新原则：我校课程资源开发的创新原则突出两个"本"字：一是要"以校为本"；二是要"以师为本"。只有两"本"合一，才能有学校课程资源的合理有效开发，学校将爱心文化理念课程融入其中，形成鲜明的学校特色。

以整合后的《我爱我家课程手册》为例：第一模块"我与自己"的第一单元为"我是谁"，分别编排了以下课程内容：

（1）爱，在生命诞生的时刻　　（2）我是这样长大的
（3）身体里面的秘密　　　　　（4）我的身体，外人不能碰
（5）我是谁　　　　　　　　　（6）克服我不能
（7）做最好的自己　　　　　　（8）我的自画像
（9）我的个性名片　　　　　　（10）我来露一手
（11）我的成长足迹　　　　　　（12）现在的我
（13）未来的我

里面有爱心教育的《爱，在生命诞生的时刻》、心理辅导《克服我不能》、生理卫生《身体里面的秘密》、安全教育《我的身体，外人不能碰》和艺术培养《我的自画像》等。课堂上，学生们要学会怀疑、思考，学会分享、尝试，学会尊重、表达等，融合型知识和能力得以提升。

延伸式融合

教师对学生感兴趣和有所研究的某些内容，运用其他学科的方式进行延伸。我校拓展课程围绕两个关键词进行，一是"拓展"，紧紧围绕着年级学科教材内容进行有目的的拓展；二是"专题"，围绕拓展内容进行专题教学。开设内容是学校基于全人教育理念，未来对学生素质目标要求和教师潜能特长而研发的课程。拓展课程分为五大板块的内容，即人文与素养、社会与实践、手工与创意、科技与生活、历史与文化。旨在加强学科与人、学科与生活、学科与社会、学科与世界的联系，是学科的完善、补充与拓展。

学校给拓展课程的任课教师进行了就如何选定拓展课题进行了培训，教师们在充分研读学科教材的基础上，确定专题，梳理出下学期的拓展内容。如：四年级语文，老师在学习了《三顾茅庐》一课后，确定了以"走进《三国演义》"为主题的学习内容，设计了认识三国人物、三国故事、课本剧表演和我读《三国》手抄报等内容，既符合学科教材内容，又适量地给学生补充拓展了与之相关的课外知识，让课内和课外充分衔接，既增长知识，又开阔视野。

【案例】

拓展课程内容计划表

任教年级	四年级
执教人	教学内容
马红新	计算器应用 含有字母的式子表示数、数量关系、计算公式 运算巧又快 比一比，计算小明星 多边形畅想 美丽的七巧板 图形的密铺 小数知多少 智慧广场
黄华	走进《三国演义》 认识"三国"主要人物 《三顾茅庐》 《草船借箭》 《苦肉计》 课本剧表演 《刮骨疗毒》 《夜走麦城》 我读《三国》手抄报

缝合式融合

在教学中，要更多地关注课程之间的联系。缝合式整合学科，就是在学科的边缘处及其他学科的交叉处设立新的学习内容。例如，学校在音乐学科中，一到六年级间周进行腰鼓、葫芦丝的学习，这样做既有利于打破学科界线，满足综合学习的需要，又保证了教育部提出的在学校完成"2+1"体育与艺术技能培养的要求。

"主题阅读"是学校借鉴、选用"新学校行动研究"课题组编写的《语文主题学习丛书》，将阅读由课外引入课内，二分之一课时完成教材内容，二分之一课时阅读《语文主题学习丛书》。"整体推进"，就是把一个单元看作是一个整体，围绕单元的主题把课堂教学、课外阅读、写作、实践活动有机地整合，进行教学，尝试将单元教学分为单元整体预习课、字词和朗读过关课、范文拓展课、读写结合课和实践活动课。将"三点梳理、主题阅读"有机结合，节约出大量时间，用于拓展阅读。学生的阅读量由原来的平均约 10 万字，提升到每年课堂阅读大约 100 万字，学生的视野得以拓展。

重组式融合

重组式融合是指打破学科结构乃至学科门类，根据学生发展的需要重新整合各种学科，建立新的学习内容形态和体系。

"葫芦学堂"课程从学校的办学目标、学生的发展目标出发，整合综合实践、地方课程学科后，自主设计、开发有学校特色、有个性的特色课程。学校发挥教师特长自主编写《葫芦学堂课程手册》，课程手册内容分四个板块：研究性学习、劳动技能实践、手工制作、艺术熏陶。其中"研究性学习"板块内容，由综合实践课程骨干教师编写；劳动技能实践板块，由科学教师编写；手工制作和艺术熏陶板块，则分别由美术和音乐老师编写。在"葫芦学堂"里，学生们观看《葫芦娃》动画片，了解葫芦历史，查找葫芦文化知识，进行葫芦文化创作，走进了博大精深的中华文化。在研究过程中，学生们调查、思考、发现，创造意识开始觉醒，自主研究的能力得到锻炼。

学校开辟出葫芦种植区，孩子们种葫芦、育葫芦、收葫芦，亲身经历葫芦生长的全过程；将收获的葫芦，刮皮、晾晒后，在葫芦上进行绘画、雕刻、电烙等手工创意制作，受到民间艺术的熏陶，感受到浓浓的艺术魅力，享受到了艺术创作的快乐。

【案例】

学科融合框架

学科	融合后的学科		课程归类
语文	语文		国家课程
主题阅读丛书			
音乐	音乐		
腰鼓			
葫芦丝			
美术	美术		
葫芦创意设计			
体育与健康	体育与健康		
排球			
思品（一课时）	我爱我家	特色课程	学校课程
地方课程			
综合实践活动	葫芦学堂		
	德育课程		
地方课程	拓展课程		
综合实践活动			
走班制课程	学校课程		

融合型课程——课时的融合

低年级

品德与生活每周三课时，将其中的两课时用于学校爱心文化特色课程"我爱我家"的教学，时间为每周三下午。采取教师分单元备课、走班制教学。

中年级

周二下午：特色课程两课时，即品德与生活中的一课时，用于学校爱心文化特色课程"我爱我家"的教学；综合实践课程的一课时用于学校特色课程"葫芦学堂"的教学。

周三下午：拓展课程两课时，即品德与生活中的一课时、综合实践课程的一课时。

周四下午：综合实践的一课时，用于学校课程，加上原有的学校课程一课时，共两课时，开设门类众多的学生混龄走班制课程。

学校课程——选修课（三—六年级）

课程类别	课程名称
人文与素养	教育戏剧（三—四年级）书法
手工与创意	葫芦串珠　中国结　发艺（五—六年级）软陶 剪纸 捏面人
体育与健康	国际象棋　围棋　武术（三—四年级）乒乓球（三—四年级）抖空竹 轮滑（三—四年级）排球（五—六年级）舞狮（五—六年级）
艺术与情趣	电子琴键盘（三—四年级）素描（五—六年级）葫芦艺术 腰鼓　动画制作（四—六年级）

融合型课程——评价的融合

课程实施评价的价值取向是注重社会责任意识的培养、实践能力的培养、学科知识的应用，注重学生创造性思维能力的提高，注重学生兴趣特长的发展。

（一）评价的基本原则

1. 过程性原则：注重学生在整个活动过程中的积极性、主动性、操作性等方面的评价；注重学生在整个活动过程中的可行性、先进性、有效性、创造性等方面的评价；注重学生在整个活动过程中的合作性、参与性、交互性等方面的评价。

2. 连续性评价：它反映的是学习过程中达成课程目标的真实程度；注重并强化学生在整个学习过程中记录的及时性、客观性、完整性；注重并强化学生在整个学习过程中相关的思考方法和记录结果的真实性、简约性、全面性；注重并强化学生在过程中自我评价的即时性、主动性、准确性。

（二）评价的注意事项

1. 教师要及时指导学生将一些主要的过程记录在案。教师可以提供一些计划、过程的记录卡。

2. 学校能经常地、有意识地创设一些条件，采用橱窗、广播等形式，让学生活动过程或成果有可能得到展示，以供广大教师或学生进行评价。

（三）评价做到"三个融合"

过程性评价与终结性评价融合。结合《葫芦娃评价手册》《学校课程学分制评价表》，采取集章得贴、集贴得珠、集珠得奖的递进式评价策略，重点考察活动过程的参与程度与质量，学期末依据过程性评价结果评选十大特色葫芦娃。

评价与趣味活动相融合。设立奖品兑换券、爱心同乐券，将学生过程性的评价结果与学校活动、物质和精神奖励结合起来，激发学生参与课程实践的积极性。

评价与学校特色相融合。设立葫芦娃成长记录袋、小组葫芦评价瓶,共同编织葫芦评价珠,采用自评、小组评与班级评相结合的方式,将学校特色融入评价中。

【案例】

"融合型课程" 的探索与实践

青岛湖岛小学 周媛

一、"融合型课程" 的诠释

所谓融合,在词典中的定义是指将两种或多种不同的事物合成一体。教育对融合课程 (Fused Curriculum) 的定义是把部分科目统合兼并于范围较广的新科目,选择对于学生有意义的问题进行学习。

我校研发的融合型课程是指以 "爱己爱人、自信自强" 的特色文化理念为目标,从课时、内容、评价等方面将学校课程和综合实践课程整合,构建富有学校特色的 "幸福课堂" 和 "葫芦学堂" 特色课程体系,将学校课程和综合实践课程打造成融合型特色课程。

二、"融合型课程" 的思考

1. 对学校特色文化的思考

特色学校问题是当前中小学十分关注的问题,创建特色,打造品牌,已成为越来越多的教育工作者的共识。特色学校至少具有五大特点:是一所学校办学理念的全方位物态化的体现;是学生个性的突出发展;载体是学生;是群体学生素质的整体优化;有一个自然积淀的过程。

学校办学特色在很大程度上取决于学校课程特色,三级课程管理充分尊重和满足学校的独特性和差异性,扩大了学校在课程上的自主权,使学校可以因地制宜地进行课程创新。在规范实施统一的国家课程背景下,开发出满足学校发展需要的多样化的融合型课程是实现学校办学特色的重要途径。

2. 对课程设置的思考

目前,青岛市统一执行《山东省基础教育课程改革实验区义务教育阶段课程安排表》,其中综合实践课程,五六年级为每周三课时,却没有学校课程的课时。但安排表后,特别备注:"各门课的周课时安排为指导性意见,各实验区在执行时可根据本地实际情况进行调整。"

特色文化的打造离不开课程,高年级没有学校课程课时的安排,不利于学校特色课程的建设和发展。但备注内容为我校打造融合型课程提供了课时上的保证。

3. 对课程内容的思考

综合实践活动是在教师指导下，学生自主进行的综合性的学习活动，这种学习活动是基于学生的直接经验，密切联系学生自身生活和社会实际，体现对知识综合运用的实践性课程。其内容范围包括：研究性学习、社区服务与社会实践、劳动与技术教育、信息技术教育四大领域。

学校课程是学校针对学生的兴趣与需要，结合学校的传统和优势以及办学理念，充分利用学校和社区的课程资源，自主开发或选用的课程。其目的在于尽可能满足各社区、学校、学生之间客观存在的差异性，因而具有一定的适应性和参与性，通常以选修课或特色课的形式出现，学校课程的开发可分为新编、选择和单项活动设计等。

它们之间有共同之处：一是都没有固定的国家教材，需要学校开发教材或选用课题；二是都具有实践性，都是基于学校文化的特点，为了学生能力的提高；三是学校有自主权，更多关注的是学生的兴趣和需求，体现了三级课程管理的特征。

三、"融合型课程"的探索

1. 课时融合的探索

学校从五、六年级每周三课时的综合实践课时中拿出一课时，与三、四年级的学校课程课时统一安排在每周三下午第二节课，三到六年级统一开展走班制选修特色课程。全校统一管理，指导任课教师开发与实施特色课程。这样既保障了综合实践活动的开展，又将学校课程的开发与实施落到实处。

2. 内容融合的探索

学校将育人目标"植贤树人"即"植爱、植智、植美、植行，树博爱之人"融入课程建设中，成为引领学校丰富学生成长经历的"源头活水"。我们通过认真地思考，创造性地把这两大领域的内容与我们的学校课程相融合，提出了实施融合型课程的两大课程体系：葫芦学堂和幸福课堂，并将上述内容根据课型分布在学校课程和综合实践学科。

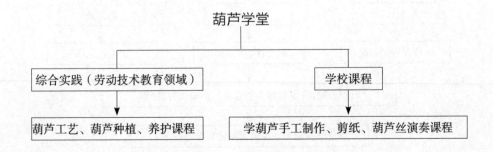

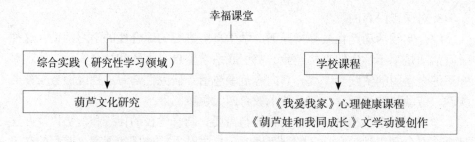

3.管理融合的探索

学校课程和综合实践课程与其他学科有所不同，因都由教师兼任，容易被教师和学校忽视。为此学校建立了四个层次级别的组织机构：

第一层级，融合课程开发领导小组

负责学校综合实践和学校课程实施纲要的制定，决定实施课程的年度计划及相应步骤；统一部署、协调学校各部门的工作；负责宏观上保证融合课程的校内外教育资源的开发与融合课程的实施等。

第二层级，副校长室、教务处、德育处

副校长室负责教师培训和专家指导；教务处负责课程的开发和管理；德育处协助副校长室、教务处指导班主任组织学生开展社会大课堂等实践活动，作为课程的一个有效补充与完善。

第三层级，融合课程教研组

负责学校各类学校课程和综合实践课程的计划和落实；建立课题组，定期开展校本教研活动，研究和引领学校的融合课程开发与实施工作。

第四层级，学校课程和综合实践活动指导教师，校外指导教师

建设一支专职与兼职教师相结合的任课与指导教师队伍，形成学校内部的管理与教学指导网络。

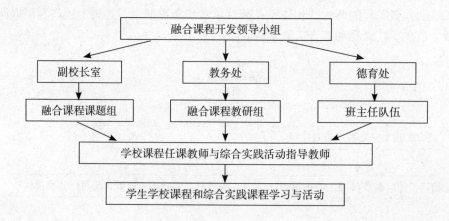

4. 课程评价的融合

（1）学生评价

阶段评价：《学生发展性评价手册》

　　注：教师将结合学生们的课堂表现从学习态度、参与活动的情况等方面进行评价，表现优异的可以得到实践活动章，予以鼓励。

阶段总评：

青岛湖岛小学融合型课程评价表

班级		姓名		课程名称			
评价内容				自我评价		小组评价	
情感态度	①积极参与活动			☆	☆	☆	☆
	②主动提出设想与建议			☆	☆	☆	☆
	③不怕困难和辛苦			☆	☆	☆	☆
合作交流	①主动和同学配合			☆	☆	☆	☆
	②乐于帮助同学			☆	☆	☆	☆
	③认真倾听同学的观点和意见			☆	☆	☆	☆
实践活动	①积极动脑、动口、动手参与			☆	☆	☆	☆
	②会与别人交往			☆	☆	☆	☆
	③活动有新意			☆	☆	☆	☆
学习技能	①会用多种方法搜集、处理信息			☆	☆	☆	☆
	②实践方法、方式多样			☆	☆	☆	☆
学期总评	教师评定（语言描述）： 等级：						

（注：每学期评价两次，红色五角星为 A 等；黄色五角星为 B 等；蓝色五角星为 C 等；紫色五角星为 D 等。在学期总评时，获得 30 个以上的红色五角星的同学为 A 级、获得 20 ～ 29 个红色五角星的同学为 B 级、获得 10 ～ 19 个红色五角星的同学为 C 级、获得 10 个以下红色五角星的同学为 D 级。）

学分管理：建立《融合型课程学分管理制度》，要求三至六年级每个学生每学期所学的课程总学分为 20 学分。并于学期末对成绩突出的学生进行表彰，评选融合型课程优秀学生。

注：结合《评价手册》和阶段总评进行学习过程性评价（10 学分）

学生在研究过程中形成的研究报告（5 学分）

课程结束后呈现的研究成果（5 学分）

（2）教师评价：侧重于对教师在课程中的开发、组织、管理、指导等方面的能力与实效的评价。同时学生在课程中的表现、成果和学生在汇报表演、成果展示、竞赛中的表现也作为对指导教师的一个评价依据。学期末，依据《综合实践与学校课程开发教师激励制度》，评选融合型课程优秀指导教师，并予以奖励。

四、融合型课程的初步成效

从融合型课程实施以来，我校全体干部教师一起走过了一段充满坎坷的道路，大家凭着对课程改革的执著，克服了种种困难，在实践中探索，在探索中实践，一步步地推动着融合课程工作向前发展，并取得了一定的成果。

1. 课时、成果得到保障

融合型课程的开发，既保障了我们学校课程和综合实践课程的开展，又最大限度地满足了学生的发展需求。"幸福课堂"学校课程教材编写形成体系。目前，学校已经编写好的学校课程教材有低年级《我和小家》，中年级《我和大家》，高年级《我和国家》教师指导用书，作为实验用书正在试行。

2. 学生综合能力得到提高

（1）学生动手能力得到锻炼。在"葫芦学堂"里，学生们研究葫芦知识、巧手剪葫芦、动手画葫芦、妙手串葫芦，受到民间艺术的熏陶，感受到浓浓的艺术魅力，享受到了艺术创作的快乐。尤其是我校串珠艺术的开发，深受同学们的喜爱。在课上，同学们将一个个小小的珠子小心翼翼地串联起来，与漂亮的中国结相连，再缀上在软陶课上制作的校徽，一件件精美的葫芦挂饰呈现在眼前。同学们在葫芦编制、串珠的过程中，培养了足够的细心和耐心，培养了聚精会神地专注于做一件事情的品质，促进了手眼协调能力，并且明白了串珠中的一些数学道理，更重要的是学生们在制作过程中品尝到成功的喜悦。

（2）学生的视野得以拓展。在"幸福学堂"里，学生们观看《葫芦娃》

动画片，了解葫芦历史，查找葫芦文化知识，进行葫芦文化创作，走进了博大精深的中华文化。"人们能不能种出像《葫芦娃》动画片里的彩色葫芦？""神话故事中，神仙为什么经常手托着葫芦？""不知葫芦里面卖的什么药，是什么意思？"这都是孩子们参加学校"葫芦学堂"系列课程后提出，并通过研究解决的问题。在研究过程中，学生们调查、思考、发现，创造意识开始觉醒，自主研究的能力得到锻炼。

3. 教师综合素养提升

融合型课程的开发与实施，使老师们获得了长足的发展。随着融合课程工作的不断深入，越来越多的教师投入到课程开发与实施工作中，老师们的课程指导能力大大提高。学校为教师搭建课程创新平台，促进教师的专业发展。我校杨枫、周媛两位教师是我区三级课程的骨干库成员，并多次上市区级公开课和研究课。杨枫老师经过层层选拔代表四方区参加 2012 年青岛市优质课综合实践学科的评选。

4. 学校特色凸显

（1）进一步培植了学校爱心文化。为了让孩子们开阔视野，了解葫芦的生长过程，学校特意在植行园里开辟了葫芦种植园，联系了即墨科技蔬菜种植园的专家开设葫芦种植和手工制作课程，让学生种葫芦、育葫芦、摘葫芦，并巧手制作葫芦工艺品。培养学生的合作意识、实践能力，培植学校的爱心文化载体。

（2）融合型课程的开发促进学校特色的进一步形成。近年来，我校从"葫芦娃爱心文化"的角度出发，将学校的特色工作开展得有声有色，取得了一定的成绩。2011 年学校被评为四方区一星级特色学校。2012 年 3 月在我校举行了青岛市教育科学"十二五"规划重点课题"以学校特色为实践载体的弱势群体教育策略研究"现场开题会。会上我校马晖校长宣读了开题报告；爱心葫芦娃志愿团学生进行了 PPT 展示《爱的倾诉》；周娜老师执教的"幸福课堂"学校课程《拥抱自信》，受到会专家与领导老师们的一致好评。

课程越丰富，学生在校获得的学习经历就会越丰满。学校经过努力，已经确立了以综合实践和学校课程相融合的课程体系，形成了发扬个性和注重和谐的课程文化，为学生成长的广度和厚度提供了条件，使学生在融合课程的学习中个性得到发展，能力得到提高，让我们的课堂更精彩！

（此论文荣获 2012 年山东省中小学教育科研优秀成果评选一等奖）

融合型课程——葫芦学堂教学设计（1）

我的葫芦——我做主

青岛湖岛小学　贠利

教学目标：

1. 让学生用合作探究的方式学会制作葫芦工艺品。

2. 采用分组探究的学习方法进行小组讨论和动手制作，培养学生的小组合作意识和分工协作能力，使动手操作环节有序进行。

3. 引导学生将制作好的葫芦工艺品和身边的小伙伴一起欣赏，共同评价，从而获得成就感。

教具准备：PPT 课件、答题奖励卡若干

学具准备：天然葫芦、布、彩纸、豆子、毛线、丝带、橡皮泥、颜料、油画笔、调色盘、双面胶、剪刀等若干

教学过程：

一、热身导入：快乐手指操

（一）谈话引导

课件出示关关、爱爱

师引导：同学们，在今天的课堂上老师带来了两个老朋友，你们看，他们是谁？

生：关关、爱爱。

师：关关、爱爱有话想和我们说，我们来听听吧。

课件播放声音

大家好，我是关关，我是爱爱，今天我们和大家一起学习葫芦艺术。同学们，咱们的校园里有一个十分有趣的地方，是我最喜欢去的，你们想不想也去看看？走！我这就带你们去参观一下。

师：同学们，你们说这是哪里？对！这就是学校的种植园，里面挂满了大大小小的葫芦。每次来到这里，我总会有无限的遐想，我想用葫芦做成一个小娃娃。（关关）我想用葫芦做一个特别的挂饰来装点我们的教室。（齐）同学们，你想用葫芦做点什么呢？

（二）谈话激趣（指名回答并发奖励卡）

1. 葫芦的想象

师：你想用葫芦做点什么呢？

2.回顾生活：生活中，人们把葫芦制成哪些用品或者用具呢？

生：瓢……

师：我们来看看关关和爱爱找到了什么。

师：看，这是葫芦形的餐具。这些餐具是怎么做的呢？哦，原来把一个葫芦切成两半不一定只能做瓢，还可以成为餐盘。看，谁发现这个挂饰是怎么做的？哦，原来我们的葫芦还可以倒过来使用，这给我们打开了设计的思路。由此可见，葫芦的确有很多用途。

（三）探究新知

1.葫芦含义

葫芦是中华民族吉祥的象征，它的谐音"福禄"。正是因为葫芦有幸福、富裕的寓意，因此人们喜欢葫芦。

师引导：看，这就是一个葫芦工艺品。这个葫芦的造型有什么独特的地方？咦，这个葫芦上面的寿星表示什么含义呢？人们把葫芦上刻上寿星或者寿字，同学们，你知道这是为什么？

师总结：人们把葫芦与寿字、福字、如意这些字组合在一起，用来表达对未来美好生活的向往。于是诞生了以葫芦为题材的剪纸艺术。

人们还喜欢将葫芦制成挂坠戴在身上祈求幸福，在家中摆放葫芦摆件，现在的城市雕塑中也出现了葫芦艺术品。

2.揭示学校文化理念

我们学校的文化正是承接了葫芦的美好寓意进而发展的，葫芦对于湖岛的孩子来说有着特殊的意义，我们学校的文化是"葫芦娃爱心文化"，我们的吉祥物关关、爱爱代表每一个湖岛的孩子，关关代表男生，爱爱代表女生，老师希望每一个学生都能在爱心文化的浸润下健康自信的成长。

3.欣赏学生作品

师：关关爱爱在学校里发现了许多秘密，我们来听听关关爱爱又去了哪里。（课件）

关关：同学们，告诉你们一个秘密。咱们校园里最有趣的地方呀，是我们的葫芦艺术社团，在那里，同学们用自己喜欢的方法把葫芦变成了一个个有趣的工艺品。同学们，你想不想去看看呀？走！我这就带你们去参观，出发喽！

4.我来露一手

爱爱：同学们，咱们的贠老师可是一个魔术师，她可以把葫芦做成各种各样的葫芦工艺品。我们请贠老师给咱们露一手，怎么样？（课件）

师：（示范制作一个葫芦小雪人）。我选择了一个这样形状的葫芦，你猜猜我会用它做成什么呢？接下来我用到了毛线，我把毛线编成了小辫子。缠在葫芦上。我还用到了豆子,能不能猜到我想做什么呢?最后给它加上了一个帽子。看!是什么?

师:好了!我的作品完成了,怎么样?下面到了同学们大显身手的时候了。(点击课件:"我的葫芦——我做主")我的葫芦——我做主(板贴课题)

二、大显身手,实践探索

制作要求:请发挥你的想象力,和同学合作,把你手中的葫芦装饰成为一个漂亮的工艺品。限时 15 分钟。

我们将根据同学们的作品评选三个"最美作品"和一个"最佳合作小组"。同学们,快快行动吧!

三、主题活动

师:今天,同学们就可以用自己喜欢的方法来制作一个你最喜欢的葫芦工艺品。首先,我们先来选择每组所需的材料。各组汇报所得的答题卡数量,数量最多的小组优先选择。请记住,每组只能选择两种材料,不可多选,不可少选,每组间不可互换材料。并且所制作的工艺品要用到刚才选择的材料。

师:按照答题卡数量的多少进行材料的选择。

四、交流展示,评选奖章

学生给认为最美的作品下方贴上小奖章。

评选最佳合作小组。

小结:老师也十分喜欢葫芦工艺品,在业余时间老师搜集了很多葫芦工艺品的图片,我们一起来看看葫芦还可以制作成哪些工艺品。(课件)

五、评价总结,拓展思维

今天,我们只是初步运用剪、贴、扎、画这些基本方法制作葫芦工艺品,其实,制作葫芦工艺品的方法还有很多很多,看看老师找到的葫芦工艺品的图片,找一找还有哪些我们不知道的方法。

看,这个娃娃用到了几个葫芦?一起数一数。这个衣服样子的摆件呢?它是怎么制作的?万圣节的小灯呢?这两只小鸭子里面藏着几个葫芦?

在今后的葫芦课堂上,老师还会和同学们一起研究,制作出更多的艺术品。我们期待下节课再见。

(此教学设计为 2013 年市北区美术公开课)

融合型课程——我爱我家教学设计（2）

小小加工厂

青岛湖岛小学　周媛

教学内容：《我爱我家》第五单元——理财篇

学情分析：在前面的课程中，学生已经认识了账本，学习了账本的简单使用，并且成立了理财小组，进行了任务的分工，本节课将带领学生感受更多的投资方式。

教学目标：

1.让学生感受拍卖的过程，了解拍卖的规则。

2.通过体验赚钱、花钱和投资的过程，让学生懂得收益、风险等理财道理。

教学准备：小账本、游戏纸币、拍卖物品等。

教学活动：

一、热身导入

师：同学们，上节理财课我们一起认识了账本，学习了一些账本的简单使用，并且，我们还成立了六个理财小组，进行了任务的分工。今天，我们就各负其责来完成一系列的任务，获得奖励。

二、主题活动

活动一：观看电影片段

观看电影《百万英镑》

师：我们对拍卖可能或多或少有一点了解，今天我们这节课里有很重要的内容就是和拍卖有关，我们一起看看，看得越仔细，一会儿会有机会获得奖励。

简单了解拍卖的规则和做法。

师：这个片段中隐藏了很多拍卖的知识，通过观看，你了解到拍卖有哪些规则呢？

全班交流。

师：这节课到底和拍卖有什么关系？看，我们今天的课题是《小小加工厂》，我们每个组都会变成一个加工厂，加工厂就意味着把一些原材料经过流水线的加工，最后变成成品卖出去。那今天我们加工厂要生产的产品是什么呢？我们的原材料是怎样得到的？

活动二：拍卖

1.老师讲解本次拍卖规则：

（1）以小组为单位参加拍卖活动。

97

（2）每组派一名代表参加竞拍，拍卖过程中，其他人不可以说话。

（3）拍卖物品底价5元，竞拍者举手出价，每次竞价的自然增长额为5元，可跨档次叫价，每次叫价必须举手的同时喊出要出的价格数目，出价最高者得到该项标的。

（4）组员竞拍到物品后，20秒钟内要交出刚才所叫的价钱才能拿走物品，若叫价高于手中的钱（交不起钱了），可在上面规定的时间内想办法，如果时间到交不出钱来，就要罚拍卖款的50%，这个物品就由上一个竞拍者中拍。

（5）如果违反游戏规则，将被罚款5元。

2. 师：弄清楚了规则，看看我们的标是什么？（师展示，让学生清楚纸张的大小差异）

3. 师：拍卖前，我会给每个组300元的启动资金，可以和你们之前获得的奖励资金放在一起使用。每个组一分钟时间讨论派谁竞拍？究竟你们需要哪些原材料？

4. 拍卖开始。

5. 中场休息两分钟，充分讨论并研究下半场的拍卖策略，中间可以更换竞拍者。

6. 下半场竞拍开始。

活动三：加工产品与评比

1. 师：所有的物品都拍卖完了，接下来该加工我们的产品了。

（1）每个小组用拍卖所得物品模拟建一个"水立方"（即五面的方形水池，长方体、正方体均可），时间10分钟。

（2）蓄水池建成后，按照建成的蓄水池体积，由大到小分别获得奖金600元、500元、400元、300元、200元、100元，做不成的没有奖金。如果建成的蓄水池有漏洞，会酌情扣钱。

（3）小组之间的物质可以互相买卖。

（4）作品完成写上小组的名字并举手示意，送到讲台上。

2. 按要求加工产品。

3. 根据小组分工，开始分头工作。

4. 评比：根据体积公式，测量出每个小组产品的大小，进行奖励。

活动四：盘点

1. 师：今天我们的赢家是不是就是这个加工厂呢？不一定，现在每个小组的理财官迅速清点一下你们的现有资金。

2. 小组汇报后，评选出本次活动盈利最多的加工厂，予以奖励。

三、展示分享

让同学们自己谈一谈在这个活动中的感受。

四、评价总结

今天这节课，我们体验了赚钱的感觉，也体验了如何花钱和投资。因为时间有限，下节课我们每个组将进一步盘点你们的账目，算一算具体的收入和支出，相信通过这样的盘点，你们一定会有更多的启示。

（此教学设计为 2012 年青岛市小学综合实践、学校课程教研交流活动中市级公开课教案）

融合型课程——拓展课程教学设计（3）

语文拓展课——快乐成语大本营

青岛湖岛小学　王艳艳

活动目标：积累成语，丰富语言，激发学习语文的兴趣，培养竞争意识和合作精神。

活动重点：学会在平常生活和学习中积累成语、运用成语。

活动难点：正确地运用成语。

活动准备：分组搜集背诵有关十二生肖、带有数字的、带有颜色的、带有人体部位的成语；成语接龙；成语故事；三上、三下《练习》中的成语。

一、热身导入——击鼓传花说成语

今天，大家看看周围，与我们平时在上课有什么不同？你能用一个成语形容人多的场面吗？

是啊，今天真是热闹非常，老师、学生欢聚一堂，我看到大家兴高采烈、精神抖擞，我心花怒放，就让咱们带着高兴的心情一起走进成语快乐大本营。

第一个环节　击鼓传花说成语

一名同学背向大家打腰鼓，其他同学传腰鼓棒，传到谁，按幻灯片的要求说一个成语，说错的要表演节目。

幻灯：今年是羊年，说出与羊有关的成语。

意　图：让学生结合实际说成语，创设一个说成语用成语的氛围。

二、主题活动

欢迎大家进入成语王国，你们刚才听到了什么？（课件：欢迎声）那是因为成语王国里正在举行一年一度的成语大比拼，他们热烈地欢迎我们也去参加他们的比赛。你们想参加吗？成语王国里有三场比赛，要求咱们分小组进行，每场都可加分，累计总分评出冠军组，你们有信心赢得比赛吗？

过渡语：在比赛之前我要送给大家一句话，请记住：友谊第一，比赛第二。咱们马上进入第一场比赛。

第一关：巧填成语（必答题：小飞侠抽取器）

1. 成语动物园

2. 成语植物园

3. 成语数字王国

第二关：成语竞赛题

要求：

1. 小组派代表选题号答题，正确得分，错误则不得分。

2. 题目为选择题，内容为三上学过的根据意思成语填空。

过渡语：胜利者不要骄傲，失败者不要灰心。鹿死谁手还不知道，笑到最后的才是赢家，马上进入第二轮比赛。

点 评：培养学生团结合作的能力，同时也是对平时学习的成语进行复习和积累的过程。

第三关：看图猜成语

要求：

1. 选择没有参加的其他同学猜成语。

2. 每组两分，对一个1分。

三、展示分享，比画动作猜成语

给分最低的组一个机会，展示成语。

要求：

1. 将今天学到的成语选择其中一个表演出来，让大家猜。

2. 评分标准：有礼貌、口齿清楚、声音响亮。

3. 演员表演到位：包括语言、动作、神态。

意 图：将学过的成语故事以表演的形式展示出来，学生在表演中获得了乐趣，也体会到了学习成语的快乐。

四、评价总结

1. 刚才我们进行了激烈的比赛，下面就让我们总结一下，将你刚才学到的成语试着写一下，看看哪个组写得多。

2. 用成语来形容一下今天的课堂和你今天的表现。

第六章

聚焦透视：
缩小研究视角，课堂推窗引来大江

第一节　课堂教学文化的剖析

夜
还是无边的黑
没有一丝光亮
哪怕只是一点
微弱的星光

但我
不愿融入这黑
为了寻到
心中的海洋
黑暗中的我
推开一扇窗

天
总会有亮的一刻
点点渔火
滚滚江水
或许窗外
窗外就是我寻找的海洋。

这是我改编的一首诗。对教育方向迷茫的时候，就像在一个黑暗的屋子里，看不到一丝亮光，就如一位学者所说："脑袋顶着天棚，看不到理性世界。"教育探索的过程，就是一个在黑暗中不断摸索，推开一扇扇窗，迎接一缕缕阳光的过程。这个过程需要我们"透视""聚焦"教育的热点、难点，让脑袋顶破天棚，看到理性世界。

"透视"一词来源于拉丁文"Perspclre"（看透），故有人解释为"透而视之"。教育者尤其需要站在理性的位置上，把教育问题"透而视之"。

人生苦短。目前我国的人均寿命是 75 岁。按照这个年龄，人生有 1/4 以上的时间用于集中学习。小学 6 年，中学 3 年，高中 3 年，大学 4 年，整整 16 年。

现在研究生教育也很普遍，如果加上研究生学习，那就近 20 年了。

在人生的学习过程中，我们是怎么学习的？什么知识最有价值？怎样以较少的时间获得较大的受益？很少有人认真考虑这样的问题。以前我们说，"书读百遍，其义自现"，作为一种学而不厌的精神，这是值得赞许的。但是从科学合理，讲求效率的角度看，这就不值得提倡了。因此袁振国认为："教学方式能否反映知识增长方式的变化，决定着教学效果是事半功倍，还是事倍功半。"[4]

"透视"到这一点，我们就明白了，教育应该关注什么？那就是课堂。因为课堂教学是素质教育的主渠道，也是教育改革的原点。每学期大约 20 周，每周 30 节课时，一年就是 1200 节课时，小学六年的 7200 节课的质量决定了学校的教育品质，决定了学生的学习品质。

我们学校的教师和课堂有哪些突出问题影响了教育品质和教学质量的提升呢？学校开展了针对课堂教学现状的反思分析，分业务干部、任课教师两个层面，从教育教学观念、课堂教学存在的突出问题、产生问题的原因，及针对问题的改进措施三个方面进行。

汇总干部、教师反思的问题，结合平日课堂观测和教师访谈所获取的各方面信息，我们对学校课堂教学的现实状态进行了梳理和分析。

一、课堂教学主要问题

1. 教与学的方式单一。

尽管目前课堂上学生的学习方式呈多样化趋势，但是在对课堂主体活动进行综合分析之后我们发现，师生问答式教学方式仍旧是课堂主体互动的主要形式，教师仍旧是主动者，学生基本上是扮演从动者角色。

2. 课堂活动不高。

（1）课堂问题缺乏思维含量。整个教学过程被一个个小问题肢解得支离破碎，学生是"对答如流"，但就是激不起思考的热情，感悟不到学习的方法，体会不到思考的乐趣，思维得不到发展。

（2）学生的自主学习能力弱。主要表现在三个方面：一是教师有价值的"提问"所占比重过小，不利于学生自主思考；二是学生的自主学习时间得不到保证；三是自主学习的方式方法学生没有很好地运用。

（3）有效的教学评价手段欠缺。在课堂教学中，教师的评价也存在一些问题，诸如评价方法太单一，形式单调、语言无感染力，没有充分发挥评价的激励功能。

3. 课堂教学效果不理想。

（1）预设性课时目标的达成情况模糊。教师没有相应的达成目标和检测手段。

（2）当堂检测效果不理想。存在课堂教学内容没扎实掌握，利用作业补、课后补的恶性循环。

二、原因分析

教师对新的教学理念在课堂上的应用呈现不同的心态。

通过调查，我们发现教师对新的教学理念呈现出不同的心态。我把不同的心态归结为"四种"。

1. "一知半解"型：课改以来，每年市、区、校都要举行各个层面、各个内容的教师培训，应该说新课改的教学理念已经渐入人心。什么情境导入、小组合作、自主探究，老师们都能说出一二，但是深入课堂，我们发现不少教师对于教育本质的理解是模糊的，对于课堂教学本质的认识是浅层次，对教学理念在课堂上如何实施也是一知半解。

2. "半推半就"型：有一部分教师的课堂教学出现"半推半就"的局面：有人听课或开放课使用新的理念教学，教学环节高效，教学手段新颖，学生兴趣高涨。平时，没有人听课依然以灌输式教学为主，依然是教师主导、主动，学生依附、被动的课堂。为什么？我们分析主要原因是教师本身的惰性和抗拒性。新的教学理念的变革挑战教师固有的从学院教师、师范课本上传承下来的教学方法，挑战已经在脑海里、经验里成型的教学方式，而且这种变革的好处不能立刻显现，教师没有从变革中看到立竿见影的变化，而且新理念的课堂是教师不能轻易掌控的课堂，费神耗力，教师有本能的排斥和抗拒。

3. 望河兴叹型：在有的教师眼里，新理念与课堂实施好像两条平行的河。新的教学理念，这部分老师了解并认可，但是真正走进课堂，落实在教学上，他们还没有找到合适的教学行为作为连接这两条河的桥梁，只能望河兴叹。这部分教师的原因就是缺乏教学行为的指导和实践。需要学校通过课例分析、跟踪听课进行必要的跟进指导，鼓励教师大胆尝试。

4. 故步自封型：这部分教师，特别是中老龄教师，受自身的专业知识结构、能力所限，加上缺乏好学上进的态度，不想学也不想改，他们的课堂"涛声依旧"，转变困难。

自 2000 年起，第二次课改大潮已经走过 16 个年头，"透视"真实的课堂，多数还是"涛声依旧"。多数教师课改理念说得头头是道，做起来却无能为力。课堂教学行为未有根本性变化，关起门来老法"得心应手"。怎么会是这样的结果？

我们需要"透视"教师群体的职业特征。英国教育标准局主任督学伍德黑德（Woodhead）认为："教师群体具有保守、反对革新的价值倾向，职前的受教育经历以及所处的教师群体的影响共同铸就了教师对惯常性的职业生存方式和思维方式的信奉与尊崇，传统的教学模式和思维方式形成了教师群体难以突破的职业习惯。"

从这个角度说，课堂教学方式的变革是学校文化建设中最困难的。因为教师文化不具有冒险的特征，不热衷于观念、价值、假设与现行措施的批判反思，使得教学工作流于信奉不曾验证的规范，教师服膺于不加质疑的、不理性的职责。

在日常的教学活动中，教师为了维护以专业能力为基础的自尊心，把自己的课堂看作一个相对封闭且自足的领域，习惯于靠一个人的力量解决课堂教学中的种种问题。孤立的探究是大多数教师日常工作中的状态，教师避免将自己教学中的实质性的问题主动地暴露出来以寻求他人的帮助，教师的课堂活动往往与其他教师的课堂活动相互隔离而不是相互依赖。

从以上"透视"可以看出，要想让教师走出相对封闭而自足的领域，就需要树立一个共同的研究目标，改变各自盲目的、零散的课堂教学，形成合作的、开放的教学研究合力，这个目标就像一面旗帜凝聚大家的力量，引领前进的方向，这面旗帜要插在经过团队和个人努力可以到达的山峰上——醒目、明确、有号召力。

对于湖岛小学来说，这面旗帜就是爱心课堂教学文化的建设。爱心课堂分三个方面实施。一是充满爱心的课堂教学文化——教师要有"花苞心态"。构建"满腔爱心，一份宽容"的课堂教学文化。在教师中倡导"花苞"心态，即用园丁培育花朵的精心，等待花苞绽放的耐心进行课堂教学。二是充满智慧的教学变革——三点梳理、教学相融。三是充满人文的课堂教学方式的变革——"五步教学法"。

第二节　"三点梳理、学教相融"教学模式解析

一、"三点梳理、学教相融"诠释

"三点梳理"指教师在备课时，深入解读教材基础上，删繁就简，确定每课时的"三点梳理"内容。"三点梳理"的"三点"因学科而异，教师按照"三点梳理"内容备课、上课，学校按照"三点梳理"内容听课、评课，将备课、上课、评课等教学环节用"三点梳理"有效串联，避免了备课、上课两张皮，评课泛泛、没有重点的现象。"三点梳理"的研究为课堂教学理出了一条清晰"线"。

"学教相融"：教育名家刘德武教授说得好，教学不在谁先谁后，重要的

是师生的"融"。"融"包括师生心理的融合、教学方式运用的融洽。实现师生相融，教学相长的教育目标。

"三点梳理"是"点"，"学教相融"是"面"，最终目的是实现老师教学方式的转变，实现学生学习方法的转变，提高教师学科素养，提高教育教学质量。

二、各学科备课三点梳理

语文学科：学教训练点、读写结合点、视野拓展点
数学学科：新旧衔接点、自主探究点、生活链接点
英语学科：趣味导活点、知识突破点、生活链接点
美术学科：感知体验点、创新表现点、应用拓展点
音乐学科：知识点拨点、自主发展点、蕴美欣赏点
体育学科：自主尝试点、技能导活点、合作探究点

三、"三点梳理、学教相融"四步教学策略

在教材文本的提炼上——三点梳理，关注教材体系和学生认知；
在课程资源的开发上——资源共享，关注资源开发和学生兴趣；
在教学内容的预设上——先学后教，关注知识特点和学生心理；
在教学方法的设计上——学教相融，关注自主合作和教师点拨。

【案例】

山东省教育科学"十二五"规划重点课题
"个性化教育：理论建构与行动研究"之子课题
"三点梳理、学教相融"
课堂教学改革推进策略研究
开 题 报 告

一、问题的提出

（一）国家背景分析

《国家中长期教育改革与发展规划纲要》中提出："关心每个学生，促进每个学生主动地、生动活泼地发展，尊重教育规律和学生身心发展健康，为每个学生提供适合的教育。"而目前多数学校还在沿袭多年的教育模式与教学策略，

对学生的个性发展与培养，大多数学校还是只停留在理论层面上，并没有真正做到以生为本，关注学生的个性化发展。

开展"中小学个性化教学策略与模式探索之'三点梳理、以教导学'课堂教学改革推进策略研究"，保证学校教师教育教学能力得到提高、全体学生在学情基础上得到全面加个性健康和谐发展。

（二）学校背景分析

1.对学生学习情况的分析

课题申报前期，学校进行了青岛湖岛小学学生家庭状况摸底调查。汇总统计结果，我校现有学生 442 人，其中外来务工人员子女 339 人，约占全校总人数的 76.6%。我校学区内学生中特困家庭子女 9 人、失业人员子女 21 人、残疾人子女 1 人，约占全校学生总数的 7%。

学生的家庭背景、精神状况、各种习惯养成，以及家长素质等诸多因素给学校教育教学带来很大的挑战。在教育教学工作中，学校认识到对所有孩子教育的成功与否首先是学生精神文化的提升，其次是学生综合素质的提升，最后自然而然是学习质量的提升。这在很大程度上需要学校与老师在校内、在课堂上，对学生进行针对性强的教育教学活动，促进学生全面加个性健康和谐发展。

2.对教师教学情况的分析

上学期，学校开展了针对课堂教学现状的反思活动，分业务干部、任课教师两个层面从教育教学观念、课堂教学存在的突出问题、产生问题的原因，及针对问题的改进措施三个方面进行。汇总干部、教师反思的问题，结合平日课堂观察和教师访谈所获取的各方面信息，我们对教师的教学情况进行了梳理和分析。

课堂教学主要问题：

（1）教与学的方式单一。尽管目前课堂上学生的学习方式呈多样化趋势，但是在对课堂主体活动进行综合分析之后我们发现，师生问答式教学方式仍旧是课堂主体互动的主要形式，教师仍旧是主动者，学生基本上是扮演从动者角色。

（2）学生的自主学习能力弱。主要表现在三个方面：一是教师有价值的"提问"所占比重过小，不利于学生自主思考；二是学生的自主学习时间得不到保证；三是自主学习的方式方法学生没有很好地运用。

（3）有效的教学评价手段欠缺。在课堂教学中，教师的评价也存在一些问题，诸如评价方法太单一，形式单调，语言无感染力，没有充分发挥评价的激励功能。

（4）课堂教学效果不理想。预设性课时目标的达成情况模糊。教师没有相应的达成目标和检测手段。当堂检测效果不理想。存在课堂教学内容没有扎实掌握，利用作业补、课后补的恶性循环。

通过调查与分析，我们认为首先要引导教师准确地把握课程标准和教材，其次要培养学生自学的能力和教会学生科学的学习方法。所以我们提出"三点梳理、以教导学"课堂教学改革推进策略这一研究课题。希望通过此课题的研究，初步形成我校"三点梳理、学教相融"课堂教学改革推进策略，在全面提高课堂教学质量的基础上，促进学生全面和个性地健康和谐发展，形成教师个性化教学策略。

3. 学校目前构建的课程体系分析

学校树立大课程观，将综合实践课程、学校课程、德育课程和社团课程融入其中，打造"融合型"课程，"融合型"课程体系由幸福学堂和葫芦学堂两部分组成，幸福学堂课程包括上海真爱基金会提供的体现全人教育的《梦想课程》、我校自行研发的《我爱我家》学校课程以及德育课程。葫芦学堂包括葫芦文化综合实践课程和社团课程，初步构建起"融合型"课程体系，努力实践"国家课程校本化，校本课程特色化"。

二、国内研究现状述评

（一）国内研究趋势分析

国家层面：以教学模式为依托来充分实现个性化教育的研究，在我国如火如荼地进行着。如尝试教学（先练后讲，先试后导）、洋思模式（先学后教，当堂训练）、杜郎口模式（三三六自主学习）和黎世法老师倡导的"异步教学"等。这些模式的改革者既把握了国家课改的大方向，又找到了学校改革的操作点，是学校领导与全体老师在结合学校校情、学生生情，经过长时间的摸索与实践的基础上形成的。一方面使学生获益匪浅，另一方面学校也形成了自己的教学特色。

青岛市层面：《基础教育课程改革纲要（试行）》指出："要注重培养学生的独立性和自主性，引导学生质疑、调查和探究，在实践中学习，促进学生在教师指导下主动地、富有个性地学习。"在这一理念指导下，我市各校加大了教学改革力度，涌现出一批优秀教学模式，如地理学科的"四步循环导学法"、数学学科的"情景串教学法"、语文学科的"五环节三板块"教学模式等都取得了较好的研究成果，有较强的操作性，有利于培养学生的自主学习能力，得到相关专家的认可。

（二）国际趋势

当前国外课堂教学的"个性化"与"个别化"发展趋势主要有两个方面的表现：一方面是由于现代教学手段进入课堂、新的信息传播手段介入教学过程所带来的对师生生活空间依旧有限制的冲击，使得学生可以根据自己的能力水平自定学习进度，并可超越时空限制，实现教与学的"个别化"。另一方面是由于现代科学对学生个性差异的研究及社会对学生独立性的要求所引起的师生关系观念的变化，并由此导致课堂教学的"个别化"与"个性化"，强调改善课堂教学结构，以学生的独立活动来替代班集体的统一活动，给学生以更多的适应个性的学习活动的机会。

（三）趋势分析

从国内外同一研究领域的现状可以看出世界各国政府都非常重视学生个性化教育的问题，分别从个性化教育课程体系的构建、个性化行为及心理的研究、德育工作中个性化教育研究、信息技术支持下个性化教育资源开发等多个方面进行了相关的研究。而通过教学模式的创建以及不断推进课堂教学改革策略来关注学生个性化发展这一课题的研究相对来说就比较少一些，所以我们认为该课题的研究有以下趋势。

1.课题开展得到保证。很多实验学校只是把实验定在"辅"的地位，辅助德育、辅助课堂教学等等。我们的实验是以学生和老师的实际情况为基础，在课堂教学中共同参与，做到你中有我、我中有你的有机结合，能够保证课题的有效开展。

2.注重实践。我们的实验注重将老师的备课三点梳理落实到课堂教学中，不管是老师还是学生，都要在一堂堂的课堂教学中去实践、去检验备课的"三点梳理"是否符合我校教师的教与我校学生的学，发现问题并及时改进，不断修改完善，这样才会不断推进具有我校特色的课堂教学改革。

3.我们的研究方式也将会更加注重教育自身的规律。"三点梳理、以教导学"这一课堂教学改革推进策略是在前期问题分析的基础上提出的，符合我校的实际情况，也符合学生的学习规律，我们将大胆思考，稳步实践，形成独特的研究成果。

三、课题研究的实践意义与理论价值

（一）理论价值

本课题在青岛市经济社会发展和教育现代化进程的背景框架下，在《个性化教育：理论构建与行动研究》的课题指导下，在课堂教学实践中进行研究，为《中小学个性化教学策略与模式探索》的课题研究提供实践支持。

（二）实践意义

本课题研究要在以下三个方面有所作为：

1.有效促进教师专业发展。通过学校"三点梳理、以教导学"课堂教学改革推进策略的探索与构建，帮助老师做到"三点清晰、两个转变"，即清晰"三点梳理"内容，转变教师的教学方式与学生的学习方式，在课题研究的过程中

提高教师的备课与上课水平，提高课堂教学质量。

2.有效促进学生自主学习能力的提高。该课题研究过程中，每一位实验教师要做到以生为本，在充分分析学情的基础上进行"三点梳理"，在此基础上做到以教导学。

3.促进学生个性健康和谐发展。该课题研究过程中，老师们将全面关注全体学生，并根据学生的实际情况进行"三点梳理"，而且依托科学的评价体系，激励学生自主发展，充分体现以生为本，实现学生的全面加个性健康和谐发展。

四、研究目标和研究内容

（一）核心概念的界定：

1."三点梳理"的界定

"三点梳理"指教师在备课时，深入解读教材基础上，删繁就简，确定每课时的"三点梳理"内容。"三点梳理"的"三点"因学科而异，教师按照"三点梳理"内容备课、上课，学校按照"三点梳理"内容听课、评课，将备课、上课、评课等教学环节用"三点梳理"有效串联，避免了备课、上课两张皮，评课泛泛、没有重点的现象。"三点梳理"的研究为课堂教学理出了一条清晰"线"。

根据学科课程标准、教材以及学情，学校梳理并提炼出各学科的"三点"。

语文学科：学教训练点、读写结合点、视野拓展点

数学学科：新旧衔接点、自主探究点、生活链接点

英语学科：趣味导活点、知识突破点、生活链接点

美术学科：感知体验点、创新表现点、应用拓展点

音乐学科：知识点拨点、自主发展点、蕴美欣赏点

体育学科：自主尝试点、技能导活点、合作探究点

2."学教相融"的界定

教育名家刘德武教授说得好，教学不在谁先谁后，重要的是师生的"融"。"融"包括师生心理的融合、教学方式运用的融洽。实现师生相融，教学相长的教育目标。

"三点梳理"是"点"，"学教相融"是"面"，"三点梳理、学教相融"课题研究的最终目的是实现老师教学方式的转变，实现学生学习方法的转变，提高教师学科素养，提高教育教学质量。

（二）研究目标

1.改变教师的教学方式，骨干教师形成自己的教学风格。

通过学校的"四课"模式（研讨课、跟踪课、推门课、骨干教师跟进课），对各学科梳理的"三点"在课堂教学中加以实践，让教师具备教好的能力，即提高教师的教学能力与对学法的指导能力。

通过开展丰富多彩的研究活动，采取"请进来""走出去"等方法，不断开拓教师的视野，在学习专家与名师的基础上，促进教师形成个性化教学风格。

2.通过设计科学有效的《学生发展性评价手册》《教师发展性评价手册》，形成与"三点梳理、以教导学"课堂教学改革推进策略相适应的教学评价体系，从而激励教师专业能力的提升，促进学生全面加个性健康和谐成长。

3.基于"三点梳理、以教导学"课堂教学改革策略总结出有效的课堂教学改革基本规律。

（三）研究内容

目前，我校课堂教学效果不是很理想，教师备课不是很规范，我们将在该课题研究过程中，认真做好以下几方面的研究：

1."三点梳理、学教相融"备课模式研究。

各任课教师在分管领导的带领下，精研教材，结合年级特点与学科特点，认真进行学科备课环节的"三点梳理"。学校将利用双周的周一下午进行"三点梳理、学教相融"备课研究。形式是集体备课、首席教师指导、个人修订，以不断完善"三点梳理"内容。

在这个备课研究过程中，我们将实施"三点梳理、学教相融"备课研究四步走的措施。第一步，各任课教师提前两周认真研读教材，围绕"三点梳理"理出教学的主线。第二步，双周一学科集体备课时，一起研讨各自梳理出的"三点内容"及教学过程的大框架。第三步，由首席研究教师和分管领导一起帮老师们修改"三点梳理"。第四步，各任课教师结合本班实际情况再次修改完善自己的"三点梳理"与备课思路。在不断完善修订备课"三点梳理、以教导学"的过程中，使教师产生设计教学的思想，使每位教师都能依据个人的教育哲学对教学进行个性化设计。在研究推进过程中使参与研究的教师对这种新的备课形式逐步从不排斥到感觉有收获再到喜欢这种备课模式。

此项研究内容将探索"三点梳理、学教相融"备课模式的推进对提高教师教学效率、教师加深对学科以及自我的理解的影响。

2.各学科"三点梳理"资源库的研究。

通过每个学期的校本教研，加大对各学科"三点"的梳理，并不断修改完善。单周的校本教研侧重于学习专家名师的理论与实践、对课标的学习和对教材的整体把握。双周的校本教研侧重于备课中"三点"的梳理、修订与完善，同时在课堂教学实践中结合学情和教师教学经验实际进行相关研究，使"三点梳理、学教相融"既符合我校师生的特点，又不断地得以推进。最终在我校各个学科中梳理出一套比较成型的每个学科——每个单元——每个教师的每堂课的"三点"资源库，便于以后教该册教材的老师资源共享。

在各学科设立学校首席研究教师。首席研究教师有两个大任务：第一个任务是在集体备课时带领学科教师做好备课"三点梳理"的修改与完善工作，争取学期末各年级各学科形成一套"学科三点梳理精品集"，作为以后每个学科的备课资源。第二个任务是做"三点梳理、学教相融"课堂教学推进模式研讨的先行者，保证每月出一节"三点梳理、学教相融"课堂教学推进模式研讨课，以不断推进学校"三点梳理、学教相融"课堂教学推进模式的深入开展。

各实验教师在课堂教学实践与研究过程中，随时整理课堂教学中使用的课件，形成课件资源库。

3. "三点梳理、学教相融"课堂教学改革策略推进方式的研究。

在此研究过程中，我们将通过"四课模式"来不断推进"三点梳理、学教相融"课堂教学改革推进模式的研究。所谓"四课模式"，是指研讨课、跟踪课、推门课和骨干教师跟进课。通过不同的模式反复研讨、细致打磨，争取形成并不断完善"三点梳理、学教相融"课堂教学改革模式。为将"三点梳理"的内容通过相关的教学环节落实在课堂教学中，我们设计了"'三点梳理、学教相融'课堂教学评价表"，紧紧围绕各科的三点来听课，来看教师是否将备课中的"三点梳理"落实到课堂中，来观察教师的教与学生的学，即教师是否在课堂上关注对学生学习方式进行指导，从而使学生的学习方式得以转变，观察和研究老师是否真正做到"以教导学、学教相融"，在此基础上形成教师自己的个性化教学风格。

4. "三点梳理、学教相融"评价体系研究。

本课题研究中，我们将从评价方面做好辅助研究工作。评价包括两个方面：一是对学生在"三点梳理、学教相融"模式中的表现（包括自主学习能力、课堂表现、作业表现、个性化成长，比如自信心、社交能力等多个方面）的评价。我们设计了《"采摘宝葫芦"学生过程性评价手册》来对学生进行全面评价。二是教师教学评价研究。对教师在"三点梳理、学教相融"课堂教学改革推进模式研究中的各项工作进行评价，我们将通过对备课笔记三点梳理、课堂教学三点梳理的落实、作业设计等多个方面来进行评价。期望通过有效评价来引导和激励教师个性化发展。

五、研究方法与研究阶段安排

（一）研究方法

1. 调查问卷法

通过调查问卷、座谈等多种形式了解本校教师在教学过程中的问题与需求、学生在学习过程中需要的帮助等具体情况，以便有针对性地展开实验与研究。

2. 文献法

结合本课题的研究内容，阅读有关教学模式创建、先学后教理论的文章、调查报告，学习有关课题研究的专著，学习本课题相关内容，从理论的高度来指导我们的研究与实践。

　　3.专题性讲座学习与专家指导相结合

　　经常性地召开课题组专题会议，进行专题性讲座与研究。同时积极创造条件与校内外同行进行学术交流，请教科研专家、领导进行指导。

　　4.经验总结法

　　对实践研究中的经验总结归纳，提升到理论，揭示其规律，再来指导实践。

　　5.个案研究法

　　对有特殊情况的学生进行调查、分析、重点教育研究，形成个案，并通过各个学科实验教师的具体教学设计出典型的教学案例，进行分析解剖。

　　（二）研究阶段安排

　　本课题研究计划用三年时间，分为三个研究阶段，具体内容如下：

　　第一阶段：2012年3月—2012年7月

　　1.完成子课题申报书的撰写，完成子课题研究方案。

　　2.建立课题实施相关保障制度。

　　3.通过调查问卷、座谈等，分析教学现状，针对师生实际问题，制订学校课题实施方案。

　　第二阶段：2012年8月—2014年7月

　　推进学校的课题研究工作。

　　1.召开全体实验教师动员会，做好相关培训，提高实验教师的理论水平与研究能力。

　　2.组织开题会，实验教师明确各自的研究任务，做好课题研究工作。

　　3.建立学科研究中心，将实验教师聘为"首席研究教师"。建立完善课题评价考核标准。

　　4.通过"四课模式"，制定课堂评价表，分析研究课堂教学问题。

　　5.通过"问—研—践—思—行"课题研讨模式，定期组织课题研究碰头会，结合学科教学内容与各年级学生实际情况分别确定出学科年级三点梳理内容。

　　6.每学期召开课题研究展示会，会上就"三点梳理、学教相融"研究情况进行展示与研讨，同时，进行课题研究课的展示，就"三点梳理、学教相融"课堂教学改革推进模式的创建情况进行研讨。

　　第三阶段：2014年8月—2014年11月

　　全面总结课题研究成果，形成"三点梳理、学教相融"课堂教学改革推进模式，完成各学科各册教材"三点梳理"精品集，完成各学科"三点梳理、学教相融"精品教案集，形成课题研究报告。

六、预期研究成果

本课题将在课堂教学实践研究的基础上尝试创建"三点梳理、学教相融"课堂教学改革推进策略，期望通过该课题的研究能够使老师们改变教学方法，学生们改变学习方法，提高学生的自主学习能力。2015年1月前，该课题研究希望取得以下成果：

1. 形成"三点梳理、学教相融"课堂教学改革推进策略。

2. 完成各学科各册教材"三点梳理"精品集。

3. 完成各学科"三点梳理、学教相融"精品教案集。

4. 组织实验教师写出较高质量的课题研究论文。

5. 设计完善"三点梳理、学教相融"课堂教学评价表。

6. 设计并在使用过程中不断完善《爱心伴我行　采摘宝葫芦——学生发展性评价手册》和《教师发展性评价手册》。

7. 形成课题研究报告。

七、完成课题的保障条件

学校已经具备了一定的研究基础，在前期尝试性实验的基础上积累、总结了初步经验，为今后课题实验打下了一定的基础。为使本课题顺利实施，我校将积极采取若干有效措施，确保课题扎实、深入、持续地开展。

1. 人员保障：学校成立了专门的课题实验领导小组，建立了业务水平高、人员稳定的课题研究队伍。课题主持人马晖校长既是青岛科研访学站第四期的学员，又参与了"十五""十一五"课题的研究工作，对课题研究有着很强的指导力；课题实验教师是从全校中层干部、优秀教师中选拔出的敬业精神强、业务水平高的教师参与研究。

2. 制度保障：学校将逐步建立、健全相关课题管理制度，完善评价、激励制度。教科室定期对教师实验情况进行检查指导，按计划进行阶段性成果汇总，保证课题顺利进行。

3. 经费保障：学校还将设立课题实验专项资金，保证研究经费的到位，为课题研究创造最佳的经费保障。为了调动实验教师的积极性，对课题研究中做出贡献的教师从精神上和物质上给予一定的奖励，在评优、晋级方面优先考虑。

4. 培训保障：为使课题研究顺利进行，学校为研究人员准备了丰富的理论书籍资料，提供学习和借鉴的音像资料。学校将根据实验进展的情况，及时聘请相关专家或上级教科研部门予以技术支持和指导。

【案例】

青岛湖岛小学"三点梳理、学教相融"课堂教学评价表

学科				授课教师				评价等级	
时间				课题					
关注点	具体内容								
"三点梳理"的预设与落实情况	学科	三点内容	A	B	C	D		备注说明	
	语文	学教训练点						老师们可根据听课学科的不同，选择相应的"三点梳理"的内容，结合老师的教学过程来观察课堂上是否认真落实了"三点梳理"的内容，观察教师的课堂是否做到了"激情、自主、高效"。根据课堂教学的实际情况，在不同的"三点梳理"内容中以 A、B、C、D 四个等级来呈现老师们对"三点梳理"的落实情况。	
		读写结合点							
		视野拓展点							
	数学	新旧衔接点							
		自主探究点							
		链接拓展点							
	英语	趣味导活点							
		知识突破点							
		生活链接点							
	音乐	知识点拨点							
		自主发展点							
		蕴美欣赏点							
	体育	自主尝试点							
		技能导活点							
		合作探究点							
	美术	感知体验点							
		创新表现点							
		应用拓展点							
教师教学方式	学法指导							听课过程中观察老师们是否做到"三点清晰、两个转变"（清晰"三点梳理"内容，转变教学方式，转变学习方式），在相应的环节中以 A、B、C、D 四个等级来呈现。	
	有效设问								
	精讲精练								
	适时评价								

续　　表

学科			授课教师			评价等级		
时间			课题					
学生学习方式	质疑问难							
	自主学习							
	主动参与							
	有效合作							
教学亮点								
存在问题及改进意见								

听课人：

第三节　"三点梳理、学教相融"教学改革的实践探索

"三点梳理、学教相融"经验介绍篇

【经验介绍1】

"三点梳理、以教导学"课堂教学改革初探

青岛湖岛小学　周嫒

　　各位领导，大家下午好。今天我与各位领导交流的话题是：我校正在实施的"三点梳理、以教导学"课堂教学改革模式的推进工作。

　　"三点梳理"是我校落实区打造激情自主课堂计划的具体措施，是学校进行备课改革、提高课堂教学实效性的创新举措。尤其是现在提出的"生本课堂"教学形态，学生的学习方式转变了，必然也要求我们老师的备课方式跟着转变，所以我们提出"三点梳理、以教导学"这一教学模式，希望能通过这一改革实现"以学生的发展为本"的教育理念。

我们的诠释

什么是"三点梳理、以教导学"？"三点梳理"指教师在课时备课中加入"三点梳理"这一环节，通过"三点梳理"，疏通了文本与课堂的渠道，为课堂教学理出了一条清晰的"线"。

"三点梳理、以教导学"的最终目的是实现"三点清晰、两个转变"，即："三点梳理"目标清晰，转变教师教的方式、转变学生学的方式，形成真正的"师生学习共同体"。

根据学科课程标准、教材以及学情，学校梳理并提炼出各学科的"三点"：

语文学科：学教训练点、读写结合点、视野拓展点

数学学科：新旧衔接点、自主探究点、生活链接点

英语学科：趣味导活点、知识突破点、生活链接点

美术学科：感知体验点、创新表现点、应用拓展点

音乐学科：知识点拨点、自主发展点、蕴美欣赏点

体育学科：自主尝试点、技能导活点、合作探究点

我以语文学科为例和各位领导阐述一下我们的这三点：

"学教训练点"指的是阅读教学训练点。如何确定训练点是一个关系到语文教学成败的关键。语文教材入选的课文一般都是文质兼美的佳作，但它仅仅是教材内容，不等于"教学内容"，语文课上要学习的、理解的、弄懂的知识点，要掌握和训练的学习方法、学习能力，要引导体悟的各色情感太过广泛。在实际教学中，我们要求老师们对教材做一番剖析和裁剪，该取则取，该舍则舍，从中精心选择几个"训练点"，择其精华实施教学。这样就可以牵一发而动全身，对理解课文、体会感情有重要作用。

"读写结合点"就是找准文本的读写结合点、重视读与说、读与写的有效衔接。语文教学的主要任务之一就是要提高学生的表达能力，在小学低年级，对学生进行说话、写话的训练及写作知识的渗透，在中高年级时学生才能厚积薄发、能说会写。

"视野拓展点"就是对课外内容的补充，加强语文文本与学生的生活经验之间的联系。视野拓展点的内容可以是与课文内容相关的资料收集，可以是相似题材的文章，也可以是作者简介或所写的其他文章。语文源于生活，寓于生活，用于生活，从学生熟知、感兴趣的生活事例出发，以生活实践为依托，促进学生的主动参与，焕发出语文课堂的活力。

我们的推进

围绕"三点梳理、以教导学"的课堂教学改革，我校具体是这样实施的：

两个准备重铺垫

第一个准备：首席研究教师及团队

开学初，通过教师个人申报来确定各学科的首席研究教师，由首席研究教师自主招募研究团队成员，成立学科研究中心。研究团队有三大任务：课程理念先学一步；课堂教学研究先试一步；案例、反思先写一步。

第二个准备：集体教研主持人招标

通过上一学期的实践，我们感觉采用项目管理的方式，开学初以招标的形式确定研究内容与主备人，效果还是非常好的。所以，本学期依旧延续这种模式，开学初下发"教研活动教育理念培训招标书"，来确定部分骨干教师作为主备人，围绕三点梳理的内容提前学习相关专题，由他们带领全体老师一起来学习。

五个步骤重落实

上一学年，各任课教师在分管领导的带领下，精研教材，结合年级特点与学科特点，认真进行学科备课环节的"三点梳理"，并形成了一套"学科三点梳理备课资料集"，作为以后每个学科的备课资源。

本学期，我们将实施"三点梳理、以教导学"备课研究五步走的措施。

第一步，各任课教师提前两周认真研读教材，围绕"三点梳理"理出教学的主线，从中选取一个点，设计出教学详案。

第二步，学科集体备课时，一起研讨各自围绕"三点梳理"中的一点设计的教学过程。

第三步，由首席研究教师和分管领导一起帮老师们修改以"三点梳理"设计的教学环节。

第四步，各任课教师结合本班实际情况再次修改完善自己的"三点梳理"与备课思路。

第五步，各学科"三点梳理"资源库的建立。通过教师自修、校本教研、课堂实践，最终在我校各个学科中梳理出一套比较成型的每个学科——每个单元——每个教师的每堂课的"三点"梳理资源库，便于老师们资源共享。

两个跟进重实效

第一个跟进：

通过学校的"四课"模式（即研讨课、跟踪课、首席教师示范课、骨干教师跟进课）对各学科梳理的"三点"在课堂教学中加以实践，让教师具备教好的能力，即提高教师的教学能力与对学法的指导能力。为此，我们做了以下几方面的工作：

一是设立"三点梳理研讨日"：将每周二定为"三点梳理研讨日"，业务干部分头走进课堂，通过听课的形式来看老师们"三点梳理"的落实情况。

二是首席研究教师作为"三点梳理、以教导学"教学模式研讨的先行者，保证每月出一节"三点梳理、以教导学"教学模式示范研讨课，以不断推进学校"三点梳理、以教导学"教学模式的深入开展。

　　三是 11 月，我校将开展第二届教育教学年会，其中一项内容就是骨干教师跟进课，对"三点梳理、以教导学"进行一个阶段性的研讨展示。每位研究教师自己录制一节跟进课，并附上上课构想，参加学校教育教学年会的"精彩课堂"评选。

　　第二个跟进：

　　使用好"三点梳理、以教导学"课堂评价表。为将"三点梳理"的内容通过相关的教学环节落实在课堂教学中，我们设计了"'三点梳理、以教导学'课堂教学评价表"，紧紧围绕各科的三点来听课，来看教师是否将备课中的"三点梳理"落实到课堂中，来观察教师的教与学生的学，即教师是否在课堂上关注对学生学习方式进行指导，从而使学生的学习方式得以转变，观察和研究老师是否真正做到"以教导学、以学定教"，在此基础上形成教师自己的个性化教学风格。

　　今天，我与各位领导一起分享了我校的"三点梳理、以教导学"课堂教学改革模式，恳请各位领导能为我们提出宝贵的意见和建议。谢谢！

　　　　　　　　　　　　　　　（此发言稿为 2012 年区教学研讨会上的经验介绍）

【经验介绍 2】

落实备课三点梳理，提高课堂教学实效

青岛湖岛小学　朱琳

各位领导、老师：

　　大家下午好！今天我将与各位老师共同讨论的话题是"落实备课三点梳理，提高课堂教学实效"。

　　"三点梳理"是我校落实四方区打造激情课堂计划的具体措施，是学校进行备课改革、提高课堂教学实效性的创新举措。

　　对于语文学科的教学来说，我们会有这样的感受：数学教学一条线，语文教学一大片。许多教师虽然教学十多年、几十年，仍不曾有一种系统的概念，就是一篇课文老师要教点什么，学生应该学点什么。什么都想教，什么都想练，效果却并不尽如人意。为了提高我校语文课堂教学的实效性，我校马晖校长亲

自带领大家研究、学习阅读教学的方法，并提出了"落实备课三点梳理，提高课堂教学实效"的语文学科教研课题。凭借"三点梳理"的研究，潜心研究语文教学的策略方法，梳理出每篇课文的阅读主线，架构起读写结合的桥梁，力求让我们的教学在有效的方法支撑下更具实效性。

"三点梳理"的"三点"指的是学教训练点、读写结合点和视野拓展点。

下面我结合《云房子》这一课，就"三点梳理"的运用做一介绍。

"学教训练点"指的是阅读教学训练点。如何确定训练点是一个关系到语文教学成败的关键。语文课上要学习的、理解的、弄懂的知识点，要掌握和训练的学习方法、学习能力，要引导体悟的各色情感……真是举不胜举，太过广泛了。语文教材是文选型教材，入选的课文一般都是文质兼美的佳作，但它仅仅是教材内容，不等于"教学内容"，教师应根据语文课程标准对学段的阅读要求、教学目标和学生的实际，对教材做一番剖析和裁剪，该取则取，该舍则舍，从中精心选择几个"训练点"，择其精华实施教学。这样就可以牵一发而动全身，对理解课文、体会感情有重要作用。

例如《云房子》一课，我把学教训练点放在指导朗读这个方面上，在介绍云房子的样子一段中，我运用了四种方法指导学生朗读，如美美地开着，傻傻地横着，运用的是加动作朗读方法；很宽的大礼堂，用的是图文对照、画词对应的方法；一点点，只能容得下一只小麻雀，用的是重读理解；还有的学生朗读时能够综合运用以上的方法，朗读水平得到很大的提高。

"读写结合点"就是找准文本的读写结合点、重视读与说、读与写的有效衔接。语文教学的主要任务之一就是要提高学生的表达能力，这是大家的共识，在小学低年级，对学生进行说话、写话的训练及写作知识的渗透，在中高年级时学生才能厚积薄发、能说会写。

在《云房子》一课中，我利用典型的句式结构，让学生学习用"有的像……有的像……还有的像……"这个句式"依葫芦画瓢"进行仿说训练。为了降低这个环节的难度，我先出示一些图片帮助学生思考，逐个句子进行指导，再让学生结合自己的生活实际展开想象，完整地完成说话练习。说中促读，培养学生的想象和表达能力。

"视野拓展点"就是对课外内容的补充，加强语文文本与学生的生活经验之间的联系。视野拓展点的内容可以是与课文内容相关的资料收集，可以是相似题材的文章，也可以是作者简介或所写的其他文章。语文源于生活，寓于生活，用于生活，从学生熟知、感兴趣的生活事例出发，以生活实践为依托，促进学生的主动参与，焕发出语文课堂的活力。在《云房子》的教学设计中，我将视野拓展环节放在最后的作业设计中，设计三星作业留给学生，让学生仔细观察天空中的云彩，把他们自己找到的最美的云房子照下来或者画下来，与同学们分享。除了第一课时的拓展之外，为了增强语文学科与其他学科的联系，激发学生学习语文的积极性，我还在第二课时中安排学生观看视频——云是怎样形成的，让学生进一步了解云，体会大自然的神奇。

"落实备课三点梳理，提高课堂教学实效"的课题研究在我校实施一个学期以来，我们实施"三点梳理"四步骤，让课堂教学富有实效，即第一步，提前两周认真研读课文，围绕"三点梳理"理出每篇课文的主线。第二步，每周学科内教研，研讨三点梳理的准确性和实用性。第三步，修改三点梳理，并根据确定的三点梳理备课。第四步，将三点梳理运用到课堂教学中。"三点梳理"减少了我们语文教学的盲目和琐碎，为语文教学理出了一条清晰的"线"。也避免了备课、上课两张皮的现象，我们的语文教学越来越有序、越来越有效。

今天，我与各位老师一起分享我校三点梳理的内容及我对运用三点梳理进行备课的亲身感受，希望能与各位老师进行交流，有所收获！

（此发言稿为2013年区语文教学研讨会上的经验介绍）

【经验介绍3】

数学教学过程中"三点梳理"与提升学生数学素养

青岛湖岛小学　刘晓东

"三点梳理"是我校落实四方区打造激情课堂计划的具体措施，是学校进行备课改革、提高课堂教学实效性的创新举措。

"三点梳理"的"三点"指的是新旧结合点、自主探究点和链接拓展点。

"新旧结合点"要求数学教师在备课前认真钻研教材，分析学情，瞻前顾后，溯源探流，准确找出所教知识的新旧结合点，把学生在前册教材或前期学过的和新知识有关的旧知识、方法，运用迁移、衔接、转化等方法解决新问题，体现数学知识的连贯性，构建学生思维的连续性。

"自主探究点"是要挖掘教材的探究点，体现"先学后教、以学定教"教学方法，充分发挥学生在课堂上的主体作用，通过学生的探究性学习、自主合作学习，带领学生自主建构数学知识框架。

"链接拓展点"是要加强数学与学生的生活经验相联系。数学源于生活，寓于生活，用于生活，从学生熟知、感兴趣的生活事例出发，以生活实践为依托，将生活经验数学化，促进学生的主动参与，焕发出数学课堂的活力。可以链接拓展以下几个方面：一是针对所学知识拓展一些与情境串有关的内容，开阔学生的视野，加强学科之间的联系；二是将课堂知识生活化，生活问题数学化；三是和所学知识相关的人物、故事等。

下面我以《混合运算》为例，谈一下我们在"三点梳理"过程中如何培养学生的数学素养。

"三点梳理"之新旧结合点：

100以内数的加减法；表内乘法；两步加减混合运算的运算顺序；简单的乘加乘减运算。

100以内数的加减法和表内乘法是本节课计算的基础，基于对我们班学生的了解，学生对于表内乘法掌握较好，在此计算部分不会耽误时间；100以内的两位数加减不牵扯到进位和退位的时候，计算比较快，正确率较高，当遇到进位加法或退位减法的时候，个别学困生会出错，课上我都会重点关注这些个别孩子。表内乘法是本学期学习的重点，学生掌握比较熟练，通过平时练习我发现，95%以上的孩子乘法口算正确率都是100%。通过这节课的学习，进一步加强学生进行复杂计算的能力。

两步加减混合运算的运算顺序是一年级学习的内容，学生对于按照从左到右的顺序进行计算已经有了深刻的认识，计算正确率较高，但是加减混合运算的运算顺序对本节课的学习有干扰的作用，加减混合运算是按照从左到右以此计算的，这样的运算顺序会对例如4+5×5这样的算式的计算顺序产生负迁移，所以在本节课上，我帮助学生在情境中充分理解先乘后加减的运算顺序，并在练习中设计了加乘、减乘算式进行巩固，提升学生的运算能力和推理能力。

在本册第四单元信息窗1，学生就已经接触过用乘加算式解决问题，第五单元信息窗5，探索分步解决乘加、乘减两步计算的问题，这两个信息窗的学习之后，虽然不要求学生列综合算式解决问题，但是个别学生已经能够正确地列出综合算式，能够结合题目给出运算顺序的合理解释，用分步计算的学生对于综合算式的意义和运算也能理解，所以对于本节课来说，学生能够将知识和方法顺利地迁移。

"三点梳理"之自主探究点：

本节课，我将学生的自主探究点主要放在根据信息提问题和探究混合运算的运算顺序上，信息窗提供了丰富的数学信息，找到信息之后，我让学生以小组的形式说一说：你能提出什么问题？根据我对学生的了解，大部分学生能够提出"一共有多少辆小汽车？""旅游团一共有多少人？""停9辆大汽车花了多少钱？"这样的简单问题，小组长可能会提出"小汽车比大汽车多几辆？""叔叔拿 50 元钱停 9 辆大汽车够不够？""小汽车和大汽车一共有多少辆？"这样稍微复杂的问题，甚至有学生会提出"停小汽车一共要花多少钱？"这样的更复杂的问题。为此，我给学生充分的时间让他们在小组内交流，一方面培养学生提出问题、分析问题的能力；另一方面，锻炼学生的语言表达能力，养成良好的倾听习惯；同时培养小组长的组织协调能力。

在解决问题，探究运算顺序的时候，我采用独立思考，尝试列式、组内交流、组间交流的形式，让学生有自己思考的时间，然后带着自己的想法参与小组交流，组内交流的时候，我给组长安排好任务，让他们带领组内成员有序地进行交流，并由记录员记录所有不同的算式。组间交流，也就是全班交流的时候，我着重让学生结合算式说意义，结合意义说运算顺序，在学生列出算式 4×9=36（人）36+5=41（人）的时候，我提问并顺势板书先算 4 个小组有多少人，后算一共有多少人。给出综合算式 4×9+5=41（人）的时候，追问，你是怎样计算的？板书：先算乘法，再算减法。在解决"小汽车比大汽车多几辆"这个问题的时候，采取学生独立解决的方法，通过这样的形式，锻炼学生分析问题的能力，在解决问题的过程中明白算理，掌握运算顺序。

"三点梳理"之链接拓展点。本节课我在新授的环节创了崂山旅游的情境，一方面是为了激发学生学习的兴趣，让学生感受数学与生活的联系；另一方面，崂山作为青岛的名胜，介绍崂山，欣赏崂山美景也增强学生对青岛的热爱之情，在情境中学习、练习，学生也能充分感受到学习的快乐。另外，对于我们班的孩子来说，真正去过崂山的没有几人，我想通过这节课一些图片的展示，让孩子们对崂山的了解更多一些。当然，课堂上如此短的时间还是远远不够的，所以我还准备了一组关于崂山风光的宣传片，利用课后的时间让孩子们欣赏。

"三点梳理"是我们在数学改革实践过程中的尝试，通过"三点梳理"，使我们对教材的分析更透彻，教学思路更清晰，对知识点的把握更准，因为要为学生建立起新旧知识的联系，所以就逼着我们教师，特别是年轻教师瞻前顾后，认真研读教材，不仅仅是这一课、这一册，而是小学阶段的 12 册教材，瞻前，我们就明确了学生之前掌握了哪些知识、哪些方法，对本节课有什么作用；顾后，我们掌握本节课的学习内容对后续学习的作用，适时掌握本节课的难度和深度，提高了课堂教学的实效性。

通过"三点梳理"，进一步落实了新课程标准的理念。通过"自主探究点"的梳理，教师明确了哪些知识是学生通过思考、迁移可以自己掌握的。哪些是通过小组合作交流可以掌握的，以及哪些知识要经过老师的点拨才能掌握，这样，在课堂上就可以有效地指导学生进行探究学习、合作学习，使得自主学习更有方向性、更有价值，充分发挥学生的主体作用，贯彻了新课程标准的基本理念。

对于学生来说，在学习的过程中感受到知识的前后衔接，每一节课都在已有知识经验的基础上通过自主探究形成新知，在数学学习活动的过程中，自主学习意识、合作意识、探究意识得到发展，积累数学活动经验，获得良好的情感体验，数学素养得到提升。

（此发言稿为2013年区数学教学研讨会上的经验介绍）

【经验介绍4】

三点梳理、以教导学

青岛湖岛小学　徐峰

各位领导、老师，大家下午好。今天我与各位老师交流的话题是：我校正在实施的"三点梳理、以教导学"课堂教学改革模式的推进工作。

"三点梳理"是我校落实四方区打造激情课堂计划的具体措施，是学校进行备课改革、提高课堂教学实效性的创新举措。

一、"三点梳理、以教导学"提出的背景

大约两个学期之前，我校在全校教师内就课堂教学搞了一个专题调研，同时学校加大了课堂教学观察力度。通过课堂教学的调研与观察，我们发现了在老师的备课和教学中存在一定的问题。

（1）教与学的方式单一。

（2）课堂活动品质不高，课堂问题缺乏思维含量。

（3）学生的自主学习能力弱。

（4）有效的教学评价手段欠缺。

（5）课堂教学效果不理想。

二、"三点梳理、以学导教"的诠释

所谓"三点梳理"是指教师在每一课的备课中加入"三点梳理"这一环节，"三点梳理"的"三点"因学科而异。我们确定的英语学科的"三点"，要追根溯源于我区英语教研活动中提出的"六点梳理"，即趣味导活点、知识突破点、思维互动点、习惯养成点、情感文化点、生活链接点。我校针对区里提出的这"六点梳理"，结合我校学生的实际情况精简提炼出"三点梳理"，即：趣味导活点、知识突破点和生活链接点。这也是"六点梳理"中最根本、最基础的"三点"。

趣味导活点：目的是为了激发学生的英语学习兴趣，让学生乐于并积极参与英语学习，争取每节课学生参与面达到90%以上。同时在趣味学习中激发学生的思维，让他们动起来、活起来，在这种积极主动的学习氛围中让学生掌握一定的学习方法。

知识突破点：目的是教师在备课时通过梳理对本课教学重难点与教学目标有一个明确的认识。其次，形成一个课堂知识突破点的教学模式："预习—交流—讲授—操练—巩固"，来突破重难点，达成教学目标。

生活链接点：目的是将英语学习与学生的生活紧密结合，让学生学以致用。操作要点是将教学内容与生活经验结合，设计相应的教学环节，给学生创设一定的语境，做到学中用；每一模块学习后，教师设计相应的实践活动，将课内学习延伸到课外，让学生在用英语解决任务的过程中不断提高英语的表达能力。

我们教师按照"三点梳理"内容备课、上课，学校还设计了"三点梳理、以教导学"课堂教学评价表（展示说明：如英语学科，学校设计了英语学科"三点梳理的预设与落实情况"，结合上课老师的教学过程来观察课堂上是否认真落实了三点梳理的内容，观察教师的课堂是否做到了"激情、自主、高效"。根据课堂教学的实际情况，在不同的三点梳理内容中以 A、B、C、D 四个等级来呈现老师们对三点梳理的落实情况。另外此表还设计了"教师教学方式"和"学生学习方式"的评价，在听课过程中观察老师们是否做到"三点清晰、两个转变"），以此为参照来听课、评课。这样，我们将备课、上课、评课等教学环节，用"三点梳理"有效串联，既为老师理清了上课思路，也避免了备课、上课不一致的现象，现在我们的英语教学也越来越有序，课堂教学的实效性不断提高。

"以教导学"，既指教师边教学边学习教学行为的实施策略，又指在教学中，有目的、有计划地通过学习方法的示范和渗透，来指导学生怎样思考、怎样探索、怎样总结、怎样评价，从而培养学生独立获取知识、系统整理知识和科学运用知识的能力。

"三点梳理、以教导学"的最终目的是实现"三点清晰、两个转变"即："三点梳理"目标清晰，转变教师教的方式，转变学生学的方式，形成真正的"师生学习共同体"。

三、下面，我结合英语学科的特点，来谈谈我是如何进行梳理的。

在教案中，我们不难发现我校老师的备课中多出一个板块，那就是"三点梳理"。在备课之前我们会认真研读教材，围绕我校英语学科的"三点梳理"理出本堂课的教学主线。再通过学科教研，将自己制定的"三点"进行研讨和修改。

如：《新标准英语》book 12 Module 10，主要是结合文本中的人物：Lingling, Amy 和 Sam，他们小学生活即将结束，运用 be going to 来谈论将来发生的事情。本课的"三点梳理"我是这样梳理的：

- **趣味导活点**

在课堂上利用小游戏，结合学生课程表，猜一猜 What are we going to study tomorrow? 并且学生通过 I'm going to study…来进行猜科目的游戏，在游戏中通过对孩子的奖励，及游戏的本身过程，激发了学生的学习兴趣，并对与科目有关的英文单词进行复习巩固。在这个环节中争取 100% 的学生参与进来。

- **知识突破点**

在进行本课的知识突破点的梳理之前，我先是让学生们回家预习，找出自己学习中需要解决的问题。课前我与学生交流，大致了解了孩子们在课堂上需要解决的问题所在。然后我对本课的知识突破点进行了如下的梳理：

1. 通过让学生自己描述 Amy 和 Sam 的情况，并在此过程中复习单词 useful，也将 Picture 2 的内容进行了复习巩固，在学生们的你一句我一句的描述中，又培养了学生的语言组织能力。

2. 通过设计 Read quickly and answer 这一环节，本篇短文内容既结合了 Unit 2，又与教材 40 页的 Listen and say 相衔接，在学生阅读的过程中对这两部分的内容进行了整合复习，另外通过回答问题，为下一步的提问做好铺垫。

3. 在课堂上学生能够针对 middle school，运用特殊疑问词 which, where, when, what, who, how 在小组中提出问题，大家共同解决，并结合 be going to 来制订中学计划，培养学生的提问意识，又锻炼了学生间的合作能力。

这样，我对本课的教学目标和学生在学习中需要解决的重难点就有了一个很清晰的认识，在课堂教学中我会抓住这一条线引领学生来学习、操练、巩固这些知识点。

- **生活链接点**

结合本课的内容，我是这样梳理的：

1. 结合六年级孩子即将升入初中这一实际情况，在课堂上学生能够针对 middle school，运用特殊疑问词 which, where, when, what, who, how 在小组中提出问题，大家共同解决，并结合 be going to 来制订中学计划，培养学生的提问意识，使学生对 middle school 有一个进一步的认识，并使学生在真正的语言交流中得到提高。

2. 实践活动：让学生设计他理想中的中学，举行一个展示会，学生介绍，并评出最佳设计奖。

再如：在《新标准英语》book 10 中，教师根据学生情况，将知识突破点设计如下：

1. 游戏 "打电话，送礼物"。把学生分成四组，帮助学生用 "I sent you…Did you…" 轮流提问。提问或回答正确的将得到奖励。

2. 改编课本剧。课前让学生阅读课文对话，快速完成改编，两人一组进行排练，最后在班级展示表演。在改编的过程中，教师要指导学生使用主要基本句型：I sent you… Did you read/eat/play…? Yes, I read/ate/played…在学生表演过程中，语言丰富的学生将予以表扬和鼓励。

四、以上是我们如何进行三点梳理的。接下来，我再跟各位老师交流一下：在课堂教学中我们是如何落实 "三点梳理、以教导学" 的。

如《新标准英语》Book8 Module 2，一般情况下，教师会将本模块的歌曲放在在 Warm up 这一环节来学唱。而在教授本课时，我们将趣味导活点合理地贯穿于教学。首先教师先将《I saw the music man》放在 Warm up 这一环节进行趣味导入，然后将学生分为男、女生两组进行课堂比赛，并从歌曲中选出 violin 和 piano 这两个单词作为小组名称。教师细心之处在于将歌词中有关 violin 和 piano 的设计为两组的啦啦曲。这样，教师既解决了本模块关于乐器的单词的学习，又用音乐激发学生的参与热情，与此同时，还使学生体会到音乐表达人情感的一面。

再如：《新标准英语》Book 12 复习课的巩固环节，我结合六年级孩子即将毕业步入中学，学生们对中学生活充满好奇这一特点，让学生来制订一个计划并设计实践作业，介绍自己理想的中学。在此环节中并不是像以前那样 "提出问题——解决问题——制订计划"，而是 "说出特殊疑问词——小组讨论后共同提出问题——解决问题——制订计划"。学生先巩固复习了特殊疑问词 which, where, when, what, how 的用法，然后再安排学生进行小组合作，老师已将学习的 "钥匙" 交给了学生，学生在小组合作中都会有不同程度的收获。

这样，通过课前的 "三点梳理"，我们在教学中明确了教学目标，解决了教学中的盲目与琐碎。再通过课堂中的 "以教导学"，我们有效地转变了教学观念与教学方式，在充分分析学情的基础上，找到教学的主线，围绕这条主线，在传授知识的同时，关注学生自主学习能力的培养，在课堂中适当安排学生自学、小组合作，激励学生自主发展，提高了课堂学习气氛，将 "讲堂" 变为 "学堂"，将 "要我学" 转变为 "我要学"，有效地提高了课堂效率。

今天，我与各位老师一起分享了我校三点梳理的内容及我对运用三点梳理进行备课的亲身感受，希望能与各位老师进行交流，有所收获！

（此发言稿为2013年市英语教学研讨会上的经验介绍）

二、"三点梳理、学教相融"教学设计篇

【语文学科】

海伦·凯勒

青岛湖岛小学　朱琳

三点梳理：

学教训练点：

1.学会抓重点词句进行批注，体会海伦·凯勒不屈不挠的精神。

2.学习引号的用法。

读写结合点：

1.假如海伦·凯勒就站在你面前，你想对她说点儿什么？

2.用本文学习的两种引号的不同用法写一段话，内容自定。

视野拓展点：

阅读《语文主题丛书》，小组合作展示。

一、创景导入，激情诱趣

1.请生闭上眼睛，师朗诵《假如给我三天光明》选文。

假如给我三天光明，第一天，我要看人，他们的善良、温厚与友谊使我的生活值得一过。有视觉的第二天，我要在黎明前起身，去看黑夜变为白昼的动人奇迹。我将怀着敬畏之心，仰望壮丽的曙光全景，与此同时，太阳唤醒了沉睡的大地。下一天清晨，我将再一次迎接黎明，急于寻找新的喜悦，因为我相信，对于那些真正看得见的人，每天的黎明一定是一个永远重复的新的美景。

2.同学们，如果你也只有三天的光明，你想去做点什么？（快速开火车说）

3.看，你们想做的事情太多了，三天光明够吗？可见光明对我们来说是多么的重要，失去光明就等于失去了希望，而有一个人，她不仅失去了光明，还生活在一个无声的世界里，她就是——（生齐说）海伦·凯勒。

4.让我们一起走进海伦·凯勒的世界。

二、自主阅读，整体感知

1.在单元预习课上，我们已经掌握了本课的生字词，并对文章有了初步的了解，下面请同学们轻轻翻开课本第53页，快速浏览一遍课文，说说课文主要讲了海伦·凯勒的哪两件事。

2.请生说，教师板书：学摸盲文、学习说话。

课文中哪几个自然段讲了海伦·凯勒学摸盲文？哪几个自然段讲了海伦·凯勒学习说话？

3. 从这些事中，你们看到了一个怎样的海伦·凯勒呢？板书：不屈不挠。

三、细读批注，合作探究

1. 你从课文中哪些语句体会到海伦·凯勒具有不屈不挠的奋斗精神的呢？默读课文中海伦·凯勒学摸盲文和学习说话这两部分，边读边做批注，画出关键词句，简单写写你的感受。

2. 请小组互相交流一下你们找到的词句。

3. 老师看到同学们交流得很认真，相信大家一定有很多话想说，那么我们来一起交流一下吧！

预设：她不分昼夜，像一块干燥的海绵吸吮着知识的甘霖。她拼命摸读盲文，不停地书写单词和句子。她是这样地如饥似渴，以至小小的手指头都摸出了血。

a. 她这样不分昼夜，有可能会忘了____，忘了____，你能想到哪个词语形容她？

师板书总结：抓关键词句是帮助我们体会人物品质的好方法。

b. "如饥似渴"什么意思？海伦·凯勒此时最需要的是什么？

c. 那是一种怎样的精神促使她这样废寝忘食、如饥如渴的学习呢？（不屈不挠）请同学们把它写在这段话旁边，结合你们自己的批注，这些都是点评式批注。

d. 谁能带着自己的体会，读读这段话？（读出如饥似渴寻求知识的情感）

相机指导：身体的残疾丝毫没有影响她求知的脚步，这样的精神值得我们敬佩，谁再来读读？对知识的渴望让海伦·凯勒忘记了手指的疼痛，这是一种怎样的精神？让我们带着感动一起读读这段话。

师总结：朗读是帮助我们理解课文的好方法。

4. 就是凭着这种不屈不挠的奋斗精神，海伦·凯勒学会了阅读，学会了书写，知识让她的世界不再单调。请同学们再次闭上眼睛，和海伦一起感受她想象中的世界。

5. 师配乐朗读。

她有时在林中散步，有时和朋友们在湖中泛舟，一阵微风吹来，花瓣从空中纷纷扬扬地落下来，落在了她的手上，落在了她的脸上。

同学们觉得海伦·凯勒的世界怎么样？

6. 这样美妙的世界是海伦·凯勒心中"看"到的。这里文中给"看"字加了引号，课文中加引号的地方还有很多处，我们一起看一看。（课件出示课后第三题）

引号的用法有很多种，请你读读这些句子，看看这些引号的作用是什么？

1) 表示引用。

2) 表示特定称谓。

3) 表示特殊含义。

4) 表示讽刺和嘲笑。

5) 突出强调。

引号的用法有这么多，同学们在写作时也可以尝试运用。

7. 海伦·凯勒心中的世界如此美好，她多想大声说出来啊，谁来交流一下学习说话这部分，你从哪些语句体会到海伦不屈不挠的精神？

预设：海伦后来在回忆自己的这段学习生活时说："为使我的伙伴——即使是最亲密的伙伴——能听懂我的话，我夜以继日地努力，反复高声朗读某些词语或句子，有时甚至要读几个小时，直到自己觉得读对了为止。我每天坚持着练习，练习，练习……"

a. 将夜以继日换个说法。

b. 省略号省略了什么？

c. 师板书总结：是啊，有时候标点符号也是帮助我们体会情感的好方法。同学们如果把你想象到的内容写在书中，这就是补充式批注了。

8. 功夫不负有心人，海伦终于能开口说话了，当她回到家中，看到爸爸妈妈时，她大声喊道——

指导朗读：这是多么艰难的八个字，这是多么震撼人心的八个字，海伦有太多的话想对爸爸妈妈说，却都变成了这样的八个字，于是她大声喊道——

9. 同学们，如果现在海伦·凯勒就站在你的面前，你想对她说点什么呢？课后把你想说的话写在书中，这就是对话式批注了！

四、播放微视频，小组合作拓展阅读

1. 播放微视频。

生命从不缺少奇迹，坚强的海伦·凯勒凭借她那惊人的毅力战胜了不公的命运。1900 年，海伦考上了大学。大学毕业后，她决心像沙利文老师那样，为更多和自己一样不幸的人服务。她把自己全部的爱都倾注在残疾人身上。据说，在哈佛大学读书的一个博士生听到海伦·凯勒的事迹后，很不服气，决定要和她比试比试。在严格的时间规定和教员的监督之下，他们进行了三轮比赛，博士生服了。他摘下博士帽，恭恭敬敬地戴在海伦的头上。经过学习，海伦突破了识字关、语言关、写作关，先后学会了英、法、德、拉丁、希腊五种语言，出版了 14 部著作，受到社会各界的赞扬与夸奖。海伦·凯勒这种不屈不挠的奋斗精神，永远留在世人的心中。同学们，在我们这个单元的课文中，还有很多像海伦·凯勒一样身残志坚的名人名家，如双目失明的阿炳、遭受酷刑的司马迁等等，那么你们还想了解哪些名人名家不屈不挠的小故事呢？让我们一起去读读《语文主题丛书》吧！

2. 小组展示语文主题丛书阅读内容。

师总结：感谢今天展示的各位同学，通过今天的学习，我们认识了一位坚强的女性海伦·凯勒，并且我们学习了名人传记类文章的阅读方法，那就是——结合人物的典型事例，抓关键词句、有感情地朗读课文、体会标点符号的作用这三个方法，希望同学们在今后的阅读中学会使用。

五、布置作业

1. 用本文学习的两种引号的不同用法写一段话，内容自定。

2. 用自己喜欢的方式阅读《语文主题丛书》第三册第一章内容。

3. 阅读课后的名著便览——《假如给我三天光明》。

六、板书设计

<table>
<tr><td>学摸盲文</td><td>关键词句</td><td></td></tr>
<tr><td>海伦·凯勒</td><td>不屈不挠</td><td>朗读</td></tr>
<tr><td>学习说话</td><td>标点符号</td><td></td></tr>
</table>

【语文学科】

习作指导课：学写游记或参观记

青岛湖岛小学 黄华

一、教学内容

第四单元习作：写一篇参观记或者游记

二、教学目标

学教训练点：运用学过的表达方法按照一定顺序、抓住重点写出特色、表达真情实感。

读写结合点：通过阅读课本中提供的例文和教师推荐阅读的文章，学习不同的表达方法，运用到自己的习作当中，完成写作提纲。

视野拓展点：语文主题阅读丛书《千载余韵》中的《凡尔赛宫》。

三、教学重难点

指导学生运用学过的表达方法按照一定的顺序、抓住重点进行习作。

四、教与学过程

（一）导课（2分钟）

相信每位同学都有让自己流连忘返的游览经历，可是时间一长，可能就记不清楚了，如果能把游览时看到的景物记录下来，不仅会成为一份美好的回忆，还可以和其他人一起分享游览成果，真是一举两得。

今天这节习作课，我们就一起来学习如何写一篇游记或者参观记。

（二）回顾课文，完成表格（7分钟）

1.回顾第四单元《秦兵马俑》《埃及的金字塔》《音乐之都维也纳》三篇文章，全班集体完成表格。

篇目	篇章结构	介绍主要景物所用的主要表达方法
《秦兵马俑》	总—分—总	先写实后联想、过渡段、有详有略
《埃及的金字塔》	总—分—总	过渡句、有详有略
《音乐之都维也纳》	先总后分	有详有略、先总后分

（完成主要表达方法一栏时，先让学生说说这类文体常用的基本表达方法，如：列数字、做比较、举例子、打比方等，然后再让学生说说这篇课文中对重点段落的描写运用的主要表达方法。师根据学生回答适时点拨，如：《秦兵马俑》是一篇状物散文，这类文体通常作者都会使用先写实后联想的方法，使文章内容更充实、更生动；《埃及的金字塔》是一篇说明文，这类文体大多用详细的资料对景物特征进行说明。）

2.总结，板书：一、按照一定顺序。二、运用方法，抓重点、写特色。三、写出自己的感想。

（过渡：除了语文书上的三篇课文，咱们同学还从《千古余韵》这本书中阅读了大量的游记、参观记。俗话说："读万卷书，行万里路。"这些游记使我们足不出户就可以畅游世界各地，欣赏不同的地域风光。这节课我们一起走进《凡尔赛宫》，初步了解这颗人类艺术宝库中的明珠。）

（三）小组合作，拓展交流（7分钟）

1.小组内交流课前完成的导学卡。

2.小组派代表全班交流。

3.师小结：这是一篇参观记，作者在介绍凡尔赛宫时，在结构上先总说其艺术价值，再具体说明艺术价值体现在什么地方，最后归纳。文章中对它的内部陈设和装潢的介绍是详写，对外观的介绍是略写。详略得当，过渡自然，再加上自己的想象，表达了真情实感。这三方面在文章中也是体现得淋漓尽致。

（过渡：短短的十几分钟，我们不仅穿越了古今世界各国，领略了不同的地域风貌，同时还收获了这么多的习作方法。下面我们要读的这篇《龟山汉墓参观记》是一位五年级同学写的参观记，看看他是怎样运用这些写作方法的。）

（四）阅读习作例文（7分钟）

1.投影出示：默读语文书中提供的例文《龟山汉墓参观记》，边读边思考：小作者是如何针对写游记时要注意的三个方面进行习作的，找出相关的内容说一说。

2.指名交流。

（过渡：所以不要羡慕名作大家，"少年亦有凌云志"，学会选择运用这些写作方法，同学们也可以写出很优秀的习作。）

（五）指导练笔，列写作提纲（15分钟）

1.同学们，你参观、游览过哪些地方？选择一处你印象最深的，学习例文的方法，列出写作提纲。

2.投影出示提纲小贴士：

星级要求：以下每做到一点就可得一颗星。

（1）列出习作的顺序（总分或者游览顺序，或者开头点名景点的位置等常用的都可以）。☆

（2）给自己的习作起一个合适的题目。☆

（3）列出习作的段落。（在提纲中反映出详写部分，以及可能运用到的写作方法）。☆

（4）列举3～5个可能用到的词语或者句子。☆

(5)书写工整，没有错别字。☆

3.生独立完成，并对照小贴士给自己的练笔进行星级评价。

4.指名在全班交流，教师给出星级评价。

5.同桌间进行星级评价。

（六）课堂小结

这节课，我们学习了如何写好游记或者参观记，希望同学们记住这三方面的要领，再将平时积累的表达方法和好词好句运用到自己的习作中，相信每个同学都能写出让自己满意的习作。

（七）作业设计

1.根据提纲，完成习作。

2.自主修改写好的习作。

（八）板书设计

习作4　学写游记、参观记

一、按照一定的顺序

二、运用方法，抓重点、写特色

三、写出自己的感想

附习作4导学卡：

习作4导学卡

一、阅读《凡尔赛宫》，梳理完成以下练习。

1. 这是一篇参观记，作者按照（　　　　　　　）的顺序进行描写。

2. 文章中按顺序依次介绍了凡尔赛宫的（　　　　　　　）（　　　　　　　）以及正宫前面的（　　　　　　　）。其中对（　　　　　　　）进行了详细的描写，对（　　　　　　　）和（　　　　　　　）的介绍是略写。

3. 文中作者还用到的表达方法有哪些？请在书中画出相关的语句或段落，读一读，和同学交流。

二、同学们，你参观、游览过哪些地方？

1. 选择一处你印象最深的，学习例文的方法，列出写作提纲。

2. 列提纲小贴士：

星级要求：以下每做到一点就可得一颗星。

（1）给自己的习作起一个合适的题目。☆

（2）列出写作的顺序。（总分或者游览顺序，或者开头点名景点的位置等常用的都可以）。☆

（3）列出习作的段落。（在提纲中反映出详写部分，以及可能运用到的写作方法）。☆

（4）列举3～5个可能用到的词语或者句子。☆

（5）书写工整，没有错别字。☆

_____

_____

_____

_____

【案例】

三点梳理导学卡

设计者：青岛湖岛小学 王春燕

班级： 姓名： 日期：

课题	9 推敲
课前学习	**读课文：** "书读百遍，其义自见"，一篇课文最少读 7～8 遍才能做到读通顺、读流利，才能读懂其中的味道。这篇课文，我读了（ ）遍。 **写一写：** 1.我认为本课难读、难写的生字（2～3个）。（前三个格课前写，后三个格课堂上写） （六个田字格） 2.近义词手拉手。（从本课找出下列词语的近义词） 贫穷（ ） 鲁莽（ ） 饶恕（ ） 也许（ ） 3.通过换词、结合上下文或查工具书理解的词语。 斟酌 —— 妥帖 —— 4.认真完成练习题 你认为在贾岛的原诗中，是用"推"好还是用"敲"好？
学教训练	1.人物的动作、神态、语言可以表现人物的某些品质、反映人物的内心世界，贾岛是怎样推敲诗句的？你从中体会到什么？ 2.我也"推敲"： （1）他沿着山路找了好久，才摸到李凝的家。"摸"换成"找"行吗？为什么？ （2）贾岛骑在毛驴上比比画画，竟然闯进了依仗队中。"闯"换成"走"行吗？为什么？写出你的理由。

课题	9　推敲
读写结合	1.同学们当回小诗人，推敲、琢磨下面句子的括号中用哪个字合适，并写一写为什么。 （1）红杏枝头春意（　　）【旺 闹 浓】 理由： （2）风乍起，吹（　　）池春水【动 皱 起 翻】 理由： （3）春风吹绿了树梢，吹（　　）了小草，吹（　　）了杏树的花苞。【俏 醒 涨 鼓 满】 理由：
	2.我来推敲推敲： （1）集市上人山人海，各种商品琳琅满目。这时，街道一旁有人正拿着标价牌在说："6元一件，10元两件！" 修改： 理由： （2）老爷爷跌倒了，他艰难地移动着身体。这时，陈老师看见了，走下楼梯，来到老爷爷身旁，把老爷爷轻轻地拉了起来。 修改： 理由：

续　　表

课题	9　推敲
视野拓展	1.做一做"推""敲"的动作，这两个表示动作的词合在一起的意思是：（　　　　　　　　　　），你还能列举出几个这样的词语吗？
	2.推荐阅读的文章：《王安石"推敲"的故事——春风又绿江南岸》《苏氏兄妹炼字的故事》 【典故】相传，苏东坡，一次与他的妹妹苏小妹及诗友黄山谷一起论诗，互相题诗。小妹说出："轻风细柳"和"淡月梅花"后，要哥哥从中各加一字，说出诗眼。苏东坡当即道：前者加"摇"，后句加"映"，即成为"轻风摇细柳，淡月映梅花。"不料苏小妹却评之为"下品"。苏东坡认真地思索后，得意地说："有了，'轻风舞细柳，淡月隐梅花。'"小妹微笑道："好是好了，但仍不属上品。"一旁的黄山谷忍不住了，问道："依小妹的高见呢？"苏小妹便念了起来："轻风扶细柳，淡月失梅花。"苏东坡、黄山谷吟诵着，玩味着，不禁抚掌称妙。 【解释】因为"扶"字和苏轼的"摇"和"舞"比起来使无形的风仿佛有了知觉，使其人格化了，而且与"细"的搭配别出心裁。用"失"比"映"和"隐"又好在何处呢？因为"失"字表现出了特定情境中（月下）的物（梅花）的特征，具有不映不隐的朦胧美。
	3.贾岛和韩愈的资料：

自主学习评价

	课前学习	课堂学习	课后学习
自评	☆☆☆	☆☆☆	☆☆☆
互评	☆☆☆	☆☆☆	☆☆☆
总评	（　　）颗星　　　　组长签字：		

_____

_____

_____

_____

自评：☆☆☆☆☆　　互评：☆☆☆☆☆　　师评：☆☆☆☆☆

【数学学科】

青岛版小学数学二年级上册第九单元信息窗 1 混合运算

青岛湖岛小学　刘晓东

教材分析	情境图呈现的是游人来到景区购票的情境。图中提供的信息有：9人一组，已经分了4组，还剩5人；司机拿50元付停车费……通过学生提出的"旅游团一共有多少人""小汽车比大汽车多几辆"的问题，展开对简单四则混合运算的学习。
教学目标	1. 在解决问题的过程中，理解运算顺序，掌握乘加、乘减的运算的技能。 2. 在具体的情境中，提出运用混合运算解决的问题；结合情境表达解决问题的过程；学会有条理地解决问题，提高解决问题的能力。 3. 感受混合运算在解决日常问题中的作用，培养对数学学习的兴趣。在小组合作中勇于发表自己的见解，能够倾听别人的意见，勇于质疑。
三点梳理	1. 新旧结合点：100以内数的加减法，表内乘法，两步加减混合运算的运算顺序，简单的乘加混合运算的运算顺序。 2. 自主探究点：乘加、乘减混合运算的运算顺序，根据信息能提出什么问题。 3. 链接拓展点：崂山风景介绍、海洋动物了解。
课时安排	2 课时

第一课时　信息窗 1

教学内容：P100 ～ P101

教学准备：课件、答题纸

教与学活动过程：

一、创设情境，提出问题

（一）找信息

谈话：同学们，关关和爱爱今天要带同学们一起去崂山旅游。请同学们仔细观察图，你能从图中找到哪些数学信息？

预设：旅游团9人一组，已经分了4组，还剩5人；

司机叔叔说我们停了9辆大汽车；

停了 3 排小汽车，每排有 4 辆；

司机叔叔拿了 50 元钱；

停小型车 4 元一辆；

停大型车 6 元一辆；

4 个同学拿了 50 元……

设计意图： 以崂山旅游为情境，以关关、爱爱带同学们旅游为线，出示情境图，激发学生的学习兴趣，培养学生热爱家乡的情感。

（二）信息归类

谈话：同学们观察得真仔细，一下子找到了这么多信息，你能给这些信息分分类吗？

预设：司机叔叔说我们停了 9 辆大汽车；　　　　旅游团 9 人一组，已经分了 4 组；

　　　停了 3 排小汽车，每排有 4 辆；　　　　还剩 5 人；

　　　停小型车 4 元一辆；　　　　　　　　　司机叔叔拿了 50 元钱；

　　　停大型车 6 元一辆。　　　　　　　　　4 个同学拿了 50 元。

小结：在数学上，我们把有关联的数学信息放到一起叫归类。

设计意图： 让学生有归类的意识，也为下一步提出复杂的问题做好准备。

（三）提问题

谈话：根据这些信息，你能提出什么问题？在小组内交流一下。

预设：一共停了多少辆小汽车？（口答）

　　　旅游团一共有多少人？

　　　小汽车比大汽车多多少辆？

　　　停这些汽车一共要花多少钱？

　　　这节课我们重点来解决这两个问题：

板书：旅游团一共有多少人？小汽车比大汽车多几辆？

设计意图： 通过小组的形式，让学生交流想法，提出更多的问题。简单的问题直接口答，这节课要解决的问题板书，并及时评价：你提的这个问题对于我们今天的学习很有价值，我把它记录下来。较难的问题跟学生说我们以后再解决。这样就给学生所有问题都要解决的意识。

二、列出算式，算法交流

谈话：我们先来解决：旅游团一共有多少人这个问题。我们一起把题目读一读。

谈话：现在你能算出旅游团一共有多少人吗？

1. 独立思考，尝试解决

这个问题你会解答吗？同学们试试看，将算式写在答题纸上。

2. 组内交流

谈话：请同学们把你的想法在小组内交流一下，请看老师的小要求：（1）组长安排每个同学都说出自己的算式，并说出为什么这样列算式，组长最后说；（2）记录员把小组内不同的算式都记录下来；（3）交流完的小组坐端正告诉老师。

3. 组间交流

谈话：哪个小组的代表来说一下你们的方法？

预设：$4 \times 9 = 36$（人）　$36 + 5 = 41$（人）

$4 \times 9 + 5 = 41$（人）

板书算式。

设计意图： 发挥小组的作用，让学生感受算式的多样化，让学生在交流中初步感知运算顺序的合理性，培养合作交流的意识。这里肯定会有学生出错，在小组内，以学生的思维让其改错，效果远远比老师讲好得多。

三、分析算式，促进发展

（一）分析算式

追问：你为什么列这样的算式？ $4 \times 9 = 36$算的是什么？为什么加5呢？

预设：$4 \times 9 = 36$，算出分组的有36人，然后加上剩下的5人。

追问：$4 \times 9 + 5 = 41$（人），计算的时候怎样算的？

预设：先算4组有多少人，再算一共有多少人。

板书：先算乘法，再算加法。

（二）解决第二个问题，进一步感知运算顺序

谈话：下面我们来解决：小汽车比大汽车多几辆？要解决这个问题，需要知道什么？

预设：小汽车有多少辆？大汽车有多少辆？

1. 自主探索，尝试解决

谈话：你能自己列算式解决这个问题吗？请同学们把你的算式写在答题纸上。

2. 组内交流

做完的同学和小组的同学交流一下，看看有没有不同的算式？

3. 全班交流

谁来说一下你们小组的算式？

预设：$4 \times 3 = 12$（辆）$12 - 9 = 3$（辆）

先算小汽车有多少辆？再算小汽车比大汽车多几辆？

$4×3-9=3$（辆）

追问：你为什么这样列式？是怎么想的？

引导学生明确：先算乘法求出小汽车有 12 辆，再算减法求小汽车比大汽车多几辆。

4. 小结

谈话：同学们观察这两道算式，当算式中既有乘法又有加减法的时候，我们的计算顺序是怎样的？

预设：先算乘法，再算加法或减法。

设计意图： 分析比较算式，明确运算顺序的合理性。第二个问题让学生来自主解决，锻炼学生的自主学习能力。

四、联系实际，灵活运用

关关和爱爱继续带大家去游崂山。出示一组崂山风景的图片。

1. 苹果树有 3 行，每行有 5 棵，
梨树有 4 棵，一共有多少棵果树？

2. 捉迷藏游戏，算一算，看看大树后面藏着谁？

$2×5+6=$

$7×8-4=$

$5×7+10=$

$8×6-8=$

$100-5×4=$

$4+5×6=$

3. 一共有多少人在吃饭？

设计意图：通过情境串使学生保持学习的兴趣，也使得问题出现的合理性，让学生感受到数学来源于生活，使本节课的解决问题、运算顺序、思维拓展都得到锻炼。

五、回顾总结，升华认识

谈话：通过这节课的学习，你有什么收获？

知识方面：

方法方面：

情感态度方面：

设计意图：让学生从低年级开始有这样从三个方面总结的意识，在日常加强训练。

板书设计：

混合运算

旅游团一共有多少人？　　　　小汽车比大汽车多几辆？

$4×9=36$（人）　　　　　　　$4×3=12$（辆）

$36+5=41$（人）　　　　　　$12-9=3$（辆）

$4×9+5=41$（人）　　　　　$4×3-9=3$（辆）

先算乘法，再算加减法。

二次修改：

三、分析算式，促进发展

（一）分析算式

追问：你为什么列这样的算式？ $4×9=36$ 算的是什么？为什么加5呢？

预设：$4×9=36$，算出分组的有36人，然后加上剩下的5人。

追问：$4×9+5=41$（人），计算的时候怎样算的？你能结合这道题目说一说吗？

预设：先用乘法计算4组有多少人，再用加法计算一共有多少人。

追问：观察这两种算式，有什么相同点和不同点？

预设：相同点：都是先算4组有多少人，再算一共有多少人。

不同点：一种是分步算式，一种是综合算式。

小结：也就是不管用哪种算式，都是先算乘法，再算加法。

（二）谈话：老师这里也有一个问题，你能解决吗？

大汽车和小汽车一共有多少辆？谁能列算式解决？

预设：9+4×3=21（辆）

追问：比较 4×9+5=41（人）

　　　4×3-9=3

　　　9+4×3=21 你有什么发现？

预设：都是先算乘法，再算加减法。（板书）

小结：这样既有乘法又有加减法的运算叫混合运算，计算顺序是先算乘法，再算加减法。板书课题：混合运算。

【美术学科】

吉祥图案

青岛湖岛小学　贠利

设计意图：

本节课是小学美术教材三年级下册内容，整节课带领学生感受中国传统剪纸中对美好寓意的表达，本节课通过教师设计的不同场景的祝福语进行表达，给学生创设了喜庆的气氛，给以美的感受，让学生运用剪纸的基本方法创造性地表达自己内心的想法。

教学目标：

1.知识技能：了解吉祥图案的设计方法，并根据我国民间吉祥图案的表现形式，完成一幅能表达自己美好愿望的美术作品。

2.过程方法：以发现式教学模式为主，运用创设情境、资料分析、学生探究、艺术实践等教学方法开展学习。

3.情感态度价值观：培养学生的探究意识，激发学生热爱民间传统文化的情感及美化生活的愿望。

教学重、难点：

重点：了解、体验传统与现代吉祥图案的设计方法。

难点：如何用吉祥图案的设计方法进行构思、构图。

教具：PPT、各种吉祥图案的剪纸作品。

三点梳理：

感知体验点：从剪纸中感受吉祥图案的综合运用带来的美感。

创新表现点：运用剪纸的方法表达美好的寓意。

应用拓展点：寻找生活中吉祥图案的广泛运用。

教学过程

一、导课

同学们，老师带来一段声音和一些图片，请同学们仔细听、仔细看，这些图片让你联想到什么？（课件：鞭炮声，过年的情景）

同学们，你联想到什么？拜年的时候，你都会说哪些祝福语呢？

生……（老师板贴）

看！在这个场合，我们该用什么吉祥语呢？（婚庆）

看！给老人祝寿的时候，你会说什么呢？（祝寿）

我们搜集的这些吉祥语都是对未来生活寄予了美好的愿望，预祝自己或他人的未来生活幸福。人们喜欢这些词语，正是因为这些词语有吉祥的含义。（板贴吉祥）

二、新授

1.我们来看看这些吉祥语，你能不能从字面中找到一些字或者词，让你联想到一种动物、植物或者一种物品？

长久以来，我们不仅可以用语言来表达祝福，还可以用我们美术的方式来表达吉祥语，这就是我们今天学习的吉祥图案。（板贴图案）

2.出示连年有余

同学们，你看这幅吉祥图案，你能不能想到它所表达的是哪一个吉祥语？

你能不能说一说自己是怎么想到的？

3.出示蝙蝠图案

蝙蝠是我们生活中不多见的一种动物，但是在吉祥图案里面经常会用到它，你能不能说一说人们为什么喜欢用蝙蝠这个图案呢？

人们喜欢用一些读音相同或者相近的字，取美好的意思表达自己的美好愿望。这种方法叫谐音。

4.出示福字剪纸

这是老师从邻居家的门上拍到的一张福字。过年，家家户户贴福字是最常见的了，但是你来看看这个福字有什么特别的地方？

竹子代表竹报平安、节节高升。

画面中的鸟是什么鸟？（喜鹊）

花是什么花？（梅花）

喜鹊站在梅花的树梢上。（出示喜上眉梢）

人们为什么喜欢贴这样的福字？

小结：我们为了表达自己的美好愿望，可以把多个寓意不同的图案有机的组合在一起。

5. 福在眼前

你能不能说一说人们借助这个图案想表达一种怎样的愿望？

6. 四季平安

这个图案表达了哪个吉祥语的含义？

四季体现在什么地方？平安呢？

7. 百年好合

同学们，这个图案中的花是什么花？

这个图案从中间分开，左右两边的图案是完全相同的，我们把这种图案叫作对称图案。

8. 简述松鹤延年、龙凤呈祥、五福捧寿

9. 马到成功

许多动物也具有吉祥的含义，提到马，我们会想到马到成功。提到老虎，我们会想到虎虎声威。

10. 花

花是我们生活中经常见到的植物。在家里,有时候会摆着花；婚庆的场合，到处都能看到花；就连我们看望病人，往往也会送一束花。花在吉祥图案当中的应用也是十分广泛的。

三、研究制作

刚才我们欣赏了许多的吉祥图案，这中间有对称的图案，也有不对称的图案，老师以这两个图案为例，这两个图案的制作方法一样吗？如果让你做，你该怎样做？

学生说，老师制作，示范其中的一部分。

四、欣赏同学设计的图案

这些是老师的学生设计的吉祥图案，我们来看看他们的作品，我相信我们能设计出比他们还要好看的图案。

动手制作，提要求：

根据自己想法，运用剪纸的语言，表达自己的美好寓意。

五、欣赏评价

你喜欢哪一幅作品？说说你的理由。

六、拓展延伸

你知道人们为什么喜欢吉祥图案吗？其实吉祥图案不仅仅是我们今天学到的这些，还有很多很多，也有不同形式的吉祥图案，同学们在课后可以多看看，找一找还有哪些吉祥图案，发现生活中的美。

"三点梳理、学教相融"论文篇

【体育学科】

体育教学中运用"三点梳理、以教导学"教学模式的初探

青岛湖岛小学 马晓

摘要：新课改倡导自主、合作、探究的学习方式，我尝试将"三点梳理、以教导学"这种新的教学模式应用到小学中高年级的体育教学中，改变学生的学习方式，将学生由学习的被动接受者变为主动探究者，把选择的权利还给学生，使学生真正成为学习的主人。

关键词：体育教学 以教导学 教学模式

研究结果与分析：

一、体育课的现状分析

在体育教学中往往突出教师的作用，低估了学生的能动性和潜能，学生主体地位未能得以充分体现。首先，教与学的方式单一。教学方法的运用上，教师大多采用单一的讲解、示范，学生模仿练习；过分强调练习方法的整齐划一，忽视了学生的主动性和创造性的发挥，使学生处于被动练习之中。其次，学生的自主学习与合作能力弱。教师留给学生的自主合作学习的机会较少，教师没有传授给学生自主学习的方法，学生不知怎样自主学习，也不善于与同伴合作。第三，课堂教学效果不理想。对于技能知识的学习，学生缺乏兴趣，参与的积极性很低，在练习中容易产生疲劳感，最终也降低了课堂学习效率。从以上几方面来看，激发学生的主动性和创造性是亟待解决的问题。

二、体育教学中"三点梳理、以教导学"教学模式介绍

教师在课时备课中加入"三点梳理"这一环节，内容由任课教师根据课程标准并结合学生特点而定。在此基础上，教师按照"三点梳理"内容上课。在体育课中，我提出的"三点梳理"包括：自主尝试点，技能导活点，合作探究点。在课的准备部分提倡学生的自主尝试，在课的基本部分主要通过技能导活点、合作探究点来激发学生的兴趣。根据小学生的学习能力，这种模式比较适合小学中高年级的体育教学中。

三、"三点梳理、以教导学"教学模式在体育教学中的应用

1. 自主尝试点：我想通过这种教学模式让学生真正成为学习的主人，让学生先去尝试一项不熟悉的运动技术，然后教师提出问题，让学生带着问题尝试，

最终在教师问题的引导下循序渐进地了解学习的内容。

【教例1】三年级《轻物掷远》，使学生初步学会侧向投掷的动作。在这节课中，我采用了投掷纸飞机来引导学生的学习。第一步：学生尝试，我先让学生尝试玩纸飞机体会投掷动作。第二步：教师通过提出有价值的问题对学生进行引导，教师提出："同学们，怎样才能让纸飞机飞得更高更远呢？"这时学生开始思考、实验。第三步：学生展示，巧妙导入投掷动作的教学。在这一环节发现学生想通过改进投掷的动作使纸飞机飞得更远，这时请学生示范，让学生看一看这位同学的动作，紧接着教师引出本节课的主要内容。

"自主尝试点"教学中注意的问题：

（1）教师要让学生明确学习目的。

在开放式教学中，教师应把练习的目的和要求明确地告诉学生，让学生在一定学习目标的指引下，根据各自特点，有针对性地加以练习。例如：在教例1中教师首先要告诉学生："本节课学习原地侧向投掷，让同学们先通过玩纸飞机来体会一下投掷动作。"这时学生就明确了学习的目的，也就有了努力的方向，最终提高了教学效率。

（2）教师及时鼓励，告诉学生："你很棒，你能行。"

小学生都希望获得老师的肯定与表扬，在这种自主尝试的学习中学生更需要教师的鼓励，因为学生不知道自己这样做对不对，会产生迷茫的感觉，这时一旦得到教师鼓励，学生会信心倍增，这样才能激发学生的创造力，敢于大胆尝试。

2.技能导活点：知识与技能的学习往往是枯燥、烦琐的，但学生在这节体育课中必须要学会一些知识与技能。怎样才能使枯燥的课活起来呢，这是我一直在学习和思考的问题。我认为可以采用多种教学方法相结合，如情景教学、游戏教学、分层教学、借助器材等。

【教例2】四年级仰卧起坐课。在这节课中，我尝试用软排进行仰卧起坐的辅助练习，减少学生的疲劳感，激发兴趣，以此体现本节课的技能导活点。练习方法：两人一组，一位学生抛球，另一位学生坐在垫子上准备好，学生在抛球的瞬间，另一位学生两手向上举躺下接球，接球后顺势将球抛出坐起，完成一个练习。

【教例3】（分层教学）在三年级的掷准课中，为了巩固本节课的教学内容，我采用了分层教学将本节课的技能导活点体现出来。本节课的游戏我采用了投圈游戏，先让学生在最近的投掷线上进行投掷，在学生掌握技术的基础上增加难度，投掷线也相应的增大了距离，设了四个等级：一级、二级、三级、四级，四级为最远，这时让学生根据自己的能力自主选择等级，并告诉学生练习时要从易到难。这项练习完全以学生为主体，把选择的权利还给了学生，学生根据自己的能力选择。

"技能导活点"教学中注意的问题：

（1）尝试多种教学方法相结合，激发、调节、保持学生的兴趣。

学习技能是枯燥无味的，要采用多种教学方法相结合来激发学生的兴趣。如在教例2中我借用了软排来吸引学生的注意力，学生很好奇："怎样利用软排来帮助自己练习仰卧起坐？"这时就有了兴趣，学习也就更积极主动了。

（2）在游戏比赛中，教师要注意观察学生的表现，特别是学生的情感反应。

教师要善于观察学生，善于利用活动过程中学生产生的反馈信息，不断调整活动。如对活动中存在差异的学生进行关注，根据学习情况及时增减游戏和情景活动次数、改变游戏规则、调整游戏和情景场地布置等。例如在教例3中我则采用了分层教学。分层教学主要可以帮助我们因人而异地进行教学，对于能力强的学生，他可以不断进级选择更有难度的级别，而对于能力较弱的学生则可以降低难度，这样也有利于保护学生的自信心。

3. 合作探究点：体育课中合作学习和探究学习是非常重要的，我们的教学目的不仅是让学生学会知识与技能，更重要的是学会合作，学会与人交往，知道集体的力量是巨大的，提高学生的集体主义意识。

【教例4】在三年级的单双脚跳的教学中，我设计了一个动手动脑的游戏。练习方法：分四组，每组7位学生，4块小垫子，让学生自主合作摆放垫子，设计跳的方法，这是一个典型的合作游戏，同学们必须在小组长的带领下一起讨论，说出自己的想法，制订一个统一的方案进行尝试，发现问题继续修改方案，最终跳出自己的智慧。

"合作探究点"教学中注意的问题：

（1）发挥体育骨干学生的作用。

体育骨干能帮助引导启发同学去合作去探究，能协助教师完成活动。在教例4的教学中，小组长带领学生讨论，综合同学们的想法，创造出自己的玩法。这样可以节约时间，减少同学们的分歧，最终达到事半功倍的效果。

（2）在合作探究时，教师要相信学生并给予适当的指导。

在课中我发现学生的想象力和创造力会给我们带来很多的惊喜，学生的潜力是无限的，我们应该相信学生，放手让学生去尝试。在适当的时候可以给予一些启示，激发学生的思维，使学生的合作与探究更有效、更有价值，但启示一定要有度，留给学生更多的空间。

结论与分析：

1. 通过自主尝试点，转变教学观念，相信学生。

我想通过三点梳理中的"自主尝试"留给学生更多尝试的机会，从不了解知识技能→好奇地尝试→开心地体会→发现问题→带着问题思考→教师引导→解决问题→初步了解新知识。在这一过程中，教师没有急于规范动作要领，而是让学生在自主尝试中主动学习，体会成功的快乐，进而养成自主学习的习惯。

2. 通过技能导活点，激发学生的兴趣，提高体育课的教学质量。

在技能导活点这一部分，充分发挥教师的智慧，抓住学生的兴趣点，采用多种教学方法进行教学，使学生在掌握技能的同时也体会到了运动带来的乐趣，最终提高体育课的教学质量。

3. 通过合作探究点，培养学生的合作、探究意识。

在合作探究中，学生能畅所欲言，互补有无，再通过试验、检验、讨论等方式完成任务。其实学生已经在积极主动地开动脑筋了，不再是被动地学习，学生的学习方式得到转变，同时也培养了学生的团队意识。

【案例】

小学数学中促使学生有效的预习的研究

青岛湖岛小学　王新玲

一、课题开题论证情况概述

预习，顾名思义就是学生在课前的自学，任何良好习惯的养成都要从小开始抓起。良好的预习习惯，可使学生终身受益。《数学课程标准》指出，让学生学习有价值的数学，让学生带着问题，带着自己的思维进入数学课堂，对于学生的数学学习有着重要作用。

随着新课改的实施，学生的主体地位越来越得到体现，为了让学生在课堂上更好地表现，很多老师都布置了预习新课这一项作业。由于很多的预习都是没有书面作业的，教师无法掌握学生的预习情况。长此以往，渐渐地学生对预习这项作业失去了兴趣，认为不是书面作业就不是作业了，甚至草草了事，这样就达不到预习的目的，起不到预习的效果，学生受益也甚浅，还有可能教师以为学生预习了，忽略了学生的实际，这样将严重影响我们的教学，与我们所提倡的"激情、自主"相违背，因此本课题的研究迫在眉睫。

二、课题研究进展情况

（一）研究内容

1. 当前学生课前预习状况的调查研究。主要是调查分析学生课前预习的方式以及有效预习的学习情况。通过调查分析，了解学生在课前预习中存在的问题和不良行为，发现学生课前预习过程中的积极因素，以加强学生课前有效预习习惯培养的针对性。

2.小学生良好预习习惯目标的研究。根据低年级学生身心发展规律和生活、学习的实际情况，研究制订具体的预习习惯。这一目标必须着眼于培养学生有效性预习的习惯，促使学生自觉、主动地进行预习。

3.培养良好预习习惯的策略研究。这是本课题研究的重点和难点，要通过理论研究和实践探索，寻求一套切实可行、行之有效的途径和措施。

（二）研究方法

1.调查法　通过对学生进行调查，了解学生的预习现状及存在的问题，以便有针对性地预设研究计划，也有利于在研究中对症下药，解决实际问题。

2.文献研究法　通过阅读图书、网上查询等多种途径查阅相关资料，为课题研究活动提供理论依据、参考经验。

3.行动研究法　实施研究活动时，注意及时总结经验，调整、完善计划的设定和实施过程，逐步探究出培养学生预习能力的有效策略。

4.个案研究法　在课题研究中，我依据小学生的性格特点，加强了个案研究分析，在研究中采取矫正、培养相结合。

（三）研究过程

1.帮助学生合理把握预习的时间。

学生刚开始进行预习，有的孩子预习时间长，有的孩子可能短，甚至有的孩子就草草地看了两眼，这样达不到预习的效果。我先在班上组织预习，老师把握好时间，寻找一个最好的时间，在不增加学生作业负担的情况下，保质保量完成任务。

2.指导学生的预习方法。

（1）看。要认真地看完全课的内容。（2）画。就是画出需要弄懂的地方，画出概念、定律、公式、例题，画出重点、难点，画出不懂的地方。（3）思。预习定律、公式时，要思它的推导过程；预习例题时，要思解题思路。（4）疑。疑而生问，学生在预习中提出问题，带着问题来上课，提高听讲效果。（5）练。试做基础训练，用来检验自己预习的效果。把自己不会做的题画出来。

3.建立适当的奖励机制。

在这个过程中，我一直对学生采取正强化，对于连续两次预习得较好的或者预习有进步的学生，我除了奖励他们一个评价章，还会奖励他们一颗小星星。学生集三颗小星星可以得到我送出的神秘礼物，这样更加激发了学生的预习兴趣。

三、研讨交流活动及成效

（一）在同教研组教师的帮助下，经过实际调查与学生的访谈，我了解到学生之所以不能认真完成"课前预习"的原因主要有以下几个方面：

首先，学生从思想上缺乏对课前预习的良好习惯的认识。大多数同学认为"课前预习"是多此一举，只要上课时能做到认真听讲，课下完成作业就足够了，不明白学习是一个自己逐步掌握学习方法，学会独立学习的过程。

　　其次，学生对预习的情况不到位。学生认为这些知识老师早晚要讲，所以对这部分知识就草草了事。

　　最后，预习作业的形式比较单一，有的预习作业还与课堂的内容相脱节。

　　（二）促使小学生有效预习的策略研究

　　1. 在预习活动中引入"竞争意识"。我在班级上每周开展一次评比活动，评选出几名"预习小能手"和"预习小明星"，评选出来的预习小能手和预习小明星将获得我们湖岛小学的一个爱心评价章，我有时还会让预习得特别好的学生在课堂上当小老师，组织全班的汇报交流活动，学生很喜欢小老师这个角色。另外，学生在交流过程中也反思了自己的预习方法，取长补短，提高了自己的预习能力。在这个过程中，学生获得了成功的体验，从而激发了有效预习的兴趣。

　　2. 采用多种形式进行预习。我给学生布置预习作业会以多种形式，在让学生预习《得数是8和9的加法》时，我给学生发了一张写满算式的练习纸，让学生先算一算，然后将得数是8和9的式子所在的格子涂一下，最后看一下是一幅什么图画呢？每次给学生布置了预习的作业，我都会把握两点要求：一是学生感兴趣，易于操作；二是便于我进行反馈与检查。

　　3. 在教会学生如何更好地进行预习的同时，我还用赏识的眼光来看我们的孩子。每当我给学生布置预习作业时就说："我看谁是预习的小能手和预习小明星！"检查预习效果时，发现预习得好的学生就在预习本上为他批注："你真是个会动脑筋的好孩子！""预习得很成功，继续努力！"如果发现学生有进步就及时表扬，并写上："预习得真仔细！再多动一下脑筋，你都能当小老师了！""继续努力，老师相信你行！"等等。另外，还可以让预习得好的同学展示自己的预习作业，并把预习的方法讲给同学们听。让学生不断体验成功，树立起自信。

　　四、课题研究阶段性成果

　　（一）课题促进了学生的发展

　　1. 学生主动进行有效预习的自觉性加强。

　　我对班级学生进行问卷调查，发现班级同学主动预习的习惯都有了较大幅度的提高。学生认为预习很重要的由原来的52%提高到96%，学生能自觉主动预习新课的由原来的21%提高到56%，学生遇到问题自己解决的由30%提高到57%。

　　在进行课题研究的过程中，及时与家长进行沟通对学生的预习起了很大的帮助，学生在写完作业能自觉预习新课者，则由家长给予一颗星，满五颗星可以换取老师的一颗彩色的星星，获得班级的"预习小明星"的称号，满五次预习小明星的称号，我就给学生发一张喜报，授予学生"预习小能手"的称号，由家长给予不同程度的物质奖励。

2.学生有效预习的方法更灵活了，更科学了。

有效的奖励机制激发了学生强烈的欲望，他们都想当小老师，于是便不断地去探索更科学的预习方式和方法，因此，学生预习的方式呈现是多种多样的。

3.通过课题研究，提高了学习效果。

学生学习的积极性充分调动起来了，学起来也充满激情，学习效果是可想而知的。

4.通过课题研究，学生更加自信了。

学生在课前进行了预习，他对内容的熟识程度要比没有预习的同学深，因此，回答问题正确的概率一般也比较高，课堂上的他们的表现就会显得得心应手。

5.个案研究让本课题充满力量。

我班的周与韩同学是一个聪明的孩子。在课堂上，他的每次发言都会博得同学们的阵阵掌声。他的语言表达能力极强，学习上有一股钻劲，且爱好广泛。在他身上有着极大的潜力可挖掘。但学习习惯不好，依赖性强。开始，他对老师的预习要求极为不屑，他认为自己是很聪明的，无论用什么样的方法都能学好，觉得预习是浪费时间。我经过研究制订了详细而周密的计划，对其性格先进行了确定：他属于主动探究型性格。其次是和其家长建立密切联系，让家长在家监督孩子，按照老师布置的预习要求来完成预习作业，帮助孩子养成预习的好习惯。一段时间后，我结合其自身特点，让他负责检查全组同学的预习作业，并在全班开展了"我是预习小能手"的预习竞赛活动，好胜的他怎肯落后？一学期下来，他的自学能力大大提高，不仅搜集的资料图文并茂，善于解答同学们提出的问题，而且变得爱提问题，爱思考问题。从家长对孩子在家情况的记录来看，孩子学习的积极性大大提高了，预习已变为他的一种习惯，一种爱好。同时，预习习惯的培养也矫正了他以往懒散、依赖的行为习惯。经过半年的工作实践，周与韩同学在班上已经被同学们公认为"小老师"，学习成绩也由原来的中等水平提高为优秀，取得了令人满意的效果。

五、研究中存在的问题和进一步深化课题研究的工作重点

（一）在进行课题研究的过程中我发现的问题

大部分学生能够进行有效预习，然而有个别的孩子总是静不下心来进行预习，认为多做几道题就可以了，没必要进行思考；还有的孩子的预习作业至今还是为了应付作业而进行预习，没有把预习形成一种习惯，也没有引起足够的重视。

（二）在进行课题研究的过程中我还要进一步研究的问题

1.学生家庭背景、性格各不相同，接受能力有高有低，如何更好地培养每个孩子良好的预习习惯，还应在平时的实际工作中对症下药，对学生进行因材施教，寻找到适合他们的预习方法。

2. 俗话说："拳不离手，曲不离口。"要养成一种习惯，必须经过反复的训练，采取怎样的方式，可以让我们的学生在以后的学习中一直保持有效的预习呢？

【案例】

"趣味导活点"让英语教学充满情趣

湖岛小学　徐峰

爱因斯坦说过："兴趣是最好的老师。"学生在良好愉悦的环境下学习，学生的思维才能得到发散，个性才能得到发展，才能使学习更有趣味、更有活力，最终达到事半功倍的效果。通过对自己教学的观察，我发现备课和教学中存在一定的问题：教与学的方式单一；课堂活动品质不高，课堂问题缺乏思维含量；课堂教学效果不理想。

为此，从符合小学生年龄特点的角度出发，以学校的"三点梳理、以教导学"（即：趣味导活点、知识突破点和生活连接点）为基础，针对自己课堂教学存在的不足，在自己的课堂上，以"趣味导活点"为基础进行教学，培养学生的学习兴趣，为学生乐于学习奠定基础。

趣味导活点的特点要符合小学生年龄特点，而它的目的是为了激发学生的英语学习兴趣，让学生乐于并积极参与英语学习，争取每节课的学生参与面达到90%以上。同时在趣味学习中激发学生的思维，让他们动起来、活起来，在这种积极主动的学习氛围中让学生掌握一定的学习方法。在教学中要关注到：

首先，教师在备课之前，要根据学生和教材的特点，先制定出本堂课的"趣味导活点"，然后进行课堂设计，如：《新标准英语》book 12 Module 10，主要是结合文本中的人物：Lingling, Amy 和 Sam，他们小学生活即将结束，运用 be going to 来谈论将来发生的事情。本课的"趣味导活点"是这样设计的：在课堂上利用小游戏，结合学生课程表，猜一猜 What are we going to study tomorrow？并让学生通过 I'm going to study…来进行猜科目的游戏，在游戏中通过对孩子的奖励，及游戏的本身过程，激发了学生的学习兴趣，并对与科目有关的英文单词进行复习巩固。在这个环节中争取100%的学生参与进来。

再如：在《新标准英语》book 10 中，教师根据学生情况，我将"趣味导活点"设计如下：

1. 游戏"打电话，送礼物"。把学生分成四组，帮助学生用"I sent you…Did you…"轮流提问。提问或回答正确的将得到奖励。

2. 改编课本剧。课前让学生阅读课文对话，快速完成改编，两人一组进行排练，最后在班级展示表演。在改编的过程中，教师要指导学生使用主要基本句型：I sent you… Did you read/eat/play…? Yes, I read/ate/played…。在学生表演过程中，语言丰富的学生将予以表扬和鼓励。

通过课堂中的"趣味导活"，教师既解决了本模块重点内容的学习，又激发学生的参与热情，使学生乐于学习。

其次，英语教学的特性表明，凡是对教学内容的表达比较强烈，对比明显，不断变化，带有新颖和刺激的艺术效果，都会引起学生学习英语的兴趣。例如低年级学生进行单词的学习。对于他们来说，学习的自觉性和自控能力较差。他们活泼好动，经常会闲不住地摸这碰那。在学习单词和词组的过程中，单纯的朗读会使他们感到枯燥厌烦。针对学生的心理特点，课堂上结合所教的单词和词组的含义，我把它们设计成相应的动作，如：单词 dog，让学生双手放到耳旁，手指上下摆动做小狗的动作；tree，让学生把自己的身体当作树干，双手向上伸展当作树叶；wash your hands，让学生边说边做洗手的动作。为了吸引学生的注意力，我特意将动作做得夸张一些，如：moon，让学生双手合十，举过头顶，并将身体向侧面弯曲；有时候还会让学生自己编排动作，这样通过夸张的手法，使学生学习起来感觉比较轻松，使枯燥的内容通过学生的亲身体验变得生动有趣，而且也使学生的身体得到放松。

另外，能把教学内容与学生已有的知识经验密切地联系起来。让趣味导活在学生已有的知识经验基础上重复、深入浅出地运用，能满足学生想获得新知识的欲望，使学生学习兴趣能够持续。我国著名现代教育家陶行知先生指出："教育尤其是课堂，需要解放孩子的头脑、眼睛、双手、时间和空间，解放儿童的思想，放飞儿童的心灵，让他们从做中学。"例如，在学习句型"Make eight kites. Colour the kite. Pick out the red kite"时，我准备了 8 个风筝的空白图片，逐个贴到黑板上，指导学生说出：Make a kite, make two kites, make three kites… 接着找 8 个学生分别给风筝涂色，并引导学生用：Colour the kite red, colour the kite yellow…来提出要求；然后让学生选出同学和老师要求选出的风筝，与此同时学习句型：Pick out the … kite. 最后利用句型 Make… Colour the… Pick out the… 来进行小组间的提问。结构复杂了，但新的知识是在旧知识的基础上拓展的，加上对情节的趣味导入，层层递进，学习过程充满了趣味性，学生更容易接受了。

"趣味导活点"营造了一种融洽的师生关系，使学生感到自己的求知热情得到尊重，学习的信心进一步增强。学生更喜欢与教师共同创造合作，学习兴趣也得到加强和稳定。也为学生拓展了学习、体验、交流英语知识的环境空间。

通过课前的"三点梳理"中的"趣味导活点"，使我们在教学中明确了教学目标，解决了教学中的盲目与琐碎，找到教学的主线，围绕这条主线。在传授知识的同时关注学生自主学习能力的培养，在课堂中适当安排学生自学、小组合作，激励学生自主发展，提高了课堂学习气氛，将"讲堂"变为"学堂"，将"要我学"转变为"我要学"，有效地提高了课堂效率。

第四节　"五步教学法"教学模式的理论框架

"我爱我家"课程是学校融合型课程建设的标志性成果。它是基于"全人教育"理念，融合爱心教育、心理辅导、团队合作、创新创造等元素的融合型学科综合素质课程。

为了有效落实"我爱我家"课程理念，便于在全校教师中开展"我爱我家"课程教学，学校寻找理论依托，提炼模式精华，诠释模式内容，最终推出"五步教学法"教学模式，对模式进行了清楚的流程解析和归纳，便于教师模仿和借鉴，这样才能起到事半功倍的作用。

一、"五步教学法"的设计理念

第一，课程设计以儿童为本，学习主题的确定基于儿童的需要，而不是成人们想当然的"重要"。

第二，以专题的方式组织跨学科的知识，不关注知识的系统性，而更关注课程主题的统一性。

第三，课程提供多样化的机会，鼓励学生积极参与及体验，而不关注他们学到了什么知识。

二、"五步教学法"的课程理念

如果用简单的三句话来概括"五步教学法"的课程理念，它们就是：问题比答案更重要、方法比知识更重要以及信任比帮助更重要。

（一）问题比答案更重要

爱因斯坦曾经说过："提出一个问题比解决一个问题更重要。"长期以来，受应试教育的影响，我们的基础教育过度追求标准化的答案，孩子们普遍好胜心有余而好奇心不足。而在"我爱我家"课程里，我们着力培养师生的问题意识——提出一个好的问题远比一个所谓的"正确答案"更为重要。并提出设计问题的几个建议：

1. 问题要具有探索性、启发性；
2. 鼓励学生提问；
3. 不要用绝对的答案评价；
4. 问题形式不要单一，容易造成学生回答千篇一律；
5. 给足机会，让学生表达自己的观点和意见；
6. 不要将问题引导到同一答案上，缺少多元观点。

（二）方法比知识更重要

古语云："授之以鱼，不如授之以渔。"在这个信息社会，搜索引擎让知识获取变得如此简单便捷，纯粹的知识已成为廉价的信息商品。如何让学生拥有独立思考的大脑，掌握解决问题的根本方法，成为现今教育更为紧迫与重要的命题。所以，获得知识的方法和手段，比知识本身更重要。

提出"我爱我家"课程的最大特点就是小组合作式学习、体验学习。让老师们明确小组合作的作用有四个方面：体验——合作解决问题；反思——观察解决问题的过程；升华——交流经验与感受；下一步的行动——分辨自我与他人的差异。

梳理出小组合作的过程与方法：重视讨论与分享的过程；鼓励使用多元创新的方法解决问题；既重结果又重过程；引导学生使用学习策略；启发学生反思学习过程。

（三）信任比帮助更重要

每一个正常的人犹如一粒种子，只要能给予适当的环境，就会生根、发芽、长大并开花结果。在这个一切追求速效的时代，信任有时候表现为等待，等待小树慢慢长大，而我们就要像耐心的农民，辛勤劳作可仍要信任四季轮转的力量，也相信小树天生就会为长大付出自己的努力。

整理出课堂信任"七诫"，即不尊重学生的观点和意见；不给学生时间和空间进行思考和行动；限制学生；强加自己的观点给学生；敷衍学生的失败或错误；担心学生打乱预先设计；对学生回答没信心。

梳理出课堂信任"六要"，即尊重学生的观点和意见；给学生时间和空间进行思考和行动；不限制学生；不强加自己的观点给学生；耐心解答学生的回答；宽容对待学生的失败或出错。

总之，我们希望在课堂上，老师都能把这三条理念落实到课堂中，那么，学生一定是幸福的。

第五节 "五步教学法"教学模式的结构

一、上好"我爱我家"课程的基本要求

- 教师态度——无限信任、引导激励、公平公正
- 教学行为——目标程序、多元多样、清晰授课

二、"五步教学法"教学模式解析

第一步：热身导入

在设计热身游戏时，一定要与主题有关，一下子能吸引学生。用三个词来概括，那就是"简短、有趣、相关"。

"我爱我家"课程有哪些热身游戏？

1. 我说你画：请一位同学到前面来，根据老师给出的一张图纸，用语言描述给所有的同学听，同学们根据他的描述在自己的本子上画出该图形。这个游戏的目的是让同学们在活动中学会沟通技巧和增强团队合作精神。

2. 故事接力：老师可以选一个大家熟知的故事开头，如"白雪公主""三个和尚挑水吃"等，让学生展开任意想象。这个游戏的目的是发挥想象力，开拓思维，活跃课堂氛围。

3. 大小分：告诉学生，双手打开就是"大西瓜"，双手收缩就是"小西瓜"，也可以进行反口令练习。这个游戏的目的是锻炼学生的思维与反应能力。

4. 狂风暴雨：告诉学生指尖敲击桌面是小雨，两手轮拍大腿是中雨，大力鼓掌是大雨，跺脚是暴雨。这个游戏的目的是锻炼学生的反应与应变能力。

5. 抢椅子：让学生听老师指令围绕椅子转，然后抢椅子。这个游戏的目的是培养学生竞争意识，活跃课堂气氛，振作精神。

6. 5秒击掌：在5秒时间内，可以最多击掌多少次？这个游戏的目的是培养注意力，培养探究问题的动力。

7. 抓逃手指：让同学们将右手掌心向下，左手食指竖直向上，相邻者左右手连为一线。老师讲述一段故事，当听到数字"3"时，迅速用右手抓握下面右边同学的食指，同时将自己顶在相邻左边同学掌心的食指逃脱。这个游戏可

以培养学生的注意力。

8.手指操：通过一段歌词，以两个食指的屈伸模拟做操的动作。这个游戏的目的是放松学生的心情，启发创造力。

第二步：目标说明

目标的叙写，用三个词来概括，那就是"简洁、可操作、可测量"。把本节课的学习任务、达成目标、活动要求清晰说明，让学生带着清晰的任务要求进入下面的活动环节。目标说明要求内容简洁、学生便于操作、便于教师评价总结。

例：《打开你的身体》一课的目标：让学生打开身体，自信大方地敢于在同学之间进行展示，培养团结协作能力，感受活动带来的身心愉悦。

如《克服我不能》一课的目标：引导学生能够克服"我不能"的恐惧，突破自我，树立自信，实现自我超越。

第三步：主题活动

活动环节多样化，可以是个人研究、团队合作、分队交流等，学生可以思考、表演、制作、绘画、对话、辩论等，教师充当引导员角色，保证此环节忙而不乱，每个学生都能参与其中。

主题活动时，老师要清晰地交代任务，语速要缓慢，分步进行，活动要有序、多样。同时，教师要注意灵活和应变，节奏合理，实施监控，让学生积极参与，遵守规则，这样才能有效完成任务。用三个词来概括，那就是"多样、监控、有效"。

第四步：展示分享

分享是一种博爱的心境，学会分享，就学会了生活。因此，在课堂上教师如何巧用方法调动学生的分享积极性至关重要。首先，课堂在明确规则的基础上，统一标准，公平公正；其次，面对全体，实时照顾差异；第三，尊重孩子回答，引导孩子偏向的观点，让他明确自己的不足，促进全体共同进步。用三个词来概括，那就是"平等、安全、机会"。

展示分享方法可以根据学习内容而定，可以选派代表、全组展示。教师要提出展示时间、仪态、语言的要求，下面同学倾听和反馈的要求，确保营造安全、平等、尊重的氛围，多数学生有展示或反馈的机会。

如《打开你的身体》一课中的展示分享：小组合作表演一样家用电器。如《克服我不能》一课中的展示分享：组员在台前汇报自己小组最满意的一个方案。

第五步：评价总结

欧阳修说过："任人之道，要在不疑。宁可艰于择人，不可轻任而不信。"因此，爱的最好证明就是信任。教师在课堂上，首先，尽量让学生多说，答案无标准，无对错，只要能说，就奖励，激励其敢说的习惯。其次，对学生的评价应及时回应和引导，并给予鼓励和支持；第三，应让学生在评价中得出经验，通过体验得出结论，不是教师直接给以结论；第四，教师是一个引导者，不是传授者，因此应利用学生的感受给予正确的鼓励与回应。用三个词来概括，那就是"信任、鼓励、支持"。

在总结时，老师要回顾一下这节课是否达到了课程目标，还有哪些不足，同时希望学生课后有哪些行动。

附：

"五步教学法"教学模式解析

步骤	名称	要求	时间	简述
第一步	热身导入	简短、有趣、相关	2～3分钟	以互动有趣的游戏入手，激发学生的兴趣；游戏内容要与题目相关联，带有引导性和启发性。
第二步	目标说明	简洁、操作、测量	2～3分钟	把本节课的学习任务、达成目标、活动要求清晰说明，让学生带着清晰的任务要求进入下面的活动环节。目标说明要求内容简洁、学生便于操作、便于教师评价总结。
第三步	主题活动	多样、监控、有效	20分钟左右	活动环节多样化，可以是个人研究、团队合作、分队交流等，学生可以思考、表演、制作、绘画、对话、辩论等，教师充当引导员角色，保证此环节忙而不乱，每个学生都能参与其中。
第四步	展示分享	平等、安全、机会	10分钟左右	可以根据学习内容而定，可以选派代表、全组展示，教师要提出展示时间、仪态、语言的要求，下面同学倾听和反馈的要求，确保营造安全、平等、尊重的氛围，多数学生有展示或反馈的机会。
第五步	评价总结	信任、鼓励、支持	5分钟左右	此环节分两部分，一是评价环节，对学生主题活动和展示分享环节的表现进行个人或小组评价；二是总结环节，对照目标说明部分，对本节课的学习任务和目标达成情况进行总结。

第六节 "五步教学法"教学模式的实践

在新课改背景下，对课堂教学方式进行改革，才能提高教学的有效性。两年来，我校自行研发开设的"我爱我家"特色课程已经日趋完善，并且形成了一套"我爱我家"五步教学法，即热身导入、目标说明、主题活动、分享展示、评价总结。这种以学生为主体、教师为主导、训练为主线、思维为主攻的问题探究式课堂教学模式，深受学生和老师的喜欢，所以，学校又在植爱学堂和植行学堂这两大课程体系中进行了推广与尝试。

1.强化培训、加强指导，使课堂教学改革工作顺利推进。

学校组织全体老师参与"我爱我家"五步教学法的课程培训，通过课程理念的学习、先进经验介绍，让老师们对这五个环节的教学模式，有一个全面深入的认识，为后期的课堂实践奠定基础。

2.定期交流制度。

为落实课改工作，提升课改效益，搭建共享平台，学校组织任课教师定期交流课改经验，共同商讨完善高效课堂模式。具体做法：

（1）一周一交流。各教研组要利用集体备课研讨时间组织交流，互相学习操作性强的经验，群策群力，让五步教学法在课堂教学中得以实施得更好。

（2）一月一总结。教务处每月底组织一次课改经验交流会，交流课改体会，总结课改经验，提炼课改成果。

3.先进经验展示与推广。

通过学校教育教学年会开展"五步教学法推进课"活动，所有任课教师对"五步教学法"课堂教学模式进行展示，之后进行说课、评课活动。此项活动的开展，调动了教师落实五步教学法的积极性，通过展示，取长补短，促进了整个学校的教育教学改革。

附：

"五步教学法"课堂教学评分表

评分人：

姓名		授课班级	
课题			
评价指标			得分
热身导入 （10分）	游戏内容与主题相关。（3分）		
	有趣，吸引学生注意力。（3分）		
	课堂规则明确，指令清楚。（4分）		
目标说明 （10分）	三维教学目标清晰、具体、适切。（5分）		
	教学目标能体现梦想课程的教学理念。（3分）		
	学生对目标理解、有期待。（2分）		
主题活动 （50分）	活动重视讨论与分享的过程；尊重学生的观点和意见；给学生时间和空间进行思考和行动。（15分）		
	活动形式以参与体验为主，机会均等，能同时兼顾多组表现；引导使用多元创新的方法解决问题。（15分）		
	活动内容能够激发学生参与积极性，有利于学生思考、想象、讨论、观察。（10分）		
	活动过程顺畅，规则明确、任务有序、学生积极性高；确保目标高效达成。（10分）		
分享展示 （20分）	鼓励学生展示不同的解决方案。（5分）		
	分享展示有安全感，学生敢于表达观点和感受。（5分）		
	尊重学生的不同感受，给予积极回应。（5分）		
	适切指导学生采用合适的姿态进行流畅的表达。（5分）		
总结评价 （10分）	总结学习的过程，评价内容回应课程目标。（4分）		
	总结实际生活与本课的联系；适时提出问题，引发学生新的思考。（2分）		
	评价形式多样，实效性强。（4分）		
总分			
对整节课的点评			
备注	总分100分，得分90分以上为优；80～90分为良；70～80分为中；70分以下为差。		

【案例】

思维导图

青岛湖岛小学　尹静

背景分析

思维导图的重点并不是怎样画得漂亮，而是在于"导"，也就是根据关键词进而引发的联想，通过这个课题的学习活跃学生的思维。学生从未接触过思维导图，对思维导图的绘制方法并不了解，通过学习让学生了解思维导图的基本绘制方法和思路，并能将思维导图应用于学习中。

教学目标

1. 通过活动，让学生了解思维导图的基本特点。

2. 小组成员共同完成一张思维导图。

3. 尝试用归纳、整理的方法有条理地思考、解决问题。

教学活动

一、热身导入

活动一：趣味游戏

1. 师生问好

师：同学们好！（好 很好 非常好）

活动二：抓和逃

1. 师：咱们一起来做个游戏，请同学们和老师一起做，左手伸出食指，指尖向下，右手掌心向上，小组内全体同学依次将你的左手放于相邻同学的掌心。老师会讲一个小故事，当你听到"3"，你的右手要抓住同学的手指，左手不要被别人抓住。听明白了吗？（热身游戏2分钟）

2. 交流感受

（1）：请刚才被抓住的同学来谈一谈自己的感受。

（2）：请刚才没被抓住、但是抓住别人的同学来谈一谈自己的感受。

评价重点：

① 专注地听别人说话才能听清楚，行动才能果断、敏捷。

② 过分担心失败反而更容易做错。

③ 当受到旁边同学的影响时要保持清醒的头脑。

师引导：刚才的游戏中，我们两只手在做不同的动作的时候，是谁在支配我们的行为呢？

生：大脑

师：现在让我们的大脑再活跃一点，咱们再来做个游戏好不好？

活动三：食物的联想

1."食物"这个词让你联想到什么？

师：当你看到食物这个词，你会想到什么呢？现在我们就展开联想，看看你能通过这个词想到些什么，把你想到的写在老师给的纸上，看谁在一分钟的时间里写得最多。

2.计数数量最多的同学介绍自己的成果。

师：你能在这么短的时间里写出这么多的东西，说明你的思维很活跃，真了不起。那你现在放下这张纸，你还能清晰地说出你刚才都写了些什么吗？

生：很困难

二、目标说明

1.通过活动，让学生了解思维导图的基本特点。

2.小组成员共同完成一张思维导图。

3.尝试用归纳、整理的方法有条理地思考、解决问题。

认识思维导图

1.师：有没有一种好的方法来帮助我们在短时间内就记住自己写过的东西呢？今天老师就向大家介绍一种方法——思维导图。

2.师：刚才老师发现同学们写的食物都非常零乱。为了帮助我们记忆，我们可以先把这些食物分分类。比方说：牛肉、羊肉、鸡肉、鸭肉，我们可以用一个什么词语概括？（肉类）同学们能不能像老师这样把其他的食物分分类？（学生发言：蔬菜、水果、面食、蛋类、饮料……）

师引导并演示

1.分析思维导图的组成部分

（1）师：看到这些分类之后，你是不是马上就能想到你都写了哪些蔬菜、哪些肉类、哪些面食等等呢？我们现在以水果为例，看看刚才同学们都写了哪些水果。苹果、梨、葡萄、西瓜……

（2）刚才老师要求大家根据"食物"这个词展开联想，我们把这个词叫作"中心词"，紧接着，我们根据中心词开始联想，想到的这些词都叫作"关键词"；我们把中心词和关键词用线条连起来，这就是简单的思维导图。为了让我们的思维导图更加美观，我们可以把"中心词"和"关键词"进行简单的装饰。

（3）这个思维导图画到这里就画完了吗？同学们，当你看到苹果这个词时会联想到什么呢？谁来说说？（苹果汁、苹果醋、苹果酱……）看到梨还会联想到什么呢？（梨汁、梨罐头、秋梨膏……）看到葡萄还会联想到什么呢？（葡萄汁、葡萄干、葡萄酒……）大家的大脑非常活跃，说得太好了。那根据我们联想到的这些词，可不可以再展开联想呢？根据想到的东西再继续展开联想呢？通过这些我们不难看出，思维导图是无限的，我们的思维想到哪里，思维导图就可以画到哪里。

2.学生初步尝试绘制思维导图

师：现在请同学们像老师这样，选择食物中的一类来制作一个简单的思维导图，我给大家的时间是3分钟。

生初试绘制思维导图。

师评价引导：看，有的同学把中心图像画成了西瓜，还有的同学把中心图像画成了葡萄，非常有创意。能够通过食物而联想到其他的事物，你知道的真多，思维非常活跃。

评价重点：引导学生进行发散思维。

三、主题活动

如果把我们小组全体成员的思维导图组合在一起，会怎么样？我们小组的成员齐心协力来共同合作完成一张"思维导图"。下面请看今天的活动目标。

活动目标（屏幕出示）

1.根据思维导图的基本特点，小组合作完成一张中心词为"冬天"的思维导图。（10分钟）

2.小组内的每位成员必须参与思维导图的绘制。

3.绘制的思维导图尽可能做到内容丰富、思路清楚、图画美观。

活动要求：（屏幕出示）

当听到拍手时，所有成员必须停止一切活动并一起拍手。

师：同学们对我们的活动目标和要求都清楚了吗？（随机问几个同学）听到拍手你该怎么办？

师：同学们对我们的活动目标都清楚了，我们的小组活动现在开始。

生：小组合作绘制思维导图。

四、展示分享

展示要求

1.以小组为单位展示本组的思维导图。每个人都要参加哟。

2.每组展示完毕，其他小组将进行展示评价。精彩评价语奖励一张奖励卡。不要忘记要给同学热烈的掌声哟。

3.展示过程中要认真倾听他组展示，不得说话，违反者将扣除一张奖励卡。

师：别的组在展示的时候有人说话怎么办？（随机提问学生）

教师指派小组进行展示，序号排列后一小组进行评价。评价完毕奖励一张奖励卡。

思维拓展

1.思维导图可以帮助我们做什么？（用在哪些方面？）

师：通过今天这节课对思维导图的学习，我们初步了解了思维导图带给我们的乐趣。谁能说一说在生活和学习中，"思维导图"这种"归纳、整理"的思路能够用在哪些方面或者帮助我们做些什么呢？

生谈自己的想法。

师：我们学校的一些同学已经做了一点尝试，我们来看看他们的成果。

2.欣赏思维导图

师：这些是我们的学生所画的思维导图，第一幅是自我介绍，他用"树形"作为思维导图的基本形。

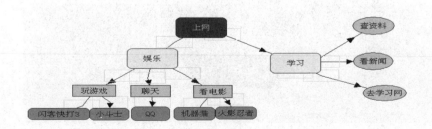

师：这是信息技术老师请学生归纳"上网"的作用。

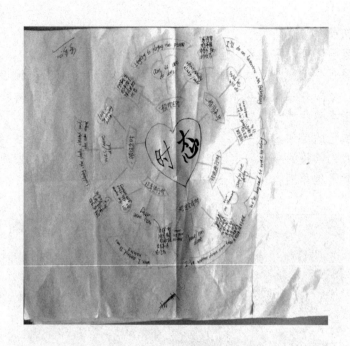

师：这是英语老师指导学生归纳的时态的重点。

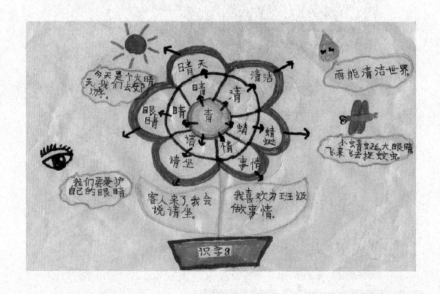

师：这是语文老师用归纳的方法指导学生做的形近字组词和造句。

师：这是数学老师指导学生归纳、整理分数的相关知识所做的思维导图。思维导图都可以清晰地记录我们的思考过程。

五、评价总结

小组奖励：

答题卡所得最多的小组得到糖果一包。

【案例】

三只小猪的真实故事

青岛湖岛小学　杨枫

背景分析：

在生活中，面对同一件事情，不同的人站在不同的立场往往会有完全不同的说法，在新编《三只小猪的真实故事》里，作者将狼和猪改头换面，铺陈出合情合理的"真相"，让小朋友在似曾相识的情境中，一再有意料之外的惊奇。极大程度地激发孩子的表达欲望。

教学目标：

1. 通过学习，引导学生了解辩论的流程和辩论的规则。

2. 培养学生在辩论中整理资料及合作交流等方面的能力。

3. 打破思维定势，培养孩子们通过观察、分析，然后得出正确判断，再下结论的能力。

教学准备：

《三只小猪的真实故事》PPT、板书、奖牌

活动过程：

一、热身导入

师：大家好！（好，很好，非常好）

热身环节：

师：同学们，小花猫怎么叫？（喵）小狗呢？小猪呢？下面咱们来接儿歌试试：小花猫，喵喵喵；小花狗，汪汪汪……你们的叫声太好听了，这么多的小动物都来了，我们举行个音乐会怎么样？看这个旋律：1 3 4 / 5 5 / 1 3 4 / 5 5 / 6 5 4 3 / 5—/ 会唱吗？加上歌词试试：小猫～喵喵～，小狗～汪汪～，啦啦啦啦啦……随机小组演唱。

二、目标说明

师：同学们，开心吗？那让我们带着这份好心情共同走进今天的梦想课程。来看一下这节课的目标：（出示 PPT）打破思维定势，培养孩子们通过观察、分析，然后得出正确判断，再下结论的能力。明确了吗？

三、主题活动

1. 谈话创设情境，让学生回想对狼的印象。

师：同学们，来说说你们眼中的狼，用一个词语或成语形容一下。

生：凶狠、狡猾、险恶……

2. 教师充当引导员角色，引导学生说出知道的有关狼的故事。

师：你们知道的有关狼的故事都有哪些？

生：《东郭先生和狼》《狼来了》《小红帽》《狼和小羊》《三只小猪》《披着羊皮的狼》《喜羊羊和灰太狼》……

3. 由《三只小猪》的故事引出新编《三只小猪的真实故事》，引起学生的学习兴趣。

活动一：故事呈现

1. 回顾经典故事《三只小猪》

师：同学们，刚才有同学提到了《三只小猪》，你们都知道这个故事吗？谁来给大家讲讲？（找学生上前讲《三只小猪》的故事。提出要求：你能绘声

绘色地讲这个故事吗？）

2. 运用课件PPT讲述《三只小猪的真实故事》

师：这是你们耳熟能详的《三只小猪》的故事，对吗？可是那只狼听到这个故事却说了："不是这样的，我是被冤枉的！"你们想不想听听他是怎么说的？仔细听。（播放《三只小猪的真实故事》PPT）

活动二：辩论（20分钟）

1. 听完故事让学生再次表达对狼的印象，教师引导使其形成两方完全对立的观点。

师：在《三只小猪的真实故事》里，你认为这只狼是不是一只好狼，他是不是被冤枉的？

师：（预设一）有的同学说大灰狼是被冤枉的，也有的同学说大灰狼本性难改，没有被冤枉，观点完全不一致啊！

师：（预设二）同学们都说大灰狼是被冤枉的，可是刚才你们都说狼是凶狠的、残酷的、狡猾的，这一前一后观点大不相同啊！

2. 分好正方反方，讲明要求。

师：我们来进行个辩论会怎么样，那这边一竖排你们是正方，为大灰狼辩护，你们的观点应该是……（板书）这一竖排是反方，你们为小猪辩护，你们的观点是……（板书）

师：各个小组，你们要讨论并记录自己这一方的辩论词，一会儿辩论的时候，发言人在时间没到的情况下，小组其他成员都可以进行补充发言。你们可以分别从绘本中或绘本以外找出支持自己的观点进行辩论。

3. 出示辩论规则，解释规则。

师：讨论之前我们先来看一下辩论规则。（PPT出示）

- 每次陈述之前先表明观点，如"我认为大灰狼是被冤枉的"，然后说明理由。
- 必须先举手示意，法官允许后才能发言，每次发言时间不超过1分钟。
- 必须要等一方发言结束后，另一方才能开始发言，发言结束要说"完毕"。
- 尊重对手，禁止人身攻击。
- 如有违反，减少一次发言机会。
- 最后正方反方各评选出两名最佳辩手。

四、展示分享

1. 师：正反方进行辩论，计时员计时。（工作人员帮忙计时）

2. 观点对调，互为对方进行辩论。

师：大家的辩论非常激烈，正方阐述了狼确实是被冤枉的，反方也极力地阐述着狼没有被冤枉。这时候戏剧性的一幕发生了，现在我们的法庭要求小猪和狼的律师团进行对调，辩论规则不变，那现在你们的观点变成什么了？你们呢？好的，做好准备了吗，辩论开始。

让同学们谈谈感受。

师：哈哈哈，现在你们说的和刚才的观点截然不同，都在为对方说好话，现在你们有什么感受啊？

师总结：正像你们说的，经典的故事在不同的时期会有不同的想象，把一些过去有了定论的东西经过自己的思考，然后进行全新的创造。那么，我们也可以编写与众不同的经典童话故事。

五、评价总结

1.评价奖励

师：这节课同学们表现得都太精彩了，在辩论的时候有几名同学表现得更加出色，你们说是谁呀？那今天你们几位就是这次辩论会的最佳辩手，过来领奖。（发奖牌）把掌声送给他们，谢谢，请回。

2.活动拓展

师：下课之前推荐给大家两本书：美国图画大师大卫·威斯纳的后现代版《三只小猪》；日本作者贞二译的《三只小猪》。在这两本书中，三只小猪的故事完全颠覆，被注入了新的活力……

活动总结：

师：在生活中也是这样，面对同一件事情，不同的人站在不同的立场往往会有完全不同的说法，所以我们要仔细观察、分析，得出正确判断再下结论。遇到事情的时候我们多去为对方着想，多站在对方的立场上考虑事情，换位思考以后，人和人之间的关系就会更加融洽，我们的生活也会变得更加美好，你们同意吗？

师：再来回看一下这节课的目标，（出示PPT）打破思维定势，培养孩子们通过观察、分析，然后得出正确判断，再下结论的能力。目标达成了吗？好的，今天我们的课就上到这里，期待下次的相聚。谢谢，再见！

【案例】

学校课程动画制作——《神奇葫芦娃》教学案

青岛湖岛小学　盛晶晶

教学目标

知识与技能：

1. 通过前置性学习，学生能理解变形动画的原理，并会在帧属性面板中设置变形动画。

2. 通过观看"变图为字"微视频，学会将对象先打散再变形的方法。

过程与方法：

1. 通过前置性学习在属性面板设置变形动画，体验自主学习的乐趣。

2. 通过观看"变图为字"微视频，提高小组合作解决问题的能力。

情感态度与价值观：

1. 学生在融入葫芦娃魔法学习的情景中，提高对信息技术学习的兴趣和信心。

2. 学生在交流合作中解决问题，提高小组合作意识。

教学重点

通过前置性学习，学生能理解变形动画的原理，并会在帧属性面板中设置变形动画。

教学难点

通过观看"变图为字"微视频，学会将对象先打散再变形的方法。

教学准备

课本、微机房、多媒体课件、微视频、素材

本节课评价标准

将全班同学分成五个小组，每个小组完成一个任务，就可以得到一个"葫芦娃"标志（在白板上标注）。同时每个同学回答问题或演示都可以获得葫芦娃小奖励作为个人奖励，最后累积小组评价贴和个人评价贴，分别评选"神奇葫芦娃小组"和"神奇葫芦娃"。

教学活动过程

前置性学习

上课之前，学生观看桌面上的"方变圆"微视频，自主探究完成前置性学习任务单。（出示课件）

前置性学习任务单：

正方形变圆形用到了哪种动画？
创建动画的位置
完成动画的步骤

设计意图：通过观看微视频，学生自主探究，培养学生自主学习的能力，进而为本节课变形动画的学习奠定基础。

一、热身导入

同学们，看，谁来到了我们的课堂？（课件出示 葫芦娃）

这是大家喜爱的葫芦娃关关和爱爱，他们正要赶往 flash 魔法学校学习，今天我们和关关、爱爱一起去学习。（课件出示课题，同时板书课题《神奇葫芦娃》）

设计意图：用孩子所喜爱的"关关爱爱"葫芦娃导入新课，将教学内容与生活相联系，激发孩子的学习兴趣，将热情投入到学习中。

二、打字环节

要想进入魔法学校学习 flash，必须经过层层选拔，教授给大家设置了入学测试，看看你们是否有资格进入学校，我们一起去帮他们完成这个任务吧。
（出示课件）
入学考试任务：
1.阿珊打字。
2.选择"我们爱你啊，中国"（桌面上 teacher 文件夹）。
3.时间 3 分钟。
教师巡视学生打字情况并重点强调标点符号的录入方法。

设计意图：用学生学过的语文课文作为打字内容，将语文和信息技术两个学科进行课程整合，避免出现学生不认识的字。

三、主题活动

我们帮助关关、爱爱通过了入学考试，我们现在就可以跟他们一起进入 Flash 魔法学校学习魔法了。

任务一：运用变形动画帮助葫芦娃快快长大

（出示课件）我们的小魔法师关关、爱爱已经顺利进入魔法学校，可是他们的教授说他们太小了，不到学习魔法的年龄，这该怎么办？能不能像吹气球一样让葫芦娃们快快长大呀？

1.通过刚才的前置性学习,哪位同学来回答我们的三个问题？（指名回答）

A. 正方形变圆形用到了哪种动画？

B. 创建动画的位置。

C. 完成动画的步骤。

教师对学生进行口头表扬和小粘贴评价。

（教师板书：变形　补间：形状）

2. 给孩子一分钟的时间继续操作，教师巡视，发现有问题的孩子演示，边演示边讲解，大家一起来找碴儿。教师重点强调创建变形动画的位置。

3. 演示移动动画。教师提示学生，在制作移动动画的时候不要忘了转换元件，这是上节课同学们制作的移动动画，请同学们认真观察一下，移动动画和变形动画在时间轴上有什么不同？（指名回答）教师对学生进行口头表扬和奖励。

4. 下面再给大家一分钟的时间，没有完成的同学可以继续完成，完成的同学可以作为老师的小助手帮助其他同学，全部完成的小组。小组长可以将你们小组的评价章贴到黑板上。

设计意图： 采用知识迁移，鼓励能够举一反三的同学先大胆尝试去完成，锻炼学生自主学习的能力，同时体现学生的主体地位；采用纠错法，让出错的同学上台演示，其他同学分析错误点，加深学生的印象，从而强调本节课的重点。

任务二：让关关、爱爱做自我介绍，将关关、爱爱变成"关关爱爱"的名字

1. 同学们，关关、爱爱的教授又为难他们了（出示课件）。你们就是大名鼎鼎的葫芦娃吗？如果是，那就让我看看你的本事吧，把你自己的头像变成你的名字吧，别让我小看你噢！

一上课教授就出了一个难题让关关爱爱把自己的头像转变成名字，这可难坏了他们，让我们一起来帮助让他们吧。老师送给你们一个魔法锦囊，请同学们打开魔法锦囊里的微视频（桌面 teacher 文件夹《变图为字》微视频），按照上面的操作方法来帮助他们吧。

学生观看学习"图变字"的微视频。小组讨论，合作探究，尝试将葫芦娃变成"关关爱爱"。

2. 教师提示：我在巡视的时候发现咱们个别同学操作的过程中有些困难，咱们同学遇到困难的时候可以暂停微视频反复观看。

（教师巡视，个别指导）

3. 老师巡视的时候发现有同学已经做完了，哪位小小葫芦娃作为小老师为大家演示一下？这位同学，你来演示一下，边演示边讲解。口头表扬奖励演示的孩子。

刚才这位同学总结了变图为字的步骤，我们一起来总结一下。同学们一起

说变图为字的步骤是什么。

（教师板书：　　输入

变图为字　打散　ctrl+B

动画）

4.教师引导学生总结移动动画和变形动画的区别并板书。

移动 右键／属性（移动）

变形 属性 形状

老师相信同学们对变形动画又有了一个新的理解，下面给大家两分钟的时间，没有完成任务的同学继续完成任务，完成任务的同学可以帮助组内其他同学。全部完成任务的小组组长可以将你们小组的评价章贴到黑板上。

学生继续完成任务，小组互相帮助。

设计意图：1.采用微视频，让学生小组合作，自主探究，根据自身情况可以观看微视频进行操作，在操作过程中随时暂停微视频。不仅可以让学生提高自主学习和探究学习的能力，而且针对不同的学生让他们有自己的选择，从而达到分层教学，完成知识学习，进而突破本节课的难点。2.通过对比，让学生区分移动和变形动画，加深学生对变形动画的印象。

四、展示分享

看来变形动画的确厉害，能实现许多现实世界无法完成的愿望。（出示课件）现在放学时间到了，关关爱爱的妈妈让他们在规定的时间回家，时间快到了，该怎么办呢？关关爱爱想到了一个非常好的办法，他们将自己再变成飞机，就可以很快飞回家啦！让我们一起来帮助他们实现这个愿望。我们小组之间来个比赛，看哪个小组的同学能第一个全部完成，小组同学之间相互交流，选出优秀作品上台展示。同学们可以用老师给大家提供的素材进行操作，老师要看看哪个小组会是今天的神奇葫芦娃。

学生小组合作探究完成任务。教师巡视，对学生进行个别指导。任务完成后，小组评出优秀作品上台展示，教师和同学给予评价。

设计意图：本环节采用小组竞赛的方法，让小组之间有竞争意识，培养小组成员的合作精神，知识迁移，巩固本节课难点。

五、总结评价

教师带领学生总结本节课所学知识，并根据孩子上课获得葫芦娃小粘贴的情况评选神奇葫芦娃。

设计意图： 通过结合板书总结，使本节课的知识成为一个系统，更加条理化，再次强调本节课的重难点。

板书设计

移动　紫色　右键／属性（移动）元件

变形　绿色　属性（形状）　　打散

　　　　　　输入

神奇葫芦娃

变图为字　　打散　ctrl+B

动画

第七节　"五步教学法"教学模式的成果

课程实施以来，大家凭着对课程改革的执著，克服了种种困难，在实践中探索，在探索中实践，一步步地推动着课程建设向前发展，并取得了一定的成果。

1.学生综合能力得到提高

"我爱我家"课程的开发和"五步教学法"的推广，既保障了我们学校特色文化的落实，又最大限度地满足了学生的发展需求。学生们通过心理辅导、科普体验、手工操作、绘本拓展、表演想象以及理财等八大系列的课程内容，调查、思考、发现，创造意识开始觉醒，陶冶了孩子们的情操，团队合作、自主研究的能力得到锻炼，课程的力量显现勃勃生机。

（1）学生动手能力得到锻炼。课堂上，学生们设计宣传画、剪贴服饰、妙手串珠拼盘，感受到动手的魅力，享受到创作的快乐，更重要的是学生们在制作过程中品尝到成功的喜悦。

（2）学生的视野得以拓展。在课堂上，学生们参与绘本拓展，进行科普体验，亲历理财实践，研究解决问题。在研究过程中，学生们调查、思考、发现，创造意识开始觉醒，自主研究的能力得到锻炼。

（3）学生的团队意识得到加强。"我爱我家"课程的内容大多需要团队合作，因此评价方式，大多也是对学生的团队进行评价，在评价中渗透着团队意识的培养。学生们分工明确，合作默契，展示积极，团队合作意识得到加强。

2. 教师课程素养得到提升

随着"我爱我家"课程工作的不断深入和"五步教学法"的推广，课程的理念和组织形式得到越来越多的教师的认可，并在实践中享受着课程带给我们的愉悦和变化。

（1）优秀不是一个，而是一群。自开课以来，学校抓住一切机会，为"我爱我家"课程教师搭建展示的平台，锻炼能力，增强自信，展示风采。两年来，学校先后有多位老师在市区级活动中进行了课程展示，耳目一新的课程形式也让更多的领导老师大为赞叹。为什么要在不同的活动中，让不同的老师上课呢？我们希望在"我爱我家"课程中成长、获益的老师不是一个，而是一群。

（2）惠及的不是一门，而是多门。目前，我校担任"我爱我家"课程的有15位老师，15位老师率先把课程理念带进自己任教的其他学科中，率先体会到课程带给他们的满足感。同时我们更希望这样的课程理念能够惠及更多的老师和学科。因此学校要求所有的老师都参与到课程的听课和评课中，让老师们从课程多元、互动、交流的形式中转变自己的教学理念，进而改变自己的课堂组织形式，最后带动学校素质教育质量的提升。

目前，"五步教学法"的问好方式、热身游戏、合作形式、评价方式已经在我们学校其他课程中全面开花，用这种课程理念指导其他学科的教学，老师们的课程指导能力大大提高。

第七章

蓄养底气：
师训积极造血，"十大策略"睹见发展

第一节　教师队伍建设的认识

你推窗的姿势
让我看到
田野草芽破土的样子
推开窗户，
就把冬天推在窗外，
一不小心　洒了一地的阳光
让阳光顺着身体
像翻耕土地一样翻耕着你
春天，我来了
我们出发吧！

（摘自互联网）

"翻耕"一词在农村常听常说。其作用是：疏松耕层，利于纳雨贮水，促进养分转化和作物根系伸展；能将地表的作物残茬、肥料、杂草、病菌孢子、害虫卵块等埋入深土层，提高整地播种质量，抑制病、虫、杂草生长繁育。对于农民来说，"翻耕"是每年开春必做的农活儿，它意味着孕育的开始，寄托着丰收的希望。

"翻耕"一词在教育界却不常用。其实教育界同样需要这个词，在教育不断变革的今天，我们也应该像农民一样经常地"翻耕"自己："翻耕"教育理念，把陈旧的、不符合教育发展需求的"残茬""杂草"除掉；"翻耕"学习视野，"纳雨贮水"，把"促进养分转化和根系伸展"的知识吸收。"翻耕"来自于外力，但需要内力的吸纳，内外配合才能意味着更新的成功。对教师培养和农田"翻耕"有异曲同工之妙。

有时候，教师的角色又像农夫，如果说校长是提供优良种子的人，教师就是"农夫"，庄稼收成的好坏取决于教师的师德和师能。

"翻耕"也好，"农夫"也罢，都表达了殊途同归的意思：教师文化建设的根本在于教师主体地位和自主意识的提升，通过自主意识的提升，一方面摆脱外来的机械控制；另一方面能动地反思自身过去与当下行为，并合理地规划未来的发展方向。只有在这样的思想状态下，教师文化建设的工作才能有立足之处和发展的动力。也就是说，对教师的培养也是"立德树人"的过程，立良好的职业操守和人文情怀，树良好的专业发展和综合素养。

基于以上认识，我们把教师队伍建设提到了"立德树人"的高度，学校提出了"唯实唯新、修业修身"的教风。

教风：唯实唯新、修业修身

诠释："唯"乃追求、执著之意。唯实立其基，引教师教学风格；唯新培其志，导教师创新精神。"修"乃学习、修炼之意。修身养其心，树教师教育之魂；修业培其根，立教师教育之本。"唯实唯新、修业修身"，辩证统一，融为一体。即教师以修身为先、以修业为基、以唯实为根、以唯新为进。是引领教师专业发展的核心。

学校抓住两个方面作为教师文化建设的突破口，一个是"爱心文化"理念的提升；另一个是"十大策略"保证教师专业发展有效开展。

第二节　"爱心文化"理念的宣传实践

由于近年来我们越来越重视教师的专业发展和教学自主权，因此，教师对学校办学理念的形成正在发挥积极的也是非常重要的作用。校园文化的执行者是每一名教师，如何让文化中的目标愿景成为全校教职工的共同追求，使教职工自发履行发展学校的使命和职责，自觉成为与学校一起成长的命运共同体，是执行学校文化的关键一环，为让学校办学理念深入人心，成为师生的价值取向和行动指南，从而更好地践行"一枝一叶总关情"的核心理念。

面对学校中思想独立、背景各异的教师群体，统一思想是行不通的，但是营造爱心文化氛围，让教师在这种氛围中获得尊重、得到启迪，找到职业认同却是切实可行的。教师在爱的氛围和活动里品味柔软的感动，得到心灵的净化，收获真诚的爱。

学校开展了"葫芦娃爱心文化"理念培训宣传系列活动：

1. "爱心文化之我见"。

教师在学习了解《学校文化建设实施框架》的基础上，谈个人对学校文化创建的认识、理解，对学校创建的意见建议等。

2. "育人目标"解读活动。

青岛湖岛小学把"爱心文化"办学理念作为学校发展的灵魂和命脉。"细节关爱卡"撰写教师交流分享在具体实施学校爱心文化的过程中，如何努力发现和做到关注每一名学生，关注每一处教育细节，如何在教育教学实践中践行每个孩子都值得爱，让每个孩子学会爱。

3. 细节关爱大家谈。

在实践过程中，我们认识到"爱心文化"始于细节，成于细节。美好愿景的实现重在落实。把"教书"和"育人"工作的每一个细节做精做细，落到实处，即成特色。

因此学校在干部、教师、家长、学生中开展"细节关爱"活动，旨在引导全校师生关注细节、放大细节、赏识细节，提高干部的管理水平，提高教师的师德水平，培养学生良好的行为习惯，增强与家长的沟通。学校印制了爱心卡片，通过开展"细节关爱"大家谈，制作"细节关爱卡"，利用升旗仪式师生相互宣读、赠送"细节关爱卡"，"细节关爱卡"家校展示等活动，对日常表现优秀的孩子撰写表彰式语言，树立学生中的榜样；对日常表现不足的学生撰写鼓励性的语言，激励学生努力提高；对需要帮助的学生撰写指导式语言，指明学生缺点，告诉孩子应该怎样做。一张张色彩各异的爱心卡，拉近了师生的距离，表扬、批评、鼓励变得生动形象不再冷冰冰，老师们用爱心与责任书写教育细节，构建充满温馨和关爱的学校文化。

4. 讲述"我与学生的爱心故事"。

教育学家苏霍姆林斯基说过："人才只有靠人才去培养，能力只有靠能力去培养，才干只有靠才干去培养。"教育家的话形象地概括出了教师的地位和职责，突出了教师个人对学生的影响力。因此学校在文化的实施中，我们更加关注教师爱心文化的具体实践。在教师教学文化节中，组织教师讲述各自心中的爱心故事，用公正的眼光去发现教育细节中的爱，引导教师用爱心去发现教育教学中的问题，用爱心指导教育教学行为。开展"爱的瞬间"摄影展，引导全体教师学会用爱心去观察生活、观察社会，寻找生活和校园中爱的瞬间，并用相机记录下来，呈现教师践行爱心文化的过程。

5.开展"爱心教师评选"，激发教师努力去做学生喜爱的教师，传播爱心文化。

通过系列活动的实施，学校"葫芦娃爱心文化"深入每一名教师的心，并逐渐指导教师的教育教学行为，使教师对爱心文化的理念从文字逐渐渗透到日常的教育教学行为。

[我与学生的爱心故事（1）]

我永远的六年级（2）班

青岛湖岛小学　宋　平

暑假里的 7 月 23 日，晚上 9 点半，挂上学生家长询问如何跟青春期有些提前的孩子交流的电话；看着依次闪烁着的学生好友们的 QQ 头像，与他们交流近况，分享心声，我恍惚着——我的六年级（2）班，真的毕业了吗？

多雨的 7 月初，在蒙蒙细雨中，简短却令人动情的毕业典礼结束了。青岛湖岛小学 2012 届毕业生与母校告别，走出了小学的校门，走向了更加广阔的天地。校门前，我们又一次照了集体照，我这个班主任像个明星一样，一次又一次跟学生们单独合影。感情奔放的孩子主动要求与我拥抱，略有羞涩地搂着我的胳膊迟迟不肯松手……这一切还清晰地在我的脑海里，就这样，我的六年级（2）班，真的毕业了！

还有两年前的 9 月初，继两个月的语文授课后，我正式接过了五年级（2）班的班主任工作。从那天起，我跟这个集体就密不可分了。

就班级的基本状况看，这班学生天真、纯朴、热情，喜欢参加体育活动，但因为学习成绩长期不太理想，学习语文的兴趣不高，自我评价也不高。作为班主任，比起提高考试成绩，我更加重视在班级里树立正直向上的班风，营造积极主动的学习氛围。正值四方区推广"四轮驱动式"课堂教学模式，我便在这个基础较差的班级中开始了我的课堂教学改革。分组、起名、分工、合作……在课堂上，我一步步、手把手地教导着；在困难面前，我一次次、真诚地鼓励着。看到学生们那一点一滴的进步，我由衷地为他们骄傲。我会第一时间把每一份惊喜讲给他们听，让他们自己去感受成功，大家共享喜悦。慢慢地，语文的课堂上活跃起来了，九个小组之间竞争之风渐起，每个人都在尽己所能，为小组争取机会，争得荣誉，让自己成为小组中不可或缺的一员；学生们的表达欲望强烈起来了，越来越多的学生敢于在全班同学面前发表自己的感想，对于别人的质疑和反驳，能够自如地应答，面对来自同学中肯的批评时，也可以正确对待，坦然接受了。我尝试着转变自己在课堂中的角色——从主导者、指挥者,到组织者、参与者,让我的学生们做课堂真正的主人。当我在实践中一点点有所感悟、积累收获的同时,我的学生们也令人刮目相看了——他们自信了!

有了自信和学习的自主性,学习兴趣必然浓厚了,学习效率必然提高了。水到渠成,学习成绩也就可想而知了!两年间,全班学生的语文素养逐步提升,成绩稳步提高,学生们在毕业考试时,交上了一份让自己、家长、老师都十分满意的答卷,给自己的小学语文学习画上了圆满的句号!

课堂教学改革的同时,在班级管理中,我一直奉行"民主制定制度,共同遵守规则"的原则,给每一个学生全面、及时、公平、公正的评价。早在学校启用"爱心评价手册"之前,我的班级中就有了"完成作业情况""卫生清扫情况""课堂发言情况""参加各项活动情况""听写、背诵课文情况"等等一系列评价表,对每个学生进行全方位跟踪评价。每一项评价标准,都是我带领全班同学集体讨论研究后制定出来的,并会随着实施的开展,随时做合理的改进,整个过程是公开透明的。这些表格,不是贴在墙上,就是在负责学生的手里,学生可以随时查看,了解自己在哪些方面成绩突出、哪些方面仍有欠缺,方便学生自己不断发现自身的优点与不足,明确努力方向,不断争取进步。学期末,我们还会把所有表格中的记录汇总,以此作为评优的依据。学生们对这样细致、公正的过程性评价十分认可,心服口服。我欣慰地看到,通过这种评价来促进学生全面发展的效果是相当好的!

随着学生们年龄的增长,无论是生理,还是心理,他们已经开始有了青春期的特征。我这个主张与学生在相互尊重、彼此信任的基础上进行情感和思想交流的班主任,始终让自己和他们平等相处,真诚地交朋友。六年级的学生总觉得自己已经懂得了不少道理,也有了自己的思想与个性,不愿意家长和老师再把他们当成小孩子看待。我就真的把他们当作大人,并尝试用他们的方式与他们沟通。除了在学习上、生活中关注每一个孩子,及时发现他们的细微变化,利用各种方式与他们谈心,我还跟每个有QQ的学生成为好友,每天通过签名、留言、回复、日志,及时了解他们的思想动态、情感走势;我也会抢着跟帖、坐"沙发",或支持或安慰;经常去他们的空间踩踩,让学生感受到我对他们的关注;在学生生日时送上我的祝福……我也公开我的空间,让学生们了解我的生活、我的喜怒哀乐……记得2011年的冬天,一个学生的家因火灾化为灰烬。看到他父母那焦急、无助的眼神,我更是心急如焚。我带头捐款捐物,号召全班同学用自己力所能及的方式帮助他,还带领全班37名学生把全校师生的爱心款、物,一件不落地送到他的家中。看到受灾学生一家的生活在大家的爱心中逐渐好转,在凛冽的寒风中,每个学生都为自己能帮助别人绽放着幸福的笑容!我知道,面对突如其来的灾难并成为所有人关注的焦点、援助的对象，对于一个处于准青春期的男孩子来说，这是个十分敏感、脆弱的时期。我利用批改作业、单独谈心、QQ聊天等方式，对他进行心理辅导，帮助他渡过了这个难关。

渐渐地，我和我的学生们真的是朋友了，有了我们彼此的默契。还是2011年的冬天，我去上海参加为期一周的学习。临行前一天下午放学后，我在班级的黑板上，给全班同学留了一封信，叮嘱他们在我离开的一个星期里要遵守纪律，努力学习。当我学习回来，一早走进教室时，迎接我的不仅有学生们热情的笑脸和问候，还有写着"欢迎宋老师学成归来"、画着漂亮图案的黑板。教师节那天，随着我的一声"上课"，学生的问候语先如往常："老师好"，我刚要回礼，接着的是"祝宋老师节日快乐！"我又要回礼，学生们继续着："永远年轻、漂亮！"看着那一双双真挚的眼睛，让我对这个既温馨，又有点儿搞笑的场面久久难忘！班级里有几个心灵手巧的学生跟美术老师学着用各种珠子编葫芦，大大小小、五光十色的葫芦精美可爱。时不时地，他们就会在其他老师羡慕的赞美声中把自己得意的作品作为礼物送给我，推辞后，我也会在他们执意相送的坚决中收下。因为我知道，尽管大多只是一个小小的手机坠、钥匙扣、背包饰物，但是其中编织进去的是学生们对我的一片真情！

这两年中，我不仅跟学生们交朋友，还跟他们的父母交朋友。随着孩子年级的升高，家长们跟老师的联系越来越少，貌似越来越不关注孩子了。其实我认为，哪有不关心自己孩子的家长呢？他们肯定也想第一时间了解孩子在学校方方面面的情况。只不过，孩子长大了，能力提高了，不再像小时候那样需要家长不眨眼睛地盯着了，也不需要"贴身盯防"了，所以家长便放开了无微不至关怀的手罢了。通过同事，我了解到"飞信"的便捷，但因为我是个联通用户，无法享用这项功能，家长们的电话也不全是一家通信公司的，让我们班级的"信""飞"不起来。我上网查看、电话询问、去营业厅咨询，得到的都不是我想要的结果。不过，我打定主意，既然用"飞信"跟家长沟通既快捷又方便，还不会让家长多花电话费，而且好多班主任老师使用起来都感觉效果非常好，那我也一定要用这种方式跟我的学生家长们经常联络。于是，我便用家人的移动号码注册了"飞信"。把我的初衷跟学生和家长们一说，立刻得到了广泛支持和积极回应，确定加为好友的消息不断，只半个多月，我的家长群里，已有了40个好友（个别学生的父、母都加了）。每天，我都会把学生完成作业、听写背诵等情况反馈给家长们，表扬那些成绩突出、进步明显的学生；及时向出现特殊情况的家长了解学生在家里的表现，与家长共商良策；下午放学后，我会第一时间发布当天布置的作业和学生离校的时间，提醒家长督促孩子认真完成作业，注意各方面安全。我还通过飞信让家长们尽早知道学校各方面动态，了解学校各项收费情况……飞信成了我跟家长们之间交流、沟通的纽带和桥梁。

因为我坚持不懈、耐心地做这样细致的工作,家长们理解我,信任我,支持我,依赖我,我们也成了好朋友。每次学校的开放日、运动会、军训汇报、庆祝活动,只要邀请,家长们就会积极参与;他们还发挥自身的优势,帮班级的"元旦联欢会"买水果、零食,亲自送到学校来;还有一个学生家长看到班级门口天花板上通往楼顶的出口上面的遮雨板太小,一到雨天,外面下大雨,楼道里下小雨,便主动帮助学校改造,光购买合适的不锈材料,就跑了好多地方,花了上千元。他拒绝了学校的报销,扔下自己的生意,带着徒弟在学生们午餐时顶着烈日赶工。从那以后,我们班级门口的地砖再也不会因为下雨而湿滑……这样的一件件,一幕幕,让我深深地感动着,好多的感谢还没全部说出口,在学生们已经毕业离校的第二天,我却收到了家长送来的锦旗。看着上面"慈母胸怀,师德高尚"这八个烫金大字,我再一次被家长们感动了!

还是毕业典礼那天,在蒙蒙细雨中,我送走了学生们,一转身,却看见了两个等在我身后的女孩子。这两个在班级里曾并不出众却进步显著的女生,执意要为我表演她们从六一就开始准备的诗朗诵。又回到了六年级(2)班的教室,我和数学、英语老师一起欣赏了她们不怎么熟练的表演。短短的几分钟,想着这两年中她们的进步和变化,想着她们这份真挚的情谊,我禁不住潸然泪下。

随着光阴的流逝,学生们会渐渐长大,我也会慢慢变老。但我们曾经一起拥有的所有的美好时光,会久久珍存在我们的脑海中,成为我们共同的、难以割舍的记忆!

我永远的六年级(2)班!

[我与学生的爱心故事(2)]

爱,是心底盛开的最美的花

青岛湖岛小学 刘晓东

工作四年来,在与孩子们朝夕相处的日子里,我一边体会着作为一名教师的辛劳,一边收获着孩子们给我的点点滴滴的感动。都说老师是辛勤的园丁,那么,只有爱,才会在每个人的心底盛开最美的花。在这四年里,我尽力用爱去呵护每一棵小花的成长。

刚工作的时候,我带的是一年级,在学生报到的时候,有个叫妮妮的小女孩引起了我的注意:别的同学都能坐在教室里听老师讲上学的要求,只有她眼泪汪汪地搂着妈妈站在教室门口，怎么也不肯进教室，好不容易哄着她坐下来，她的眼睛也是一直盯着站在教室门口的妈妈。之后的好几天，她都在校门口哭着不肯上学，中午的时候又守着饭盒不肯吃饭。为了让她尽快地融入学校生活，我每天站在教室门口接她，看到她就说："妮妮真棒，今天真勇敢。"或者说："妮妮今天的衣服真漂亮。""妮妮，今天是谁送你来上学的呀？"我想用这种"套近乎"的方式获得妮妮的好感，让她对学校不再那么"恐惧"。由于她做什么事情都比较慢，我就拿出时间来陪她，她吃饭慢我等她，她收拾书包慢，放学后我等她，教她把文具一样样的装进书包，她不和同学玩，下课我拉着她和同学们一起做游戏。慢慢地，妮妮愿意上学了，脸上也露出了纯真甜美的笑容。当新年来临的时候，我收到了妮妮送给我的贺卡，稚嫩的笔迹歪歪扭扭地写着：刘老师，你是我最喜欢的老师，谢谢你。还有一天下班后，妮妮给我打电话："刘老师，今天是二月二，你来我家吃饺子吧。"妮妮的话让刚刚工作的我感受到了这份工作带来的成就感和欣慰，还有什么事情比陪伴一群孩子的成长更有意义呢？

我们学校里的孩子大部分是新市民子女，他们跟着父母来到这个陌生的城市，作为老师，我们理应把更多的爱给他们，让他们感受到来自第二故乡的温暖。小龙刚出生的时候生过病，学习方面比较吃力，刚开始的时候，班里总有孩子嘲笑他，说他笨。看到小龙无辜的眼神，我想到了一个办法，一年级的孩子是最善于模仿老师的，于是我在班里明显地对小龙"优待"起来，我经常表扬他在班级劳动积极、纪律优秀，还愿意帮助老师干活儿，借机奖励他一些小奖品。渐渐地，班里其他的孩子也开始亲近他，我趁机让大家说说小龙有哪些优点，孩子们的小手纷纷举了起来："他上课听讲很认真，从来不乱讲话。""他每天都打扫卫生。""他借给我铅笔用了。""他一次都没有迟到。""他上体育课跑步很快。"渐渐地，这个原本内向的孩子变得自信开朗了，每天快乐地生活在这个友好温暖的班级里，现在，小龙已经是学校排球队一名优秀的队员了，相信他会有美好的未来。

新市民子女很少有外出游玩的机会，一方面是父母工作忙，没时间带着他们出去；另一方面，家庭生活拮据也把孩子们挡在了游乐场的外面。有一年春游，在缴费的时候，小敏说："刘老师，我晕车就不去了。"不对呀，上一次坐车去体育场看阳光体育展示活动她没事的呀！我想，肯定是因为钱的问题，因为我知道小敏的妈妈刚生了一个小妹妹，家里一直都是爸爸一个人给人家看废品店支撑。于是我给她交上了春游的费用，然后决定下班去她家看看，买了一件新衣、买了春游的午餐，我和同事一起到了小敏的"家"里。所谓的"家"竟然是一家工厂的仓库，客厅卧室是一间，一张双人床，一张单人床，一张破旧的写字台，就是全部家具，厨房就是用石棉瓦搭建的小棚子。看到这样的情景，我和同事感到有些心酸，但是小敏和妈妈很乐观，她妈妈说："我们早就想回老家，但是小敏说学校的老师对她太好了，舍不得走，我们这些来打工的真是太谢谢老师了。"第二天，看到小敏穿着我买的新衣兴高采烈地和同学们一起去春游，我感觉那天的阳光格外灿烂，我为自己能为一个孩子带来快乐而更快乐。

打开记忆的大门，还有那么多场面又浮现在眼前：薇薇车祸住院，我周末的时候带着水果去探望、补课；小慧肺炎住院，下班后我去给她补课；患病的鑫鑫需要特别的照顾，在我的号召下，全班同学加入保护"小天使"行动中，两年来，他们在学校顺利学习……

爱是严厉的批评不是厌恶的斥责，爱是鼓励的话语不是毫无原则的袒护，爱是耐心的等待每一棵幼苗慢慢地成长，爱是见证一群稚嫩孩童成长为翩翩少年。我们是园丁，我们把爱种在孩子的心里，盛开最美的成长之花！

第三节　校本培训的"十大策略"

教师培训的目标是实现教师专业发展。专业发展从其社会作用来看，它是我国实施科教兴国战略的重要保证，解决了教师教育的方向问题；从其对教育本身的影响来看，它是教师对基础教育改革的主动回应，必将极大提高教育的质量；从其对教师个人成长来看，它促进教师个人素质的不断提高，推动教育理论的创新，因而成为引领教师发展的一面旗帜。

学校的校本培训以"研究"为主线，以理论和实践两个层面为切入口，帮助老师不断地接受新的教育教学观念、充实教育教学知识、运用科研方法进行小课题研究、完善教育教学技能，促进教师的专业发展。学校也在校本培训过程中总结出促进教师专业发展的"十大策略"，即自我研修、课题研究、书友会、携程团队、牵手名师、校园讲坛、观摩研讨、学术沙龙、考察调研、教师发展日、教学文化节。

"十大策略"培训内容包括个人研修、同伴互助、专家引领，力求涵盖教师教育教学成长的全过程。携程团队建设、牵手名师、草根课题研究等系列活动，多渠道地为教师提供发展的时空；教师教学文化节、教师发展日、校园讲坛等活动促进教师专业发展；"文游四季"书友会、校园特色教师的评选，鼓励教师形成自己的教学风格。

（一）教师自学研修

自学研修是指教师制订发展计划，通过阅读有关教育理论著作，积极探索新的教学模式，以不断提高自身理论修养与实践水平的一种方法。自学研修的方式有：广泛阅读教学报刊和书籍，整理资料卡片，做读书笔记，进行专题教改小实验，写教后札记、实验报告和教学论文，进行自我小结，汇报教研成果等。教师可以通过自我设计、自我诊断、自我探索、自我评价、自我调控等方式不断进行各种形式的学习，在实践中不断锻炼、提高。

1. 向书本学习

学校给教师订阅足够的教育专著和各类教育类报刊杂志，并给教师下达一定的硬指标，规定教师每天必须学习的数量，让教师挤出时间，静下心来，沉入书中。通过广泛学习开阔教师眼界，了解本学科教学的前沿动态，吸收他人先进的教学方法。在博览群书中给自己的教育教学注入源头活水，补充新鲜血液，不断提升自己的内涵，丰富自己的素养，增长自己的见识，为教师的专业成长夯实根基。

同时，每年年初全体教师制订《年度个人发展目标计划书》，其中包括个人情况分析、专业发展目标、课题研究目标、理论学习目标、我的教育格言，提倡教师每年给自己制定发展目标方向，每学期进行一次发展达成度自查，进行个性个人自评，年终学校进行总评，鼓励督促教师有特色的个人发展。

【案例】

教师个人发展目标计划书

姓名：

个人分析	优势分析				
	劣势分析				
发展内容		阶段性目标计划	学期自评完成情况及考核呈现方式	自评分	学校评分
专业发展	牵手名师（10分）				
	个人特色品牌发展（10分）				
	课堂展示（10分）				

续　表

个人分析	优势分析				
	劣势分析				
发展内容		阶段性目标计划	学期自评完成情况及考核呈现方式	自评分	学校评分
课题研修	科研课题（15分）				
	教研课题（15分）				
	论文撰写（10分）				
理论读书	自修学习（15分）				
	"十二五"读书活动（15分）				
我的教学格言					

2. 在课堂上苦练内功

课堂是教师专业成长的根基，是教师提升教学艺术的"试验田"，每位教师都可以大有作为。

（1）"周二"课堂开放日

每周二是学校的课堂开放日，年轻教师开放自己的课堂，欢迎每一位老师来听课，听课教师与业务干部一起为新教师评课，提出改进建议，下周针对建议，继续开放同类型课。教学整体质量有改进后，再换其他的课型。

（2）骨干教师挂牌课

在课题研究的基础上，由校园名师结合研究课题及研究进程挂牌上试点课。旨在发挥名师引领作用，每学期名师上校级挂牌课不少于1节，在不断地磨课中锤炼课堂教学技巧，其他教师在名师挂牌课的引领下，学习先进的教学理念，达到共同成长的目的。

（3）中老年教师点将台

针对老师们教学中发现的问题，请骨干教师上示范课，使骨干教师的教学经验、个人特色充分发挥，营造浓郁的教研氛围，带动全体教师的发展。

（4）教师邀约课：

学校业务干部和教师可以相互邀约听课，通过课例分析式的研讨，落实教学环节微格式研究，相互学习，共同提高。

3. 在反思中提升内涵

没有反思就没有提高。教师在每天的教育教学中都会碰到一些有价值的事情，那些教学实践的火花正是教师提升自我最有价值的素材。为了让反思具有实效性,学校改革以往每节课后老师们都要反思的制度,设计了"单元反思表",要求教师教完一单元后及时叙之以文，写出较高质量的反思性文章。经常性的反思可以使教师成为"实践的反思者"和"反思的实践者"，真正成为科研型骨干教师。

[反思案例（1）]

一切从改变自己开始

青岛湖岛小学　于海涛

在教育文摘中,令我印象最为深刻的有两篇内容《批评教育的智慧》和《裴斯泰洛齐谈教学》中的部分内容。我个人认为这两部分内容是有内在联系的,都与批评有关：一个是说教师在对犯错误的学生进行批评教育时要注意方式方法，用智慧化解矛盾；另一个是说面对学生对学习失去兴趣时，教师不能只从学生身上找原因，一味地批评教育学生，而应该首先从自己身上找原因，看看是否问题的根源是老师而非学生。

说实话，参加工作这半年多的时间来。面对不少让我头痛的孩子，开始的时候，我还能耐着性子进行劝说，可是当屡次劝说还看不到他们改变的时候，我忍耐的极限就被打破了，从原先的心平气和转变为大声训斥，然而每次对着孩子们吼完之后，我自己就开始后悔，因为我知道，这样的批评教育只能使孩子们在短时间内有所改变，并且改得心不甘情不愿，更严重的后果甚至能让学生对我的课堂产生厌倦的心理。但是即使这样，还是想不到更好的办法。而现在《批评教育的智慧》一文中的方法给了我很大的启发。课堂上，我往往过于关注学生的错误而忽视他们的良好表现，评价的时候也大部分是以反面评价为主，很少在全班同学面前大声表扬某个孩子。现在看来，我真的错了，对于孩子来说，当你当着大家的面大声表扬他的时候，他所得到的成就感、自豪感、荣誉感只会更大，可能他表面上不会明显地流露出他的喜悦，但内心已感受到你的肯定；反之，批评时尽量把学生拉到一边谈话，尽可能地缩小范围，降低影响，维护学生的尊严，避免他破罐子破摔。即大声表扬，小声批评。

在课堂上会出现学生不认真听讲、说话、扰乱课堂纪律等。开始的时候出现这种状况，我总认为这些孩子的自律性太差，或者对学习不重视，这样的想法给了自己一点儿心理安慰，却也把自己陷入了误区。教育大师裴斯泰洛奇说过："无论何时，只要儿童对学习漫不经心，并明显地表现出对课程缺乏兴趣，教师就应该始终从自己身上找原因。"我恰恰忽略的就是这一点。兴趣是能够使学生主动学习的主要原因之一，学生即使对科学课不重视，但如果能够让他们有兴趣，也同样能够保证顺利地上好一节课。作为教师，我们应该尽力去激发和保持学生的兴趣，而不是通过枯燥乏味的讲解将知识硬塞给学生，这样只会让学生一点点地厌倦课堂，从而慢慢地丧失对这门课的兴趣，在这个时候，学生必然会寻求别的乐趣，课堂纪律必然会乱。

总之，教学中无论遇到什么问题，我们都要学会从自己身上找原因，一切先从改变自己开始。

（二）教育课题研究

"十二五"期间，学校成功立项了一个市级科研重点课题《以学校特色为实践载体的弱势群体子女教育策略研究》，两个省级科研重点课题《个性化教育：理论研究与实践探索》《课程整合实践研究》。学校组成由多数教师参与的三个科研团队，围绕课题开展研究。没有参加科研团队的教师开展草根课题研究，将教师发展与实验课题相互依托，促使教师逐步树立研究意识和主体意识，树立对自己的教育教学工作不断进行研究、以提高自身水平的观念；营造"研究状态下工作""工作中进行研究"的氛围，以此激发教师对过去工作的思考，在反思经验与教训中提高自身素质，升华教师的境界；在"实践—研究—再实践—再研究"的过程中，教师们不断地接受新的教育教学观念、充实教育教学知识、完善教育教学技能，同时也学会教育科研，促进教师的专业发展。

【案例】

学校承担"十二五"课题研究一览表

序号	课题（项目）名称	课题（项目）负责人	级别	立项时间	结题时间	是否独立承担	课题结果的呈现方式
01	融合型课程建设的策略研究	马晖	教育部规划	2013年1月	2015年12月	子课题	发表论文，汇编成集，影像资料等
02	课程整合的策略研究	马晖	省级重点	2014年11月	2016年11月	子课题	发表论文，汇编成集，影像资料等

190

续　表

序号	课题（项目）名称	课题（项目）负责人	级 别	立项时间	结题时间	是否独立承担	课题结果的呈现方式
03	以学校特色为实践载体的弱势群体教育策略研究	马晖	市级重点	2011年5月	2015年12月	是	出版专著，发表论文，影像资料等
04	以校园环境建设为载体的弱势群体教育策略研究	张颖	区级规划	2011年5月	2015年12月	是	发表论文，汇编成集，影像资料等
05	以德育序列化为载体的弱势群体策略研究	刘晓静	区级规划	2011年5月	2015年12月	是	发表论文，汇编成集，影像资料等
06	以"葫芦娃"课程体系的构建促进弱势群体教育策略研究	周媛	区级规划	2011年5月	2015年12月	是	发表论文，汇编成集，影像资料等
07	以社团活动为实践载体的弱势群体策略研究	周娜	区级规划	2011年5月	2015年12月	是	发表论文，汇编成集，影像资料等
08	"三点梳理，先学后教"数学教学策略研究	刘晓东	区级规划	2013年12月	2014年12月	是	获奖论文，研究报告
09	小学语文"三点梳理、主题阅读"单元整体教学研究	黄华	区级规划	2013年12月	2014年12月	是	获奖论文，研究报告
10	小学低年级语文课堂视野拓展内容的选择研究	朱琳	区级规划	2012年12月	2013年12月	是	获奖论文，研究报告
11	小学数学中促使学生有效的预习	王新玲	区级规划	2012年12月	2013年12月	是	获奖论文，研究报告
12	用情景、游戏教学法巧建一年级新生体育课堂常规课题	马晓	区级规划	2012年12月	2013年12月	是	获奖论文，研究报告
13	小学英语趣味导活课堂的方法研究	解明慧	区级规划	2012年12月	2013年12月	是	获奖论文，研究报告

【案例】

《小学语文"三点梳理、主题阅读"单元整体教学研究》
区草根课题研究报告

青岛湖岛小学 黄华

一、课题研究的提出

新修订的《小学语文课程标准》指出："语文课程应该是开放而富有创新活力的。应当密切关注学生的发展和社会现实生活的变化，尽可能满足不同地区、不同学校、不同学生的需求，确立适应时代需要的课程目标，开发与之相适应的课程资源，形成相对稳定而又灵活的实施机制，不断地自我调节、更新发展。"

本课题旨在以语文教材为基础，以单元教学为整体，选取国内外优秀文章为补充，扩大教学容量，改变教学方式，使学生在不同内容和方法的相互交叉、渗透和整合中开阔视野，提高学习效率，初步获得现代社会所需要的语文素养。

二、课题研究的理论依据

1. 多元智能理论。传统智力理论认为语言能力和数理逻辑能力是智力的核心，智力是以这两者整合方式而存在的一种能力。20世纪80年代哈佛大学认知心理学家加德纳提出了多元智能理论，他认为我们每个人都拥有八种主要智能：语言智能、数理逻辑智能、空间智能、运动智能、音乐智能、人际交往智能、内省智能、自然观察智能。

本课题改变传统单一的智能观，走出以传授知识为最终目的的教学观，强调以参与和探索为主，通过教材及其课程资源，在教学过程中找到发挥每个学生智能优势的"切入点"，允许孩子在不同的领域，用不同的风格、方式进行学习，以尊重、协助、引导、观察的方式与孩子互动。引导学生主动参与、展示才华，促进全体学生的全面发展。

2. 建构主义理论。其创始人皮亚杰十分强调意义建构、情境、协作、对话。从建构主义角度来说，"单元"本身就是具有结构性的东西，"单元主题"创设了这个单元共同的学习情境，本身给了学生一个完整的单元学习架构。重视了学生"学"的过程，引导学生在相同或不同学习内容中自主建构，让不同的学习方法相互交叉、相互渗透和有机整合。我将遵循建构主义理论开展课题的研究，从而形成学生真正知识意义上的建构。

3. 生本教育的理念。生本理念（又称生本教育理念），是指"真正以学生为主人的，为学生好学而设计的教育"。生本教育的理念是：一切为了学生，高度尊重学生，全面依靠学生。生本教育实验在国内一百多所中小学开展后产生巨大的效果和社会影响，引起了教育界的强烈回响。

学生是教育过程的终端，是教育的本体。生本的特点之一就是真正认识和把握学生这个主体，把一切为了学生作为教育价值原则。所以在课题研究过程中，树立正确的教育价值观、教育伦理观、教育行为观，将学生放在本体这个位置上，为学生成长服务。

三、课题的界定

"三点梳理"，指在语文学科中，围绕着"三点"，即学教训练点、读写结合点、视野拓展点，梳理出每篇课文的教学主线和重点。旨在删繁就简，提高效率。

"主题阅读"，指把一个单元看作是一个整体，围绕单元的主题把课堂教学、课外阅读、写作、实践活动有机整合，尝试将单元教学分为单元整体预习课、字词和朗读过关课、范文读议课、迁移训练课、对比研读课、拓展广读课、主题收获课、读写结合课和实践活动课，集中开发课程资源。

四、课题研究的方法

1. 文献学习法解读《课程标准》，研读苏教版小学语文教材特点相关论述，学习有关小学语文主题单元整体教学理论。

2. 跟踪实验法确定科研实验班，实验班作为重点实验基地。

3. 行动研究法对主题式单元整体教学按既定思路进行研究，从中摸索出规律和经验，从而形成主题式单元整体教学的基本流程。

4. 比较分析法在研究的各个阶段，对普通班和实验班进行数据对比。

5. 经验总结法对课题研究的各个阶段进行总结，得出结论。

五、课题研究目标

1. 改变语文课堂教学模式，探索出有效的单元整体教学流程。增加阅读量，提高学生的语文综合能力。

2. 教学资源开发整合的实践研究。

4. 基于"三点梳理、主题阅读"模式下的有效评价机制的形成。激发学生学习语文的兴趣，提高自学能力、合作探究能力。提升语文素养。

六、课题研究步骤

研究时间：2013 年 7 月—2014 年 7 月

（一）准备阶段（2013 年 7 月—2013 年 8 月）

1. 研究分析。通过问卷调查数据和访谈结果的分析评价等途径了解学生的语文现状，对学习的需求等情况，调查分析自身教学现状和存在问题。

2. 学习理论。解读《小学语文课程标准》，研读苏教版小学语文教材特点相关论述，学习有关小学语文主题单元整体教学资源理论。

3. 针对学校语文教学现状，针对教师和学生现状，制订课题实施方案。

4. 通过瑞文、学习心理测试等心理量表测试研究对象的心理特征、智力发展状况，积累一系列数据，初步建立学生评价方法。

5. 教师整理本册教材所有篇章的"三点梳理"内容。

（二）实施阶段（2013 年 9 月—2014 年 6 月）

制订具体研究计划，按计划有重点地开展课题研究：

1. 研读教材，撰写"三点梳理、主题阅读"单元备课。设计一个单元的整体活动，把课堂教学、课外阅读、写作、语文实践活动有机整合起来。具体教学流程为：单元整体预习课→字词、朗读过关课→范文读议课、迁移训练课、对比研读课→拓展广读课→主题收获课。

2. 研究设计基于课题研究的各类作业本。如单元预习本、字词过关本、主题阅读本、读写结合本等。

通过本课题的研究，提高了教师的理论水平及教学质量，针对语文教学不再是传统意义上陈旧的教学方式，而是将教、学、读、练、写多方面结合起来，"三点梳理"指教师在备课中加入"三点梳理"这一环节，即：学教训练点、读写结合点、视野拓展点。"主题阅读"是根据现行教材的编排特点，围绕每个单元文章的选材确定主题，以单元为单位进行整体教学。将两者有机结合，抓重点、抓主线，根据单元主题进行拓展阅读，希望通过这一课题的研究，在全面提高课堂教学质量的基础上，促进学生全面加个性健康和谐发展，形成个性化教学策略。

3. 开展课堂教学实验。定期邀请青岛市教科所访学站成员、区教研员、学校业务领导、教研组成员听课，对课堂教学研究情况提出改进意见。

4. 研究并制订基于课题研究的评价方案。学生评价方案，每学完一个单元，以星级为等级，用组内、组间、师生评价等形式，重点从合作、自主、探究、积累等几方面进行评价，鼓励进步。制订课堂评价表，分析研究课堂教学问题。

5. 做好课题研究跟踪反馈。通过单元测试、学生访谈、个案跟踪等形式，反馈课题研究情况。

6. 总结分析梳理课题研究情况，撰写阶段性小结。

（三）总结阶段（2014 年 7 月—2014 年 9 月）

1. 整理过程性研究材料，撰写课题研究报告。

2. 总结提炼研究经验，撰写研究论文。

3. 汇总优秀教学设计，形成优秀教案集。

4. 梳理出"三点梳理、主题阅读"单元教学模式，推出精彩课例录像。

5. 形成"三点梳理、主题阅读"单元教学评价方法。

七、课题研究成果

（一）形成了"三点梳理、主题阅读"的创新教育教学模式

1. "三点梳理、主题阅读"单元整体教学流程的研究。以"单元整体预习课→字词、朗读过关课→范文读议课、迁移训练课、对比研读课→拓展广读课→主题收获课→读写结合课和实践活动课"为基本教学流程展开研究。

2. 教学资源开发整合的实践研究。正确把握小学语文教材的特点，清楚各单元教材中可挖掘的有助于学生综合语文素养提升的资源。尝试建立单元预习本、字词过关本、主题阅读本、读写结合本等学生学习资料；尝试整理出"三点梳理、主题阅读"备课集、课例集。根据主题教学需要，整理出拓展主题内容，加强主题内容与学生经验与现实生活的联系。

比如以引导学生课外阅读为例，笔者以目标性阅读开展，抛却无的放矢阅读状态对小学生时间和生命的无意识消耗，让阅读的过程变得充实而有趣，也更加有益。教师引导学生在进行课外阅读前要养成制订明确的阅读计划和目标的习惯，鞭策学生努力向时间要效率，读出作品含义，读出内在精髓，读出语文能力。这么做，可以大大巩固课内阅读的学习效果，提高学生的整体语文素质。比如学习了《黄鹤楼送别》这篇文章后，我要求学生找一找李白的其他诗歌，比如《望庐山瀑布》《早发白帝城》《赠汪伦》《静夜思》《将进酒》《望天门山》等，并要求学生在阅读这些经典诗歌的同时，写一篇小的短文，短文跟课文类似，将表达的感情、情境描绘出来。

3. "三点梳理、主题阅读"模式下的有效评价机制的研究。通过教师评价、生生评价、组内评价、组间评价等多种方式，结合学校制定的《学生发展性评价手册》，运用葫芦娃评价章、评价贴、评价瓶，逐步形成有效的评价机制。评价结合多方面开展实施，创新了评价方式，比较典型的是形成了"学为中心"的评价模式，具体如下：

（1）及时反馈，实施全过程评价。教学是一个动态的过程，在这个过程中，学生的学习是一个不断变化的变量，作为教师，在进行课堂教学时，应该全过程关注学生的学习情况，从而对学生的学习及时做出公正准确的评价。在教学中，笔者发现一些教师在课堂评价方面缺少积极性，缺少评价意识，对学生的课堂表现缺少一种及时的反馈。比如一些教师在课堂上喜欢自讲自话，陶醉在自我的教学天地中，对学生的课堂表现缺少评价，学生表现得好不好，教师不置可否，没有及时做出评价反馈，导致学生逐步丧失课堂表现的兴趣，降低学生在课堂教学中的参与度，导致课堂沉闷无趣。笔者在教学中，一直非常重视

对学生的课堂学习进行及时的、全过程的评价，如在课堂教学中，笔者首先会关注学生的课前预习情况，对学生的预习进行一个评价。在正式上课的过程中，笔者会根据学生的表现，适时发现学生的闪光点，给予肯定，或适时纠正学生的错误，给予引导，从而及时地对学生的表现予以评价。

（2）结合课标，开展多角度评价。笔者总结评价模式，应该展开多角度评价，结合新课标的内涵进行延伸，如"让学生获得适应未来社会生活和进一步发展必需的重要语文知识""体会语文与人类社会的密切联系，了解语文教学的价值""具有初步的创新精神和实践能力，在情感态度和一般能力方面都能得到充分发展"等等。这些目标中，既有高远的目标，也有具体的目标，既有情感的目标，也有能力的目标。同时笔者认为：评价要关注学生语文学习的水平，更要关注他们在语文学习活动中所表现出来的情感与态度，帮助学生认识自我，建立信心。因此教师在开展教学评价时，同样要紧跟新课标，发散思维，开展多角度评价，而不能仅仅以知识点的掌握程度去评价学生学习的好坏。笔者在教学中认真研究小学语文新课标中的总目标，并详细了解每个教学阶段的目标，在做教学评价时，笔者结合新课标，结合学生的所在的年级，针对每一项教学目标进行教学评价，如对学生的学习习惯进行评价，对学生的学习方法进行评价，对学生的情感态度进行评价等等。从而全方位评价学生的语文学习情况。

（3）尊重学生，倡导多主体评价。"学为中心"包含的内容是多方面的，在教学评价的过程中，同样要尊重学生的主体性。在传统教学模式下，针对学生学习的课堂评价，其评价主体只有一个，那就是教师，教师的评价就是最终的评价。这种评价方式存在一定的弊端，因为教师永远是教师，学生永远是学生，两者的立场不同，评价的角度也不同。因此，笔者认为对学生课堂学习情况的评价应该倡导多主体评价，比如学生自己可以自评，小组可以组评，老师最后进行师评，三者的分数有机结合，形成最后的评价分数。

（4）因材施教，推行差异化评价。我国著名教育家陶行知先生曾经说过：培养教育人和种花木一样，首先要认识花木的特点，区别不同情况给以施肥、浇水和培养教育，这叫"因材施教"。然而，在现实教学中，很多教师往往简单地以知识掌握情况定义学生学习的好坏，有的教师甚至直接用学生在课堂上的知识掌握情况代替评价成绩。笔者认为，因材施教是一种非常正确的教学理念，因此，在进行教学评价时，教师也应该因人而评，推行差异化评价。在小学语文教学当中，笔者发现每个学生的基础不一样，对语文的兴趣是不一样的，作为教师应该看到这种不同，在评价时对学生区别对待，比如有的学生学习成绩很好，但是课堂学习状况呈现一种退步趋势，作为教师在教学评价时，实事求是，给予指出，不能因为成绩好就遮盖了其他的问题。同理，如果一名学生的成绩比较差，但是在课堂学习中呈现出一种进步趋势，教师在教学评价时应该予以激励。

（二）课题取得了一系列的现实成效

1. 促进语文教师专业化发展。通过"三点梳理、主题阅读"改变教师教学理念，更准确地把握教材，改变课堂模式，提高备课上课水平。多年的小学语文教学实践中，笔者不免心生感慨，有的教师强调了课堂的巩固，给学生布置大量的作业，然而收效甚微，学生在疲惫不堪的习题中走向"迷失"，淡化了对语文学科学习的兴趣和积极性。有的教师一味迎合新课标的改革方向，给予学生过多的宽容和自由的空间，使得学生连基本的知识点都没有有效掌握。结合新课标的理念，要"全面提高学生的语文素养"，要"正确把握语文教育的特点"，要"积极倡导自主、合作、探究的学习方式"，要"努力建设开放而有活力的语文课程"，可谓既不能放松学生接受知识点的能力和基本知识点的有效掌握，又要有效激发学生对语文学科的学习积极性，让语文这门人文学科发挥它的价值，引导学生掌握学习方法，在"减负高质"的课堂中提升综合素质。这是语文教师所要追求的,也是当前语文教学所匮乏的。如何让鱼和熊掌兼得？笔者认为，"三点梳理、主题阅读"的教学模式很好地解决了这方面的困惑。

2. 改变课堂教学方式，提高教学质量。扭转语文教学高耗低效的现状，培养学生文化底蕴，丰富语文教学，让语文课堂充满生机与活力。目的在于积累语言，培养学生的语感，提高学生的语文素养。让学生进行大量阅读，教会学生学习的方法，探讨新的科学阅读方法，提高识字速度，扩大阅读数量，多读书，读好书，读整本的书。

结合笔者的听课经历以及与同行的探讨发现，很多教师由于受到传统教学理念的影响，使得语文课堂成了教师"一言堂"的课堂，教学成了教师一个人的主导。传统意义上的语文课堂，将教学讲解与课堂练习相互分离，使得教学没有办法及时进行巩固。在讲解课堂上，教师要针对重点知识点反复讲、不断强调。在课堂练习时，教师也要针对知识点不断循环让学生加以练习，这些方法使得小学语文教学收效甚微。甚至有的教师抱着让学生多练习，进行题海战术式的演练，学生苦不堪言。在我看来，教学应该掌握一个"度"，关于课堂讲解和课堂练习，两者可以有效结合，但是这个结合要注重一个"度"。

学习《渔歌子》的时候，我引导学生在品读古诗文的时候，要联想文本所构建的情境，这也是我们写作时头脑中所需要的想象，只有这种大胆的联想才能让我们在写作时自由发挥。我引导学生结合《渔歌子》所描绘的景象，试着描写一下春天的句子。学生写道：

春天，像一位仙女，挥动了一下手中的魔法棒，春天就变幻出了五颜六色的光芒，树儿吐出了嫩芽，花儿绽放了芬芳……

春天充满了欢快的节奏，可谓"碧玉妆成一树高""春眠不觉晓，处处闻啼鸟"春天里淅沥的春雨下起来了，我们不必打伞，不必疾走，可以享受贵如油的春天的滋润。

我引导学生将阅读和文本结合起来，并且用多种符号来标记学生的"创作"，使得学生们觉得阅读课堂趣味横生。

3.开阔学生眼界，提升语文素养。通过"三点梳理、主题阅读"让学生经历生活感受、发现问题、实践体验、探究问题、建构认识、迁移应用，有利于提升学生综合能力，适合社会发展需要。小学语文教学的课堂模式是多种多样的，"三点梳理、主题阅读"要注重效率，随时关注效果。为了营建和谐、向上的课堂教学环境，教师可以开展小组合作的模式对难点、易错解的知识点进行巩固，引导学生通过小组合作、小组探讨的方式共同探究，这里的"讲练"不一定是传统的单一模式——教师讲、学生练。可以是通过教师与学生之间的相互合作，比如小组代表讲、小组学生共同练的模式，促进学生与学生之间的交流、合作，让学生相互之间博采众长。

4.形成成功教学模式进行推广。此课题将推出"三点梳理、主题阅读"单元推进教学模式范例，在全区甚至更大范围内推广，可以广泛应用到语文教学中，为课堂教学提供理论和实例借鉴。语文学科的教学目的是要学生形成语言文字表达能力，学生通过对语文学科的学习，让这些知识对学生内蕴、素养产生深层次的影响，提升学生的综合素质。所以在讲练结合的过程中，教师没必要单调机械地讲解、布置练习，可以通过讲练结合构建一个开放性的自由化民主化的小学语文教学课堂，在这个平台上，尽可能还原学科的精彩，这时候的讲练结合要注重语文味的呈现。

比如学习《三打白骨精》时，考虑到很多学生对于文本的阅读还不是很过瘾。于是我引导学生课后阅读《西游记》中关于"三打白骨精"的片段，让学生思考：课外读的《西游记》片段与我们文本上的《三打白骨精》有何不同？作者是怎样写的？学生们通过交流发现，《西游记》原版的人物个性更加显著，情节铺陈更加曲折、有味，语言表达更加丰富、精彩。我用多媒体将原著与课文文本内容进行对比，布置当堂的练习：原著和课文在表现人物特点时有何不同，都是如何描述的？学生们通过这样地讲练结合的作业，完成了"文本"向"经典"的"取经"之路，让语文味深深浸润每一个学生的心灵。

（三）"文游四季"书友会

"一个人的精神发育史就是他的阅读史。"我记不清这是谁说过的一句话，却深深认同这句话。一个喜欢读书的人的心灵花园是丰盛的，一个喜欢读书的人眼中的世界是美好的，一个喜欢读书的人思考问题的角度是多元的。作为一名喜欢读书的教师的课堂是灵动的、丰富的——因为有书的滋养，有书的启迪。

正是基于这种认识，学校组织喜爱阅读的教师成立了"文游四季"书友会，开展"四季"阅读活动，并制定了行动纲领：如画的春季，我们阅读生命；如水的夏季，我们阅读美好；如金的秋季，我们阅读成熟；如冰的冬季，我们阅读心灵。我们文游四季，我们品味人生。

总结我校读书活动的特点，概括为"三读二展一评"。"三读"即书友领读、假期泛读、板块精读；"二展"即读书组内交流展示、校内交流展示；"一评"即将教师的读书情况纳入教科研考核中。从睿智的思想到隽永的文字，将交流的平台延伸到最远，像这样的教师读书交流活动，在学校已经形成了惯例，通过交流，老师们吸取了新的教育营养，专业素养得到进一步提高。

【案例】

文游四季 品味人生
——青岛湖岛小学"十二五"读书实践工程实施方案

为了进一步推动"阅读工程"的持久深入开展，努力提高我校教师的理论素养，增强教育理论学习的实效性，促进教师可持续性的专业发展，根据青岛市教育局办公室《关于印发"读教育名著、做智慧教师"青岛市中小学教师"十二五"读书实践工程实施方案的通知》文件精神和四方教体局的具体要求，结合我校实际，特制订读书实践工程实施方案如下：

一、指导思想

以全员化、组织化、专业化教育名著阅读为引领，以全面提高教育教学质量为宗旨，以基于问题解决的行动研究为着力点，培养教师"教学即研究、教师即研究者"的意识，提高教师教育科研水平，激发教师教育智慧，推动教师专业发展与教育教学改革创新，造就一批德高、业精的教学名师。

二、读书活动主题

文游四季，品味人生。

三、总体目标

自 2011 年起，每年推荐 6 本教育名著作为教师重点研读书目，"十二五"期间，每位教师研读教育名著 30 本；每年推荐古今中外人文、科学与教育名著 100 册（种），"十二五"期间共推荐和配备 500 册（种），供全校师生结合

实际选读。通过开展"十二五"教师读书实践活动,达到以下目标:

——形成书香浓郁、育人特色鲜明的校园文化;

——打造几支学习型教师团队,使教师朝着"有思想,做良师"这一目标不断迈进;

——不断探索读书策略,形成有特色的读书实践成果;

——推出几名在区内外有影响的教师教育读书人物。

四、读书工程的实施措施

(一)制订实施方案,创造阅读环境,满足阅读需求

我们首先做好四件事,即"订好一案""用好一室""用好一卡""建好一网"。

"订好一案"指的是订好两个层面的读书活动方案。学校层面,学校制订翔实可行的读书活动方案,学校规划出中期和近期读书计划,从人员、时间、内容做详细的安排。

教师层面,教师制订中期和近期个人阅读计划,计划应包括本学期阅读书目、阅读时间、开学初计划一式两份,上交教科室一份,以便教科室在期中和期末对照阅读计划中的阅读书目抽查读书笔记两次;建立阅读笔记本,阅读笔记每月应完成一篇,要求教师学期末完成阅读总结一份,总结一学期的阅读收获,总结适用于个人的有效的阅读策略。

"用好一室"指的是学校美化阅览室的环境,丰富的藏书、优美的环境使这里成为教师潜心读书的一方乐土。为鼓励教师阅读,学校除了规定每周四下午为读书时间,阅览室平日也随时向教师开放,并请每位来此阅读的教师留下读书记录。

"用好一卡"指的是学校阅览室图书管理使用电子借阅图书系统,学校为每位教师配备了借书卡,保证教师在忙碌的工作之余,进一步静心阅读,提高自己的人文素养。

"建好一网"指的是校园网创建了"与阅读同行"的网站,开辟了《读书心语》《值得教师阅读的好书推荐》《教师博客》等栏目,通过网络为教师搭建阅读交流的平台。

(二)开展阅读活动、丰富阅读载体、激发阅读兴趣

学校运用"十一五"期间的教师阅读策略,不断探索,提高阅读的深度、广度和效度。

1.校长荐读:校长定期向全校教师推荐优秀文章,校长推荐的文章门类繁多,不拘一格。有的是针对教学中存在的问题,有的是师德师风建设方面的文章,还有的是生活保健方面的文章,并在每篇被推荐的文章后面写上"校长读后启示",宣传了校长的治学理念,剖析了教育教学现象,引领学校发展方向。

2.骨干领读：主要以一位教师领读、大家共学、交流体会的形式开展。学校制定了间周一次的教师领读时间安排表。安排表从领读内容、人员到时间都有详细的安排。同时为提高老师们的学习读本认真程度，在每次宣讲活动最后开展"校园讲坛"感悟及时记活动，即请每一位老师及时记录精彩语汇，用简短的话语撰写阅读体会。

3.图书漂读：学校计划实施两个方面的策略，一是利用假期教师到校值班的时机，把漂流图书放在学校传达室里，精心制作读书交流卡片，放入每一本书的首页。老师们可以挑选自己中意的书，并将自己的所感所悟写到读书交流卡片上。二是教师到学校图书馆借阅自己喜欢的书籍，带回家里阅读。并向其他教师推荐自己认为有价值的书籍，让好书在教师中漂流。

4.板块精读：学校把教师分为五个读书小组，每次有针对性地向老师们推荐一组文章，即一个板块。读书小组成员在全面通读的基础上，明确分工，从理论、实践、感受、困惑等多个板块对文章进行解读、交流、展示。使教师在繁忙的工作之余，有效落实阅读目标。

5.个性自读：学校首先制定必读书目和选读书目，引导教师自定阅读书目，自读积淀。使教师在个性化自读中完善自我、充实自我。

6.读书短评：每周三校本培训前10分钟学校设为固定的"读书短评"时间。"读书短评"活动没有固定的发言人，主持人以"点将台"的形式进行，每次有三至四位老师被点将。点到哪位老师，哪位老师就跟大家分享阅读图书中的精彩片断，并进行短评，其他老师还可以发表自己的见解或者进行内容补充。

7.书友会：学校汇集酷爱读书的16位不同年龄段的教师，成立了"文游四季"书友会，书友会的口号是"品读书籍，品味人生"，书友会活动每个月举行一次。

（三）搭建展示平台，交流阅读成果，体验阅读快乐

1.读书组交流展示

学校每月进行读书组内交流展示。组内交流展示是以读书组为单位，组员轮流发言，交流读书心得。在交流前每人先准备读书感悟的书面内容，发言后书面内容上交存档。

2.校内交流展示

学校每学期举行一次校内交流展示。结合四月份"学校文化节""中华诵·经典诵读"活动，在师生中开展系列读书活动。积极组织形式多样的教师读书成果展示会，开展"诵读经典，叙说故事"读书演讲比赛，举办专题讲座和读书沙龙，举行读书知识竞赛、教师读书论坛、好书推介会、"好书伴我行"等征文比赛活动。

3.《读书感悟集》交流展示

《读书感悟集》是我校为扎实推进教师阅读工程而专门结集的教师作品集。

五、读书工程的组织管理

（一）加强组织领导

学校成立读书实践工程领导小组，负责"十二五"教师读书实践工程的组织实施，加强对读书实践工程的领导。

组　长：马晖

副组长：赵泉、张颖

成　员：王玉倩、刘晓静、邵恒杰、周媛、周娜、尹静

（二）建立经费保障机制

把读书实践工程纳入教师继续教育整体规划，提供专项经费保障。学校建立经费保障机制，为读书实践工程的实施提供充足的经费保障。

（三）建立评价体系，强化考核机制，扎实推进读书工程

过程性测评： 学校将教师的阅读情况作为继续教育的内容，以学分制的形式将教师校内领读次数、会前读书短评发言、读书组内交流发言、漂流图书读后感撰写情况、读书感悟撰写情况、读书博客发表篇数记录在册，作为对教师阅读情况过程性测评的主要依据。

终结性评价： 每学期以"教师阅读测评卷"的形式对教师的阅读情况进行评价。"教师阅读测评卷"包括三方面的内容：本学期教师阅读的主要篇目，对阅读文章的感悟，阅读文章对自己教育教学的影响。

学校把教师阅读情况的过程性评价和终结性评价作为教师教科研工作考评的重要内容。再把教师的教科研工作考评成绩纳入到教师的绩效考核中，以保证教师阅读工程的顺利实施。

【好书推荐稿1】

教学生做人是使命

青岛湖岛小学　程熙孟

2013年8月夏，我告别了懵懂的年少时光，告别了单纯的学生时代，走出校园的我带着对前程事业无限的憧憬，带着年轻人蓬勃的朝气，带着敢为人先的激情，带着对教师职业的无限热爱，我走进了青岛湖岛小学，走上了讲台。初为人师到现在，我的确遇到很多困惑：当孩子犯了错屡教不改时该怎么办？

当孩子不完成作业时该怎么办？怎样树立良好的班风？怎样培养学生的良性竞争？等等。由于没有足够的工作经验，所以遇到的问题愈来愈多，我时而去请教老教师们，但又碍于每个班的实际情况不同，困惑还是不能逐一消除。有幸，在丈二和尚摸不着头脑之际，我拿到了雷夫在青岛大剧院歌剧厅举办演讲会的门票，在这之前，对雷夫的印象还仅仅是我在上学期间无数次从老师那里听到的一个人名。他提到《第五十六号教室的奇迹》这本书中的一些故事，当时倍感兴趣，买来一本，如获至宝，反复阅读，边读边沉淀自己，反思自己在日常教学中的行为。"第56号教室的奇迹"其实就潜藏在我们每个人的心底，相信只要用心去做，一定能创造属于我们的奇迹！

雷夫·艾斯奎斯，30年如一日执教于美国洛杉矶霍伯特丛林小学的第56号教室，被誉为"美国最有趣、最有影响力的教师"，获得美国"总统国家艺术奖""全美最佳教师奖"和英国女王颁发的不列颠帝国勋章。但这些对于一个一生都钟爱教育的人来说，名誉、钱财都是身外之物，他在乎的是他56号教室里所有孩子的成长。然而奇迹就是偏爱这位对教育抱有无限热忱的人，让所有不可能都变成了可能。在第56号教室里，孩子大多贫困，来自移民家庭，英语也不是他们的母语，这些似乎注定平凡的学生却在一个充满爱心与智慧的老师的培养下，全国测试成绩高居全美TOP5%，他们长大后纷纷就读于哈佛、斯坦福等顶尖大学并取得不凡成就。这一奇迹造者就是——雷夫·艾斯奎斯老师。这位心灵导师，教给学生一生受用的技巧，以及人格、信念的培养。

在整个演讲会的进程中，有一句让我印象最深刻的甚至也令我再三反思的话，就是"没有害怕的教育"。这七个字看似简单，但在中国很难成为现实，自古《礼记·学记》有云："凡学之道，严师为难。师严然后道尊，道尊然后民知敬学。是故君之所不臣于其臣者二，当其为尸，则弗臣也；当其为师，则弗臣也。大学之礼，虽诏于天子无北面，所以尊师也。"从孩子接受教育起，便要学着看老师的眼神说话做事，在他们眼里老师就是天。就算年纪轻轻的我，就算口口声声喊着要和他们做知心朋友的我，也会不自觉地用命令的口吻去颁布"圣旨"。在这个观点上，有时候我也会担心：等到孩子们都不怕我了，他们还会认真学习吗？还会遵守纪律吗？然而我多余的担心都在雷夫老师的书中得到了解答，《第五十六号教室的奇迹》中的第一部分叫"家最温暖"，书上有这样一段话："第56号教室之所以特别，不是因为它拥有了什么，反而是因为它缺乏了某样东西——这里没有害怕。"刚参加工作的我，在熟悉了全班同学的特性之后，发现有些孩子常常不做作业，年轻的我耐性不足，活力充沛，常常向学生发火。我也事后对自己冲动的做法进行反思，通过比较得出：在一顿嚷嚷之后，多半孩子还是不写作业，这种教育方式根本就行不通。所以我风头一转，决定采用暖风效应试试疗效。

接下来的一段时间内，我每次布置完作业都会把那几个不肯做作业的同学找过来，对他们说："老师相信你们，明天一定能交一个整洁认真的作业给我，你们可以的。"效果果然不一样。曾经，我用怎样的火气带给他们怎样的恐惧。现在，我能这样趋于平和，是因为我也终于明白，与其火冒三丈地对学生发火，不如给予他们鼓励和信任。正如雷夫老师所说："我们应该用积极的态度与耐心来面对问题，打造出立即、持久，而且凌驾于恐惧之上的信任。"

不仅是学生没有害怕，作为班级的组织者、领导者的老师也不应该害怕。正如雷夫老师所说："即使规矩阻碍了你，假如你真是一个好老师，无论怎么样都会为孩子们争取每一个机会。当然，我们也能很明显地看出，这就是为什么很多优秀的教师不得不放弃创新的原因。如果没有这么多不必要的、可笑的障碍，我们的工作就容易多了。"教师对孩子的束缚也少多了。困难无处不在，但我们必须为了孩子而坚持！"一个教师不在于他教了多少年书，而在于他用心教了多少年书。"用心的前提是什么？无非就是"爱"，爱这一职业，爱自己的岗位。没有了"爱"，就不能从教师这个职业中获得乐趣。觉得教书枯燥是因为不曾用心，不曾将爱付诸行动中；不懂得将学习与生活接轨，太计较于"得与失"之间的平衡，却忘了教师是一个讲究奉献的职业，忘了要"梦想成真"。首先必须对梦进行投资。正如雷夫所说："唯有出自内心的关怀与真爱，才能创造出人间的'奇迹'。""第56号教室的奇迹"其实潜藏在我们每个人的心底，相信只要用心去做，一定能创造属于我们的奇迹！雷夫老师用信任取代恐惧，做孩子可以信赖的依靠，讲求纪律、公平，并且成为孩子的榜样。

在本书中，我看到了雷夫老师点点滴滴的有益的做法，也看到了在他眼里，学生都是可爱的天使，更看清了他的一切努力都是为了让这些天使变得爱学习、会学习这样一种最朴素的意识和想法。雷夫老师为什么能做得这么好，能让自己的教育教学行为产生最生动的、最大化的、最被大家所认同的效益？从本质上来看，这是因为他有爱心，有一颗热爱儿童的心，他是真正把自己的学生放在心上。雷夫老师对孩子的爱，在书中随处可找。是呀，爱是教育的根本。教师的教育教学水平有高低，但是教师对学生的爱心不能有高低。没有爱，便没有教育。爱生要胜过爱子，作为一名教师，要把爱洒向每个学生。我们只有心里时刻装着学生，学生心里才有你这个教师。尤其是学生的发展是不平衡的。对于那些发展慢的学生，我们只有爱之切，才有可能唤起他们奋发向上的勇气、信心与激情，才能冰释他们心底积淀的自卑，大胆地去寻找失落的绿洲，才能使他们奔向健康发展的人生之路。

在党的十八大提出的教育方针中指出：要增强教师教书育人的荣誉感和

责任感。作为一个教育工作者就要热爱教育事业，献身教育事业。努力地教书育人。教师的天职是育人，教育的本质属性是育人。所以，做教师首先做人师。做人师，首先教人做人。

中国自古注重尊师重教，乃礼仪之邦。能为师者，幸事也。一支粉笔，两袖清风，三寸讲台，四方耕耘。没有农民工"足蒸暑土气，背灼炎天光"劳作的辛苦，没有下岗工人风餐露宿为生计奔波的愁苦，没有投资者忐忑不安担忧风险的忧虑。教师的职业，更让我们实现了自我价值，体验了成功的喜悦，被尊重、被赞赏的幸福！当教师把教育当作理想来追求，用人生的激情来点燃未来的希望之灯，用教育的理想来打造理想的教育，用理想的教育来实现教育的理想。教师是幸福的，我们得到了思想的充盈和精神的富足。教师照亮了学生，教师也辉煌了自己。没有了事业，教师的幸福，便是无根之木、无源之水。不要抱怨工作的烦琐冗杂，不要感慨职业的劳累艰辛。既然生活赋予我们这份沉甸甸的责任，我们就应义不容辞地挑起，相信，挑战与机遇并存，幸福会在磨炼与考验之后悄然而至。投之以木瓜，报之以琼琚。事业回赠给我们的必将是丰硕的果实，甜美的感觉。

什么是幸福？农民说"装满的谷仓就是幸福"，商人说"富比天下就是幸福"，老师说"桃李满天下就是幸福"。幸福对于老师来说就是这么简单。曾有人问我：当满桌子的作业、日记摆在你面前等待批改的时候，当纷沓而至的备课、学案、反思、笔记轮番轰炸的时候，当一个个"问题孩子"层出不穷的问题呈现在你面前的时候，你还觉得幸福吗？我的回答很简单："我很幸福！"我幸福，因为我是教育者；我幸福，因为我是教人做人的人；我幸福，因为我是教育的唤醒者。愿我的幸福能感染到每一个学生、每一位老师。

【好书推荐稿2】

最丰富的教学资源来自生活

青岛湖岛小学　盛晶晶

谈到学习，我们想到的无疑是学校、书本。难道只有听老师讲课、看书才能学习吗？雷夫老师的《第五十六号教室的奇迹》给我们做出了很好的回答。学习理财，我们想到的是通过看书和听课来学习，但是雷夫老师不是这样做的。雷夫老师在第五十六号教室建立了独特的经济制度，每个孩子都有自己的工作，将自己赚的薪水存进班级银行，他们必须存钱来支付使用课桌椅的费用，他们有自己的班级"支票"和"现金",可以进行货币流通。就这样,雷夫老师没有为孩子们开设理财课,而是让孩子们在这样的班级经济制度下学习如何理财。孩子不仅很感兴趣,更重要的是从生活中体验到了如何理财和适应社会。

花儿需要沐浴阳光,树木需要浇灌甘水,鸟儿需要吸收营养,孩子需要吸取知识……我们给予充足的阳光、甘甜的泉水、均衡的营养、丰富的知识,他们就能健康成长吗?雷夫老师告诉我们,我们需要考虑到他们能否正常吸收,满堂灌或教教材不再是让孩子吸收知识的唯一方法,我们应该考虑到孩子的接受方式,摒弃传统依赖教材的教学方式,依靠教材的知识点,创造适合孩子的情景去教学,灵活轻松地使用教材,使孩子在生活情景的学习中,不知不觉掌握课本知识,摆脱枯燥又沉闷的课堂,打造适合孩子的课堂。

作为一名信息技术老师,我更应该从孩子的兴趣出发,考虑到孩子吸取知识的方式,不采用满堂灌的方式,让孩子在信息技术课堂体验生活乐趣。例如,六年级上册第九课《多变的云》这一课,我没有采用课本的情景教学,而是将变形动画的方法提取出来,采用学生喜欢的葫芦娃卡通人物,带领孩子一起学习魔法。由魔法学校考试(打字练习)、葫芦娃变大、葫芦娃变成自己的名字以及变成飞机飞回家四个环节组成。在本节课的学习过程中,孩子好像真的进入了魔法学校,体验变魔术的神奇世界,在魔法的学习中不知不觉地掌握了变形动画的要领。

从学校角度讲,统编教材面向幅员辽阔的全国各地,难以兼顾到各地、各校、各班学生的实际情况。而小学生更喜欢生活和身边的事物,因此我们在使用国家课程教材的时候,落实以生为本的理念,从本班学情出发,在生活中挖掘教育教学资源,像雷夫一样因地制宜地开发学生喜闻乐见的学校课程,满足学生的需求,让学生从生活中学习知识,从实践课程中体验生活的乐趣。例如,我校开设陶艺、舞狮、抖空竹、发艺等二十多门学校课程,孩子根据自己的兴趣选择自己喜欢的课程去学习,寓教于生活,从而把学生的视野引导到广阔的社会生活中,相信这样孩子会学得更好,会更有利于学生的发展!

新课程改革倡导学生自主探究和合作学习,教师是学生学习的引导者,我认为教师能根据学生的实际情况开发教学资源能够更好地体现学生的主体地位。因此,生活是我们最丰富的教学资源。

【读后感 1】

理想的教育离我们有多远——《静悄悄的革命》读后感

青岛湖岛小学　马晖

读书罢掩卷而思，心中不由得叹服：《静悄悄的革命》的作者佐藤学先生既是一个志存高远的理想主义者，又是一位脚踏实地的教育实践家。他一直在追求一种理想的教育，就是通过在学校实施"活动的、合作的、反思的学习"，创造以"学"为中心的教学，创造以"学"为中心的课程，进而将学校发展成为一个学习的共同体。为此，作为大学名牌教授的佐藤学先生"一直在积极地推行这一'静悄悄'的革命"，他"每周去各地的学校访问幼儿园、小学、初中、高中、养护学校等，看过数不清的教室，在各个教室里观摩，近20年一直如此"。我想，这样的兼具理想和实践精神的教育人格是我所敬仰和追求的。

书名《静悄悄的革命》就很值得我们品味一番。"静悄悄"是一个颇为低调的词语，它意味着眷注心灵，它意味着悄寂寥落，佐藤学先生给它加上二十年的光阴，它又意味着持久坚忍。"革命"却指向一个带有根本性变化的结果，一般的变化不足以称之为"革命"。我想，佐藤学先生想要表达的是，教育是持久的、用心的实践积累起量变过程，逐渐实现一种质变的革命。

《静悄悄的革命》完成于2000年，12年后的今天，书中依然有你我的影子，有你我曾经经历的、现在正在经历的教育故事、困惑。我相信所有读过此书的人都能在书中看到自己，看到自己所在的学校。就让我们且读且思吧。

关于"主体性"神话

佐藤学先生认为"教学是由学生、教师、教材、学习环境四个因素构成的。在这四个要素中，最近的倾向可以说都集中在'学生'这一要素中。特别是重视学生的'需要、愿望、态度'的'新学力观'提倡之后，学生自主地设定课题、主动探索、自己解决问题的'自我学习'形式等，均被树立为理想的教学形态"。这和我们的教学现状是何等的相似。课改伊始，我们提出"双主课堂"，即学生为主体，教师为主导。现在，我们倡导"自主课堂"，即学生是课堂的主人。目前，自主、探究、合作的课堂已经成了衡量教师教学的一项重要指标。这股浪潮如此强大，裹挟着每一位教师投入到"自主课堂"构建中。也出现了矫枉过正的现象，如忽视了教材——教材内容是否需要自主学习，是否有必要合作探究；忽视了学情——学生是否掌握了科学的学习方法，具备了合作学习的能力；忽视了师情——教师是否理解了自主课堂的理念，具备了构建自主课堂的能力。于是课堂上经常出现呛水的现象：要么"涛声依旧"，课堂还是教师把持话语权的天地；要么把学生打造成了"主体性神话"，将教学中的自学自习理想化、绝对化，以为学生都是生下来就会踩着风火轮到处跑的哪吒。其实构建"自主课堂"、发挥学生"主体性"这些理念都没有错，老师们"呛水"的关键是，当前存在着教师对以学为中心的教学认识上的混乱，还没有构架起教学理念与教学行为的桥梁。毕竟理念统领教学，教学过程是理念落实的过程，教学成效是理念结出的硕果。"主体性"神话的出现是教育急于求成的结果。"生命化教育"的倡导者与实践者张文质说："立竿见影往往是有害的，甚至是反教育的。"佐藤学先生也说："因为教学实践是一种文化，而文化变革越是缓慢，才越能得到确实的成果。"

其实学习只有在教师、教材、学生、环境的相互关系中，才能够得以生成、发展。如此说来，我们离理想的教育有多远？既能让学生从悬在半空中的主体性神话回到地上，又能做到学生、教师、教材、学习环境四个因素的和谐统一。以笔者之见，还是先从在学校倡导建设佐藤学先生所说的"润泽的教室"做起吧！

关于"润泽的教室"

"润泽"是一个美好的词汇。它让我想到了欧阳修《雪》中的一句诗："光芒可爱初日照，润泽终为和气烁。""润泽"是和煦阳光下草木丰盛充盈地无拘无束欢笑；西汉·戴圣《礼记·聘义》中说："昔者君子比德于玉焉，温润而泽，仁也。""温润而泽"是人的态度、言语温和柔顺，使听者如沐春风。"润泽的教室"里有什么？雷夫在《第56号教室》里说，润泽的教室里有爱、有安全感，因为教室是允许出错的地方；佐藤学教授在《静悄悄的革命》里说，"润泽的教室"里有信任和尊重。"大家安心地、轻松自如地构筑着人与人之间的关系，构筑着一种基本的信任关系，在这种关系中，即使耸耸肩膀，拿不出自己的意见来，每个人的存在也能够得到大家自觉的尊重，得到承认。"

我们离"润泽的教室"有多远？回想起自己平时听课时，发生在教室里的几幅画面：

前几天，听了一节学校特色课程"我爱我家"，这是一节以体验、交流、分享为特征的课。坐在孩子们的身后，定睛看看孩子们的坐姿：只见孩子们的腰杆挺得直直的，小手齐齐地背在后面，尽管是围圈而坐，但拘谨、被动、强迫之态，一览无余。我不知道这种坐姿对于三年级的孩子来说，能坚持多久。但我知道，这种坐姿流露出的信息就是课堂对于孩子们来说不是安心的、无拘无束的。课后评课，我抛出这个问题，问老师们怎么看？老师们普遍认为这是班级常规好、学生们训练有素的表现。

在一节课上，有一位学生频频举手要发言，教师就是不叫他，即使没有发言的机会，这位学生也是"百折不挠"地一次次举起手来。课后，我询问老师："为什么不让这个孩子发言？"老师说："不能叫！叫他起来，他不着边际地胡说，一定要和别人说的不一样！"我想，多数老师都会遇到这样的学生，一是不经过思考，脱口而出；二是说出的答案经常不是老师想要的。老师自身需要课堂上的"安全"，需要学生乖、听话，但是，不知道就这"乖、听话"，要培养出多少小小应声虫，多少思维逻辑懒惰的学习者，扼杀了多少儿童的创造力与独立性。

有时，还会碰到这种场面：一个学生站起来回答问题支支吾吾，显然没有想好。老师随即把头转向其他的同学："谁来帮帮他？"于是，另一个学生完整地说出答案。老师说："你真棒！"又对全体同学说："表扬表扬他！"全班齐喊："棒棒棒！你真棒！"于是，课堂上出现了两种截然不同的表情，受表扬学生的扬扬自得，受冷落学生的失落沮丧。我们忽略了一个很可能的现实：那就是此时孩子正在思考问题，他的头脑还在矛盾着、冲突着，他还没有明确的答案，所以他才小声地、含糊地回答。作为老师，我们应该为他们的思考过程保驾护航，孩子真正的主体性就在他们的思考过程中，就在那个模糊而不肯定的回答中。孩子回答问题时，我们一定要有南京行知小学杨瑞清校长倡导的"花苞心态"，既不要急于鼓励其大声，也不要急于帮助他，要好好地听他说完最后一句话。

我们离理想的教育有多远？先从建设安心的、无拘无束的、充满尊重和信任的"润泽的教室"做起吧！

书中的很多精辟论述，如什么是课程、三年改变学校方略和建设"学习共同体"值得我不停地咀嚼和体味。

写罢掩卷再思。心里不由得问自己：理想的教育离我们有多远？受很多现实因素的制约，教育中的许多现实问题，我们都只能逼近而难以彻底解决，但是不能因为难以彻底解决我们就放弃了逼近。教育的未来就在于我们向理想境界不断逼近的过程之中。这种逼近的过程是一种挑战，也是一种崇高。它也是一场静悄悄的革命——是教育者心灵的革命！

此文发表于《青岛教育》2014 年第 5 期

【读后感2】

在追随大师中前进，在追随名师中提升——《我的教育心》读后感

青岛湖岛小学　王华

在《我的教育心》这本专著中，李镇西以成长为主线，以反思为主题，比较客观地展示了他的成长历程。作者把他的教育实践大体分为三个阶段：教育浪漫主义、教育现实主义和教育理想主义，并由此展开不同阶段的反思。他的反思也经历了一个过程，从对自己教育行为的分析，到对教育行为背后所蕴藏的教育观念的追问；从对身边各种教育现象的解剖，到对中国教育理论的审视……无论是微观的还是宏观的，无论是对自己还是对整个教育，他的每一次反思，都是一次提升。读着这本书，李镇西对教育火一样的热情，对学生慈母般的关爱，对教育深入本质的研究……这些都给人留下了深刻的印象。

其中，《追随大师，追随名师》这部分内容给我的印象尤为深刻。在这一部分，李镇西强调了一个观点：任何一个杰出的教育专家或优秀教师，其教育模式、风格乃至具体的方法技巧都深深地打着他的个性烙印。也就是说，他们的生活阅历、智力类型、知识结构、性格气质、兴趣爱好以及所处的环境文化、所面对的学生实际等因素，决定了任何一个教育专家都是唯一的、不可重复的。这就是为什么不少人苦苦"学习"于漪、魏书生却老也成不了第二个于漪、第二个魏书生的原因，也是为什么许多优秀教师的先进经验难以大面积推广的重要原因。

读着这段话，我不由得想到了自己的专业成长过程。我们学校倡导"牵手名师"，要求老师们结合自己的学科、实际选择一位有影响的全国名师作为自己的学习对象，揣摩其教学设计，了解其教育思想，领略其教育智慧，促进教师个人的专业成长。当时正是诗意语文风行全国的时候，王崧舟老师帅气的外表、大气的课堂深深吸引了我，因此我毫不犹豫地选择了他作为自己学习的榜样。王崧舟老师的引读很有特点，他从不同的角度，反复引导学生朗读，既能训练学生的朗读技巧，又能渲染学习的情境，使学生在不知不觉中受到熏陶和感染。

正当我陶醉于这种方式的时候，教研员却兜头给我泼了一盆凉水。当时区教研室的张元主任听了一堂课，很直率地指出我的课堂不适合这种方式，因为王崧舟的口语很有磁性，充满着个人的魅力，引读这样的方式能够充分地

体现出他的优势。而我的普通话水平一般，根本不具备王崧舟这样的优势，所以课堂效果并不好。这盆凉水虽然浇得人难受，却也让我那过度发热的头脑冷静下来。我这时候才明白，学习别人的时候要充分地考虑自己的特点才行。于是，我认真地自我剖析，觉得自己在关注学生、与学生交流方面比较擅长。因此我调整了自己的学习对象，将与自己特长比较契合的全国小语名家薛法根作为自己学习的名师。我如饥似渴地认真阅读他的教学设计、讲座等，研究板块式教学，研究如何进行理答……经过一学期的不懈学习、不断实践，教研员再听我的课时，给予了积极的评价，而且特别指出，我的课堂重视师生交流，教学评价有特点，能够从不同的角度对不同层次的学生进行比较恰当的反馈、点评，较好地调动了学生学习的积极性，课程改革的理念落实得比较好。

读了李镇西《追随大师，追随名师》这部分，联系自身的成长历程，我深深地感受到：

一要善于反思，找准方向。笛卡儿曾说过："我思故我在。"反思是一种让教育者快乐，让教育者感受幸福的有效途径。李镇西老师就是个非常善于反思的人，他对语文教学的改革研究、对素质教育的思考、对班主任工作的反思、对校长工作的设想……无不闪烁着智慧的光芒，而这些宝贵的经验和成果正来自于他善于反思的良好习惯。也正因为如此，他才能完成三十余部著作的写作，可谓著作等身。我们在学习名家大师的时候，也要重视反思，一定要认真地分析自己，清楚自身的优势与不足，清楚自己学生的基础，能够根据自己的特长选择恰当的学习内容，最大限度地发挥自身的优势，最终形成自己的特点。

我们还要正确定位，明确自己努力的方向。《南辕北辙》的故事告诫我们：方向错了，路走得越远，离正确的目标越远。明确了自身的优劣后，给自己树立一个恰当的发展目标，清楚向谁学，学什么。这种针对性强、目的性明确的学习才会有效，自己才能在学习中进步、提高。

二是持之以恒，不断实践。魏书生、朱永新、李镇西……如此多的名师，教学特色各异，教学方法不一，若是我们一一模仿，恐怕最终也仿效不成。观看名师的授课，聆听大师的讲座，朗诵可以模仿、处理字句可以模仿、结构可以模仿、开头结尾的方式可以模仿……但对文本解读的深度、高度，以及在拥有相当知识背景的前提下选择合适的呈现方式无法模仿。这就是说，一个人的内涵是无法模仿的。魏书生老师也反复说，要牢守自己的优势，把它放大，再放大，这样你就可以成为一个有特点的老师，一个优秀的老师。也就是说，教育者必须找出适合自己的一套"教育经"，挖掘出那个"个性"的自我。古人说：

"纸上得来终觉浅,绝知此事要躬行。"的确,明确了学习目标后,我们要坚持不懈地去实践,去摸索,去寻找并放大自己的"个性点"。在学习大师、名师的基础上,深入地研究自己的教育对象,全面把握学生真实的情况,根据学情不断地调整自己的教育教学,把问题当做教师专业发展的宝贵资源,研究问题,解决问题,在实践中提高,在探索中进步。只有这样,才能逐渐形成自己的风格。而要做到这些,我们需要有清醒的头脑,批判的思维,不盲从,不跟风,不折腾,一切从实际出发,满怀着美好的希望去追求,最终促进自己的专业成长,让学生受益,让家长满意。

【此文获得青岛市 2013 年度"读教育名著、做智慧教师"优秀教育(教学)案例评选一等奖】

【读后感3】

让每个孩子的童年充满灿烂的阳光——读《窗边的小豆豆》有感

青岛湖岛小学　朱琳

童年,这是一个多么亲切的词语,无论人们成功与否,童年都是一个经历过便再也无法回去的梦。也许对于孩子们的今天,童年是钟表上的时针,转完一圈可以再转一圈,可对于孩子们的明天,童年便是无价的财富,让他们有足够丰满的羽翼可以翱翔。可见,一个美好而充满意义的童年,是多么可贵。

我是一名普通的小学语文教师,也是一名普通的班主任,可我每天的工作一点儿也不普通,因为我的工作正是和童年有着密切的关系——就是要为我的孩子们编织童年,而这个童年的质量,将会影响着孩子们的一生。我之所以会有这样的想法,是在我读了一本名叫《窗边的小豆豆》的书之后,我想,它一定是有魔力的,才会让我如此着迷。

《窗边的小豆豆》讲述的是作者黑柳彻子上小学时的一段真实的故事。最初吸引我的,是封面的那句"每个人都能在这本书里找到自己阳光灿烂的童年",我仿佛从中看到了童年为我打开的那扇窗户,清新的空气迎面扑来。但是当我看完第一章后,却怎么也无法喜欢上那个调皮的小豆豆,甚至,我是讨厌她的。当过班主任的老师一定都有这样的感受吧,像小豆豆这样的孩子,我们叫作"滚刀肉",意思就是软硬不吃,根本没法管,班主任最怕遇到这样的孩子,看看书中的那位班主任就知道了，一见到家长，就打开话匣子，数落着根本就数落不清的问题。教育的悲哀就在于我们总是企图从家长那里获得慰藉，我是这样想的。

我的班上也有一个"小豆豆"，这让我头疼得不得了。从开学初，我就能感受到他有意无意地挑衅，比如上课时，他不喜欢坐着，也不喜欢站着，而是喜欢变换各种姿势躺着，每当我转身板书的时候，他总会围着教室，在地上爬一圈。刚开始的时候，我是不能忍耐的，我严厉呵斥他回去坐好，他却像打了胜仗似的，表情得意极了。久而久之，我和学生们都习惯了，也就没人再理会。学校迎接领导检查，班里的每个孩子都小心翼翼地做好每件事，只有他，跑到学校的操场上去爬墙，结果把宣传栏踩坏了，我气得眼珠子都要瞪出来了，他却好似委屈地告诉我，其他男生也都爬了。

孩子们的心理世界真是让人猜不透，无论是黑柳彻子还是"小豆豆"，他们眼中所展现出的那份童真都让我们哭笑不得。不过黑柳彻子是幸运的，因为她遇到了一个极好的老师，那位给了我无限启发的林校长。他是一个真正理解孩子的好老师，他不仅能够融入孩子们的童年生活，还能够用自己的力量，去帮助孩子们编织童年生活。我想，不仅仅是小豆豆，就连我们自己，也都幻想着拥有这样一位老师吧。

我开始尝试着改变自己，对于一个刚刚起步的新教师来说，这些并不难。我学着林校长的做法把我的"小豆豆"叫到办公室，想要和他好好地沟通一下，令我惊喜的是，他居然真的愿意和我谈心，并且因为我的诚意，他也足足和我说了两个多小时的话，直到他累了，问我可不可以喝口水。从这次谈话中，我发现原来孩子们眼中的好老师，并不需要多么专业的教学知识，也不需要多么丰富的教学经验，并且一点儿也不难做到，因为他们想要的，不过是可以给予他们认同感的孩子王罢了。第二天课上，我故意和往常一样转身板书，趁着他向这边爬来的时候，我也蹲在地上，将头躲在讲桌后面，他无疑是与我撞了个正着，他揉着脑袋问我："你怎么在这儿？"我就揉着脑袋回答他："因为我就知道你会在这儿。"他仿佛不敢相信地后退了几步，然后高兴地跑回自己的座位。那节课，他上得很好。我突然有种成就感，也许将来的某一天，我也会成为林校长这种充满童趣的老师。

我开始和孩子们打成一片。课间是孩子们最喜欢的，因为这个时候我和他们一样是孩子，我和女生一起玩编花篮，和男生一起打篮球。有一次上课，我们讲《青松》这首古诗，正巧外面下起了大雪，孩子们的注意力全被吸引到了窗外，我可以感受到他们无限的期盼，于是我放下手中的教科书，像宣判喜讯一样对他们说："好了，我们出去吧！"他们兴奋得向我抛来飞吻，边喊着老师万岁,边向外面跑去,他们有的用手接住雪花,再放到嘴里尝一口,有的干脆张着大口对着天空,我赶忙拿出相机,去拍下他们动人的笑脸。这时,"小豆豆"突然大声地背诵出新学的古诗《青松》,其他同学很快跟着附和起来,不一会儿,几乎在场的每个孩子都会背了,我惊讶于这样的效果,甚至更令我惊喜的,是有些孩子竟背出了没学过的几首古诗,但都跟雪有关。

学校文化节的时候,我与孩子们一起商量对策。由于前段时间的努力,孩子们已经把我看成是他们中的一员,对我说话时也随意了许多,于是他们大胆地提出自己的看法,我们经过举手表决选出了最佳方案。在演出时,孩子们又一次给了我惊喜,因为除了我预先给他们安排的动作之外,好多孩子又加上了自己的创意,特别是"小豆豆",我看到他说最后一句时,眼里溢出了泪水。那最后一句是——老师,您辛苦了!

教育是什么,我们无数次探讨过这个问题。我们作为老师,不仅仅是要教会孩子写字,教会他们读书,更重要的,是要教会他们如何生活,而对于小学教师而言,教会孩子享受童年,也是我们义不容辞的责任。读完《窗边的小豆豆》你会发现,其实,在我们的内心,也曾经拥有过奇妙的童年世界,只是随着成长,渐渐被我们淡忘和忽略,因此我们经常感到遗憾。而我们的学生,他们正幸福地经历着这些美好。为了不让他们再有遗憾,我愿意做那个为他们编织童年的人。正像林校长那样,他为小豆豆编织了那样美好的童年,才成就了现在的黑柳彻子,而我,只希望我的孩子们能够幸福快乐地成长,希望他们每个人的童年都充满着灿烂的阳光!

【此文获得青岛市2012年度"读教育名著、做智慧教师"优秀教育(教学)案例评选二等奖】

(四)携程团队建设

顾名思义,携程团队——团队相互提携,共历历程,共同发展。一所学校就是一个团队,教师的团队精神是一种集体智慧的结晶,是构建和谐校园,共创特色学校的生命之魂。我校重视打造教师团队建设;以人文理念引领学校的各项工作,发挥教职员工的聪明才智,群策群力,凝聚教学改革的战斗力;努力构建和谐校园,追求一种独特而有影响力和感染力的和谐教师文化,创设合作、和谐、民主的良好育人环境;打造团队精神,发挥团队作战优势,办公团队和教研团队两方面侧重团队建设,追求团队的整体绩效,努力提高教师整体素质。学校从办公室组建开始就注重从教师的数量、学科、年级等方面合理分配,由成员选举室长,由全体成员产生办公室名称、创建目标,并在处室门口制作标识牌，激励团队成员共同努力，如学校总务处——名称：最拼搏团队后勤组，工作目标：为教师服务，为学生服务。

在传统的教研方式中，更多的是个体的劳动，教师们独立备课，依靠的是自身的经验积累。同时每一个教师都希望自己能成为一个专业好，让学生喜欢的老师，而这需要教师不断地更新自己的教育理念，增加自己的知识储备，努力使自己成为"源源不断的活水"，专而能博，不断地提高自己的课堂教学艺术，在教学上能应付自如。但个人的力量毕竟是有限的，因此，我们在教研团队建设上也提出了携程发展，共同协作，建设一个团结向上的教研团队，让老师们取长补短，在互动中交流，共同成长。在集体备课中，大家就教育教学中的疑难问题进行交流探讨，互相倾听，共同分享，在互动中受益，在交流中不断提升自我。在课堂教学实践中，大家就自己在教学中的所得所失进行交流探讨，推广好经验或做法，对疑难问题，大家进行探索研究，不断地反思总结，不断地改进，不断地学习，从而不断地得以发展。英语教研组，他们提出团队目标是——F·慧文园英语团队（F 即 first、follow，一起来做最好的团队），团队四位成员陈园园、尚文花、解明慧、徐峰，虽然教育教学任务艰巨且繁重，但是每个人都在尽职尽责地为英语团队建设无私奉献着，这个团队中有着一人有难、三人相助的团队意识，无论是在工作上，还是生活中，四位英语教师都凝聚一心，使他们的团队在教育教学上一直保持成绩斐然。2011—2013 年，连续三年在山东省教师远程研修过程中，英语团队体现了积极向上、互助研学的团队教研精神和研修态度，从学习作业、网络互动交流、课例打磨、随笔感言中他们被山东省课程专家推荐材料、指导教师推荐材料在全区都是最多的，总学分和人均学分都是最高，他们的学习资料多次被作为课程资源推荐，同时，他们教研组连续三年被评为山东省教师远程研修优秀教研组。在团队建设中，他们个人成绩也非常突出，陈圆圆老师被聘为 2012 年第二期山东省教师远程研修专家团队指导教师成员，2013 年被评为青岛市优秀青年专业人才，2014 年被评为青岛市优秀教师，这一年她才 30 岁；解明慧老师两次在全区英语学科教研活动中进行经验介绍，徐峰老师分别在青岛市和我区英语学科教研中进行课堂展示及现场经验交流。

山东省教师远程研修优秀教研组——英语携程团队申报材料
和谐之家——F·慧文园

青岛湖岛小学　2012年英语教研组申报材料

我校英语教研组成员包括组长陈园园，组员尚文花老师、解明慧老师和徐峰老师四人，虽然教育教学任务艰巨且繁重，但是每个人都在尽职尽责地为英语教育事业无私奉献着，都在为提高我校教育教学质量激情奋斗着。在我们这个温馨和谐的小家园中，有着一人有难、三人相助的团队意识，无论是在工作上，还是生活中，四位英语教师都凝聚一心，使我们的团队和谐发展，为学校教育工作更好地发挥着积极的作用。

在教研组长的带动下，全组发挥了集体的力量，形成了积极向上、勇于探索、团结协作、资源共享的和谐教研氛围。教研活动中，针对我校"三点梳理、以教导学"校本研究主题和区"激情自主课堂"的要求，每个成员都认真参与，积极研修，大家的课堂都有了新的变化，使得学生的自主学习能力也随之得到了发展与提高。

在今年的山东省远程研修培训过程中，本组体现了积极向上、互助研学的团队教研精神和研修态度，经过本组成员的认真和努力，课例打磨中有课程专家推荐材料2次，指导教师推荐材料6次，另外还有，学习园地话题讨论得到指导教师推荐7次，随笔感言得到专家推荐6次，指导教师推荐6次，解明慧老师的随笔得到了课程简报的引用。这些成绩的取得离不开该组每个成员的倾心付出，我想，没有我们四个人的和谐相处，是不可能展现出如此的凝聚力和集体荣誉感的。

相信我们"F·慧文园英语团队"在我们四人的共同努力下，在领导和同事们的关怀与支持下，会日益增辉。

青岛湖岛小学携程团队活动记录表

活动时间：2011.5.24

团队成员	尚文花、陈园园、徐峰、解明慧		
活动主题	为陈园园参赛助力	活动地点	三年级（2）班教室
活动摘要记录	一、活动目的（解决什么问题） 陈园园老师将要代表学校参加四方区十万教师大练兵活动的英语课堂教学比赛，此次活动目的是通过听陈老师的试讲课，发挥我校英语团队的力量，帮助她磨课，为参赛的成功助力。 二、活动形式（备课、说课、听课、交流教学心得、论文撰写指导、课题研究指导、读书指导等） 听课、磨课 三、活动过程 1.5月23日上午第3节课，英语组成员尚文花、徐峰、解明慧来到三年级二班教室听陈园园老师试讲《Book6 Module10 Unit 1：There are fifty children in my class.》 2.课后大家聚在一起分别对这节课提出自己的一些见解和建议。 尚文花老师指出：帮忙制作爱心超市，最后拓展环节与我校的关爱主题相联系。 徐峰老师感觉学生不够活跃，课堂气氛有点沉闷，是否可以在导入环节中加入点Flash动画。 解明慧老师建议：在填完表格之后，可以直接让学生根据句型进行问答练习。 四、感想和体会 我们英语团队是一个非常团结、不计较个人得失的充满真情的集体，虽然力薄，但是互帮互助的热情是无限大的。		
备注	此表由团队成员共同记录，本次活动相关材料（教案）可附在表后。		

（五）牵手名师活动

近年来，学校从三个层面开展"牵手名师"工程。

第一层面是"与校外名师牵手"。用国内名师影响学校教师，我们分三步学习。第一步：牵手名师，感受名师风采——激发教改热情。每年教师在个人发展目标计划书中，确定自己牵手的名师，了解名师的成长历程，知道其"未名"之前就像现在的自己一样，激发教改热情。第二步：学习名师经验——找准学习点。揣摩名师教学特点，再和自己对照，就可以较深刻地体会到在哪些方面最需要改进。找好找准学习点，做到有的放矢，再在教学中实践，尽量改造自身课堂教学的薄弱环节，力争上好每节课。第三步：争创自身品牌——形成独特风格。对名师课堂，只有通过对其细节加以学习、模仿、反思、创新，才可能逐渐形成自身的教学艺术风格，从而逐渐向名师靠拢，甚至在某些方面超越名师。

学校召开"牵手名师，助我成长"成果交流会，通过对优秀教师课例的思考、品悟，关注优秀教师课堂教学中的精彩细节，形成"树名师、学名师、赶名师"的良好氛围，每位教师的"牵手计划"档案纳入个人专业成长袋，名师成了教师的榜样和前进的动力。

第二层面是"师徒牵手"。即实施青蓝工程，工作五年以内的青年教师和学校内的一名骨干教师牵手结对。带教师傅有计划地从分析教材、指导备课、课堂常规训练、班级管理等各方面进行细心帮教。要求徒弟每学期读一本教育专著、参加一次校内青年教师教学技能比武活动、上一节汇报课、参加一个小课题研究、每月递交一份典型案例的反思报告。我校先后组织区内语文学科名师左蕾、数学学科安军利、英语学科李薇与青年教师结对，这几位名师都分别有自己的名师工作室，依托名师的带动作用，学校八名青年教师跟随名师听课、评课、观摩课堂教学、参与教研交流、名师指导上课，都逐渐得到了成长和锻炼，朱琳老师工作不满五年已经多次执教区观摩课、刘晓东老师已执教区公开课、王春燕老师获得区教学能手、陈圆圆老师执教青岛市公开课。

第三层面是争创"校内首席教师"。学校制定《首席教师标准》，通过平日观察，家长学生评教，组织公开课、教学技能比赛，多听教师的常态课等形式，公平公正地选拔出那些热爱教育、追求事业、学识渊博、勤奋钻研的教师作为校内首席教师的后备人选。但更重要的是教师个人要有强烈的追求上进心，想成为首席教师的内在需求，所以学校要求教师自己申报校内首席教师。学校对照标准，确定校内首席教师的后备人选，通过各方面的考核，将首席教师后备人选确定为校内首席教师和骨干教师两个等级，分层培养。

【案例】

青岛湖岛小学校级首席教师评选标准

为了优化师资队伍建设，激发教师"唯实唯新、修业修身"的热情，提高校本教研和课堂教学的实效性，提升教师的职业幸福感，学校启动"首席教师工程"，并对首席教师实行动态管理。

一、指导思想

以培养合格教师为基本目标，以铸造专家型、学者型教师为高级目标，把"首席教师"工作纳入常规管理。通过"首席教师"评选活动，为每一位教师搭建一个展示个人才华的平台和发展空间，鼓励教师成名成家，形成独特教学风格，引导每位教师自主成长，追求卓越，并从中锤炼出一批有独特建树的知名教师，不断扩大学校的办学影响和知名度，以适应学校的发展需要。

二、评选范围

首席教师从本校在岗的一线教师中评选。首席教师评选比例为在岗一线教师的 15% 以内。

三、评选原则

坚持公平、公正、公开和实事求是的原则，注重教师职业道德，注重业务工作实绩，注重群众公认度，做到评选条件公开、评选程序公开、评选结果公开，同等条件考虑学科均衡，宁缺毋滥，成熟一个是一个。

四、评选条件

1. 具有教师资格，具有专科及以上学历，具有小学一级及以上职称，具有任教学科相应等级的普通话证书，教龄满三年。

2. 师德高尚，爱岗敬业，无私奉献，热情指导青年教师。

3. 教育教学质量高。近三年，所教班级的学科成绩突出，所带班级班风正、学风浓。

4. 教育教学能力强，课堂教学水平高。具有自身的教学风格与个性，在同行中有较高知名度。近三年在区或以上的各项教学比赛中获得过二等奖以上(含二等奖)。

5. 教研能力强。具有强烈的科研意识、浓厚的科研兴趣和强烈的科研参与欲；关注国内外的教育科研动态；能组织、主持一个或多个课题的研究与试验工作。近三年，有两篇以上论文获区级二等奖及以上奖项，或在正式期刊上发表（含课题）。

6. 区教坛新秀、骨干教师、学科带头人或市级以上的优秀教师优先。

五、评选程序

1. 本人申报：各参评教师向学校教师发展中心提出书面申请，并按要求上交有关评选材料。

2. 评审考核：学校教师发展中心对申报教师上交的有关评选材料进行审核。学校评审小组对申报教师的课堂教学水平进行考核，校务委员会根据评审考核综合情况研究确定校级"首席教师"。

3. 结果公示：对正式入选校级"首席教师"者公示三天。公示无异议者，即为青岛湖岛小学校级"首席教师"。

4. 以下情形实行一票否决：A. 师德师风、年度考核不合格的；B. 违法乱纪的。

六、"首席教师"职责

1. 具有良好的职业道德，模范地履行职责，教学成绩显著，在教书育人诸方面为全校教师做出表率。

2. 积极承担学校的教研任务。带动指导本学科教师积极开展教学研究，为全校教育教学服务。每年主持一项校级或参与校级以上课题研究，撰写专题研究论文或教学经验总结至少一篇，并达到区级论文评比二等奖以上。

3. 发挥示范辐射作用。每学期至少上一节校级或校级以上的公开课、示范课，做一次学术研讨专题报告。

4. 实行首席教师结对，每学期指导徒弟上一节研究课，为本校培养一名青年骨干教师。

5. 对外积极宣传学校的教育教学试验成果，努力为学校赢得更多的荣誉。

2012 年评选出的首批首席研究教师、团队成员及首席教师目标任务：

语文首席研究教师：王春燕　宋　平　成员：朱琳　周媛

数学首席研究教师：刘晓东　马红新　成员：崔秀琴　王新玲

英语首席研究教师：陈园园　徐　峰　成员：尚文花　解明慧

☆目标任务：其核心工作是学科教学研究，集体研究课程标准、教材、学科教学的衔接，同时及时解决各级部学科教学中的重、难点问题及学科本质问题，为各年级打造高效课堂搭建平台。

【案例】

追求不止　青春永驻

牵手名师　左蕾

"湖岛"——湖中之岛，这个词总是让我在清山秀水间浮想联翩，接到湖岛小学马校长"牵手名师"活动的邀请更让我心潮起伏。我知道名师要具有深切的教育情怀。要懂教育、爱教育、孜孜以求于教育。要有淡泊名利之心，要有心存高远之志；要把教育作为一生的理想和人生最大的乐趣，能够"静下心来教书，潜下心来育人"。我深知名师是一种荣誉，更是一种责任；名师应该是"星星之火"，用自己的"名"与"行"点燃和带动学科、学校和区域的教育发展。所以，我伸出我的手，来牵你们的手，不是因为我的手掌有多么宽厚，手心有多么温暖，而是因为我们

是教育一线的战友，我们在为教好我们的母语，实现祖国的教育大计而共同努力！

让我牵你们的手吧！教学中一起研究，实践中一起探索。一个人走，走得快，一群人走，走得远！

著名学者周国平先生说过："如果说成功是青春的一个梦，那么，追求即是青春本身，是一个心灵年轻的最好证明。谁追求不止，谁就青春常在。"在近日的远程研修中，我关注到了湖岛小学的研修明星——朱琳、周媛，那么多省级专家的关注和推荐，让这位工作仅仅一年的教师拥有了专业自信，能和这样的教坛新秀牵手，是我的荣幸！我也关注到了湖岛小学的教师团队，在众多学校中脱颖而出。能和这样的教学团队牵手，是我的荣幸！

那么，就让我也把手放到你们的手心，请你们也牵起我的手吧！让我们一起追求不止，让我们一起青春永驻！

名师结对活动记录

续　表

时间	地点	参加人员
2012.11.29	我校梦想中心	教研员王馨悦、平二小学教师李薇 陈园园、尚文花、解明慧、徐峰
活动目的	我有幸得到参与青岛市英语教学城乡交流活动的课例展示机会，特地联系结对师傅平安路第二小学的李薇老师对我试讲进行指导，争取能够进行优秀的送课展示。与此同时，这也是一次向名师学习、提高自我的大好机会。	
活动内容	PEP 教材 三年级英语第一册 第五单元 A 部分 Letters and sounds 的字母教学。课题为《Unit5 PartA：Oo Pp Qq Rr Ss Tt》。 我先独立备课，将电子版教案发给李老师看，经过李老师的建议，再次修改教案，今天的活动是在修改教案之后进行拓展环节和一些细节的推敲打磨，完善教案。	
活动小结	本次送课展示对于我来说很重要，全区只有三名老师有此机会，这意味着市区教研员对我英语教学能力的肯定，这也是我教学生涯的一个阶段性目标，所以，我竭尽全力地准备。李老师对我教案的指点，犹如雪中送炭，使我在磨课中少了许多纠结与困扰。最终我的课得到了胶南市教研员和诸位老师的赞许，也得到了我区教研员王主任的肯定和更高的指引。在此过程中，李老师对英语教学理念在教学实践中的把握实在令我佩服，我还需要不断学习与钻研。	

名师结对活动记录

时间	地点	参加人员
2012.3.8	青岛淮阳路小学	张元主任 左蕾老师 语文教师
活动目的		1.通过听左蕾老师的展示课,学习左蕾老师课堂教学中的亮点,以及左蕾老师的教育理念。 2.通过听张元主任的评课,加深对于"先学后教、以学定教"教学模式的理解,明确自己的前进目标。
活动内容		1.听左蕾老师的展示课,五年级下册课文《水》。 2.张元主任针对《水》的教学进行评课。 3.张元主任针对目前在实施"先学后教、以学定教"模式的过程中,产生的一系列问题及困惑做出解答,并指导我们下一步应该怎样进行,需要做哪些工作。
活动小结		本次外出学习活动,不但让自己能够一睹名师课堂的风采,学习了先进的教学思路和教学模式,还通过张元主任的评课和精彩讲座获得了宝贵的教育财富,在与名师左蕾老师交流的过程中,感受到了名师本身的文化修养和专业素养,为自己的前进找到了方向,也为自己尝试"先学后教、以学定教"的新教学模式打下了良好的基础。

（六）校园讲坛

校园讲坛是指教师对共同关心的教育教学问题进行探讨,由部分教师做主发言人,提出对问题的看法与感想,供其他教师进行讨论的一种形式。每次讲坛的形式视论坛的内容、教师的需求、环境氛围等要求而定。

外出参加各级培训的干部教师,通过校园讲坛,对全体教师进行二次培训;在教育教学方面有思想、有见地、有研究、有经验的老师,就工作所得登上讲坛;书友会的领读者、好书推介的积极分子也登上讲坛。通过校园百家讲坛这个平台,各种教育思想、教学实践探索的感悟、经验在这里汇集、交锋、交流、切磋、共鸣、共振,达到了既促进主讲者深入研究,又带给参与者深刻启迪的双赢目的。

【案例】

校园讲坛——"和谐教学法"的教学模式与听课反思

姓　　名：尚文花
学　　科：英语
单　　位：青岛湖岛小学
培训主题：全国三大教学流派中小学语、数、英"同课异构"专场展示活动
培训日期：2012 年 3 月 24 日—2012 年 3 月 26 日

培训地点：青岛经济技术开发区实验初级中学

二次培训时间：2012 年 4 月 11 日

3 月 23 日至 27 日，我参加了全国三大教学流派在青岛经济技术开发区实验初中的同课异构培训活动，聆听了三大流派的创始人——辽宁的魏书生、天津的王敏勤、江苏的邱学华的专场报告，他们分别介绍六步教学法、和谐教学法、尝试教学法。今天我选择王敏勤教授的和谐教学法与大家一起分享。

王敏勤，男，1952 年生，山东省桓台县人，"和谐教学法"的创立者。现为天津市教育科学研究院基础教育研究所所长。王敏勤从 1986 年开始搞教学实验，已主持完成了全国教育科学"九五"规划课题和"十五"规划教育部重点课题，目前正在主持中国教育学会"十一五"规划重点课题。

和谐教学的内涵：帮助学生从学习中找寻规律。

所谓和谐教学就是按照系统论的观点，在教学活动中，力求使教学过程诸要素之间以及教学过程与教学环境之间始终处于一种协调、平衡的状态，从而提高教学质量，培养学生的创新精神、实践能力和自学能力，使学生的基本素质和个性品质得到全面、和谐、充分的发展。

王敏勤认为，首先，和谐教学是一种教学的指导思想。在教学的过程中，各种教学要素如果配合得合理、恰当，达到一种和谐的状态，它们就会形成一种合力，促进课堂教学质量的提高，促进学生素质的健康发展。相反，如果它们配合得不够合理，就会形成一种分力，每种要素不但自身的优势不能发挥，还会抵消别的要素的功能，直接影响课堂教学的效果。其次，和谐教学是一个动态的过程。教学过程中各种要素从不和谐到和谐，又会出现新的不和谐，从而在更高的层次上达到一种新的"和谐"。正是这种矛盾运动，推动了教学过程的不断发展，使教学过程处于一种动态的平衡与协调状态。教师的作用就在于准确把握各种教学要素和环境的变化规律，及时调整各种要素的搭配关系，使教学过程始终处于一种动态的和谐状态。

随着研究和实验的深入发展，王敏勤又提出了和谐教学整体建构的原则。和谐教学不仅把教学过程看作是一个系统，它把教学内容也看作是一个系统，要求学生在整体感知教材、理解教材的过程中，尽快找到解决某一类问题的方法和规律，做到举一反三，提高学习效率。

传统的教学观认为，人们认识事物的规律是先部分后整体，所以在教学中也总是先部分后整体。而王敏勤认为人们认识事物的规律是先整体、后部分、再整体。所以在教学中也应该是先整体、后部分。根据整体建构的原则，在一个学段的开始，教师要引导学生粗知一个学段的知识结构；在一个学期初，教师要引导学生粗知一册教材的知识结构；在一个单元（章）初，教师要引导学生粗知一个单元的知识结构。而每学完一个单元要及时回归到整册教材的知识系统，学完一册教材要及时回归到整个学段的知识系统。在一节教材或一篇课文的教学中，要求教师一开始就要把主要学习任务(而不是次要任务)交给学生，要求学生从整体上去思考问题的解决，完成了主要任务再完成次要任务。这样目标明确，直奔主题，课堂效率高。

学生在解决问题的过程中，可以借助知识结构图理清教材的思路和各部分知识内在的逻辑关系。知识结构图的形式多种多样，如知识树、线状图、网状图、表格、简笔画等，可根据教材的内容和特点来设计。如一个学段的一个学科可以画一棵知识树，每一册教材也可以画一棵知识树，知识树可以挂到教室的墙上，学生一入学就要让他学习这一知识树，让他知道在小学阶段或初中阶段语文学科或数学学科要学习哪些知识，要学习的每一部分知识都是这棵知识树上的一个分枝、一个叶片、一个果实。

最初，和谐教学的课堂教学模式分为三个阶段八个环节，即：一、准备阶段，包括身心准备和知识准备两个环节；二、导学阶段，包括明确目标、自学讨论、艺术精讲三个环节；三、应用评价阶段，包括激活练习、达标测试、推荐作业三个环节。在准备阶段的"身心放松"环节是和谐教学的特色。

随着课改的深入，王敏勤教授将课堂教学的"三段八环"转化为"四环节"。"四环节"的教学模式与原来的"三段八环"相比，更便于教师操作，强调课堂教学的整体性原则，注重提高课堂教学的效率。

一是导入新课，明确目标。教师在导入新课后，要向学生出示或说明这堂课的学习目标。

二是自学指导，整体感知。教师提出自学的要求，指导学生自学教材。在自学的过程中本着先整体后部分、先宏观后微观的原则，先整体感知、理解教材、直奔主题，不要在细节上下功夫。教师在指导学生自学时要做到四明确：明确时间、明确内容、明确方法、明确要求。这样学生才能高效率地自学。学生在自学的过程中可借助知识结构图（纲要信号）来理清课文的主要结构和解决主要问题。

三是检查点拨，探寻规律。教师在检查学生自学效果时，不仅要看学生对教材的掌握情况，更主要的是引导学生寻找教材的规律和解决这一类问题的方法，培养学生整体思维的习惯和解决问题的能力。

四是练习达标，拓展提高。学生通过自学和讨论（包括教师的点拨），初步找到了解决这一类问题的规律和方法，然后运用这一规律和方法进一步理解和分析教材，完善和巩固学习的知识和方法。

听了专家的讲座之后，3月26日上午，天津市河东区实验小学张伟老师采用"和谐教学法"，上了一堂英语展示课。张老师将和谐教学法的设计步骤在教学中一步一步给我们展示，让我们对和谐教学法的操作过程有了一个清晰的由理论到实践的全新认识。

在这节课中，张老师先出示知识树，说明本节课所教授的内容在知识体系中的位置。在教学各环节，边学习，边过关，设计了五个过关的小检测，在检测中，老师的设计非常细腻，环环相扣。在这节课的设计中，教师将一些平日的操练形式进行了更新，非常新颖，便于我们教师在课堂中操练，使操练形式更加有效实用。比如这个操练环节：read, ask and answer, silence，教师将这三项指令分别写在一个三角形立体纸模型上，老师随机转动，学生按题目要求操练本课的重点句型，既有读句子，也有根据句子内容提问并回答，还有无声训练，这可以最大限度地调动学生的参与积极性与注意力。这样的小细节放入我的课堂，一定也会促进我的教学。

这节课的任务设计首尾呼应，贯穿始终。开课之初，教师通过询问学生的喜好，承诺学生闯关成功给学生看卡通故事：柯南。学生经历五次积极参与的闯关比赛之后，教师兑现了承诺，学生看到卡通故事。教师接着又对学生提出帮助破案的请求，案件中有四位嫌疑者，教师巧妙利用学生喜爱柯南，爱破案的心理，在生活中找寻嫌疑者的方位，以及他们做的事情。学生利用文本中的重点句子：where did he go？ what did he do？根据与教师的交流，最终找到了嫌疑者。教师巧妙的任务性教学，既没有流于形式，又在任务的完成中与学生进行语言的交流，符合六年级学生的心理特点。

总之，这节课的设计，环环相扣，扎扎实实。这次的培训也是既有理论的指导，又有实践操作的展示，让我从培训和听课中受益颇深。

【案例】

校园讲坛——市北区中小学教学管理高级研修班培训

青岛湖岛小学　张颖

2013 年 11 月 14 日—11 月 20 日，我有幸参加了"市北区中小学教学管理高级研修班培训"，在历时八天的专题培训中，我们先后听取了浙江省教育厅教研室副主任张丰的《从问题到建议——基于实践的研究方法》、杭州余杭高级中学原校长沈毅的《课堂观察——走向专业的听评课》、上海师范大学郑杰的《超越质量、提高效能——如何做好中层》、上海市静安区教育学院附属学校校长张人利的《后"茶馆式"教学——"轻负担，高质量"的实证研究》、上海市打虎山路第一小学校长卞松泉的《用课程引领师生共同发展》、上海市甘泉外国语学校校长刘国华等专家名校长的专题讲座，考察了上海瀚文小学、上海静安小学、上海静安教院附校、上海向明中学等多所名校。虽然这次考察学习活动已经结束了，但所参观的学校的校容校貌、教育理念、办学特色、师生风采无不给我留下了深刻的印象，使我感触颇深，内心久久不能平静，胸中似有千言万语，却无从下笔。沉静梳理了自己的思绪之后，使我更加清楚地认识到，新时期教学管理工作应具备一定的技巧和素质。下面我就从以下几个方面谈谈这次考察学习的一点感受和体会。

一、发展需要目标规划

上海教育一直走在国内教育的前沿，面对他们全球化的视野、人性化的管理、精细化的操作，我首先感到的是震撼，在我们还在为标准化学校而纠结的时候，上海的学校已经把目标锁定为教师发展学校；与此同时，我感到的是专业，无论是学校的硬件设施、制度结构、课程设置，还是校园布置，都透露出浓浓的教育味。发展需目标规划，不能谋全局者不能谋一域，不足谋万世者不足谋一时。"目标规划"的字面含义是自高端开始的总体构想。学校愿景是一个系统性工程，发展目标就是要自上而下，但必须要有自下而上的动力，要通过社会各个利益群体的互动，让利益相关方都参与进来。学校如果能够激发起来自基层的动力，来自各年级组、教研组、备课组，甚至每一个教师的动力，发挥大家的创造性，学校发展就没有什么坎过不去。正如改革开放的成功，恰好是"目标规划"呼应了来自基层的强大发展冲动。这个冲动最早的萌芽来自安徽小岗村，几个农民盖个手印家庭联产承包。小岗村的农民万万没有想到，他们实际参与至少是切实推动了中国新一轮发展、改革的发展目标。

二、真正的教育是以学生为本的教育，素质教育才是教育的归宿

实施素质教育是当前我国教育的主旋律，新课程的实施和教改理念的不断实践，成为落实素质教育的助推剂，教师和教育教学管理者是教育发展、学生成长的生力军。应着眼于学生的发展和学校实际确定办学目标，实施国家课程优化落实、地方课程整合渗透、学校课程特色育人的办学理念。在学生学习文化知识的同时，兼顾实践能力与创新意识，大到学校的硬件设施，小到校园中的一草一木，无不展现着良好而又务实的育人氛围，无不体现着素质教育旺盛的生命力。例如：学生的手工制作展示、各种功能室的利用、用系统论的观点管理学校等使学校的发展步入良性循环的轨道，取得了很好的教育教学成绩。教育就是塑造人，让学生享受高起点、高品位的德育，培养学生良好的品质与坚强的意志，成为有人性的人。相比之下，我们以前在管理潜意识之中还

是只看重学生的成绩，在育人方面缺少创新和实践，在教育教学管理方面为学生德育方面的发展创造的条件还不够。他们用教育者的教育智慧，辛勤的汗水形成的教育规模、管理风格和办学特色把素质教育演绎得淋漓尽致，大气豪迈而又自信！

三、教育的成功源自教育细节的成功

学校是教书育人的场所，草率、粗放的校园环境无疑对学生有着潜移默化的伤害。我们所参观的校园环境优美，建筑设计布局合理，校园文化氛围浓厚。办学理念、校训、安全疏导美观醒目，师生的绘画作品、书法作品、小制作、工艺品等在细微之处体现着教育管理者为学生才能的展现和拓展所做的努力与良苦用心。这些做法对我们都是一种启发和提醒，如果我们在这些方面进入了一种常规教育的话，那么对学生身心的健康成长、才能的展现无疑是一种促进。

四、提高自身基本素质，做学生的良师益友

教师的一言一行、一举一动都直接对学生起着潜移默化的作用。自古以来就强调身教胜于言传，要求学生做到的，教师首先做到，而且要做得更好，更具有示范性，在无形之中为学生树立榜样。同时教师还要善于创新，做到以德育德、以个性育个性、以创新育创新。要想做到这些，教师还要不断地完善自己，不断地学习有关知识，提高自身素质，严于律己，以身作则，才能在学生中树立实实在在的形象。著名教育家魏书生说过："教师应具备进入学生心灵的本领。育人先育心，只有走进学生的心灵世界的教育，才能引起孩子心灵深处的共鸣。"所以老师要善待每一个学生，关爱每一个学生，把学生当作自己的孩子，当成自己的朋友，给学生以心灵的自由，多与每一个学生接触，缩短师生间的心理距离，与学生打成一片，切实走进学生的心灵，做学生最信任的领路人。

五、教师善于引领，把课堂还给学生

教师肩负着既教书又育人的重任。首先，教师要有严谨的治学态度、雄厚的学科专业知识和广博的科学文化知识。其次，教师还要以学生的视角组织教学，把握教育内涵，突出学生主体，关注学生的知、情、意、行，促进学生"主动发展""全面发展""愉快发展"。第三，学校课程与制度建设要增加动态元素，尊重与关爱学生意识，让制度变制约为服务，在人性化教育管理中养成良好的学习习惯，得到良好的教育。

六、关注教科研，以教研促进改革

教育科研是学校发展的"助推器"，与学校实际工作相结合是其强大生命力的主要体现，它可以将学校的各条线及相关工作进行整合，从理性的角度思考学校工作，推进学校整体发展。如果说教育科研是学校发展的"助推器"，

那么课题研究就是"助推器"的"助燃剂"。在实地考察的学校里，在教科研方面有前瞻性，能够"咬定青山不放松"，一个课题一做就是十多年的学校在列。为什么一个课题能做这么多年？我想其中一个重要原因就是课题始终以解决学校实际问题为出发点，与各科室各条线的工作紧密相连，并得到了教师的高度认可，在研究的过程中又确实解决了一部分实际问题，因此有强大的生命力。

上海的培训是短暂的，但是对我们的影响是深远的，它是一场教育的"头脑风暴"。而我们的观点是要把上海教育的先进理念，结合学校的实际情况，进行借鉴、移植与变通，并落实到教育教学的实际行动中去。唯有如此，培训方有实效，学习才有价值。

当然，上海的教育针对的是上海的教育现状，尽管教育有共通之处，教育规律有普适性，但是上海教育的经验并不能解决所有的教育问题，依托自身实际，深入教育改革，实现学校发展，是我们管理层要迫切解决的现实问题。

上海之行带给我的影响与思考是深远的。感谢教育局给了我们所有学校的副职这样高层次的培训机会，相信我们可以做得更好。

七、观摩研讨活动

这种模式分为两个层面。

一是校内的观摩研讨。以课堂实践为基点，着力解决课堂教学中的某些问题。以教师在教学实践中所遇到的困惑或是需要解决的问题为主题，组织教师观摩根据主题设计的示范课例。带着问题听课，把握课例中的得失，为研讨做好准备。示范课结束后，先请执教教师围绕研讨主题，以说课的形式介绍课例设计的依据，然后由教师结合课例进行广泛、深入的研讨。

二是组织教师外出观摩各种类型的公开课、研究课、示范课，考察其他学校的教育教学改革实践，以获取可借鉴的经验和做法。考察调研要事先制订具体计划，列出调研提纲，结束后要分析材料，认真归纳总结，以探求规律性的东西。外出参加考察调研的干部、教师回来后都要在教研活动中进行专题汇报。

【案例】

校内观摩

2014 年 12 月，我校举行了"三点梳理、主题阅读"课堂教学推进会，黄华、朱琳两位老师分别执教了观摩课。随后，学校采用国际流行的"焦点讨论法"漫游挂图的方式引领老师们反思听课心得，深入问题探讨，在智慧分享中确定出下一步的行动策略，推进了学校的"三点梳理、主题阅读"研究。

"三点梳理、主题阅读"课堂教学推进会议程

环节	内容	人员及活动	时间
一	开场白	王华 本次活动的意图、原则（激励原则、有感而发、聚焦主题、为错误欢呼、放下面子）	2分钟
二	执教教师述说设计意图	朱琳、黄华	8分钟
三	评课	全体语文教师	37分钟
	1.听课（上课）后，哪个画面或哪个环节给你的触动最大？这个画面或环节是怎样的？	参与教师两人一组说。 请两位教师说说。	2分钟
	2.通过对两节课的观摩，您认为"三点梳理、主题阅读"的优势在哪些方面？可以用两三个关键词或一句话来说说。 3.对"三点梳理、主题阅读"研究，您认为自己做得不错的是什么？ 4.您觉得自己需要改进的是什么？ 5.需要同伴、学校的什么支持？在什么情况下？ 6.您下一步会做哪些尝试？	1.参与教师按一二三四五报数，分成五个小组。 2.每位教师对五个挂图上的问题进行思考，用两三个关键词或一句话来表达，粘贴到漫游挂图上。 3.每个小组整理一个挂图，把大家的意见进行梳理分类并归纳，一名代表介绍。 4.王华记录第五个问题。	漫游挂图15分钟 整理交流、评优15分钟
	7.总结评优。	每位教师依次对四幅漫游挂图中的最佳意见画"正"字。各小组派一名代表负责介绍最优意见。	5分钟
四	结束环节		5分钟
	1.请用一句话来说说本次活动的感受或心情。每个人轮流说。	全体参与教师	4分钟
	2.布置任务：根据观摩课和今天的交流分享，设计一节"三点梳理、主题阅读"，周五交电子稿，下次学科教研活动时交流。	王华	1分钟

附

课堂评估表

各位老师，学校本周推进了"三点梳理、主题阅读"，大家观摩了黄华、朱琳老师执教的课。为更深入地反思听课，改进教学行为，落实学校的语文教学研究，请您根据以下问题的引导，认真地梳理听课感悟。

1. 您认为"三点梳理、主题阅读"的优势在哪些方面？

2. "三点梳理、主题阅读"研究中，您最欣赏自己做得不错的是什么？

3. 在"三点梳理、主题阅读"研究中，您觉得自己需要改进的是什么？

4. 您需要同伴、学校的什么支持？在什么情况下？

5. 对深化"三点梳理、主题阅读"研究，您下一步会做哪些尝试？

"三点梳理、主题阅读"课堂教学推进会主持稿

时间：2014 年 12 月 15 日周一下午
准备：电子屏、黑板、即时贴 17 本、笔 17 支、磁块、课堂评估表（17 张）、小凳 20 个（围成圈）、漫游挂图 5 张（确定好主题）
地点：梦想教室
摄像：盛晶晶
主持人：王华

一、开场白

各位老师，下午好！学校上周举行了"三点梳理、主题阅读"推进会，大家观摩了朱琳和黄华老师执教的两节课，今天这次教研活动我们将运用"焦点讨论"的方式帮助每位教师反思听课心得，共同制订下一步课堂教学行动计划。

今天我们这样的围坐是国际流行的工作坊的方式，工作坊的宗旨是进行自我觉察，发现自己、他人的优点。

您对本次教研活动有什么期待？（2～3 名老师说。）

工作坊有一些基本原则（粘贴在黑板上）:YES、AND、有感而发、聚焦问题、

为错误欢呼、放下面子等。各位老师有不明白的吗？（如有不明白的，进行简要的解释）

二、执教教师说教学意图

下面我们由两位执教老师来说说自己的教学设计意图。（每人约 4 分钟）

三、评课

下面我们进入评课环节。

1. 听课（上课）后，哪个画面或哪个环节给你的触动最大？这个画面或环节是怎样的？相邻的教师两人一组互相说。

哪位教师愿意跟大家来分享一下刚才您的意见？（两位教师说）

听课后你的内心发生了什么变化？

2. 分组

下面请老师们按 1、2、3、4、5 分别报数，请记住您所报的数字。

数 1 的老师为 1 组，数 2 的教师为 2 组……以此类推，分为 5 个小组。

请每个小组分别站到一幅挂图下。

3. 讲规则：接下来我们采用漫游挂图的方式来进行，每位老师 5 幅图都要看，并回答每一幅图上的问题。对挂图上的问题有一个想法就写一张即时贴，有两个想法就写两张即时贴，写完后贴到相应的挂图上。完成后请站到自己开始所在的挂图下。

4. 做法：

教师开始漫游。（15 分钟）

现在请每组教师对面前的挂图进行分类整理，也就是把大家的想法或建议进行分类。最后每组由 1 名代表对分类整理的结果进行介绍。（10 分钟）

主持人对问题 5 的整理结果进行记录。

5. 总结评优：

这是我们大家提出的下一步尝试的分类整理，下面我们大家按次序对这些尝试进行优选，把你认为最好的做法画"正"字，可以选一个做法，也可以选两三个做法。（5 分钟）

四、结束环节（4+1=5 分钟）

1. 最后请您用一句话说说本次活动的心情。

2. 根据观摩课和今天的交流分享，设计一节"三点梳理、主题阅读"，周五交电子稿，下一次学科教研活动时交流。

3. 最后，请把即时贴、笔、评课表留下，今天的活动到此结束。

【校外观摩案例】

"先学后教、以学定教"及"三点梳理"在课堂教学中的体现
——山东省第六届小学数学教学能手评选活动听课总结

青岛湖岛小学　刘晓东

今年有幸赴滨州参与了山东省第六届小学数学教学能手评选活动的听课，多名不同教学风格的老师给我留下了深刻的印象，感受很多，对我个人的教学工作有很大的启发和帮助，我结合我区的教研主题激情课堂"教学十点要求"、"先学后教、以学定教"和我校数学课堂教学"三点梳理"谈一下我的收获。

"三点梳理"是我校今年在数学教学中，要求任课教师在备课的时候认真钻研教材，分析本课的新旧结合点、自主探究点和链接拓展点，旨在让学生利用已经学过的知识、方法来解决新问题，体现学生思维的连续性、数学知识的连贯性；自主探究点就是要充分发挥学生在课堂上的主体作用，让探究性学习、小组合作学习真正发挥作用，体现"先学后教、以学定教"；链接拓展点一方面将课堂知识生活化，生活问题数学化，另一方面，针对本课所学知识拓展一些数学史等方面的内容，开阔学生的视野，体现数学的价值。

激情课堂之精神饱满进课堂。

前来上课的每一位老师都是衣着大方得体、精神饱满。我知道，他们之前准备课的时候肯定很累，因为上课的老师都是提前两天抽到课题，然后备课、准备教具、见学生……即使这样，他们走进课堂的时候仍然是面带微笑、精神饱满，他们都用极富亲和力的开场白让学生在快乐中开始数学课。一位二年级的老师用了猜谜语的方式来调动学生的积极性："总"的左边加耳朵，学生猜出来是"聪"之后，老师巧妙地把这个字进行了分解，加上动画，左边是耳朵，"总"上面的两笔是一双大眼睛，然后是一张嘴和一颗心，告诉学生要做一个聪明的孩子就要用耳朵好好听、用眼睛认真看、用嘴巴大声说、用心记。并且给情境图中的两只大熊猫取名为聪聪和明明，直接进入到情境中，为聪聪和明明分10个竹笋。这一点是值得我们学习的，对每一名一线的老师来说，我们平时有太多的事情，课下我们要备课、批作业、辅导学生、开会、教研，还有的数学老师担任班主任或其他职务，也许在上课之前会有很多的情绪，但是我们真的是应该把情绪放下，展现给学生一个最佳的状态，让学生从老师充满阳光的微笑中感受到温暖与激励。

激情课堂之课堂提问精设计。

每节课至少设计两个有价值的、开放性的、具有思维含量的问题，减少机械性的无效提问；教给学生质疑方法，鼓励学生质疑，点拨学生困惑点，促进学生求异思维和发散思维。这是课堂教学十点要求中的内容。在我听的课中，不少老师的提问非常有效，比如在二年级"认识平均分"的课上，10个竹笋要分给两只熊猫，你想怎么分？有个学生说哥哥、弟弟各5个，老师直接追问："你是怎样想的？"学生回答："让他们吃得同样多。"还有一位老师在认识了平均分之后，让学生举例，然后老师把学生举的例子用一年级学过的数的分成来表示：

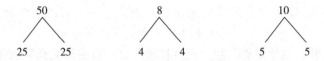

学生说出了把一个数平均分成两个数的几个例子之后，老师直接问："谁能再说一个与众不同的？"对于二年级的孩子来说可能稍微有点难度，老师提示了一下："6块糖，平均分给3个人。"这一提示，学生的思维就被打开了，后面就出现了精彩的回答，充分体现了学生对平均分理解十分透彻。

"三点梳理"之"新旧结合点"的体现。

教材在编写的时候都遵循了由易到难的原则，前后知识都存在着密切的联系，在教学的过程中，学生不一定能够找到新旧知识之间的联系，教师就要很好地成为学生学习新知识的桥梁，使学生的思维、知识、学习方法等能够很好地衔接起来，使新知识融入已有知识的网络。我们知道平行四边形的面积推导过程，是在学生学习了正方形面积的计算和平移的基础上进行操作的，同时，平行四边形面积的计算又是三角形、梯形面积计算推导过程的基础，其中蕴含的转化的思想也是一种重要的数学思想方法。听课的过程中，有四位老师讲了平行四边形的面积，在开始的时候，先让学生猜一猜，图中所示平行四边形面积有多大？

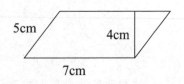

学生给出了不同的猜想，其中有 $7 \times 5 = 35$（平方厘米），学生是基于长方形的面积计算公式进行猜测的，虽然这是一种错误的答案，但是学生这种将旧知识迁移到新知识的学习上来的想法还是值得肯定的，只是这是一种负迁移。然后老师就让同学们在小组里用学具来动手操作验证，将平行四边形剪切、拼接成一个长方形，进而利用转化的思想，根据旧知长方形面积的计算公式推导出平行四边形面积的计算公式。

同样，在推导圆的面积的计算公式的时候，老师同样引导学生运用了转化的思想方法，这次是数学学习方法的新旧结合。还有，将 20 个桃子，平均分给 5 只小猴，每只小猴分到几个桃子？有一个学生回答，我用算一算的方法，$4 \times 5 = 20$（个），这个学生用了刚刚学过的表内乘法来解决这个问题，正是新旧结合的体现，同时也为后面的除法的初步认识打下基础。

"先学后教、以学定教"和"三点梳理"之"自主探究点"的体现。

苏霍姆林斯基说："人的心灵深处，都有一种根深蒂固的需要，这就是希望自己是一个发现者、探索者，在儿童的精神世界里，这种需要则特别强烈。根据儿童的这一心理特点，在教学中要让学生充分地动手操作、积极地自主探索和大胆地合作交流，让学生亲身经历观察、实验、猜测、验证、推理、交流等数学活动，从而培养学生自主探究的能力。在新课程改革的背景下，小学数学教学更是一个充满个性的活动。所以，教学必须以学生自主发展为本，认真对待每个学生的个性差异，给学生最大的发展机会，形成一种让学生主动探求知识并重视解决实际问题的积极的教学方式和学习方式。在我们听的课中，老师都用了自主探究、小组合作学习的方法，在这里我结合几个例子谈一下自己的感受：

小组合作对低年级学生来说比较困难，有一位讲二年级课的老师在让同桌合作的时候，是这样要求的，20 个桃子，平均分给 5 只小猴，同桌两人用你的学具摆一摆、分一分，看看每只小猴分到几个桃子？老师为学生提供了这样的题纸：

这样明确地为学生展示出分组情况，学生操作的时候就有了方向性，学生

也就给出了几种不同分的分法。并且，这样的形式，后面学生展示自己的分法的时候也是很清楚，学生上讲台说自己的分法非常棒："我先给第一只小猴1个桃子，再给第二只小猴1个……"老师的这种结合学生年龄特点的小组合作学习引导值得我们学习。

在可能性的教学中，收集数据的环节，老师让每个小组用白棋子和黑棋子（白棋子多）进行实验，如果连续摸20次，摸到什么颜色棋子的次数多？六人小组分组探究。为了更清楚地交代合作要求，老师给出温馨提示：1.组长组织记录，其他同学轮流摸棋子。2.每人连续摸4次。3.每次摸一个棋子，记录颜色后放回袋子，组长摇一摇后再摸。4.用"坐端正"告诉老师小组已经完成。

白子个数	黑子个数	摸到白子次数	摸到黑子次数
结论			

这样一次有效的小组合作学习得益于老师明确地给予学生学习指导，结合三年级特点，老师给出了详细的统计表辅助学生得出结论。

而在六年级圆的面积一课中，自主探究学习，老师放手比较大，完全是学生在探究，老师没有过多的提供指导。老师让学生用手中的学具折一折、剪一剪、拼一拼，看能把圆转化为哪种图形？学生通过和小组同学的交流、探索，将圆4等分、8等分、16等分，转化为近似平行四边形，更有的小组转化为梯形，然后教师用多媒体演示等分成很多份之后拼成近似长方形，进而学生根据长方形面积计算公式推导出圆的面积计算公式，学生获得极大的成就感。

"三点梳理"之"链接拓展点"的体现。

数学本身是一门应用性很强的学科，仅限于知识的讲授不能让学生感受到数学学习的意义，数学学科中的很多思想方法凝结了几代数学家的汗水，在课堂上让学生充分感受数学的应用性，了解数学史也是数学体现教育价值和应用价值的重要方面。在这次的课堂上，有不少老师就将数学的生活化、数学的历史引进课堂中，让学生的知识面得到拓展。在二年级平均分一课中，有一位老师给学生出示一组关于平均分的图片：太极图、拔河、大阅兵展示生活中的平均分。可能性的教学过程中，老师们引入了科学家对抛硬币实验结果的论证。2、5倍数的特征一节课中，老师让学生猜一件衣服的价格。圆的周长的课上，老师为学生拓展了圆周率的来历。方位和图形一节课中，老师结合山东省地图，让学生说一说济南、青岛、滨州三地的位置关系……

除此之外，有几位老师在课堂上的几处小细节也给我留下了深刻的印象。

来自济宁的朱琳、叶老师讲圆形的周长一课时，先给学生出示小蚂蚁沿着树叶爬行一周的动画，然后问："小蚂蚁是从哪儿开始爬的，沿着什么爬？到哪儿结束？"让学生带着问题再看一遍。这种让学生带着问题看的要求，使学生更明确了观看任务，对图形周长有了初步的认识。来自威海的于爱敏老师在给学生布置小组学习任务之后，问："老师说明白了没有？"而不是："你听清楚了没有？"

在和老师们学习的同时，也有几个问题我觉得值得商榷，首先是大部分老师由于上课用的不是自己的学生，造成了时间不够用，练习环节很少，甚至没有练习，感觉有点可惜。其次，青岛版教材是由情境串引出问题串，在解决问题中学会计算，但是在我听的圆的面积、圆的周长、平行四边形的面积的课上，有的老师没有运用情境图，有的老师刚开始的时候用了，问题也引出来了，但是问题还没解决完，只是求出图形面积，并没有解决一共放养了多少尾虾苗这个问题就下课了。最后，课堂上，老师的评价语不是那么丰富，特别是低年级的课，学生一节课上几乎没有得到奖励。

以上几点是我的不成熟的看法，旨在提醒自己的教学要时刻注意每一处细节。通过此次听课，我接收到了比教学方法更重要的东西，那就是孜孜不倦、严谨求实的教学态度，希望自己会时刻严格要求，做一名优秀的数学教师。

【校外观摩案例】

投入地教一次，忘了自己
——"青岛市小学英语教师素养提升阅读教学研讨会"体会

青岛湖岛小学　解明慧

清晨，在"吹面不寒杨柳风"的轻拂下，我参加了在上清路小学举行的为期一天的"青岛市小学英语教师素养提升阅读教学研讨会"。仿佛一缕缕春风，吹动了我久眠的心灵，多年的教学困惑突然间醍醐灌顶般醒悟了——哦，原来语音是可以这样教这样学的啊！

教学20多年，见过的专家、听过的报告，即使不能和我教的学生数目画等号，至少也已经是心如止水波澜不惊了。到了我这个年龄，倘若没有令我脑洞大开的新发现新见解，讲座——一般的讲座，是很难让我甘心倾听，由衷点赞的。

今天，一位名叫瑞格的全国知名外语教学培训专家，做了一场主题为"How to take Your Students On A Reading Journey"（如何带领学生踏上英语阅读之旅）的讲座。

说是讲座，倒不如说是瑞格的现身说法更合适。

金色的头发，蓝色的眼睛，一件深蓝色短袖衬衫配着一条浅色的领带，干练而帅气，这是一个刷脸的时代，虽然凸出的啤酒肚彰显出已经发福的瑞格不再年轻，但是他的讲座，不，应该说是他的课堂，却像被孙悟空拿着假芭蕉扇越扇越旺的火焰山，随时都可以让人感受到撩人的热度。在两个时段的展示中，瑞格如全国劳模一般兢兢业业，活力四射，精彩纷呈，卖力又卖萌。唯其如此，强大的个人魅力感染了每一位在场的老师，矜持如我，也跟着他又唱又跳的，彻底做了一回老顽童。

学了10多年英语，又从事了20多年的英语教学，但是很惭愧，我的英语还只是跟外宾勉强交流的水平，而瑞格，21岁学汉语——世界上最难的语言，如今不过十几年，他的汉语已说得相当流利。实际上，他自己本身就是一个学习语言的 model(示范)。

瑞格的展示课分为两个时段：Learn to Read—The Three Pre-requisite Skills for Reading （学会阅读——英语阅读之前的三个必备技能）；Read to Learn—Applying Reading Skill to Process and Understand Texts（用阅读去学——如何运用阅读技能处理、理解文本）。

瑞格根据语言学习规律，以丰富的教学经验和幽默风趣的教学方式，让我们每一位老师充分认识到 Phonics & Sight Words 教学对学生英语学习的重要性。

展示课上，瑞格结合具体的案例阐述如何开展 Phonics 教学活动：Phonics should be taught early, explicitly, systematically and consistently; 在 Sight Words 教学方面，瑞格提出了量不宜过多，应采取循序渐进的原则。这期间，英文中夹杂着流利幽默的汉语吐槽，很是拉风。

此次讲座，瑞格重点推荐的是 Phonemic 自然拼读法，要旨是通过让学生学习 26 个字母及字母组合在单词中的发音规则，建立字母、字母组合与发音的感知，让学生在轻松愉快的氛围中，了解和学习英语字母组合的规则。从而让拼读规则逐渐内化成为学生无形的阅读能力，让学生在今后的阅读实践中实现自我学习和自我提升。

听完瑞格的讲座，我似乎感到贲张的血脉，在催促着时间马上快进到九月份，那时，我将重新带一年级；那时，我要投入地教一次，忘了自己。在教学实践中，努力探索 Phonemic 自然拼读法给学生带去的翻天覆地的变化，以及 take My Students On A Reading Journey 让学生在一年级就奠定将来阅读的基石。

（八）学术沙龙交流

学术沙龙就是教育科研人员、学校领导、教师在平等、自由、轻松的气氛中探讨学术问题。学术沙龙作为一种行之有效的沟通思想的方式，对于开阔教师思路，促进教师发展有着重要的影响。

学校邀请有关专家、学者、学术权威来校举行专题讲座。专题讲座的内容以当前教育教学改革的热点、难点问题为主，使教师对教学中的一些问题产生深刻的认识，并且促使教师以此为契机，全面反思自己的教学。

学校多次邀请青大师院、教科所专家来校进行校本研修沙龙活动。校本研修沙龙活动以课堂展示、自我陈述、同伴互助、专家引领的程序进行。首先由一位青年老师进行课堂教学展示，听课老师课前都安排了不同内容的课堂研究问题，用自己的智慧去捕捉课堂所呈现的质的研究的教育教学行为。然后，听课老师分组针对研究问题，进行探讨、交流、展示，老师们的见解独到、深刻，呈现出在具体教育情境中互动交往、不断创造内容与建构意义的过程。最后，专家以生动的语言，就校本研修开展的总思路、主要任务、具体措施，以及实践操作方法提出了许多做法和建议。沙龙活动内容充实，精彩纷呈，对学校今后如何进一步提高校本研修质量，起到了很好的导向作用。

（九）教师专业发展日

确立教师专业发展日、发展月，是为教师的专业发展提供一个平台，其意义不只是关注教师的这一天、这一个月，更多的是关注发展日、发展月前"准备和实施"的过程，关注发展日、发展月后教师的反思和升华，尤其注重的是，教师日复一日、持续不断地革新和永无止境的探索。为此，我们与传统的校本培训、教研活动、政治学习等整合，将每周三定为"教师专业发展日"，为教师提供体验专业化的机会，并将"专业发展日"作为成长日，聆听信息，述说表达观点，反思教学行为，体验研究乐趣。将研究的态度融入到自己的日常工作中，从而获得具体、实在的发展和亲身经历的变化、发展过程的体验。

我们邀请区教研室教研员到校深入调研，悉心指导，助推教师专业成长。2015年4月，五位教研员莅临我校，深入课堂，对语文、数学、英语、综合实践、地校五个学科的九位教师进行了听课、评课，结合课例，从备课、上课等环节与上课教师进行了深入的交流，使老师们受益匪浅。

与此同时，我们重视平时课堂的教学质量，学校领导与业务干部每周听课。对青年教师，业务干部提前介入，与教师一起研读教材，推敲设计，然后进课堂听课、评课；对中青年教师，采取当天预约的方式，深入课堂，与教师一起研究，共同探求解决教学问题，探寻提高课堂效率的途径。

【教学设计】

Module4 Unit1 What are you doing？

执教人：青岛湖岛小学　朱洋洋

教学内容：

Lingling 和 Amy 通电话，在电话中 Lingling 听到了奇怪的噪音，于是 Lingling 询问 Amy 那是什么声音。Lingling 的几种猜测都被 Amy 否定，最后得到答案，那个噪音是 Tom 正在玩小火车。

教学目标：

1. 知识目标：Make the students grasp new words of this unit "drink, noise ,talk "；Make the students grasp the present continuous. 进一步了解现在进行时的肯定形式，询问并回答他人正在做的事情 What are you doing? I'm talking to you !

2. 能力目标：能够运用所学句型描述正在做的事情，询问并回答他人正在做的事情。

3. 情感目标：培养学生乐于交流，敢于表达。

教学准备：多媒体课件、单词卡片

教与学活动过程：

Step1. Warm –up

Chant. P18(Are you doing your homework?...) 趣味导活点

Step2. Lead-in and presentation

P20 Activity1

1. a. What's the bear doing? Let's watch.

　b. Watch and repeat.

2. 播放一段音乐，"It's beautiful. Do you like it？"；播放一段噪音，"Do you like it?" Let Ss read "noise"together.

3. 播放电话铃声，"What's that noise?" "It's from Lingling. Lingling is calling Amy. They are talking." 讲授 calling and talking（自然拼读）T 现场示范：按键拨电话，说 "I'm calling. Hello, I'm talking."

Activity2

1. 播放火车声音，"What's that noise?"Watch and choose.

2. 展示图片 "Hi,Amy. Hi, Lingling." 学生手势打电话模仿。

3. 播放火车声音，"What's that noise? How does Lingling ask?" Listen and

find. 学生找到 "Are you drinking?" 强化 drinking（T 拿纸杯 I'm drinking. Take out your cups, and drink with me. And ssy "I'm drinking." ）How does Amy answer? "No, I'm not." 板书这两个句子。师生之间练习。

4. 播放火车声音，"What's that noise? How does Lingling ask?" Listen and find. 学生找到 "Are you eating?" How does Amy answer? "No, I'm not eating." 生生练习。

5. "Amy isn't drinking. Amy isn't eating. What's Amy doing? Lingling has the same question too" Listen and find. "What are you doing?" How does Amy answer? "I'm talking to you." 板书这两个重点句子。同桌练习。

6. "We know Amy is talking to Lingling. But what's that noise? Lingling doesn't know. " Ss will answer "It's Sam." T: "What's he doing?" Ss: "He's playing with his train."

7. Read and circle "what".

8. Listen and point and repeat.

9. Dub

10. Act.

Step3. Practice

P22 练习 4

Chant. (What are you doing? ...)

活动手册

读单词。

说句子。

示范 写一个。让学生听并书写。

学生自己 write the numbers.

Mime and guess.(拿到奖励卡片的学生中选 3 名上台，做动作，其他学生猜)

Step4. Summary

学生自己先总结，最后教师总结。

板书设计：

M4U1 What are you doing?

I'm......... .

作业设计：

1. 听读本课课文直到熟练为止。

2. 有条件的同学完成一起作业网的任务。

课后反思：

1. 应该尽量创造语境让学生习得，比如：讲 "drinking" 时，我会拿纸杯做喝水状，也要求孩子拿出自己的水杯做喝水状，以感知 "drinking"。让学生在最真实的生活环境中学习英语。

2.自然拼读需要渗透在单词讲解中，让学生能够达到见词能读，听音能写。

3.因为本模块的重点是现在进行时，所以最后的活动"Mime and guess"需要学生不停地做动作，由于我没有强调扎实，所以当其他孩子猜时，表演的孩子已经停下了。以后做此类活动，一定要更加明确语境，以养成孩子基于语境学习英语、运用英语的好习惯。

【教学设计】

执教人	青岛湖岛小学 马红新
课题	信息窗2 乘法结合律和乘法交换律
教材分析	本信息提供了丰富的数学信息。通过引导学生解决问题，探索乘法结合律；乘法交换律则依据加法交换律让学生在猜测、举例验证中得出。 教材中第二个红点标示的问题旨在应用所学的乘法结合律和交换律，进行简便运算，加深理解乘法的计算规律。 在学生掌握了乘法结合律和交换律后，教材在自主练习中，又适当地做了补充，引导学生探索乘除法各部分之间的关系和除法的运算定律。
教学目标	1.结合学生已有的知识经验和具体情境，学习乘法交换律和结合律，并能应用乘法交换律和结合律进行简便计算。 2.在具体运算中了解乘除法各部分之间的关系，并会在实际中进行应用。 3.在探索学习运算律的过程中，体验猜想、验证、比较、归纳等数学方法。 4.使学生在数学活动中获得成功的体验，进一步增强对数学学习的兴趣和信心，初步形成探究问题的意识和习惯。
三点梳理	新旧结合点： 通过提出的问题，学生会结合以前的学习列算式，学生能正确地说出每一个式子所表示的意义。 自主探究点： 学生根据所发现的探究"乘法结合律，交换律"的规律。 连接拓展点： 向学生拓展"乘法结合律，交换律"的综合运用。
课时安排	2课时

第二课时

教学内容：教材P23～P24页运用定律简便运算

教学目标：

1.通过具体情境的创设，结合学生已有生活经验，学习乘法结合律和乘法交换律。

2.在具体运算中，让学生了解感受乘、除法各部分间的关系，并在实际中进行应用。

3.在探索学习的过程中，使学生体验猜想、比较、归纳等数学方法。

教学重难点：能灵活运用学到的知识进行简便计算。

教学准备：课件

教学过程：

一、创设情景，复习引入

上节课我们学习了乘法结合律和乘法交换律，"乘号宝宝"想知道大家学得怎样，请看大屏幕，它给我们带来的问题：

（1）乘法结合律用字母表示为：_____

乘法交换律用字母表示为：_____

（2）你能用自己的话表达乘法的两个运算律吗？

（3）抢答：

$$136×947=947×\Box \qquad 358×1002=1002×\Box$$

$$(15×4)×10=15×(\Box ×\Box) \qquad (125×8)×5=\Box ×(\Box ×\Box)$$

二、导入新课

谈话：同学们对乘法结合律和乘法交换律掌握得真不错！想一想：这两个运算律能解决哪些问题呢？

当学生在交流的过程中指出可以进行简便运算时，教师导入新课学习：这节课我们就来研究怎样运用乘法结合律和乘法交换律进行简便运算。

三、自主合作，探究新知

1、观察下面算式$125×7×8$，想一想：怎样算比较简便？

（1）学生独立计算，教师巡视。　指3名学生板演。

$125×7×8$	$125×7×8$	$125×7×8$
$=875×8$	$=125×8×7$	$=7×(125×8)$
$=7000$	$=1000×7$	$=7×1000$
$=7000$	$=7000$	$=7000$

（2）小组交流，对比感悟：小组交流自己是怎样想的？对比评价一下与别人的计算方法有什么不一样？

（3）全班交流。着重让学生体会：$125×8×7$和$7×(125×8)$是运用了哪种运算律得来的？为什么要把125和8乘起来？

（4）教师小结：显然第2种和第3种方法比较简便。不管哪一种都是利用125和8相乘整千，再和7相乘就可以直接口算了。

2. 观察 25×16 怎样进行简便计算？

（1）小组讨论，教师巡视引导。

（2）全班交流：重点提出为什么要把 16 分解成 4×4 的形式？

3. 讨论小结:（1）讨论：观察以上两道题，小组讨论：在乘法运算中怎样进行简便计算？

（2）全班交流后教师总结。在乘法算式中应根据因数的特点来选择简便算法，有 5 去找 2，有 25 去找 4，有 125 去找 8，从而使两个数在相乘后积成为整十、整百、整千数。

四、巩固联系，运用新知

1. 自主练习第 3 题　怎样简便就怎样计算。

2. 自主练习第 4 题　解决实际问题。

3. 自主练习第 5 题　解决实际问题。

五、课堂总结：评价一下自己在学习及其他方面的收获。

小组合作：算一算，想一想。

$$90÷3÷2 \qquad 90÷（3×2）$$
$$750÷5÷2 \qquad 750÷（5×2）$$

你发现了什么规律？

一个数连续除以两个数，等于这个数除以两个除数的积。

用字母表示：$a÷b÷c＝a÷（b×c）$

试一试：

$$370÷5÷2 \qquad 280÷35$$

$$900÷（90×2） \qquad 420÷（7×5）$$

板书设计：
$$125×7×8 \qquad\qquad 125×7×8 \qquad\qquad 125×7×8$$
$$＝875×8 \qquad\qquad ＝125×8×7 \qquad\qquad ＝7×（125×8）$$
$$＝7000 \qquad\qquad ＝1000×7 \qquad\qquad ＝7×1000$$
$$＝7000 \qquad\qquad ＝7000 \qquad\qquad ＝7000$$

除法的性质：$a÷b÷c＝a÷（b×c）$

课后反思：

本课从学生实际出发，创设了具体的生活情境，引导学生开展观察、猜想、举例验证、交流等活动，从激活学生已有的知识经验和激发探究欲望入手，引导学生主动参与数学的学习过程，从而发展数学思维与数学能力，在学习过程中学会学习，学会与人交流和合作。

【教学设计】

执教人	青岛湖岛小学　王艳艳
课 题	掌声
教材分析	课文以英子的感情变化为主线贯穿全文，言简情浓，透过描写英子动作、神态的词句，展现了两次"掌声"带给英子的内心变化过程。表现了同学之间的关爱。
学情分析	学生对两次掌声的具体含义不理解，要重点感悟。
教学目标	通过对英子神态和动作等描写来感受英子的心理变化。 背诵第七段
三点梳理	1. 学教训练点：通过对英子神态和动作等描写来感受英子的心理变化。 2. 读写结合点：用自己的话写一写掌声对英子的影响 ● 小英在大家的注视下，一摇一晃地走上了讲台。就在她刚刚站定的那一刻，教室里骤然间响起了一阵掌声。那掌声热烈、持久，仿佛在对小英说："＿＿＿＿＿＿＿＿＿＿＿＿＿＿＿＿＿＿＿＿＿＿＿＿＿。" ● 当小英结束演讲时，班里又响起了经久不息的掌声。这掌声仿佛又在对小英说："＿＿＿＿＿＿＿＿＿＿＿。" 3. 视野拓展点： 拓展阅读： ● 读读主题阅读《一罐果酱》。 ● 课后拓展阅读语文主题丛书"播种阳光"这一单元。
教学准备	幻灯片

教学过程

一、创境导课，激趣学习

同学们，今天来咱们班听课的老师真多，让我们用掌声来欢迎他们。在我们的生活中，掌声无处不在，这掌声还曾经改变了一个孩子的命运，这是怎么回事呢？（幻灯）

腿脚落下残疾的小英原本是个（　　）的女孩。在一次（　　）中，同学们给了她（　　），她讲的故事十分动人，班里又响起了（　　），小英之后变得（　　）

同学们给了小英几次掌声？请你用"——"画出描写掌声的句子。　学生回答：（课件出示）

就在小英刚刚站定的那一刻，不知是在谁的带动下，骤然间响起了一阵掌声。（第一次掌声）

当她结束演讲的时候，班里又响起了经久不息的掌声。（第二次掌声）

二、精读课文

1. 体会第一次掌声

大家为什么要给小英掌声？

（1）请同学们默读课文第 1～4 自然段，画出同学们给小英掌声原因的句子或词语，读一读。

简单谈谈你的感受。根据学生的回答，课件出示：

她总是默默地坐在教室的一角。

她一条腿落下了残疾，她不愿意让人看到她走路的样子。

轮到小英的时候，全班同学的目光一起投向了那个角落，小英立刻把头低了下去。

小英犹豫了一会儿，最后慢吞吞地站了起来，小英的眼圈儿红了。

在大家的注视下，她终于一摇一晃地走上了讲台。

（2）那一刻小英的心情怎样？（紧张，不安）此时她多么需要——大家的鼓励。

所以，这第一次掌声里包含了什么？（同学们给她的支持，给她的鼓励）板书：鼓励

小结：默默坐在、一摇一晃、把头低下，这是描写小英动作的词语；犹豫、眼圈儿红了，这些是描写小英神态的词语，我们通过这些词语了解了小英上台前的状态。（板书：动作神态）

2. 体会第二次掌声

那么在大家的鼓励下，小英又有什么表现？请把描写小英动作、神态的词语画出来，读一读。

课件出示第二次掌声：当她结束演讲的时候，班里又响起了经久不息的掌声。

（1）小英镇定了情绪，开始讲述她童年的故事。故事十分动人，她的普通话也很好。当她结束演讲的时候，班里又响起了经久不息的掌声。

那么这一次掌声包含了什么？（板书：称赞）

3. 读写结合：那么下面就让我们写一写掌声对英子的影响吧。

● 小英在大家的注视下，一摇一晃地走上了讲台。就在她刚刚站定的那一刻，教室里骤然间响起了一阵掌声。那掌声热烈、持久，仿佛在对小英说："_____。"

● 当小英结束演讲时，班里又响起了经久不息的掌声。这掌声仿佛又在对小英说："_____。"

4. 两次掌声之后，对小英产生了怎样的改变？

（齐读第五自然段）

5. 再读一读她的来信

所以小英从心底感谢那两次掌声，并把它作为一生的宝贵的财富来珍藏，让我们再读一读她的来信。（课件出示来信）

三、总结深化，拓展延伸

1.对于小英来说，掌声是鼓励、掌声是称赞，掌声还可以是什么？（关心、爱护、尊重、夸奖、爱）

所以，人人都需要掌声……我们来齐读第7自然段，并当堂背诵，比一比谁背得快。

幻灯出示填空：是啊，人人都（需要掌声），特别是当一个人（身处困境）的时候。让我们（珍惜别人）的（掌声），同时，也不要（忘记）把自己的（掌声献给别人）。

2.拓展延伸：同学们，通过这节课，我们了解了对于写人的文章要抓住人物的哪些方面重点阅读呢？

预设：动作、神态描写

那么下面，我们就运用这个方法来阅读主题阅读《一罐果酱》。

3.拓展练习：读读主题阅读《一罐果酱》。

阅读小贴士：

1.从人物的动作、神态描写中选取一个方面，用——把它们勾画出来。

2.想一想这些词语，表现了主人公什么样的特点？

3.与大家交流分享。

板书设计：

掌声

| 忧郁 | 鼓励 | 开朗 | 动作描写 |
| 自卑 | 称赞 | 自信 | 神态描写 |

作业设计：

1.小练笔

当轮到小英讲故事，全班40多双眼睛一齐投向小英时，小英犹豫了一会儿，慢吞吞地站了起来，眼圈儿红红的。

她心里想：_____。

当小英走上讲台，教室里骤然间响起了掌声，小英_____，

她心里想：_____。

当掌声渐渐平息时，小英_____，

她心里想：_____。

故事讲完了，当教室里又响起了热烈的掌声时，小英_____，

她心里又想：_____。

2.阅读126页的《战胜命运的孩子》

课后反思：

课后，我询问自己：今天，学生在课堂上得到朗读的训练了吗？今天我是否在课堂上发展了学生的语言？答案是训练虽然得到，但不够深入，不够广泛。在请学生读文时，学生朗读不到位，而我为了时间的问题，急于进行下一个环节，如果这时稍加指点或进行一下范读，然后再让学生读，这样效果更好。

（十）教学文化节和教育教学年会

"善之本在于教，教之本在于师"，培养高素质人才，教师是关键，没有高水平的教师，就没有高质量的教育。师德和师能就如车之两轮，鸟之两翼，是教师人格魅力和学识魅力的展现。作为一名教师，只有德能兼备才能胜任教书育人的大任。

教学能力的提高是一个渐进的过程，只有起点没有终点。从 2011 年开始，学校每年春季设立教师教学文化节，秋季设立教育教学年会。学校希望把教学文化节和教育教学年会，办成"青年教师的高起点，中年教师的再发展，老年教师的新贡献"的平台，通过参与、学习、实践、展示活动，让自己的专业水平进一步提升；做一名交流者，在活动中，和同事们切磋、交流、合作、探索，取长补短，共同提高。每年的文化节都围绕学校发展工作目标制定工作内容。

青岛湖岛小学第三届（2013）教育教学年会方案

一、指导思想

第三届教育教学年会，以"打造特色课堂，推动学校发展"为主题，目的通过围绕"融合课程"教育教学实践，推动学校改革创新发展；通过班主任沙龙、爱心博文征集，推动学校文化发展；通过特色教师评选，促进教师专业发展和教师师德建设。

二、活动主题

打造激情自主课堂，促进学校特色发展

三、活动阶段安排

第一阶段：制订方案（11 月 28 日—12 月 2 日）

第二阶段：具体实施（12 月 3 日—12 月 30 日）

第三阶段：总结表彰（12 月 31 日）

四、具体活动时间安排

时间	内容	具体要求
12月5日	开幕式:宣读教育教学年会方案。	全员参与(责任人:张颖)
12月5日—13日	开展"爱心博文"征集:申请建立学校校级博客,鼓励教师建立个人博客,积极撰写与教育教学相关的博文,并以"爱与成长"为题,征集教师在教育教学中优秀的博文故事,弘扬学校爱心文化正能量。	全员参与(责任人:张颖)
12月5日—12月20日	课堂教学研讨:首席研究教师出研讨课,对"三点梳理、以教导学"课堂教学模式进行研讨,其他教师进行评课活动,对较有特色的课例进行展示与推广,提升课堂教学质量。	全员参与(责任人:周媛)
12月19日	班主任沙龙。开展"我的班级文化亮点介绍"班主任沙龙活动。	(责任人:周娜)
12月16日—12月20日	评选表彰优秀教师和特色教师:通过设立教育教学相关奖项,教师自主申报,大会统一表彰,鼓励和促进教师师德和专业发展。	(责任人:张颖、尹静)
12月31日	闭幕式	(责任人:张颖、周媛、周娜、尹静)

第三届教育教学年会"爱与成长"博文征集案例

做一个有心的老师

青岛湖岛小学　朱琳

记得三年前,我还是一名刚刚走出校园,踏上三尺讲台的新老师,在众多优秀的教师当中,我就像是宽广沙滩上的一粒细沙,渺小而又茫然。说我渺小,那是因为我一无经验,二无成绩;说我茫然,那是因为当我真正面对那群纯真稚嫩的孩子时,竟一时变得手足无措了。

那时候,我担任一年级的班主任并包班教着语文和数学。一年级的孩子每天总有各种各样的琐事等着班主任处理,记得在一次语文课上,班里一个平时表现不太好的女生突然站起来大喊老师,正在讲得兴奋的我立刻沉下脸来说道:"你不知道上课发言要举手吗?"没有给她机会解释什么,也没有再多看一眼,便回头继续讲我的课。漫长的40分钟过去了,班里没有再发生其他不愉快的事情,当我正准备拖着疲惫的身体回办公室休息一下时,却对上了她那双胆怯的眼睛,看着她湿润的眸子,我有些心软地蹲下来问道:"刚才是不是有事情要跟老师说?"她没有说话,只是伸出手来递过一样东西,一颗带着点血丝微微有些发黄的乳牙静静地躺在她的小手心里，我的心里顿时泛起了一阵愧疚，原来是这样啊！由于捏的时间太长，小手上已经能看出牙印。"老师，"一声清脆的呼喊唤醒了还在自责的我，"我可以去洗洗嘴巴了吗？""哦，可以，当然可以了。"我拉起她的小手，没有再多说什么，我将她带到办公室，找来自己最干净的小手绢，沾着温水，小心地替她擦掉粘在嘴巴上的血渍。那些脏脏的血渍，在嘴里含了那么久，一定很难受吧！我这样想着，眼圈竟不由得红了。一双还带着汗水的小手抚上了我的脸，笨拙地擦拭着："老师，我不疼了。"愧疚再次涌上心头。

孩子啊，老师是多么不称职，当你因为第一次掉牙而感到害怕无助时，我没有给你一丝关怀，而是无情地将你的求助打断，只关注那些课堂常规；当你因为委屈而掉眼泪的时候，我没有勇气跟你道歉，甚至连一句安慰的话都没有。想起《教育文摘》里的那篇《教师当如山似水》，作为一名老师，我们应当有如山一样的宽大胸怀，包容孩子们的一切纯真无知；作为一名老师，我们应当有似水一般的无私精神，用爱和关怀来滋润他们幼小的心灵。我们湖岛小学不正是提倡这种爱心教育吗？如果我可以暂时忘却她因为焦急而忘记举手这个错误，耐心地倾听她的请求；如果我可以暂时放下老师的身段，真诚地去照顾一下她的感受，那会是一件多么温馨的事情。而这样的美好却输给了我的细心和爱心！

我摸了摸她的小脑袋，用心地将那颗乳牙包起来递给她，微笑着说道："来，把它拿好，乳牙掉了，证明新的牙齿就要长出来了，你要长大了，做了大孩子就不能再像从前那样淘气了，以后要听爸爸妈妈和老师的话，知道吗？这颗牙齿你要收好，它可是你长大的证明哟。"

从那以后，班里多了一个既优秀又懂事的语文课代表，每每听到她在讲台前的琅琅领读声，我就时刻提醒着自己：老师不仅仅是传授知识的桥梁，更是传递爱的使者，多一份细心，多一份耐心，多一份爱心，做一个有心的老师！

第四届教师教学文化节个人工作亮点交流案例

小亮点大表扬，调动孩子的积极性
——个人工作亮点交流

青岛湖岛小学 刘薇

表扬和批评是班主任工作中惯用的管理方法。表扬可以使学生得到鼓励，情绪高涨，产生积极向上的欲望。批评让学生认识到问题所在，能及时去改正。在我平时的班级管理中，这两种方法是相辅相成的。既要有适量的表扬，也要有适当的批评，只有两者结合才能使学生更好地成长。而对于一年级的小朋友来说，从表扬中得到启发的作用比在批评中学会改变的作用更大。

因为是第一次真正和一年级的小朋友共同生活学习，除了说话语气和方式的不适应，更多的是孩子们的学习习惯给我带来的不习惯。对于一年级的孩子，什么都是从头开始，"你怎么坐的？""xxx，上课不许吃东西！""xxx，不要乱扔垃圾。""xxx，请举手发言。""xxx，上课时怎么不认真听讲啊？"这样的批评在孩子们那儿换来的只是一堆不情愿和无奈。当我说完后，孩子们总是无辜地看着我，好像老师真的很凶，不知不觉中，孩子们和我的距离也拉开了。有时这样的话语我在课堂上总是要重复很多次，话说多了，自己也觉得心烦意乱的。不时会问自己，难道真的对付不了这群小毛孩？

记得有一次，我在网上搜索如何使班上的孩子静下来的帖子，百度给了我很多的建议和意见。我从中感受最深的就是这些帖子和文章大都提到了要鼓励孩子，特别是一年级的小朋友。也许正是应了一句老话："孩子，爱戴'高帽子'。"我就试着这样的方法，一开始我也不知道怎么表扬，因为在我看来实在没有什么可表扬的。但是为了给学生鼓励，我像拿了放大镜似的，寻找班上学生的优点。印象最深的是，那天上课时，周焕森上课了十分钟都没有交头接耳，我就借机大大的表扬了一下："刘老师发现今天周焕森同学是我们班坐得最好的。"说着还将他的名字写在表扬栏里面。令我惊喜的是，从来没有看到周焕森同学坐得这么好，小手放得端端正正的，小眼睛一眨也不眨地看着我。不仅如此，其他的小朋友也一个个地都开始争先恐后地坐得直直的了，眼睛睁得大大的。记得这节课上我一句批评的话也没有说，只是适时的表扬个别学生，其他的小朋友都很自觉地照做，好像都在等着老师能快看到自己也很好，得到老师的表扬。大家的动作如此之快，居然比我的"坐坐好""xxx，要认真听讲"时的表现好多了。

感受到这种表扬给孩子们带来的巨大喜悦和动力，我也像一位老师给我的建议一样，去买了小星星作为奖励。我把得到小星星的要求在早自习上说了，哪个人表现好我就给他加星，满五颗星，课后可以到老师这儿换葫芦娃评价章一枚。上课时我只要在谁的名字后面加了一颗星，别的小朋友就都会不由自主地坐得直挺挺的。现在我在课上说得最多的就是"xxx，动作最迅速。""第x组现在没有一点儿声音。""xxx，回答问题声音真响亮。"就是遇到了有学生犯错误，我也会批评为辅，鼓励为主。

通过孩子们这种种表现，我发现对于一年级的小朋友来说，表扬相对于批评更能让孩子们得到改正的动力。通过表扬，学生的学习积极性更高了，学习的欲望更强烈了。孩子们都有好学的欲望，只是有时他们的学习习惯遮住了这些好学的欲望，通过表扬，让他们把自己的上进心表现出来。由于多说"好话"，我和和孩子们的距离也渐渐拉近了。不管怎样，激发学生的学习兴趣是作为班主任的责任和义务，能让学生学得主动，学得快乐，何乐而不为呢？

第八章

小荷尖尖:
体验关注人性，课程倾听生命对话

第一节　对德育课程的认识

孩子尚未长高
蹲下和孩子说话
是一种文明
是一种文化

孩子的目光纯如水晶
孩子的心灵洁如雪花
尊重孩子就是尊重自己
蹲下不影响你的高大

让孩子从小对你平视
平等在幼小心灵生根发芽
伟大的人民产生伟大的思想
世界最终能成温馨之家

（摘自互联网）

喜欢看到这样的画面：
——马路边，蹲着和孩子交谈的父母。
——电视节目，蹲着和孩子沟通的主持人。
——教室里，蹲着和孩子对话的老师。
……

　　每每看到这样的画面，一股暖流就会不由自主地涌上心头。每个大人都曾经是孩子，也都隐藏有一颗童心，只是常常会忘了激活那颗童心的"魔法咒语"罢了。其实窍门很简单，那就是蹲下来。蹲下来看着孩子，蹲下来和孩子说话，蹲下来和孩子一起游戏……蹲下来，不仅能拉近和孩子的空间距离，还能拉近和孩子心灵的距离；蹲下来，这个简单动作是我们送给孩子的最好礼物——平等、倾听、耐心和尊重。我还可以设想，在这个简单的动作呵护下成长起来的孩子，必定是自信、从容、有尊严的文明人。蹲下来，站在孩子的高度和角度，你会看见一个和我们成人完全不同的世界。因为我们关注的是孩子的人性！
　　南师大的刘晓东老师在其著作《解放儿童》这本书中说道："教育应当尊

崇天性，教育应当使儿童幸福。"作者认为，现在的教育与旧式的教育还有着或明或暗的关系，因此在某种程度上还在压迫着千千万万儿童的天性。作者在其著作中还说道："教育应当以人的天性为前提，顺应儿童的天性，应当采择符合儿童天性的内容并以适当方式传递给儿童，但成人社会有时做出相反的抉择，这是教育压抑儿童天性的主要原因。在人与教育的互动中，应当改变的不是人的天性，而是教育自身。教育应当不断改变和调适自身，以使自身适合人的天性之表达和成长的需要。"[6]

是的，认识和尊重孩子的天性，使孩子有一个充分表达天性的童年，有一个茁壮成长的快乐的童年，是我们每一个教育工作者应该时刻铭记的教育方向。

在遵循学生天性，培养学生人性过程中，各个学校有自己的特质，有着不同的校情、不同的学情，学生成长的不同阶段，教育的形式和内容是不一样的，这就需要我们教育者把脉教育使命，把德育过程作为帮助孩子确定价值观发展目标的过程，即自我观、亲情观、友情观、幸福观、集体观、国家观。

一、德育课程的提出及基本内涵

学校的"葫芦娃爱心文化"特色品牌，以充满童心童趣的"葫芦娃"为载体，通过温暖、博大的"爱心文化"，使每个孩子都值得爱，让每个孩子学会爱。并确立了"植贤树人"的育人目标，即植爱、植智、植美、植行，树博爱之人。

"植贤树人"育人目标深刻践行着《国家中长期教育改革和发展规划纲要（2010—2020 年）》提出的"坚持德育为先，立德树人，把社会主义核心价值体系融入国民教育全过程"要求。"植贤树人"是学校教育的灵魂。这个"教育灵魂"理应成为学校教育的基本坚守。

德育活动是"植贤树人"的重要途径。在传统的学校教育活动中，我们常常这样归类：教学活动、德育活动、社团活动。但是在实践中，我们认识到德育活动也是学校课程的重要组成部分，理应纳入融合型课程体系。这一认识在美国一位课程专家的表述中得到解读："当你走进一所学校，揭开每个教室的屋顶，俯瞰所有的教室，你所看到的一切都是课程。"这位专家指的是广义的课程，包括学校为实现培养目标而选择的有目的、有计划的教育活动。

这个观点我深为赞同。回顾德育发展之路，我们从简单的说教灌输为主过渡到实践活动为主，现在又倾向回归课堂，依据校情开发课程。这不是一个简单的轮回，而是一种螺旋的上升。我们认识到，德育工作的重要载体是课程，最大阵地是课堂，宽阔的舞台是活动，德育课程教材可以规避教育活动的随意性。什么时间做什么事，由谁做，怎么做，固定下来就是校历，就是德育课程。

德育课程的基本内涵主要表现在以下三个层面：

一是德育的课程化。学校自 2013 年起，把德育活动纳入融合型课程体系，组织教师自主编写《德育课程手册》，《德育课程手册》分为五大模块，即德育传统课程、德育主题课程、德育特色课程、德育经典课程以及德育评价，涵盖养成教育、生命教育、情感教育、法制教育、心理教育等学生在小学阶段要达成的德育目标，包括学校的特色教育，构建起严格按照课程规范实施的德育课程体系。

我们希望通过全方位德育课程的实施，引导学生参与德育实践活动，在活动中自主教育、相互教育，情感体验、意志锻炼、行为实践，使学生的知情意行同步发展，在参与德育实践活动中，学会探究，形成发现问题与解决问题的能力，张扬学生的个性，从而养成良好的行为习惯，提升学生的综合素养。

二是凸显学校"真诚的关切"的核心思想理念。苏霍姆林斯基说："我坚定地相信，儿童在认识周围世界的同时，应当认识自己，应当充满一种深刻的自我肯定的感情。"自我肯定是自我教育之母。德育课程是认识自己、肯定自我、寻找自尊、建立自信的成长历程。

学校围绕自己、他人、自然、社会四个主题，设计德育教育体验活动，试图走出说教灌输的雾霾，通过课程主题化、主题活动化、活动特色化、特色序列化，尝试着将显性的外在活动和隐性的精神关怀紧密结合，用学生喜闻乐见的、从情感体验入手的、润物细无声的教育形式，力求触动每一个参加者心灵最柔软的地方，那就是对生命的尊重、对父母的感恩、对孩子"真诚的关切"。使德育真正触动孩子的心灵，满足成长需求，树立正确的价值观，引领学生成长。

三是遵循人性认知发展规律。中国古代德育的目标取向及内容架构在"修身、齐家、治国、平天下"中得到简明而又清晰地表达，这一表达式可以用"同心圆"来比喻，以"修身"为"圆心"，再向家、国、天下延伸和扩展。"修身"就是要学会做人，遵守做人的基本道德原则和规范；然后将做人的道德规范延伸至家庭，个人处理好与家庭的关系，再进一步扩展至国家乃至全社会。

德育课程遵循这一"同心圆"的人性认知规律，突显德育课程人性为本的特征，突出了德育的阶段性、层次性。

第二节　德育课程的实践探索

如果说"植贤树人"的育人目标回答的是我们要培养怎样的人的问题，那么德育课程记录的则是我们怎样培养人的足迹。

一、德育课程目标

1. 认识自己和家庭，珍爱生命。具有活泼开朗的性格，有同情心，不任性，能够控制自己的情绪，逐步具有生活自理能力。

2. 养成良好习惯。诚实守信，宽容博爱，尊重他人，自信自强；养成良好的习惯，保持清洁，天天锻炼，健康饮食。

3. 初步树立公民意识。了解民主、自由、平等、人权与法治精神的重要性，尊重他人、乐于帮助别人、对人讲文明礼貌，初步掌握自己在家庭、学校、社会上待人接物的礼节规范。有基本的公德心。初步了解中华民族优秀传统道德。

4. 了解社会，参与公益实践。具有初步的社会责任意识，并能根据自身的爱好，运用已有的知识和技能，向社会、家庭和他人奉献爱心。

5. 爱护自然，树立环保意识。认识个人与邻里社会、自然的关系，培养积极的态度和价值观，并在生活中实践。

二、德育课程实施框架

模块	课程内容	课程目标关键词
1	德育传统课程	植爱：养成、服务、实践
2	德育主题课程	植智：生命、成长、体验
3	德育特色课程	植行：情感、修身、眼界
4	德育经典课程	植美：感恩、创意、展示
5	德育评价课程	博爱：过程、激励、期待

三、德育课程的实施途径

（一）德育传统课程——养成、服务、实践

"传统"一词在《中华词典》中的解释为"世代相传的精神、制度、风俗、艺术等"。我校的德育传统课程是指在不同的历史时期大体上没有中断过的活动，总的来说变化不大的课程。这些课程贯穿在日常的教育活动中，看似不起眼，但都是关切学生成长，关注学生心理需求的契机。

德育传统课程目标主题词为"养成、服务、实践"。笔者认为，如果人生是一本书的话，文明是第一页，养成就是第一行。我校的养成教育坚持三个原则：

一是日常性原则。养成的特点是从小处着手、小事着眼，从日常生活习惯以及工作、学习态度抓起，达到塑造思想、矫正行为、养成良好习惯的目的。

二是长期性原则。由于养成的日常性特点，决定了养成的长期性。良好的养成不可能一蹴而就，往往伴随终生。

三是反复性原则。良好的养成可能受到多种因素的影响。因此养成需要在生活、工作、学习实践中不断培养和提高。

实施的途径就是通过"服务、实践"来达成。让学生参加力所能及的公益劳动和家务劳动。积极投入主题教育实践活动，培养他们自主、自理、自动的能力。在服务中感受爱、表达爱。

1. 德育传统课程目录

（1）开学典礼

（2）升旗仪式

（3）一年级新生学前培训

（4）葫芦娃广播站

（5）周末大舞台

（6）社会实践课程

（7）家长学校课程方案

（8）家长开放日

2. 德育传统课程示例

【示例1】

一年级新生学前培训

课程名称

一年级新生学前培训

课程目标

1. 帮助学生顺利进入小学状态。

2. 保障学生身心健康。

3. 促进师生关系和谐。

4. 促进家庭亲子关系和谐。

课程教材

《青岛湖岛小学一年级新生指导手册》

课程实施时间

时间	参加对象	主题
每年7月	新生家长	小学一年级新生"幼小衔接"专题培训
暑假时间	班主任、新生及家长	家庭访问
每年8月下旬	应届一年级新生	一年级学生适应性训练
每年11月	一年级学生及其家长	"让我们一起感受新的学习生活"课程体验

课程实施

一、幼小衔接课程指导

1. 针对问题

由于家庭背景不同，家长对学前教育的理解不尽相同，各幼儿园的教育教学也没有相对统一的量化标准，导致了学前儿童在知识积累、行为习惯等各方面存在明显的个体差异，所以，在开学之前，根据学校的教育教学实际，对家长，对学生提出统一的要求。

2. 实际操作

基于此前大量的幼小衔接适应性研究相关资料，我们做了认真的学习总结，并结合学校实际情况，撰写了新生第一次家长学校的学习文稿，并召开新生家长会，对下一阶段的学习准备要求做明确部署，要求做到：

（1）营造安静的学习空间

为了迎接学习生涯的到来，要求家长尽量给孩子添一张书桌、一个书架，和几本适合小学低年级阶段学生阅读的书、一个新书包等，从物质上给学生一个强烈的直观感受：我即将成为一个小学生了，我的生活会和以前有很大的不同，我长大了。

（2）做好愉悦的心理准备

有了物质准备，更重要的是让孩子在心理上真正意识到自己将要成为一名小学生了，自己除了和以前一样可以快乐地发展兴趣爱好之外，还应将学习作为一个重要且必需完成的任务。家长可以从正面对学生进行引导，譬如对他们说："我们马上要去一个新的学校了，在那里，你可以认识很多新的小朋友，认识很多新的老师，你还可以学到很多新的知识，会比以前更了不起！"激起孩子积极向上的求知欲，对新生活充满期待和憧憬。

（3）培养良好的行为习惯

呼吁家长不要过分强调知识学习，而应注意孩子习惯的培养。放手，缩短孩子适应期。

（一）认知

1.认识学校（校名全称、年级数），认识老师、班级同学。

2.了解学校的基本活动设施、方位、功能。（专用教室、操场、厕所、教师办公室等）

3.知道学校基本作息时间，区分上下课铃声。

（二）礼仪教育

1.到校仪表端庄：男生头发不宜过长，女生头发要梳起来。不得穿拖鞋上学。

2.上学要与父母道别。早晨在学校门口见到老师，停步，注视老师，鞠躬向老师问候（不能眼睛看着别处，漫不经心地打招呼）。在学校遇见老师，要停下或放慢脚步，注视老师，微笑着向老师问好；再次相遇，可以用微笑代替问候。

3.中午和傍晚放学时，主动和老师说"再见"。遇到客人应主动问候"客人好"。

（三）课堂常规教育

1.听到铃声，及时进入教室，摆放的学习用品整齐、统一，安静地等待教师进入课堂。

2.上课与老师间的问候要注意：起立时要迅速整齐，手不撑在桌上，双腿并拢，人挺直，说完"老师"后再边鞠躬边说"您好"，语调轻快，不拿腔拖调。老师没有说"请坐"，必须仍保持直立姿势，并注视老师，不能习惯性坐下。坐下要迅速整齐，尽量不发出大量拖椅子的声音。

3.上课认真听讲，坐姿端正，读写姿势正确，学习认真倾听同学发言的习惯，不随意插话。

4.上课发言先举手（注意举手姿势），回答问题时要站直，同时声音响亮。

5.下课时，学生起立、目光、语调等要求与上课相同。教师宣布下课后，先整理学习用品再做其他事。离开座位，要把椅子轻轻放入桌子下方。如果老师和同学一起出门，要让老师先行。

（四）学习习惯

1.准备一只书包，不宜过大。书包里，能有序地摆放书本和学习用品（铅笔盒、垫板等）。书本和学习用品能根据课程表提供的科目准备。

2.铅笔盒里摆放5支HB的铅笔、1块橡皮、1把尺。

3.学习在作业本上及时抄写当天的作业，养成按时完成回家作业的好习惯。

4.体育课要求穿好球鞋、运动服装，女生不能穿裙子。

（五）行为习惯教育

1.学习下课后独自上厕所、喝水，学习合理安排课间休息时间。

2. 下课时，在校园内不得大声喧哗。脚步轻轻靠右走，不奔跑追打，不手拉手奔跑，不在人多处奔跑。老师办公区域，更要注意放轻脚步、放慢速度，保持办公区域安静。

3. 放学后，知道先整理课桌，自己的学习用品自己整理，做到桌内无垃圾，课桌周围垃圾及时清理，轻放桌椅，排队离校。

4. 节约水电，不浪费粮食，有良好的卫生习惯：1块手帕、手指甲干净、1块抹布、1个杯子等。不随意丢弃垃圾，看到垃圾，随时捡起。

5. 爱护桌椅，不乱刻乱画。爱护花草树木，不随意践踏草坪。

（六）队列训练

1. 学习听口令排队，做到快、静、齐。行进过程中，精神饱满。

2. 行进的时候不拥挤，不掉队，不发出沉重的噼里啪啦的脚步声。

二、全覆盖的暑期家访

1. 针对问题

家校合作和家庭教育的重要性已经成为老师们的共识。课程培训是针对全体学生，那么暑期家访就是针对学生个体的个性化操作了。学校要求所有一年级新生班主任上门家访，对特殊学生具体情况做到心中有数，并有针对性地进行个体指导。

2. 实践操作

假期里，新任一年级班主任做的第一件事就是与家长沟通联系，预约家访时间，家长务必保证家访时孩子也在场。班主任通过家访，要达到如下目的：

（1）和家长彼此认识，初步了解家庭背景及孩子的学前教育情况。

（2）和孩子亲切交流，消除陌生感，并做到孩子第一天来校时能准确叫出每一个孩子的名字。

（3）了解孩子适应准备情况，并做相应指导。

（4）布置开学准备要求。

三、充分全面的学前教育课程

1. 针对问题

课程实施后，课程难度、课程容量大幅度增加，每一个学期的学习任务都是满满当当，学生由于学习的内容、方式、形式上有了很大变化，教学进度和走读学生相比更加紧张。哈克的"幼小断层论"给了很好的启示，学生的确需要一段时间适应，学校在开学之初，要把教育教学的重点放在环境适应上，以防止"断层"的产生，或者说将"断层"的负面效应减到最小。

2. 实践操作

9月开学前，安排为期3～4天的新生入学培训，培训的主要目的是让学生熟悉学校作息时间、地理环境、新的老师、新的伙伴。培训方式以游戏、活动为主,让孩子开心地融入新的大家庭。

培训最后一天召开家长会,以丰富的图片资源向家长汇报几天来孩子们的学习、生活情况,让家长了解,让家长放心。

课程评价

在一年级新生入学3个月后,开始问卷调查,了解学生学习生活情况,以及家长的满意度,以全方位地对学生适应情况做出综合客观的评价,用于指导下一阶段的工作以及下一学年的学前培训课程实施。

(设计者:刘晓东)

学校对一年级新生的培训主要分三个步骤:一是对家长的培训,指导家长从不同方面在家庭中帮助学生顺利过渡到小学生活。二是对家庭的走访,了解家庭情况,对学生进行个性化的关切。三是对学生的培训,对于这为期3~4天的培训而言,主要任务不在学习,不进行任何知识的新授与反馈。班主任及各任课老师几乎是陪着孩子们。这几天也是孩子最容易哭闹的时间点,如何让孩子开心,转移注意是培训的关键。

小学一年级学生已将逐步由自我意象感阶段过渡到自我理智感阶段,他们开始逐渐认识到自己能够克服困难,用理智思考来解决问题。一年级学生已经初步具备了积极应对、主动克服周围环境中困难的心理承受能力。老师们也在帮助学生的同时着力于激发孩子们自我控制与自我调节的潜能,完成幼小的顺利衔接。

【示例2】

周末大舞台

课程名称

周末大舞台

课程目标

1.通过周末大舞台课程活动让学生在排练中增强合作意识,体会音乐素养可以在相互的学习、合作中得到提升。

2.让更多的学生来感受美、喜欢创造,并加入到欣赏、展示的行列当中。

3.让更多的家长和老师了解学生们的特长和兴趣爱好,能更好地引导他们进行高一层次的特长学习。

4.培养学生的自信及表现力,提供平台,让更多的学生在舞台上放声高歌、翩翩起舞，展示各种技能。

课程教材

包括课内外的各种演出形式的教学素材、教科书。

课程实施

以大队委员会为核心，开展各项展示活动的安排与观摩。

1. 节目征集

每周二：进行个人和班级展示的报名、选拔，每周选出 5 个左右的节目。

2. 周末大舞台

每周五：个人和班级进行周末大舞台的汇报展示。大队委员会成员作为评委，评选周冠军；其他学生自由参观。

3. 节目展演

6 月份：周冠军进行专题演出，组织学生欣赏。

课程评价

1. 学生评价

（1）凡登上周末大舞台的学生均获得葫芦娃小印章一枚。

（2）周冠军获得葫芦娃小粘贴一枚。

（3）学期冠军获得才艺葫芦娃称号。

2. 学校德育活动评价小组通过观摩、调查对课程的设计、教育功效等进行综合评价。

（设计者：刘 薇）

周末大舞台是针对我校学生自信心普遍不足的问题特意设立的。范德比尔特说："一个充满自信的人，事业总是一帆风顺的，而没有信心的人，可能永远不会踏进事业的门槛。"中国少儿委员会提出我国当代少年儿童要具备"五自"，自信就是其中之一，它是激励人们自强不息地实现理想的内部动力，是一个人成才所必备的良好心理素质和健康的个性品质。

我校学生大多来自农村，父母在城市生活、工作的边缘化角色，使得学生不同程度存在自信心不足的表现，因而需要加大这方面的教育和研究的力度。自信心培养需要"润物无声"的教育智慧，要在活动中培养，在活动中树立对自身价值和能力的充分认识和评价。

周末大舞台就是很好的培养学生自信心的舞台。

（二）德育主题课程——生命、成长、体验

"主题课程"指围绕一个主题，进行学习、活动与交流。活动过程充分重视个体体验，在重过程的生成理解中，实现课程主题意义建构的一种开放性课程。

学校德育主题课程目标关键词为"生命、成长、体验"。学校选取与学生成长紧密相关的主题，从生命的层次，用动态生成的观念，确立以学生发展为本的理念，增强课程内容和现实生活的联系，关注学生的生活经验，积极利用周围环境和社区环境等各种教育资源，关注课程各领域的有机整合，使每个学生积累相应的体验和感受，进而扩展、提升经验，获得生命的成长。

1. 德育主题课程目录
（1）学会生活课程
（2）民俗节日课程
（3）消防与自救实践课程
（4）心理健康课程
（5）青春期教育课程
（6）交往礼仪课程
（7）安全教育课程
（8）养成教育课程
2. 德育主题课程示例

[示例1]

青春期教育课程

课程名称

青春期教育

课程目标

1. 引导学生了解什么是青春期及青春期的特征，从而做好心理准备，顺利度过人生发展的黄金时期，为将来的事业发展、知识储备形成健康心态打下坚实的基础。

2. 让学生了解青春期的特征并正确对待青春期，从而健康正确地走过人生旅途中的"花季"。

3. 通过青春期教育，促进青少年身心健康发展，培养学生形成自尊、自强、自爱的高尚情操。

课程实施

让学生明白青春期就是由儿童发育到成年的过渡时期。这个时期一般为10年左右，即从10岁到20岁。其中，10到15岁这五年发展速度最快。

通过观察挂图，使学生了解青春期的两大特征：

一是身体和心理发展变化迅猛，二是男女第二性别特征开始出现。

• 第一性特征是生下来就有的，但很多小孩子穿上衣服后我们有时候分不出男女来，也就是说第一性特征可以被掩盖住。但进入青春期后，人的第二性特征开始发育，第二性特征是很难掩盖住的，所以不论怎么装扮，还是比较容易分出男女来的。

    • 第二性特征都有哪些呢？男：胡须、声音、喉结、肌肉；女：声音、喉结、乳房、骨盆、皮肤脂肪。

    学生交流对周围的青春期的男女发展差异：

    • 青春期的生理发育一般是女学生比男学生提前两年左右，所以我们经常发现小学生中女孩子比男孩子个子高，这是因为女学生发育提前的缘故，一般是到了初中，男孩子的发育速度就加快了。

    利用课件、视频让学生了解月经和遗精的生理原理：

    男女学生进入青春期后，身体发育速度加快，其中，女性月经初潮是女性青春期发育的重要标志，男性遗精是男性青春期发育的重要标志。女孩子第一次月经在 13 ~ 15 岁之间，男孩子首次遗精一般在 14 ~ 16 岁之间。

    月经的生理原理：女性在人类繁衍中担负着生育的任务。女性内生殖器——子宫就是生育子女的一个重要器官，子宫内有一层薄膜，如果没有精子和卵子在子宫里着落，子宫的这一层薄膜就会脱落，排出体外就是月经。女孩子有月经了，就表明逐渐成为大女孩子了，生理上是可以怀孕了，但如果怀孕年龄太小，对身体的伤害是很大的，所以女孩子尤其要注意保护自己，防止有坏人侵犯。

    • 遗精的原理：男孩子进入青春期后，睾丸开始产生精子，精子的形状像个小蝌蚪，但很小，需要在显微镜下才能看到。精子产生后就存在精囊里，若储存过多就会溢出体外。遗精是男性性成熟过程的一个标志，是一种正常的生理现象。

    通过小组探究，让学生明白如何注意青春期的生理卫生。

    选用合适的经期卫生用品。尽量在大商场选择信誉有保证的厂家的产品，卫生巾一定要勤快地更换。慎用药物卫生巾，过敏体质的女孩尤其要慎重使用。经血流出来，一旦接触了空气，发生氧化反应，好几种化学物质混合在一起，就产生了气味。克服的办法当然是选透气性好的产品，同时勤更换。

    经期注意保暖，避免受凉。在月经期，下半身受凉会降低身体抵抗力，导致伤风感冒。因经期抵抗力弱，盆腔本来充血，受冷刺激后，会引起盆腔内血管收缩而发生月经减少，甚至突然停止，导致月经异常、痛经、闭经等疾病的发生。因此，经期要做到不淋雨，不用冷水洗澡、洗头、洗脚，不涉水、游泳、下水，不坐在阴凉潮湿的地上等，要注意保暖。

    经期保证充分的睡眠和均衡的营养。一般来说，女孩在行经期会比平时更容易疲劳、困倦，有人还会头痛。这是由于女性的体力随着月经周期呈周期性的变化。月经来潮前8～9天，体力逐渐上升，直到月经来潮前1～3天，体力达到高峰；月经来潮后体力急剧下降；到月经结束后体力逐渐恢复。知道了这个规律，月经期间就不要过分劳累，要保证充分的睡眠和适当的休息。

在经期还要注意饮食卫生，多吃营养丰富、易消化的食物，少吃辛、冷、酸、辣等刺激性食物，多吃水果、蔬菜，以保持大便畅通，减少盆腔充血。还要多喝开水，夏季尽量少喝冷饮，增加排尿次数，预防炎症的发生。

经期保持心情的愉快。多数女孩在行经期会感到不同程度的身体不适，腰部酸痛，情绪变化异常，易烦躁发怒、焦虑不安、精神紧张、缺乏自信等，常为一点儿小事发脾气，情绪极不稳定。因此，保持乐观而稳定的情绪显得尤为重要。应避免由于经期情绪不稳定或强烈的情绪冲突而影响大脑皮层的调节功能，引起月经不调。

避免过度劳累。要避免过重的体力劳动和剧烈的体育运动，但可参加适量的、轻微的运动和劳动，以促进盆腔的血液循环，缓解月经期间身体不适和下腹疼痛等现象。

课程评价

在你认为符合的答案后打"√"，并根据问卷情况找出在认识上还存在的缺陷。

1. 你对自己身体的变化是忧还是喜？　喜（　　　）忧（　　　）
2. 你想知道异性的身体变化吗？　想（　　　）不想（　　　）
3. 你对自己的长相和体态满意吗？　满意（　　　）不满意（　　　）
4. 你喜欢男女同学在一起参加活动吗？　喜欢（　　　）不喜欢（　　　）
5. 你很在乎异性对自己的评价吗？　在乎（　　　）不在乎（　　　）
6. 和异性独处时你紧张吗？　紧张（　　　）不紧张（　　　）
7. 你认为男女生彼此产生好感就是爱情吗？　是（　　　）不是（　　　）
8. 你经常心情不好吗？　经常（　　　）很少（　　　）
9. 你对周围的一切满意吗？　满意（　　　）不满意（　　　）
10. 女生月经期要注意什么？
休息（　　　）卫生（　　　）饮食（　　　）情绪（　　　）

（设计者：王淑珍）

青春期教育是当下学校、家庭教育的难题，究其缘由，青春期教育属于外来学科，在我们的传统教育中没有此独立学科，但青春期教育关乎孩子身心健康，会直接影响学生的一生。

学校的青春期教育主题课程包含心理和生理两大方面。生理课程关注步入青春期后，孩子的生理发生的变化：男孩子的喉结、遗精，女孩子的乳房发育、月经等都是属于生理课程，对于生理课程的教育，学校坚持两个字"卫生"。伴随外部形体的发展，内心也会变化，这就是青春期心理，对异性的渴望、如何去交友、如何去学习文化知识等都属于此项，学校把它纳入心理健康主题课程。

我们希望通过贴近学生身心成长需求的课程，改善和创造合乎生理、心理需求的环境、条件，增进学生身心健康。

【示例2】

养成教育课程——养成好习惯

课程名称

学生养成教育课程

课程目标

养成好习惯：良好的习惯使学生受用终生，通过养成好习惯的教育，使学生养成生活好习惯、学习好习惯、健康好习惯，成为高素质的人。

课程教材

自编教材

课程实施

第一阶段：宣传教育阶段

1. 成立由学校"好习惯养成"教育宣传小组，组织实施。

2. 全校动员，人人参与。结合本校实际，寻找薄弱环节，有针对性地确定教育重点，制定出适合本校实际的《好习惯养成细则》，做到统一要求，统一布置。

3. 印发《好习惯养成细则》，组织学生学习。利用板报、宣传栏、广播等广为宣传。

4. 发挥学校网站的作用。了解学生在家中的习惯表现，接收有关信息。

5. 要求低年级学生会读并知道《好习惯养成细则》中的内容要求。

第二阶段：实施操作阶段

（一）实施计划

1. 以班级为单位，组织发动少先队员从公共卫生、个人卫生、饮食卫生等方面，找出普遍存在、最需要克服的生活陋习。

2. 指导学生学习《小学生守则》、《行为规范二十条》等，让他们根据自己的实际情况相互监督、克服陋习。

3. 学校德育、大队部结合各中队的情况，有针对性地确定教育重点。

（二）以实际行动向陋习发起挑战

1.各年级根据学生的年龄特点，寓教于乐。各班以点带面开设好习惯养成示范课，各年级从中挑选一节优质课参加学校《向生活陋习开战——好习惯养成教育》示范课，可以有演示、竞赛、评比、演讲、故事、儿歌、小品、哑剧、经验交流等形式，引导队员熟记自己当前最应当克服的陋习和最急于养成的10条好习惯。

2.典型引路，定点、定服务对象，为好习惯教育活动提供实践的机会；以校歌、校训、校规为教育系列，增强学生的荣誉感，提高执行好习惯的自觉性。

（三）检查督导，进一步巩固

1.学校设立督导岗，及时纠正学生违反好习惯的行为。

2.少先队负责调查，低年级学生进行口头、情境设置的抽查。

3."三个常规"（一日常规、纪律常规、卫生常规）一天一检查，"四个规范"（语言、行为、仪表、环境）一起抓，"三条渠道"（学校、家庭、社会）相沟通。

第三阶段：进行总结、表彰

表彰优秀集体和个人，推动好习惯教育活动向纵深发展。由养成生活好习惯推向养成学习好习惯和社会好习惯，把学生的好习惯进一步推广到家庭、社会。

课程评价

1.在评价过程中用评价表，采取老师评价、自我评价、班组评价、家长评价等方式对专题课程进行综合评价。

2.班级座谈或发测评票测评。

3.与学校《葫芦娃评价手册》相结合。

（设计者：王瑛）

有一位禅师，带领一帮弟子来到一片草地上。他问弟子们，怎么可以除掉草地上的杂草？弟子们想了各种办法，拔、铲、挖等等。但禅师说，这都不是最佳办法。因为"野火烧不尽，春风吹又生"。什么才是最好的办法呢？禅师说："明年你们就知道了。"到了第二年，弟子再回来发现，这片草地长出了成片的粮食，再也看不见原来的杂草。弟子们才明白：最好的办法原来是在草地上种粮食。

这是禅师的智慧——用粮食根除杂草。我们在培养习惯时，是否可从禅师那里领悟借鉴呢？习惯的养成，并非一朝一夕之事；根据专家的研究发现，21天以上的重复会形成习惯，90天的重复会形成稳定的习惯。所以学校把养成教育课程分为一学期的系列活动，通过一学期的养成课程，引导学生经历"不自然—刻意—自然"自我改造历程，让好习惯成为学生生命中的一个有机组成部分，形成受用一生的好习惯。

（三）德育特色课程——情感、修身、眼界

《特色课程8问》一书中指出："特色课程的要义之一在于个性引领，即有着独特的课程框架，包括独特的课程理念、独特的课程目标、独特的课程内容、独特的课程实施方式以及独特的课程评价……独特的课程内容是特色课程实现的载体，来源于学校所拥有的优势地域资源，开发优势资源，并以课程化的形式展现，是特色课程建设的关键。优势资源为特色课程开发提供了可能，而课程内容的选择与组织则要遵循互补性、兴趣性和针对性的原则。"[7]

学校德育特色课程目标主题词为"情感、修身、眼界"。独特的课程目标是特色课程理念的具体化，是学校发展、教师成长和学生素质提高所要实现的目标。所以特色课程内容保证了课程目标的达成。

情感教育的"单向度"倾向关注学生的情感发展是当代教育的一个重要趋势。诚如朱小蔓教授所言："关注人的情感发展是教育中的一个本源性、根基性的问题。因为只有情感才是真正属于个体的，它是内在的、独特的，是人类真实意向的表达。"[8]情感教育是素质教育和心理教育的一部分。学校把情感教育作为德育课程的重要组成部分，顺应学生的情感需要，激活学生内心的情感需要，通过德育课程施以教育力量，促使情感在教育氛围中发生质变，达到学校"爱己爱人、自信自强"的教育目标。

1. 德育特色课程目录

（1）四年级十岁生日　　　　　　（2）六年级毕业典礼
（3）"7+1"德育小课程　　　　　　（4）学校课程、社团展示周
（5）学生游学课程　　　　　　　　（6）绿营体验课程（两年一次）
（7）葫芦娃学生志愿团课程

2. 德育特色课程示例

【示例1】

"7+1"德育小课程

青岛湖岛小学　周娜

课程名称

"7+1"德育小课程

课程目标

开展德育小课程的研究性学习，通过观察、记录、实践、体验，充分利用和激发学生的主体需要，调动学生的主观能动性，实现从关注自己到关注他人

和自然的转变，实现从他律到自律的转变。

课程内容

了解一个动物习性；养一盆花草；帮助一个有困难的人；做一项志愿服务；参加一个社团；读几本好书；写一篇研究报告。

课程实施

研究性学习

德育处设计每个小课程表格，学生进行德育小课程研究记录。

我了解的动物习性	
小动物	
它的习性	

1. 慈善体验

学生人手一本《爱心存折》，将慈善活动记录在《爱心存折》中。

2. 社团活动

每次参加活动后，社团教师根据参加活动的态度和效果，在《评价手册》上盖评价章。

3. 读书活动

每月一个主题，由语文教师参与评价。

课程评价

1. "7+1"德育小课程评价表

各班级对于各项内容的完成情况给予小红旗奖励，直观、醒目。

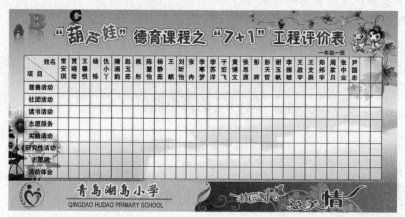

2. 形成班级德育小课程档案。将每一项内容进行量化，班主任根据学生的研究报告，对学生进行班级表格评价，同时各班级形成德育小课程班级档案。

（设计者：周 娜）

德育的最终目标是把社会实际与道德转化为个体的思想品德，"7+1"德育小课程的开设目标就是培养、造就符合一定社会要求的道德行为主体，从养护花草、观察小动物，到帮助别人、参加志愿活动，课程宗旨紧紧围绕着学校的"爱心文化"进行。在研究性学习中，强调以学生的自主性、探索性为基础，将这种具有自主性特征的研究性学习方式注入德育过程中，学生真正被置于学习的主体地位，自主学习、积极探究就有了积极的内在动力，有利于学生的自我教育与发展……

<h2 style="text-align:center">学生"7+1"研究性学习报告</h2>

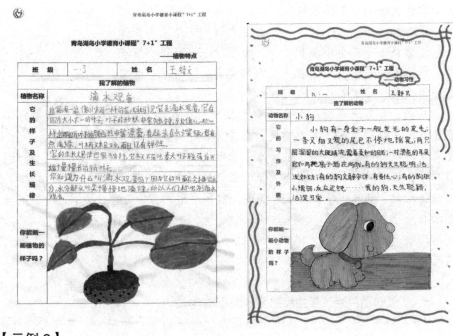

【示例2】

<h2 style="text-align:center">青岛湖岛小学"爱心葫芦娃"学生志愿团</h2>

青岛湖岛小学　周娜

　　2011 年，学校"葫芦娃爱心文化"发展完善之际，我们在思考：学校的核心理念是"每个孩子都值得爱，让每个孩子都学会爱"。学校从课程、活动等方面为学生创设了大量的感受爱、接受爱的机会，那么学生在接受爱的同时应该怎么做？那就是认识爱、传递爱！

学生志愿团实践课程慢慢清晰起来。学校希望通过课程的设置，给学生创造参与实践、获得体验的机会和条件，在获得成功的过程中，树立自信心，获得幸福体验。培养学生具有初步的社会责任意识，并能根据自身的爱好，运用已有的知识和技能，向社会、家庭和他人奉献爱心，加快学生融入城市的脚步。

2012年，学校成立由105名学生组成的"爱心葫芦娃"志愿团，提炼出"童心同德，朝气蓬勃"的葫芦娃志愿团口号，各个志愿团的团长、副团长都是学生通过自由申报，竞聘上岗的，然后由正副团长自主招募会员，学校为他们举行了隆重的宣誓仪式。学校还为志愿团设计了团旗，订制了七色背心，每一种背心颜色代表一个志愿团队。

爱心红——爱心小督查　　　　活力橙——路队小先锋

温馨黄——安全小救护　　　　橄榄绿——环保小卫士

魅力紫——校园小记者　　　　博文青——书吧小管家

微笑蓝——文明小使者

从此，身穿七色背心的小小身影每天活跃在校园和社区。开展图书借阅、环保宣传、安全救护，关心学校、服务他人，如身着橄榄绿背心的环保小卫士每周定时到各班回收废旧报纸、本子，收益作为学校爱心基金会基金，资助困难同学；身穿博文青的书吧小管家们每天中午在图书室开展图书借阅活动。他们分工明确，把书社经营得井井有条；他们走进军营、走进社区、走进敬老院，参加社会公益活动，如微笑蓝——文明小使者们开展"小小雏鹰暖空巢"的志愿团敬老活动。正所谓"赠人玫瑰，手有余香"，学生志愿者既服务于他人，同时提升了个人的能力，在实践爱、传递爱中感受着助人的快乐。

他们已经成为青岛湖岛小学"葫芦娃爱心文化"一张亮丽的名片。

一、"爱心葫芦娃"学生志愿团实施方案

"爱心葫芦娃"学生志愿团活动是课堂教学的补充和延伸，是德育课程的重要组成，因而学生非常喜欢参加。为了培塑学有所长的学生，与学校课程更好地结合，给学生营造一个良好的学习环境，更好地体现我校"葫芦娃爱心文化"的特色教育，学校"爱心葫芦娃"学生志愿团应运而生。

"爱心葫芦娃"学生志愿团是由105名志愿参加公益服务志愿活动的同学自愿报名组成的。"爱心葫芦娃"志愿团共设七个志愿团，分别是爱心红——爱心小督查、活力橙——路队小先锋、温馨黄——安全小救护、橄榄绿——环保小卫士、魅力紫——校园小记者、博文青——书吧小管家、微笑蓝——文明小使者。不同志愿团有其不同的活动内容。

二、"爱心葫芦娃"学生志愿团活动机制

1. 明确定位，深化对小学生志愿服务活动的思想认识

学生志愿服务活动是学生参加社会实践、社区服务的重要内容，也是一项培养学生社会责任感的社会公益活动。为了更好地发挥学生的自主管理服务意识，同时结合学校"爱心文化"的特色教育，学校把学生志愿团建设作为少先队工作的重心，作为素质教育的一个重要组成部分。

志愿团的成立，秉持以尊重个性、张扬个性、提倡个性、发展个性为中心，围绕"同心同德，朝气蓬勃"的口号，打造丰富的校园参与环境，实现自我教育、自我管理、自我发展的教育目标，增强学生发展自我和发现问题并独立解决问题的能力，为广大孩子提供展示自我的空间和舞台，创建和谐、活力的校园氛围。

2. 加强学校引导，完善机制

在活动中，只有充分发挥学生的主体作用，才能进一步促进学生由接受教育转化为自我教育。为了更好地引导学生开展活动，学校教师应该与学生一起探索、研究制订相应的《志愿服务管理办法》，同时对志愿团团员进行注册登记，作为学生参加志愿服务活动的记载。

下设的七个志愿团正副团长应该在学期初申报本学年活动（每月一次即可），每次活动之前上交活动申请表，活动结束后完成活动反馈表。

3. 统筹安排，保证活动健康有序地开展

对于学生志愿团活动，学校在前期的招募过程中上下广泛宣传，努力使学生都能报名参加，正副团长由学生自主竞聘上岗，团员的招募完全由正副团长审核完成，实现学生自己管理自己的目标。对于团员的考核工作，我们的指导思想：一是信任学生，以学生自评为主；二是积极发现，以激励为主。

我们对志愿团团员实行"爱心章"评价制度。团员每次的志愿服务活动结束后，正副团长对于本组团员都要进行评价，给予评价章的奖励（与我校学生评价手册结合），学期末对于开展活动较好的志愿团将给予荣誉证书奖励，对于正副团长评价较好的团员给予物质奖励（评价贴的兑换）。

三、"爱心葫芦娃"学生志愿团多彩队伍

1. 爱心红——爱心小督查

小督查员从文明礼仪、勤学守纪各方面都必须是全校学生的楷模，既是全校学生行为的监督者，更要为全校师生服务。在工作的开展中，提倡微笑服务，以理服人，以情感人。

小督查员建立爱心督查岗的目的是为了配合值日教师检查、督促全校学生日常行为规范的实施，促进班风、校风建设。

（1）督查岗成员由三到六年级学生自愿报名，乐意为大家服务，能以身作

则的少先队员担任。

（2）督查岗队员必须在规定区域定时上岗，值岗时间必须佩戴值日标志，严格要求自己。主要监督内容：检查队员佩戴标志情况，指定区域的清洁卫生和纪律；检查各班的阳光体育活动情况，并进行记录。

（3）在检查过程中，遇重大事件或难以解决的问题，应及时与值日教师一起妥善解决。

志愿团活动要求学生做到以身作则、严格要求自己。

2. 活力橙——路队小先锋

"路队小先锋"要求队员每个课间都检查学生的上课队、下课队、放学队的站队情况，及时进行记录、点评和纠正。"路队小先锋"的队员首先要确保自己的站队标准做到：

（1）站队做到快、静、齐。队伍靠右行进，齐步走动作到位，队形整齐，步调一致，速度适中。

（2）在行进的全程中，没有推搡、喧哗、嬉笑、追、跑、打逗。出校门方可散队。

（3）文明候车，不乱跑，不打闹，精神面貌好。

（4）升旗、集会队形整齐，守纪律。

活动：

（1）利用班队会开展动员的工作，师生要共同学习有关文明站队规范的内容，使学生提高认识，明确方向，做到有目标可循。

（2）各班根据实际制订简要实施方案，认真对待检查，要求做到公正、公开、公平。

（3）以班级和级部为单位分别举行不同形式、不同内容的站队演习，比如：集会站队、跑操队伍、等车队伍，等等。

（4）各班规范队伍类型，不同的集会确定不同的队伍或是统一的队伍，使学生能够明确队伍类型，知道自己的位置。

（5）全体学生以"我是文明站队星"为主题，每人写一份争当文明站队星的计划书，利用中午时间轮流宣读，增强学生的自律意识。

评价方式：

个人评价：分随机评价和整体评价，对能做到路队小先锋的学生要进行及时表扬，班内分三批评选文明站队星，及时发挥典型的帮带作用。对于违反规范要求的学生要及时进行批评教育，并且通知到相应的班主任，反馈到班级。在评选期间如果遇到集会，则根据各班同学的整体表现评选文明站队规范班级，并于会后及时进行口头表彰。

班级评价：根据文明监督岗平时的检查情况和大型集会时的表现，评选文明站队示范班级。

3. 温馨黄——安全小救护

明确安全小知识，在全校内进行宣传教育，在卫生老师的帮助下学习安全救护知识。如：认真学习交通安全常识，自觉遵守交通秩序；靠路边行走，横过道路走斑马线，做到"一停、二看、三通过"；不闯红灯、不乱穿道路、不在道路上嬉闹玩耍，不越护栏、不追车扒车、不抛物击车；排队乘车，不向窗外乱扔东西，从右侧下车，不乘坐带病车；遇交通违法行为及时纠正，遇交通事故主动报警；主动宣传交通安全法规，积极参加交通安全。

活动：

（1）安全知识竞赛，增强学生的安全意识。

（2）"我当安全巡讲员"，利用红领巾广播站宣讲安全知识。

4. 橄榄绿——环保小卫士

为了培养学生良好的卫生习惯和公民素质，增强爱护校园环境的主人翁意识，共建平安、和谐、洁净的校园。志愿团特设"环保小卫士"。通过班队会为主题活动起点，积极倡导学生开展环保活动。对"环保小卫士"要求：弯弯腰，捡起身边的垃圾，从身边的点滴小事做起，人人争当环保小卫士。由"环保小卫士"带头让学生们在保护校园环境的同时深刻领会"善待地球——从身边的小事做起"的真正含义，通过自己的实际行动，人人争做"校园环保小卫士"。

活动：

（1）利用选修课大力普及环境知识，在校园内普及绿色，在植行园实践种植。

（2）充分利用"植树节""地球日""世界环境日""无烟日"等纪念日开展形式多样的活动，增强了学生环保意识和社会责任感，将环保意识根植在每一个学生的心中，巩固养成教育成果，倡导绿色文明。

在街道、社区由"环保小卫士"带头开展环保活动。

5. 魅力紫——校园小记者

为了进一步培养学生写作兴趣，提高学生写作能力，与学校选修课相结合成立"校园小记者"。意在调动记者学生的写作热情，并以点带面，吸引更多的学生投入到写作中来。让他们学会用自己的目光洞察周边的人和事，关注社会动态，密切联系社会媒体，及时进行报道。

活动：

（1）建立"校园小记者站"，举行挂牌仪式，校领导为"小记者站"辅导员、小记者颁发辅导证、记者证。

（2）制定活动办法和规章制度，确立固定的室内活动场所。

（3）小记者采访、写作、交流，邀请名师和校外学者开展知识讲座。

（4）与校外实践基地积极联系，校园小记者及时报道学生实践活动信息。

6. 博文青——书吧小管家

学校建设植智园——读书休闲区。学校成立专门的校园读书角，以此提高学生的阅读水平，拓展学生的课外知识，让学生学会静心学习。"书吧小管家"希望有责任心的学生来管理图书，做好小管家。

活动：

（1）对"书吧小管家"进行岗前培训，了解各种上架书的内容和具体的摆放位置。

（2）每天中午时间上岗工作，做好校图书馆与读书休闲区的衔接工作。做好书的保护工作。

7. 微笑蓝——文明小使者

随着社会的进步，人们对精神文明要求也更加高了。如热爱学习、尊老爱幼、不随地吐痰、讲文明语言、排队购物等文明现象需要我们特别注意。创建"文明小使者"意在希望越来越多的学生能把"文明"铭记于心。

活动：

（1）编排《小学生文明公约》拍手歌谣。

（2）开展"讲文明，树新风"绘画展览。

（3）进行校园啄木鸟陋习大搜查。

（4）文明情景剧展示。

（5）承接学校大型活动的礼仪工作。

四、开展好志愿团工作的几个"关键点"

为了更好地开展志愿团的志愿服务工作，必须做好以下几个方面的工作：

1. 完善管理与评价机制

建立持续性、制度化的志愿活动机制。团员的招募以学生自愿报名为基础，每次活动以正副团长的自愿申报方式为主。把现有的七个志愿团分为校内志愿、校外实践两类队伍。

健全考核评价机制。形成与志愿团队评价、服务对象评价、队员互评相结合的考评依据，对志愿团团员进行考评。

2. 打造志愿团品牌

注重志愿团团员的形象，每个志愿团确立自己的特色活动，逐步树立"爱心葫芦娃"学生志愿团志愿服务品牌。在做好现有的校内志愿服务工作的基础上，探索和拓展多元化的服务领域：横向——覆盖校园，发动队员；纵向——深入社区，深化服务。

3.培育志愿团文化

设计富有学校特色的志愿团文化统一标识，规范志愿服务标志、注册程序、宣誓仪式，增强全体学生对志愿服务活动的认同感、归属感和荣誉感；加大宣传力度，及时进行纳新，利用红领巾广播站宣传志愿团团员典型，让学生更多地了解志愿团，成为志愿团团员。

五、"爱心葫芦娃"学生志愿团口号
童心同德　朝气蓬勃
六、"爱心葫芦娃"学生志愿团标识
七、"爱心葫芦娃"学生志愿团活动照片

（四）德育经典课程——感恩、创意、展示

经典，经典，常念为经，常数为典。学校选取了德育活动中最能代表学校办学思想的、最受学生欢迎的、最有传承价值的课程，列为经典课程。我们希望经典课程能触动学生的心灵，能发挥他们的潜能。多年以后，我们希望经典课程依然能打开学生记忆的闸门，依然滋养学生美好的心田。

德育经典课程目标主题词为"感恩、创意、展示"。有位哲学家说过，世界上最大的悲剧或不幸，就是一个人大言不惭地说没有人给我任何东西。学校的德育工作应该重视感恩教育，让孩子学会知恩、感恩，父母的养育之恩，老师的教育之恩，社会的关爱之恩，祖国的呵护之恩……从家庭学校开始，学会尊重他人。以平等的眼光看待每一个生命，尊重每一份平凡普通的劳动。当孩子们感谢他人的善行时，第一反应常常是今后自己也应该这样做，这就给孩子一种行为上的暗示，让他们从小知道爱别人、帮助别人。经常怀着感恩之心，才会心地坦荡，胸怀宽阔，自觉自愿地给人以帮助，助人为乐。对他人充满爱心，也更加尊重自己，也就拥有了做一位高尚的人的思想基础。

"创意"实际上就是头脑中创造性的构想。有人把创意比作"点子"，我认为创意更相当于一个"引子"，是一切创造与发明的前奏。"创意"是一种思想创造，有了创意，才会有创造、创作、创新发明和原创产品。因此，"创意"特别需要独立思考、破旧立新、异想天开、无中生有的精神和勇气以及创造性的学习能力、观察能力和思维能力。

学校的"创意教育"本质上是一种教育方式的革命，一种学习方式和思维方式的培植。创意教育难以用开设几门相关的课程呈现，学校更要用活动给学生开设创意的空间和实践，通过展示来满足学生创意后的分享欲望。

1.德育经典课程目录

（1）数学达人秀（3月）

（2）经典诵读节（4月）

（3）学校特色文化节（5月）

（4）六一儿童节庆典（6月）

（5）校园创意节（9月）

（6）爱心体验节（10月）

（7）英语模仿秀（11月）

（8）阳光体育节（10月）

（9）爱心圆梦行动暨元旦庆祝会（12月）

2.德育经典课程示例

【示例1】

校园特色文化节

湖岛小学的校园特色文化节是德育课程的经典内容，至今已经举行了五届。它是推动"葫芦娃爱心文化"校园文化建设的重要途径，活动坚持体现"心手相牵，关爱无边"的校园文化主题，以开展形式多样的校园爱心文化活动为载体，真实地展示湖岛学生的文化素养，引导学生向真、向善、向美，全面和谐的发展。"爱在指尖"短信大赛、"爱在心间"艺术联展、"爱在行动"体验活动、"爱在瞬间"摄影大赛、"爱在舌尖"亲子烹饪大赛……"爱"在湖岛小学成为最脍炙人口、最美好的字眼。在"爱"为同心圆的活动中，培养学生关爱伙伴、关爱校园、关爱他人，感恩回馈社会的意识，让学生在互动的交流中获得成功的体验，享受学习和成长的快乐，共同营造幸福家园，努力推动校园文化建设向纵深发展。

青岛湖岛小学第三届校园特色文化节实施方案

为进一步推动"葫芦娃爱心文化"建设，以开展形式多样的校园爱心文化活动为载体，真实地展示湖岛学生的文化素养，为学生尽情展示自己的才华和智慧提供舞台。学校举办第三届校园特色文化节，为确保文化节的顺利开展，特制订本方案。

一、活动主题

本次活动以"幸福家园"为主题。通过活动开展大力弘扬"葫芦娃爱心文化"，培养学生关爱伙伴、关爱校园、关爱他人，感恩回馈社会的意识，共同营造幸福家园。

二、组织机构

为确保活动的有序开展，成立校园文化节活动组委会。

组　长：马晖

副组长：张颖

成　员：学校各部门负责人及班主任教师

三、参加对象

全校的教师、家长和学生。

四、时间安排

1. 开幕式及各项活动：2013 年 4 月 15 日—2013 年 6 月 1 日

2. 闭幕式：庆六一成果汇报及闭幕式

五、项目内容及要求

时　间	项目及要求	负责人
4月8日—12日	制订特色文化节工作方案	张颖
4月16日	启动仪式	张颖
4月16日—20日	"爱在指尖"短信大赛。设计短信大赛模板，全员参与。设立短信接收平台，各班推选五名学生发送颂扬亲情、友情、感恩为主题的短信，并评选一、二、三等奖，短信内容在140字以内。	周媛

续　表

时　间	项目及要求	负责人
4月22日—29日	"爱在心间"艺术联展——绘画比赛，以爱家庭、爱学校、爱自然为主题绘制，并形成班级画册集（每班装订30份），参加校级评选。纸张要求：A4纸，版式不限，各班自行设计封面，要求主题鲜明、设计精美、有班徽和班名。	允利 李艳霞
4月22日—29日	"爱在创意"科技创意比赛（一到六年级组织以小发明、小科幻画、小论文为内容的科技创意作品，每班5份参与比赛）。5月15日上交参赛作品。	张颖
5月9日—16日	"爱在心间"艺术联展——诵读比赛。以"爱"为主题，每班推荐一组参赛（集体、个人均可），要求脱稿、配乐诵读，时间3—5分钟	周媛
4月16日—5月16日	"爱在行动"体验活动展示。以"爱在行动"为主题，利用一个月的时间，组织学生体验实践、收集拍摄，并制作教室展板，5月17日挑选两位学生进行体验汇报。	周娜
5月24日	"爱在舌尖"亲子烹饪大赛。以班级为单位，每班推选3组家庭（一家三口）代表参赛，分别参加冷拼、热炒、面点三个参赛项目，进行现场比赛。	周娜 刘文胜 尹静
5月22日	特色班级评选。以学生或教师解说的形式、参观访问的形式呈现班级物质文化、制度文化和精神文化形态。组成教师评审组进行评选。	周娜
5月31日	文化节闭幕式及六一儿童节大会。以爱心大集、创意装扮为主要内容。 创意装扮：全校学生创意装扮自己，可以自行设计服装、涂抹脸面等。每班评选一位"创意达人"，现场颁奖。 爱心大集：分为四个区域：游艺区、饮食区、展示区、大集区。各班、各社团招标产生。	各部门

六、奖项设置与评奖办法

本次活动设立优秀组织奖、单项奖。单项奖分别以参赛人数的10%、20%、30%产生一二三等奖，根据单项奖和班级组织参赛情况评选优秀组织奖。

"爱在指尖"短信大赛

为弘扬葫芦娃爱心文化，培养同学们关爱伙伴、关爱家庭、关爱他人，感恩回馈社会的意识，我校第三届校园特色文化节——"爱在指尖"短信大赛正式启动了。本次活动以弘扬亲情、友情、感恩为主题，向你最想倾诉的人表达出自己的真情实感。

友情提示：

1.撰写的短信要围绕活动主题，内容健康，构思新颖，语言真诚，富有感染力，适合传播。

2.参赛短信必须是本人原创，每条不超过 140 个字。

3.记得一定要用钢笔或中性笔，把字迹写工整哟！

"爱在指尖"短信大赛学生作品

亲爱的爷爷、奶奶：

　　你们在老家还好吗？我很想念你们。忘不了奶奶给我做的美味槐花包子，忘不了爷爷带我到树上粘知了，忘不了我在老家所有快乐的事。我爱你们，就像老鼠爱大米。等着我，暑假我们又可以见面了！

三年级（2）班　张天立

亲爱的荆琳同学：

　　当我又一次看到你那双忧郁的大眼睛，我的心久久不能平静。我们现在正处在一个自信向上、乐观开朗的年龄，你不应该是这样的啊！我们知道你的家里情况困难，但你要坚强，学会在逆境中坚强。正如一首歌所唱："不经历风雨，怎能见彩虹？没有人会随随便便成功！"加油！你能行！

六年级（2）班　林凡蕊

亲爱的妈妈：

　　我要跟你说声：谢谢您把我养大！在成长过程中，人们常常忽略了最珍贵的东西，那就是父母对自己的爱。总觉得父母给予自己的关心和爱是应该的，理所当然的。写这个短信的时候，我回顾了自己的成长过程，深深感到愧疚，我给你们的爱太少了。从今天起我会多多爱你们的。祝爸爸、妈妈开心每一天。

四年级（2）班　张月

"爱在瞬间"摄影大赛学生作品

拍摄者：五年级（2）班　王鲁京

拍摄者：四年级（1）班王静云

拍摄者：二年级（1）班王芳　　拍摄者：四年级（1）班　刘俐

"爱在舌尖"亲子烹饪大赛

"爱心大集"

"庆六一"爱心大集暨
第三届校园特色文化节闭幕式
活动方案

　　为了在实际行动中弘扬"葫芦娃爱心文化"，真实地展示湖岛学生的文化素养，为学生尽情展示自己的才华和智慧提供舞台，展示学生特色文化节以来的爱心成果。学校于 2013 年 5 月 31 日举行"庆六一"爱心大集暨第三届校园特色文化节闭幕式。

一、活动时间：5月31日9：30—11：30

二、活动地点：校园操场

三、参与单位：全校师生、家长、社区幼儿园。

四、活动形式

（一）第三届校园特色文化节闭幕式表彰大会

表彰：短信、绘画、烹饪、四有社团、"爱在行动"个人、班级颁奖。以班级为单位上台领奖（简短）。

（二）"庆六一"爱心大集

1."爱在心间"义卖区。设立义卖专区两处（采取招标形式确定），各中标班级可结合自己的计划在全校征集义卖物品，进行现场义卖。（义卖奖励：义卖区每处分发20张"葫芦娃爱心同乐卷"用于奖励积极参与义卖的学生及家长。）

2."爱在脚下"游艺区。设立同乐游艺区三处（采取招标形式确定），分别为猜谜、游艺、校园吉尼斯，获奖选手将获得"葫芦娃爱心同乐卷"和校园吉尼斯证书。（凭同乐券参加）

3."爱在手中"展示区。设立葫芦串珠电烙画(李艳霞)、葫芦绘画非卖品(负利)、西点烘焙（外聘）、丝网花（陈雪梅）、剪纸（兰凤青）、创意软陶（尚文花）六处社团展示区。（心仪作品，凭多张同乐券交换，或者进行购买）

4."爱在舌尖"饮食区。学校提供水果、爱心组织提供食品、社团西点烘焙食品。（食品区凭"葫芦娃爱心同乐卷"进行品尝）

五、活动建议要求

（一）义卖

1.文明义卖，不能强卖，进行宣传时不能影响其他区域正常工作，并做好人员疏导和管理。

2.提前征集义卖物品，确保义卖物品数量充足，并做好记录。

3.制定奖励标准，奖励"葫芦娃爱心同乐卷"。

（二）游艺

1.场地设置安全、有序，进行宣传时不能影响其他区域正常工作，并做好人员疏导和管理。

2.可在台前设游戏说明，以使参与者方便游玩。

3.校园吉尼斯项目要提前设计和准备器材，并制作校园吉尼斯证书，确定现场办法和奖励。

4.可对游戏获胜者予以一定"葫芦娃爱心同乐卷"奖励，以提高参与者兴趣。

（三）社团展示

1. 现场要注意用火、用电安全。

2. 使用的餐具必须卫生洁净。接触食品的人员并要戴口罩、戴食品塑料手套。

3. 进行宣传时不能影响其他区域正常工作，并做好人员疏导和管理。

六、"葫芦娃爱心同乐卷"奖券的获得和使用

1. 班级个人评价章获得数量前十名的学生每人一张。

2. 2012—2013学年度获得区级及以上奖励和成绩的学生每人次一张。

3. 社团评选出的优秀学员每人一张。

4. 学校文化节中获得一等奖的学生每人一张。

5. 全校学生每人一张。

6. 参加家长合唱团展示的家长学生每人一张。

使用：每张"葫芦娃爱心同乐卷"只能参与一次（一项）活动，想更多地参与活动须积极参与特色文化节各项活动、现场义卖、游艺等活动获得奖券。

七、义卖款的使用

1. 义卖款由学校大队部收集并统筹安排用来资助本校特困学生。

2. 结余款项存入"葫芦娃爱心基金"。

八、友情提示

1. 获得区级以上奖励的学生须凭证书到德育处进行"同乐券"兑换。

2. 各个活动区的学生轮换进行活动，不许参加本班活动，由各位负责老师进行统筹安排。

3. 游艺区须设置区域出入口，凭券进入，需要安排学生进行入场检票（撕掉副券），其他进入游艺区的学生须排队等候，不许拥挤。

"爱心大集"照片

葫芦娃爱心大集同乐券

爱心同乐券使用方法

1. 班级个人评价章获得数量前十名的学生每人一张。

2. 2013—2014 学年度获得校级及以上奖励的学生每人次一张。

3. 社团评选出的优秀学员每人一张。

4. 学校文化节中获得一等奖的学生每人一张。

5. 全校学生每人一张。

使用：每张"葫芦娃爱心同乐卷"只能参与一次（一项）活动，想更多地参与活动须积极参与特色文化节各项活动、现场义卖、游艺等活动获得奖券。

德育课程评价——趣味、特色、成功

学校采用行动研究法和个案研究法，对评价的方式方法和有效应用进行研究，采用递进式评价策略，把学生过程性评价与终结性评价、趣味评价、特色评价有机融合，总结出评价的"三融合"评价法，让每个孩子都体验到成功的快乐！

融合一：过程性评价与终结性评价融合。制订《湖岛小学学生发展性评价方案》，设计"爱心伴我行、采摘宝葫芦——学生发展性评价手册"和"我爱我家"课程学分制评价表，订制富有学校特色的评价章、贴、奖项，采取递进式评价，周评得章，月评积章得贴，重点考察活动过程的学习态度与质量，学期末依据过程性评价结果，期末积贴得奖，评选关爱葫芦娃、自立葫芦娃、创意葫芦娃等11个不同葫芦娃奖项。

融合二：过程性评价与趣味评价融合。六一儿童节，学校开办爱心大集，大集分为饮食区、游乐区、义卖区和展示区，学生参加活动要凭券入场，学校特意制作了"葫芦娃爱心同乐券"，并制定了《爱心同乐券的赢取办法》，设立奖品兑换券（期中、期末两次兑换）、爱心同乐券（六一、元旦校庆活动使用），将学生过程性的评价结果与学校活动、物质奖励和精神奖励结合起来，激发学生参与课程实践的积极性。

　　融合三：过程性评价与学校特色融合。一是设立葫芦娃成长记录袋，将学生研究型学习资料汇编成册，作为学生的学习成长记录；二是鼓励学生分组合作学习，设立小组葫芦评价瓶，学生根据自己评价手册上的周评得章数量，换取不同数量的珠子，积少成多，学期末，共同编织葫芦评价珠，采用自评、小组评与班级评相结合的方式，将学校特色融入评价中。

【案例】

青岛湖岛小学学生发展性评价方案

　　为全面推进我校学生发展性评价进程，构建学生学业成绩评价和综合素质评价相结合的评价模式，进而发挥评价促进学生发展、促进教师提高和改进教学实践的功能，逐步建立科学、全面的学生评价体系，现遵循目标多元、方式多样、注重过程的评价原则，依据上级一系列文件精神和我校实际特制订本方案。

一、指导思想

　　1.全面贯彻党的教育方针，全面推进素质教育和新课程改革的深入实施，体现基础教育课程改革的基本要求。

　　2.进一步加强和改进学校德育工作，发挥评价的引导激励作用和教育功能，通过对学生基础素质发展性评价，促进学生的健康成长和全面发展。

　　3.通过学生发展性评价科学检验教师的教学效果，促进教师改善课程设计，完善教学过程，有效地促进学生全面发展。

　　4.通过学生发展性评价促进学生综合素质的全面提升，促进学生身心健康和知识能力和谐发展，并激发学生创新精神和合作意识。

二、评价原则

1.全面性原则

　　既要注重学生科学文化素质的评价，更注重学生基础性发展目标的评价，纠正单纯以文化课考试成绩评价学生的错误做法。从德、智、体、美等方面综合评价学生的发展。

2.形成性评价与终结性评价相结合的原则

对学生的评价不仅要注重结果，更要注重发展和变化的过程。每一学期的评价要注重学生一学期的表现和发展情况，毕业时的基础素质发展性评价要注重学生在各个学期的表现和发展情况，要让学生的发展过程成为基础素质发展性评价的重要组成部分。

3.定性评价和定量评价相结合原则

对学生的学习过程评价是一个非学业性的评价。只有根据它的过程性、发展性的特点，采用诸如成长记录袋等方式进行综合分析，才能得到正确的评价结果，促进学生的自我发展。

4.日常表现和标志性发展结合的原则

评价既要看到学生取得的标志性成绩，又要注重学生在日常发展过程中的心理、道德、价值观、学习态度和创新能力的养成。

5.以评价促发展的原则

教育的意义在于引导和促进学生的发展和完善，评价改革的根本目的是为了更好地促进学生的发展，了解过去，把握现在，重在未来。让评价成为激励成长的有效手段，要求评价反馈帮助学生树立自信心、增强发展前进的动力。让学生在探索的过程中去享受成功的愉悦，鼓励学生从评价中发现别人的长处和优点，不断促进自身的发展。

6.诚信、公正、公开的原则

评价是为了促进发展，更好地提高学生的基础素质，因此评价要实事求是，要诚信公正，让学生通过评价正确认识自己，树立发展的目标和信心。

三、评价内容和标准

（一）评价内容：主要由综合素质评价和考试成绩两个方面组成。其中综合素质由公民道德与素养、学习态度与能力、实践与创新、运动与健康、审美与表现五个部分组成；考试成绩由学生学科课程过程性成绩和学业水平检测成绩两部分组成。

（二）标准：考试成绩部分的评价按上级有关规定执行。综合素质评价五个方面的评价标准为：

1.公民道德与素养

（1）爱祖国，爱人民，爱劳动，爱科学，爱社会主义。

（2）遵守学校纪律，遵守社会公德，遵守国家法律。

（3）关心集体，乐于助人，积极参加公益活动。

（4）珍惜资源，保护环境，具有社会责任感。

（5）孝敬父母，尊敬师长，团结同学。

（6）诚实守信，举止文明，逐步养成良好的卫生习惯和生活习惯。

2.学习态度与能力

（1）有学习的愿望和兴趣。

（2）学习态度积极，认真完成学习任务。

（3）能运用各种学习方法来提高学习水平，养成对学习过程和学习结果进行反思的习惯。

（4）能够结合所学知识，运用已有的经验和技能，独立分析、解决问题。

（5）具有初步的研究与创新能力。

3.实践与创新

（1）积极参加社会实践活动，态度认真，效果显著。

（2）探索学习方法，提高学习能力，初步养成在实践中发现、探究和创新的精神。

（3）敢于探索和尝试新鲜事物，有创新思维的方法和意识。

（4）认真对待实验课程，动手能力强。

4.运动与健康

（1）热爱体育运动，养成体育锻炼的习惯。

（2）掌握一定的运动技能，积极参加学校组织的各种体育活动，身体健康。

（3）树立健康意识，培养健身能力，形成健康的生活方式。

5.审美与表现

（1）能感受并欣赏生活、自然、艺术和科学中的美，具有健康的审美情趣。

（2）积极参加艺术活动，能用多种方式进行艺术表现。

（3）衣着整洁，举止得体，语言美、行为美。

四、评价办法

1.建立学生发展性档案

学生发展性档案，就是把学生的发展变化随时记录下来，积累学生发展的第一手资料。具有动态特点的学生发展性档案的建立，能为形成性评价的进行、素质报告册的撰写、教育会诊的展开打下良好的基础，提高评价的可信度和实效性，避免以往评价的主观性和片面性。

确定以下几方面作为建立学生发展性档案的内容：（1）家庭情况。（2）各学科知识和能力发展情况。（3）人格发展。（4）学生作品分析及重大事件记载。（5）教育会诊情况。

发展性档案资料的收集主要有日常观察、谈话法、检测法、问卷调查法和综合法。

2.考试活动的改革与创新

（1）考试内容力求全面性。除了考查基础知识和基本技能外，从认知、技能、情感三个方面对学生进行考核。

（2）在考试方式上突出多样性。采用口试、笔试、操作考试相结合；闭卷考试与开卷考试相结合；规定内容与选考内容相结合；免试与重试相结合的方式。

（3）在评分方法上力求灵活性。主要有制定详细的评分标准；变封闭的评分方式为开放的评分方式，重知识展现的过程，对学生在试卷中表现出来的新颖性、独创性的答案，均给予加分；变百分制为等级制，采取模糊分数；根据学生的年龄特点，采用形象的符号评定法，主要是画笑脸、画五角星等。

（4）重视考试的反馈。考试最主要的作用是诊断，即通过考试发现学生学习中的不足及存在的问题，找出原因使学生能及时地纠正错误，使教师能及时地改进教学。

3.建立形成性评价制度

形成性评价是学生在发展过程中的随时评价。通过形成性评价来了解学生的发展状况，不断调节学生的发展方向，促进学生在知识、能力、情感态度与价值观方面得到真正的发展，同时也为终结性评价打基础。

形成性评价采用的方法：

（1）过程评价。建立《学生发展性评价手册》，包括课堂教学评价、实践活动、社团活动评价等。

课堂教学评价：对学生的评价要按各学科的特点从几个方面进行评价。

日常观察评价：日常观察评价可以通过成长记录袋、评价手册、综合实践活动来记录。学生成长记录袋中可收集各学科成长记录卡、学生的优秀作业、作品等其他成果。

（2）平时成绩。主要是单元测评。

（3）期末成绩。

4.建立多主体评价制度。从不同的角度为学生提供有关自己学习发展状况的信息，有助于学生更全面地认识自我。教师可为学生提供以下有关学生学习发展的信息：学习兴趣、学习习惯、学习方法、基础知识、基本技能、探究能力、实践能力、创新能力等。

多主体评价采用的形式：（1）学生自我评价。（2）学生间相互评价。（3）师生共同评价。（4）教师对学生评价。（5）家长对学生评价。

5.建立定期举行教育会诊制度。教育会诊就是收集教师的反馈信息，注意不断地修改和补充，使班主任能全面掌握各个学生在共同特征和个别差异上的情况，并在了解全面信息的基础之上，对有典型与代表性的教育教学问题进行讨论，以集体的智慧来形成良好的解决方案，也为全面的发展性评价提供有用的信息。教育会诊是全体任课老师共同参与、多次进行的。

6.建立健全使用《学生素质发展手册》制度。进行终结性评价，终结性评价是对学生一学期学习的综合性的评价。学期成绩=总评（等级）+评语。《学生素质发展手册》注重对学生的导向性、激励性、发展性。

《学生素质发展手册》中评价的内容有：身体发展状况、人格发展状况、能力发展状况、学科知识发展状况、改进方法与意见、学生重大事件及作品等，它体现了对学生素质评价的导向性，引导家长、学生、社会从以上多方面进行评价学生,使人的发展社会化、全面化,能适应社会的需求,符合时代的要求。《学生素质发展手册》的内容坚持以正面评价为主，积极鼓励为主，给学生创设了一个宽松的发展空间。教师在评价过程中，注重时间的变量，动态地看待学生变化的势头，用发展的眼光评价学生。

班主任还要通过家长会、家访、电话等方式向家长介绍评价的内容和要求，并介绍学生的表现情况。请学生家长根据以上情况和对学生的日常了解，提出评价意见。

五、评价方式及评价工具

（一）评价方式应多样化。各学科可参照下列评价方式实施评价。

1.书面检测、考试

随机评价+阶段性评价+终结性评价

2.教师观察记录

定性评价+定量评价

3.学生学习过程的活动与实践

《学生发展性评价手册》

4.学生个人成长记录袋

（二）评价工具

1.单元形成性测试卷

2.期末形成性测试卷

3.教师、学生、家长调查问卷

4.各学科学生发展性评价表

5.学生家长参与评价表

6.学生学习活动与实践评价表

7.学生个人成长袋

六、评价结果的运用

（一）等级评价是对学生综合评价的重要组成部分，应该和学生的学习成绩一起，在学期末反馈给家长。

（二）每学期的等级评价结果要作为评优评先、奖励表彰的重要依据。学校在评选三好学生、优秀学生干部，推荐区级、市级、省级三好学生和优秀学生干部时，要将学生的等级评价结果作为重要依据。

（三）可以根据对学生的综合评价情况，评选各类个性发展突出的优秀学生，让更多的学生体验成功、感受激励。

（四）学生在完成阶段性学业后，只有各项终结性评价全部达到合格或合格以上等级，方可取得毕业证书。

【案例2】

青岛湖岛小学
"爱心伴我行　采摘宝葫芦"
——学生发展性评价手册实施办法

一、"爱心章"种类

1.评价小印章，代表着学生的点滴进步，是学生奋发向上的表现，是学生"爱心章"评价最常用的激励手段。

2.评价小粘贴，代表着荣誉，代表着收获。（十个小印章换取一张"爱心葫芦娃"粘贴）

二、评价的内容及标准

1.过程性评价

（1）课堂表现章：一周来，课前准备充分，上课发言积极，自主、合作能力强，善于倾听别人的发言，累计5颗星可颁发小印章一个。（各学科老师颁发）

（2）星级作业章：一周来，按时完成作业，书写清楚工整，质量较高，累计5颗星可颁发小印章一个。（各学科老师颁发）

（3）文明礼仪章：根据学生的日常纪律、卫生、养成行为表现，可采用班主任点评、同学之间互相评价的形式颁发印章。（班主任、卫生老师颁发）

（4）社团活动章：一周来，认真参加各社团的活动，保证出满勤，活动认真。累计2颗星可颁发小印章一个。（各社团老师颁发）

（5）实践活动章：参加课外实践活动，兴趣广泛，效果良好的；礼仪监督岗等同学认真上岗；志愿团积极组织志愿服务的。（班主任、德育处根据学生

表现，一周得小印章一个）

2. 成绩奖励章

（1）各类竞赛获奖：学生参加全国级、省级有关比赛获一、二、三等奖的，颁发小印章 3 ~ 5 个；市级获一、二、三等奖的，颁发 2 ~ 4 个；区级获一、二、三等奖的，颁发 1 ~ 3 个；校级获一、二、三等奖的，颁发 1 ~ 2 个。民间团体性质的由学校定。

（2）艺术考级：学生参加器乐、声乐、美术、书法等艺术专业考级活动，每晋一级获印章一个，每次考级要及时换取，过一学期作废。

（3）各学科测试中，在班级中保持优秀或进步较快的学生，均可获得小印章一个。（由各学科老师直接颁发）

（4）学生为学校、社会做好事，在全校、社会上影响较大的奖励印章 1 ~ 2 个。

3. 学期末评价：

学期末，学校根据学生的得贴情况，评选"金葫芦娃""银葫芦娃"和其他葫芦娃奖项；学生还可以根据自己的得贴数，兑换自己喜欢的奖品。

【案例3】

青岛湖岛小学
学生"爱心章"量化激励方案

一、量化激励的意义

学生的成长需要激励，建立一种多元化、多角度的激励性评价体系势在必行。我校在"一枝一叶总关情"的核心教育理念指导下，梳理了"植贤树人"的育人目标，在"爱心文化"的引领下，将学生评价方案进行修订完善，着手建立学生"爱心章"量化激励性评价方案。本方案的实施，旨在通过对学生发展过程的关注和引导，在一定目标指引下，以"爱心章"为激励手段，实施多元化、多角度的激励性评价，让学生体验到成功的愉悦，感受到自身价值的存在，从而满足学生的心理需求，促进学生更好地发展。

二、量化激励评价的理念

激励性评价了解学生的过去，重视学生的现在，着眼学生的未来，所追求的不是给学生下一个精确结论，更不是给学生一个等级分数并与他人比较，而更多地体现在对学生发展的关怀，鼓励更多的学生更好地自我完善；通过评价，激励学生在原有的水平上有所提高，达到《课程标准》的培养目标；更要发现学生的潜能，发挥学生的特长，了解学生发展中的需求，帮助学生认识自我，建立自信，使每个学生更加热爱自己，悦纳自己，超越自己，从而活泼、健康、幸福地成长。

三、量化激励评价的原则

1. 主体性原则

这种评价尊重学生的主体地位，始终把学生放在"人"的位置上，尊重学生的个性，充分发挥学生自我评价和为他人评价及与他人互评的主体作用，充分体现以学生为主体的思想。

2. 激励性原则

学生在学习、成长过程中有被赞美、被鼓励的心理需求。"爱心章"评价强调"宽容学生的失误，发现学生的闪光点，鼓励学生不断进取，获得成功"，多元化、多角度地让学生体验到成功的愉悦，从而满足学生健康的心理需求。

3. 发展性原则

"爱心章"评价不仅仅是为了评价学生的过去和现在，更着眼于学生的发展，使学生能在成功后总结经验，从挫折中寻找不足，从而促进学生的智商、能力、人文情感的健康发展。

4. 奖罚结合原则

为了避免学生因赞美、激励而造成自我感觉太好，功利性太强的倾向，克服过度激励造成学生经不起挫折的负面影响，"爱心章"评价建立用扣除已得"爱心章"惩罚学生过失的方法，帮助学生改正过失，从而鞭策学生不断进步的激励机制，让学生明辨是非，改正错误，找准努力的方向，使学生具备应有的荣誉感和羞耻心，具备更强的自律意识。

四、"爱心章"努力倾向评价体系

1. "爱心章"种类

（1）小印章，代表着学生的点滴进步，是学生奋发向上的表现，是学生"爱心章"评价最常用的激励手段。

（2）粘贴章，代表着荣誉，代表着收获。（十个小印章换取一张"爱心"粘贴）

2. 星卡评价的内容及标准

（1）闪光的足迹（成绩奖励章）

①各类竞赛获奖

学生参加全国级、省级有关比赛获一、二、三等奖的，颁发小印章5个；市级获一、二、三等奖的，颁发4个；区级获一、二、三等奖的，颁发3个；校级获一、二、三等奖的，颁发2个。民间团体性质的由学校定。

②艺术考级

学生参加器乐、声乐、美术、书法等艺术专业考级活动，每晋一级获印章一个，每次考级要及时换取，过一学期作废。

（2）耕耘的收获

①各学科每单元、阶段性检测、期末测试成绩在班级中保持优秀或进步较快的学生，均可获得小印章一个。（由各学科老师直接颁发）

②学生为学校、社会做好事，在全校、社会上影响较大的奖励印章 1 由学校定 2 个。

（3）良好的表现（大队部委托班主任颁发）

①课堂表现章

近一周来，课前准备充分，上课认真，发言积极，合作能力特别强又善于倾听别人的发言的，累计 5 颗星可颁发小印章一个。（各学科老师颁发）

②星级作业章

近一周来，能按时完成作业，书写清楚工整，质量较高，累计 5 颗星可颁发小印章一个。（各学科老师颁发）

③文明礼仪章

根据学生的日常纪律、卫生行为表现，可采用班主任点评、同学之间互相评价的形式颁发印章。（班主任、卫生老师颁发）

④社团活动章

一周来，认真参加各社团的活动，保证出满勤，活动认真。累计 2 颗星可颁发小印章一个。（各社团老师颁发）

⑤实践活动章

参加其他课外实践活动，兴趣广泛，效果良好的；礼仪监督岗等同学认真上岗；志愿团积极组织实践活动。（班主任、德育处根据学生表现，一周得小印章一个）

五、"爱心章"的使用与管理

1. 全体教师都有权利有义务严格按规定使用和管理好"爱心章"，但要防止滥发、乱丢而造成的负面影响。

2. 全体教师要及时激励优秀生，同时也要照顾学困生，适当降低坡度，酌情颁发"爱心章"。

3. 颁发的"爱心章"可双周五中午 12：30 ～ 1：15 持"爱心伴我行，采摘宝葫芦"学生发展性评价手册集中进行兑换，由大队干部负责进行业务办理。

4. 学校将为每名学生颁发"爱心伴我行，采摘宝葫芦"学生发展性评价手册，如实记录自己得"爱心章""爱心贴"的情况及原因。

5. 奖励方式：奖品

集齐 10 个"爱心章（粘贴）"可获得"爱心胸章"一枚。

集齐 20 个"爱心章（粘贴）"可挑选自己喜欢的物品。

期末金、银、宝"葫芦娃"少年评选将作为参考。

【案例 4】

青岛湖岛小学
"葫芦娃"奖项评选细则

一、指导思想

为了进一步加强和改进学生思想道德建设，培养学生良好的公民道德素养，展现我校学生朝气蓬勃、积极进取的精神风貌，学校决定举办"葫芦娃"和"金葫芦娃"的评选活动，让广大的同学学有榜样，营造文明整洁、健康和谐、催人奋进的校园氛围，鼓励更多的学生学习先进、赶超先进，最终达到班风、校风优良，人才辈出的目的。

二、评选条件

（一）十大葫芦娃评选

1. 爱心葫芦娃：文明礼貌，关爱他人

2. 节俭葫芦娃：节能减排，勤俭朴素

3. 自立葫芦娃：热爱生活，自理自立

4. 探索葫芦娃：善于思考，勇于探究

5. 低碳葫芦娃：低碳生活，健康阳光

6. 护绿葫芦娃：珍爱绿色，爱护环境

7. 创意葫芦娃：崇尚科学，善于创新

8. 快乐葫芦娃：勇敢快乐，感染他人

9. 健康葫芦娃：健康向上，勤学苦练

10. 才艺葫芦娃：积极进取，才艺突出

（二）金葫芦娃少年

在获得"爱心葫芦娃"荣誉称号的基础上，择优评选产生。

三、评选办法

1. 班级

各班级对照以上标准，评选出本班的葫芦娃，人数不超过 10 人。首先由有参评意愿的同学向班主任报名，填写《申报表》，然后班主任在班上公布各类"葫芦娃"候选人名单和主要事迹。班主任主持选举会，尊重学生意愿，民主公开，差额选举，当场公布结果，票数多者当选。评选结束后，班主任将《班级之星统计表》和当选学生的《申报表》交给年级组长。

2. 年级

由年级组长组织本年级老师对班级之星进行差额评选，产生 10 名葫芦娃之星。评选结束后，年级组长将《年级之星统计表》和当选学生的《申报表》交给德育处。

3. 校级

在三到六年级的年级之星中评选校园葫芦娃，每人做自我介绍（两分钟），介绍自己的个性和出色表现，摆出竞选理由，尤其是叙述自己的闪光点。出场顺序由参评者抽签。然后由学校中层干部、教师代表和学生代表投票差额选举，最后确定公布 20 人当选名单。

4. 金葫芦娃少年

金葫芦娃少年在各级各类葫芦娃学生中产生，根据"爱心葫芦娃"的评选，每项选票最多的即可获得"金葫芦娃少年"称号。人数不超过 10 名。

四、评选原则

1. 本着公平、公正、公开和宁缺毋滥的原则，各年级各班级要严格把关，对不符合标准的坚决不能凑数上报。

2. 凡受到学校点名批评的，有打架、破坏公物等违反《小学生守则》和《小学生行为规范》行为的，一律不予参选。

五、评选时间

以上奖项每学期评选一次，具体时间根据学校工作安排。

六、颁奖表彰

班级葫芦娃由各班组织颁奖，在班级宣传栏展出他们的照片和事迹。

校级葫芦娃和金葫芦娃少年由学校组织颁发证书（奖牌）和奖品，在宣传橱窗展出校园之星和金童少年的照片和事迹，并在学校网站和校报予以宣传。

葫芦娃评价章   **葫芦娃评价贴**

葫芦娃评价手册

葫芦娃成长记录手册

葫芦娃爱心存折

葫芦娃小组评价瓶和珠子

葫芦娃评价袋

第九章

蝴蝶振翅:

搭建爱心平台,汇聚外能"应为""可为"

第一节 对社会组织参与办学的认识

敞开门窗
张开渴望的翅膀
让阳光给我灿烂的光芒
照耀着我生命前进的征途上

梦的诱惑总是美丽的
我的灵魂让我的目光透亮
看着沉甸甸金黄的稻穗 芬芳了我的双腿
山野的花朵遍地绽放

心开始变得舒适和富足
许多惊奇和发现 从风情万种
在一片美妙的境界里感受
对明天的憧憬

（摘自互联网）

我想象这首小诗是一只蝴蝶的心语。蝴蝶一生经历四个阶段：卵，幼虫，蛹，蝴蝶。经历蜕变过程的痛苦与艰辛，是内心怀着对明天的憧憬，为了展翅飞翔的那一天，去欣赏遍地绽放的鲜花，感受一片美妙的境界。我们欣赏蝴蝶的身姿，是因为它无私地把羽化成蝶后的喜悦和欣慰，与大家分享。这就是我的心境。对于蝴蝶来说，困境也好，尝试也罢，就像蛹的蜕变，是为了展翅飞翔，我们的蜕变是为了师生更好地发展。

关于蝴蝶，还有一个理论学说，就是"蝴蝶效应"。"蝴蝶效应"是气象学家洛伦兹 1963 年提出来的：一只南美洲亚马逊河流域热带雨林中的蝴蝶，偶尔扇动几下翅膀，可能在两周后引起美国得克萨斯引起一场龙卷风。其原因在于：蝴蝶翅膀的运动，导致其身边的空气系统发生变化，并引起微弱气流的产生，而微弱气流的产生又会引起它四周空气或其他系统产生相应的变化，由此引起连锁反应，最终导致其他系统的极大变化。

我宁愿相信蝴蝶振翅产生的是美丽的、积极的效应。它影响着周围的生命，变化着世界的生态。因为有时候，我觉得学校就像一只蝴蝶在振翅，通过振翅呼唤同伴一起飞翔，通过振翅影响社会、社区的教育环境。振翅过程就是学校开放办学，汇聚社会力量参与学校管理的过程。

在《青岛市普通中小学现代化学校评价指标体系》中，明确提出学校要"倡导科学民主、改革创新和包容多样的学校文化"，要"充分利用社会教育资源，组织学生开展研究性学习、志愿服务和社会实践等综合性实践活动"。这些都需要社会组织的参与。

社会组织作为学校特色文化发展过程中不可忽视的力量越来越受到大家的重视。尽可能地调动社会力量的积极因素，有效发挥他们监督学校工作、协助学校管理、参与学校活动的作用，是现代学校开放办学的特征之一，对于激发学校发展活力、增强学校与社会的融合，宣传学校文化，有着十分重要的意义。

社会组织参与学校管理，在哪些"应为""可为"影响学校呢？笔者认为有以下几个方面：

一是监督、协助学校进行制度建设。参与校务委员会、家长委员会工作，并建立常态化运行机制，社会（社区）、专家参与学校办学与管理制度健全，对学校决策、管理有积极影响。

二是全面参与学校课程建设，提供课程资源、教师资源，协助学校形成具有学校特色的校本课程体系，为学生提供丰富多彩、个性化的课程选择。

三是充分提供社会教育资源，组织学生开展研究性学习、志愿服务和社会实践等综合性实践活动。

四是资助学校教育装备配备，完善设施设备，提高设备使用效率。

青岛湖岛小学在学校文化发展中，始终立足于学校学生实际，围绕着"一枝一叶总关情"的文化理念，从多方面关注每一名学生的发展（不管是城市还是农村的孩子）。因此学校在教育教学过程中，努力做到公平对待每一名学生，尽力帮扶每一名学生，使每一名学生公平接受教育。学校在资金紧张的情况下，拿出办公经费定期资助新市民子女和有困难的学生，并努力从各方面联系社会上的爱心组织，争取社会力量帮扶有困难的学生。

随着学校爱心文化的发展和学校影响力的扩大，越来越多的爱心团体、慈善组织来到学校，奉献爱心，协助学校发展，共同唱响爱心文化交响乐。学校联系"新市民之家"、青岛大学师范学院英语系等社会爱心组织，利用周日义务开办"新市民子女梦想学堂"；成立"新梦想新市民合唱团"，参加各级演出活动；成为青岛红十字微尘基金"博爱校园"，利用每年5万元的微尘基金，为学生提供爱心奖学金、爱心餐补、爱心眼镜，把社会的爱心送到学生心中；与福布斯公布的中国基金透明度第一的上海真爱梦想基金会合作，建设"梦想中心"，开设"梦想课程"，让学生自信、有尊严地成长；邀请岛城蓝橡树心理团队定期为家长、学生进行心理讲座，开展个案咨询；成立"家长志愿团"，下设合唱团、义工团、护校团、托管团、评教团，把"爱心文化"延伸到家庭，大家一起把爱传递下去。每天下午的托管工作是由老教师协会和家委会携手组织开办的，两年来，老教师和家长共同来校托管已经成为一道亮丽的风景线。有了社会、家长的理解、支持与参与，使学校的工作顺畅了许多，出现了很多育人新亮点，形成了社会、社区、家长共同"真诚的关切"学生发展的动人场面。

第二节　社会组织参与办学的实践

一、"真爱梦想"公益项目——爱让梦想飞

上海真爱梦想公益基金会是由金融机构和上市公司的专业管理人员发起和运营的公益组织。2008 年 8 月 14 日，经上海市民政局批准，注册为"上海真爱梦想公益基金会"。其核心理念是：帮助孩子自信、从容、有尊严地成长！它致力于中国素质教育，从 2008 年到 2012 年，逐步形成了以捐建一处 10 万元的标准化多媒体教室"梦想中心"、提供梦想课程和培训"梦想领路人"的知识供应系统。

2012 年 7 月，由青岛市教科所牵线，在上海真爱梦想公益基金会的帮助下，在青岛湖岛小学建立了青岛市第一家"梦想中心"，并引入了"梦想课程"。其中最值得称道的，有别于其他基金会的项目是"梦想课程"的开设。"梦想课程"是一系列面向义务教育一到九年级，基于"全人教育"理念，融合问题探究、团队合作、创新创造、环境保护、情绪智能等元素的跨学科综合素质课程。"梦想课程"的核心价值观为"创新、多元、宽容"，核心理念包括：问题比答案更重要；方法比知识更重要；信任比帮助更重要。梦想课程融汇了诸多课程开发专家的心血，华东师范大学课程与教学研究所所长崔允漷教授担任课程开发总顾问，北京师范大学—香港浸会大学联合国际学院（UIC）何仪伟博士、儿童阅读推广人袁晓峰等专家都参与了"梦想课程"的开发工作。在具体的实施过程中，我们将梦想课程与学校课程改革相融合，形成了学校现有的融合性课程体系。

（一）新闻报道

学校在青岛市教科所的指导和帮助下，《梦想中心落户青岛》一文在《青岛教育》2012 年第 4 期《教育资讯》栏目得以发表；学校梦想中心揭牌仪式

的信息在《半岛都市报》刊登；山东电视台少儿频道就我校开展梦想课程情况进行专题报道；《人民教育》副主编刘群老师采访学校特色文化时，马晖校长特意向她介绍梦想课程和上海真爱梦想基金会，学校开设梦想课程的情况在 2012 年第 24 期《人民教育》上刊登。【右图为《半岛都市报》报道】

（二）理念培训

为保障梦想课程项目的运行和实施，学校 2012 年 7 月组织全体教师接受了上海真爱梦想公益基金的"教练培训计划"，30 余名教师集体接受了一次梦想课程理念的培训。从 2012 年秋季起，学校先后培养推出梦想种子教师杨枫、负利、王春燕、朱琳、王艳艳、程熙孟、于海涛，其中杨枫、负利两位教师更是快速地成长为全国优秀梦想种子教师，先后于 2013 年、2014 年、2015 年赴武汉、成都、深圳、北京成为梦想教练员培训计划中的教练员，成为培训他人的教练。程熙孟、朱琳、杨枫、尚文花四位老师，为百度视频提供优秀梦想课程教学案例 50 余小时。

【案例】

尝试"政社联合"促进教育均衡发展
——上海"真爱梦想"公益基金资助项目落户青岛湖岛小学

青岛湖岛小学　张颖

"今天，我们在这里培训，让'梦想中心'项目及'梦想课程'惠及更多教师和学生，助推素质教育的实施，协助教师专业发展，帮助孩子们自信、从容、有尊严地成长。"日前，随着真爱梦想志愿者培训团队教师富有激情的开场白，上海"真爱梦想"公益基金会 2012 年教练计划——"梦想课程"教师培训班在青岛湖岛小学新建成的"梦想中心"里正式开课，来自青岛湘潭路小学、青岛湖岛小学和青岛教科所第六期中小学科研访学站的教师参加了培训。

此次培训活动以"爱让梦想飞"为主题，在为期三天的时间里，开展了真爱梦想理念宣讲、梦想课程介绍、种子教师示范课、培训教师试讲课四部分内容。此次培训活动时间虽然短暂，却开创了我市"尝试政社联合、促进教育均衡发展"的先河。

青岛市教科所牵头——尝试"政社联合"机制

《青岛市中长期教育改革和发展规划纲要（2011—2020年）》（以下简称纲要）明确提出："进一步发挥市教育发展基金会的作用，不断完善社会捐赠教育的激励政策，鼓励企业、社会团体、家庭和公民个人更多地投资教育。"

围绕《纲要》目标，青岛市教育局、青岛市教育科学研究所尝试"政社联合"机制，经过多方调研、论证，成功将"真爱梦想"公益基金项目引入岛城教育，并选取市内两所新市民子女较多的学校——青岛湘潭路小学和青岛湖岛小学作为"真爱梦想"项目资助学校，为促进教育均衡发展做新的尝试。

"真爱梦想"公益项目——爱让梦想飞

上海真爱梦想公益基金会是由金融机构和上市公司的专业管理人员发起和运营的公益组织。2008年8月14日，经上海市民政局批准，注册为"上海真爱梦想公益基金会"。其核心理念是：帮助孩子自信、从容、有尊严地成长！它致力于中国素质教育，从2008年到2012年，逐步形成了以捐建一处10万元的标准化多媒体教室"梦想中心"、提供梦想课程和培训"梦想领路人"的知识供应系统。

其中最值得称道的，有别于其他基金会的项目是"梦想课程"的开设。"梦想课程"是一系列面向义务教育一到九年级，基于"全人教育"理念，融合问题探究、团队合作、创新创造、环境保护、情绪智能等元素的跨学科综合素质课程。"梦想课程"的核心价值观为"创新、多元、宽容"，核心理念包括：问题比答案更重要；方法比知识更重要；信任比帮助更重要。

基于以上理念，"梦想课程"在纵向上分为一到三、四到六、七到九三个年龄段，在横向上分为以下三个内容模块：

"我是谁"模块注重培养孩子对自我以及所处环境的认知；

"我要去哪里"模块强调开拓孩子的视野与想象，认识到生命与世界的多元化；

"我要如何去"注重对孩子多元技能的培养，如创新探究能力、团队合作能力等。

"梦想课程"融汇了诸多课程开发专家的心血，华东师范大学课程与教学研究所所长崔允漷教授担任课程开发总顾问，北京师范大学—香港浸会大学联合国际学院（UIC）何仪伟博士、儿童阅读推广人袁晓峰等专家都参与了"梦想课程"的开发工作。

　　"梦想课程"的开设使"真爱梦想"公益基金项目实现了由单纯的财力资助到多元的智力资助的转变，为学校特色课程建设提供了良好的平台。

"梦想课程"教师培训——让我们一起把爱传递下去

　　"梦想课程"的核心是教师，"真爱梦想"基金会为加大对教师的支持，设计"教练计划"这一常态化、在地化的教师培训。大规模招募大城市的教师、大学生、企业志愿者、优秀"梦想课程"种子教师成为项目志愿者，经过集中培训，利用暑期到"梦想中心"新建学校与教师面对面交流，传递梦想课程理念，展示梦想课程授课方式，提高梦想课程开课率，帮助孩子们自信、从容、有尊严地成长。

　　在为期三天的培训中，培训理念先进、内容新颖、形式多样，培训教师体验交流、合作互动、收获丰富。

　　在热身游戏中感受快乐。每次培训伊始，"游戏达人"带领培训老师进行有趣的热身小游戏，抓手指、问候游戏……游戏很小，但总能牢牢吸引大家的注意力，让课堂充满了欢声笑语。

　　在课堂上展示自我。这是一次有别于常规教师培训的培训，教师们体验了多种角色，理念培训中教师是受训人，示范课中教师是学生，试讲课中既是教师又是学生。因为梦想课堂颠覆了传统的以听为主的上课模式，培训老师是培训的主角，课课必有参与，《逃家的小兔》绘本课、《我的玩具我做主》创意课、服装设计课、《三只小猪》辩论课，每节课的大部分时间都是培训老师在思考、在操作、在展示，切身感受到"体验式学习"的乐趣，快乐感、满足感充盈课堂。

　　在培训后反思课堂。三天的时间很短，留下的思考很多。如果我们所有课堂的开始都是以热身游戏导入，吸引孩子们的注意力，孩子们会多么开心、期待；如果我们所有课堂的过程都能让学生全身心地思考、操作、设计、表达，孩子们会多么喜欢、投入；如果我们所有课堂都有对学生的鼓励、评价，孩子们会多么有信心和成就感。

　　青岛湖岛小学贠利老师说："我期待给我的学生上'梦想课程'，把爱传递给每个孩子，让学生在课堂上安全、快乐、有尊严、有发展。这就是我参加这次培训的收获。"

　　作为"政社联合"机制的新尝试，新学期，"梦想中心"和"梦想课程"将在青岛湖岛小学和青岛湘潭路小学正式开设。

（三）教师成长

【案例】

<h1 style="text-align:center">我在追梦路上
——梦想种子教师成长之路</h1>

青岛湖岛小学　杨枫

一、我是谁

我是一名音乐老师，每天给孩子们上音乐课，带领他们一起快乐地歌唱、舞蹈，没有太大的教学压力。平日里我还带领孩子们参加合唱、舞蹈等社团活动，我觉得自己的特长得到了发挥，感到很快乐。我喜欢做些小手工，平时注重研究性学习，所以学校还安排我担任了综合实践活动学科的教学，经过努力，现在已经是全区综合实践骨干教师，先后参加了区级、市级、省级研究课、公开课、优质课的比赛，获得山东省优质课比赛一等奖。

二、生活状态

我现在的生活状态是什么样呢？四句话：老公宠爱、领导欣赏、同事称赞、学生喜欢，我认为自己已经很满足了，我满足于这种现状。可是……

三、结缘梦想课程

2012 年我结缘了梦想课程，上海真爱梦想基金会带领种子教师和志愿者团队来到我们学校给老师们培训，参加完这次培训，我知道了梦想课程是什么，它面向义务教育阶段一到九年级，是基于全人教育理念的跨学科综合素质课程。梦想课程是开放的、自主的、多元的、宽容的一门课程。通过培训，我也知道了在梦想课程中自己应该怎么去做，可是这门课程能带给我什么呢？说实话，我还是有些懵懵懂懂的。

四、梦想课给我和孩子们带来的变化

新学期，我成了一名梦想课程老师，一节节的梦想课上下来以后，我觉得自己的变化越来越大。特别是梦想课程先进的教学理念给了我很多启示，它特别关注学生的变化。其实，梦想课程的开展受益最大的就是我们的孩子，"梦想课程"让孩子们尝到了学习的甜头，让孩子们变得期待学习，并享受学习。梦想课程是开放的、自主的、多元的、宽容的，在课堂上，学生没有压力，思维活跃，发言踊跃。这样的课堂使学生们在学习知识的同时，各种能力得到了发展，在快乐的活动中，他们开始变得自信、有尊严。

1. 感悟信任比帮助更重要

以前在我的课上，学生遇到困难我更多的是去帮助他们，没有过多地去想想学生经过努力是否可以自己解决，梦想课程的教学理念让我懂得了应该更多地去信任学生能做好，信任是精神的支柱，也是一切动力的基础。

比如我在上《画一棵爱心树》这节课的时候，由于赶时间，我把爱心树画在黑板上，让学生照着画好的填上内容。画完我就后悔了，我就在想为什么不让学生发挥想象力自己画，可能每个人理解的爱心树都是不一样的，临时的草率决定把学生美好的想象和精彩的表达都扼杀在摇篮里，我为自己的粗心和浮躁懊恼不已。学生的思考能力是在自己思考问题的过程中发展起来的，课堂上要给学生足够的思考时间，让他们努力思索，独立解决问题，相信他们一定能得出一份令人满意的答案。这样就可以满足他们的表现欲，让他们享受到成功的喜悦，增强学习的兴趣，让他们的个性得到自由发展。

因此，以后不管上什么课，我提出问题后，学生如果答不出，我就会给他们足够的时间，而不是急于启发引导或直接提示。给他们充分的信任，这种积极豁达的心态传递给学生，学生对自己也会更有信心，也许出其不意的精彩就会在这充分的信任里展现出来。

上完这节课，给我感触最深的就是"信任比帮助更重要"，现在我说得最多的几句话就是"你能行""这个问题你可以自己解决的""老师相信你通过自己的努力一定能圆满地完成任务"。这也是我对梦想课程教学理念的一点感悟。

2. 学生的自主性优势

在梦想课堂上，每一位学生都能积极参与讨论，都能发表自己的见解和想法，在梦想教室里，学生可以自由地组合成讨论小组，而且课程的开放性也为他们的积极参与讨论提供了条件，熟悉的生活、熟悉的素材，谁不想谈感受、谈想法？在梦想课堂里，教师不必说教过多，只引导学生参与活动即可。比如我在教《我们的蓝色星球》时，要求以小组为单位讨论设计出各自的关于水资源保护的宣传标志，学生热情高涨，小组成员都积极出谋划策，我则根据他们

的想法进行简单的指导。最后展示设计成果并说明设计意图和标志含义时，我为他们简洁的图案、大胆的想法而惊讶。本课的主题内容完全被他们的设计所概括。当个体的主动性被充分调动时，集体的创造力是无穷的。

在学生转变的同时，我因为教授"梦想课程"，又重新发现了教学的另外一种乐趣。我第一次发现，原来教学也可以变得如此轻松，如此有趣；原来梦想课程是一门能够带给孩子们快乐，能够带给老师们快乐的一门课程。那么我就用这种理念、这种形式参加了青岛市优质课的评选，当我在课堂上和孩子们问好，带领他们做手指操的时候，在场的老师们都非常吃惊。老师们评议这节课的时候说从来没有看到学生在这种课上会这么放松、这么开心地笑，也从来没有看到过学生会这么有想象力、这么大胆地去做。这节课评为青岛市优质课的一等奖，我还有幸代表青岛市参加了山东省的优质课评选，最终也是获得了一等奖的好成绩。梦想课程带给我的变化和收获真的是太多太多了，我变得更加快乐了、更加自信了，和学生之间也更加融洽了。

四、我的追梦路

我一直在追梦路上，我现在成了一名种子教师，把我的收获分享给更多有爱的人，这是我的追梦路；我在参与的过程当中不断挑战自己的能力，实现自己的价值，是我的追梦路；让学生自信有尊严地成长，是我的追梦路；在梦想课程中体会到了职业幸福感，也是我的追梦路！

梦想课程，放飞孩子们的自信，放飞孩子们的梦想，让孩子们能快乐、自信、有尊严地成长。感谢上海真爱梦想基金会，感谢梦想课程！我的追梦路会走得更远，希望追梦路上有你们共同陪伴！

（四）学校发展

1. 开展"梦想课程"教师培训

2. 成为"梦想课程"沙龙学校

3. 举办全国"梦想课程"种子教师培训

二、"新市民子女梦想学堂"——助飞梦想

2011 年，在共青团青岛市委的指导下，原四方区团区委、四方区教体局联合，秉承"搭建平台，助力成长"的工作宗旨，成立了四方区"新市民子女梦想学堂"，将湖岛小学作为第一批教学点，携手青岛"新市民之家"、青岛"七彩华龄"志愿团、四方区社区青年加油站以及青岛大学师范学院等社会志愿服务团队加入到授课团队中，免费为这些教学点的新市民子女们提供各种学习特长技能的机会，是全市首个由行政部门牵头，面向辖区新市民子女义务授课的志愿服务平台。

（一）"梦想学堂"课程设置

1. 技能培养

青岛湖岛小学的"新市民子女梦想学堂"，开设了以知识巩固为主的同步英语课、以艺术体验为主的美术课和合唱课、以手工技能为主的丝网花制作课和剪纸课，精彩丰富的学习内容满足了孩子们的学习需求和艺术梦想，深受新市民子女们的欢迎。2011 年下半年，为了有效开发"梦想学堂"的课程资源，学校通过座谈、观察、问卷等形式，对课程进行了进一步的调整与丰富。学校就综合了师资、家长、社区、学校硬件设施等几方面的资源情况，采用"走班制"授课形式,开设了四大模块13门学校课程,多样的课程为学生提供了更多的选择空间,也更大程度地满足了学生的需要。

艺术类模块:葫芦绘画、合唱、形体、葫芦丝、书法等学校课程。

体育类模块:乒乓球、排球、武术等学校课程。

实践类模块:动漫、葫芦串珠、剪纸、丝网花等学校课程。

生活类模块:烘焙、软陶等学校课程。

这些课程所需要的材料、工具都是由教学点统一提供的,学生可以不花一分钱学到自己想学的知识、技巧。

这个项目一直坚持至今,我校约有300名学生在"新市民子女梦想学堂"学习,占在校新市民子女总数的60%以上。新市民子女在"梦想学堂"中增长了见识,开阔了眼界,提高了素质,感受到了来自社会各界的关爱和帮助,享受到了属于自己的天真与快乐。2011年5月9日,《中国教育报》头版头条对"新市民子女梦想学堂"活动进行了重点报道。

2. 感恩教育

"新市民子女梦想学堂"成立以来,社会志愿者发挥自己的特长,坚持在各个教学点授课,"梦想学堂"的时间成了新市民子女最期待的时刻。随着新市民子女受到的资助和关爱越来越多,感恩教育便成了"梦想学堂"的德育教育主题。"感恩行动"除了渗透在校园生活,还延展到社区、社会。结合重要节日,利用主题班会等开展主题鲜明、形式多样的教育活动,培养学生良好的意志品质和健全人格。

学校积极号召每个在"梦想学堂"学习的新市民子女在社区找到自己的小公民、小主人的位置,组建文明礼仪服务组、护绿服务组、爱心救助服务组、宣传服务组等队伍,鼓励队伍自我管理,从小树立做个合格的公民意识。通过"新市民子女梦想学堂"工作的开展,为新市民子女提供了学习知识的良好环境,搭建参与实践、融入城市生活的社会平台,对增强他们对社会的认同感、归属感具有重要意义。同时,通过这样的活动,也让新市民子女享受到了均等的受教育机会,为推进义务教育的均衡发展做出了贡献。

【新闻稿】

新市民之家为青岛湖岛小学请来国际志愿者

2013 年 12 月 15 日，青岛湖岛小学迎来了来自澳大利亚悉尼的国际志愿者 Lily。Lily 是澳大利亚悉尼科技大学国际法律系大三学生，此次到中国参与国际志愿者服务，是在青岛新市民之家联系帮助下来到青岛湖岛小学从事义务支教的。青岛湖岛小学是一所新市民子女达到 80% 的城市学校，一直得到社会各界特别是青岛市新市民之家的关注和帮助，Lily 的到来为校园带来了一股新风。Lily 为学校 14 个教学班级上了 24 课时的义务外教课，让学生熟悉了各国的新年风俗、悉尼的地理风情，促进了学生的英语听力和口语能力的提高。Lily 的课堂风趣快乐，游戏和音乐提高了学生的兴趣，收到了所有学生的欢迎。课后学生们经常围着 Lily 问长问短和进行口语交流，常常成为校园的焦点。

在与 Lily 的交流中我们了解到，Lily 祖辈生活在上海，出生于澳大利亚，她非常愿意到中国进行志愿服务。刚到学校的时候他非常紧张，不知道如何与孩子们接触和交流，不太了解中国的学校和学生，但在校英语老师的支持和配合下，他非常快地融入了中国学生课堂和校园，他的活泼赢得了学生的喜爱。在支教期间，他和学校老师们很快熟悉和交流，和老师们度过了第一个异国他乡的圣诞节，并收到了许多师生赠送的节日礼物，还和老师们参加了市北区综合实践学科教研，现场指导老师们进行圣诞浆饼制作，给老师们带来了异国烘焙技艺。

短短的支教在 2014 年 1 月 3 日结束了，Lily 也总结了自己执教的收获，他认为到中国执教应该先了解国内孩子们的英语水平和教学进度，这样会更好地提高志愿者支教的效果。他非常希望再次到中国学校进行志愿服务。

【案例】

走进新市民之家，提高新市民技能

湖岛小学根据自身条件，充分利用社会资源，积极为学生营造全方位发展的教育环境。前期学校成立"新梦想学堂"，让学校的新市民子女有了课外学习的条件。新市民学生每周六、周日在新市民之家进行免费学习。本学期，学校共有121名新市民子女在新市民之家学习素描、剪纸、丝网花、英语、写作、合唱等课程。通过学习，同学们在学习之余还获得了一技之长，学会了制作精美的剪纸、丝网花，绘画和写作等水平也得到了进一步提升。

3."梦想学堂"的成效

"新市民子女梦想学堂"获得了各级领导的关心和关注，团中央、山东省团省委、青岛团市委等领导多次来学校调研"新市民子女梦想学堂"项目实施情况。

团中央青年志愿者工作部部长郭美荐、山东团省委纪检组长谢宁、团中央青年志愿者工作部志愿者招募培训处毛怀远、山东省志愿者行动指导中心主任王冰、青岛团市委副书记张海军、原四方区委副书记王波等各级领导先后在团市委志工部、团区委、区教体局相关领导的陪同下，来到青岛湖岛小学教学点，调研、指导"新市民子女梦想课堂"工作。调研过程中，各位领导观看了"新市民子女梦想学堂"的活动视频资料，聆听了湖岛小学"梦想学堂"部分学员的诗朗诵《放飞梦想》以及合唱《爱在四季》，参观了英语口语、丝网花、葫芦丝演奏、葫芦手工串珠等部分课程展示，领略了梦想学堂风采。

"梦想学堂"前期筹备会　　　　"梦想学堂"启动仪式

"梦想学堂"义教大学生　　　　"梦想学堂"大学生在上课

三、青岛红十字微尘基金博爱校园项目——成就梦想

2011 年六一儿童节，学校邀请社会爱心人士到学校和孩子们一起共度节日，原四方区红十字会领导应邀参与活动，并为同学们带来了书包、文具等节日礼物。在学校活动期间，原四方区红十字会领导了解了学校学生现状以及学校的文化建设，被学校新市民子女的淳朴和积极上进所感动，提出推荐学校参与青岛市红十字微尘博爱学校项目的申报。

2011 年 9 月 29 日，首批青岛红十字微尘基金博爱校园项目启动仪式在青岛湖岛小学举行。市关工委主任原市人大常委会主任徐长聚、市红十字会党组书记常务副会长李然、原四方区人大常委会主任薛泽君、原四方区政府副区长王维礼等为四所"微尘基金博爱校园"授牌，并观看了新市民孩子带来的精彩表演。青岛湖岛小学正式成为红十字微尘基金博爱小学，每年 5 万元的资金资助项目对于我们这样一所资金相对紧张的小学校来说，真是雪中送炭，用好这笔资金，对得起捐助这些资金的爱心市民，把社会的关爱送到家长和师生心里，一起把爱传递下去，成为我们落实资金使用的工作宗旨。

学校使用红十字微尘博爱校园资金开展了系列活动：

1. 宣传红十字微尘精神和校园文化发展。学校制作红十字、微尘理念宣传旗，弘扬和宣传红十字微尘精神，学校举行各种活动，进行宣传；制作宣传展牌，宣传红十字微尘精神和中国红十字基金会的宗旨，宣传捐赠人的捐赠善举，了解国内外爱心组织和爱心个人；制作四季校报，定期宣传学校在微尘精神感召下参加的各项活动和学校葫芦娃爱心志愿团参加的活动；编写我爱我家课程手册，包含我与自己、我与家庭、我与学校、我与自然、我与社会。每个年级都有认识爱、学会爱、做有爱心人五个板块，教育学生爱己爱人、自信自强。

2. 支持新市民子女特长学习。2011 年，团市委以我们学校学生为主体成立了"青岛市新梦想新市民子女合唱团"，我们有 40 名学生成为合唱团的骨干力量，合唱团的演出服就是用微尘基金订做的，孩子们穿上它，参加四方区合唱比赛，获得一等奖的好成绩；穿上它，参加区诵读比赛，也获得一等奖；并且参加了 2011 年青岛电视台少儿春晚的演出。

3. 购买爱心图书。2011 年六一儿童节，学校给每个湖岛学生送上一份精致的爱心礼物——《品味最真挚的爱——青岛湖岛小学学生必读的爱的故事》。这本书是学校组织全体教师精心编写的，每个故事后面都附有"思路拓展"和"名言链接"两个板块，我们认为爱心文化不是简单的说教，故事就是宣传爱、传递爱的最佳载体，我们希望学生从书中感受的是书的力量，汲取的是爱的力量。这本爱心读本部分资金就是来自于微尘基金。同时利用微尘基金，学校在进行校园文化建设时，针对学校功能教室少，只有图书室，没有阅览室的现状，将

四楼大厅设计成开放式的阅览室，为开放式阅览室配备 1000 册图书，供 507 名学生随时阅览。

4. 落实爱心餐补。为学校新市民子女中家庭比较困难的学生提供爱心餐补，在落实爱心餐补过程中，我们做到"两公开"：一是评审过程公开。整个评审过程我们分四步走，首先面向全体学生下发《致家长的一封信》和《爱心餐补申报表》，将爱心餐补项目做详细的说明，请家长根据自身情况，自主申报爱心餐补；然后，学校组织班主任老师和各班家长委员会成员分头到申报的家庭进行走访了解，确认申报表的真实性；再次由班主任和家长委员会成员共同确定"微尘基金爱心餐补"发放学生名单，家长填写告知书。最后学校在公示栏进行为期一周的公示，由家长到校签字领取。二是发放过程公开。学校举行隆重的发放仪式，邀请社区、关系单位和家长参与发放活动。爱心餐补有 50 余名学生受益，占到学生总数的 10%。

5. 配发爱心眼镜。为新市民子女中近视或视力不良学生配备眼镜，保证了学生的方便学习。

6. 设立红十字微尘奖学金。针对学区内特困家庭的学生和残疾学生、家庭比较困难的新市民子女、品学兼优的学生，并努力使奖学金发放人员上尽量不和爱心餐补的发放人员重复，保证微尘基金项目惠及更多的家庭和学生。红十字微尘奖学金有 50 余名学生受益，占到学生总数的 10%。

有了红十字博爱校园项目的资助以及红十字会领导的关注和指导，使学校紧张的办学资金得到了缓解，方便学校开展更多的爱心活动，宣传红十字精神和微尘精神。两年来，学校先后迎接了团中央志愿者服务部领导、国家教育科学研究院领导、团省委领导、山东省教育科学研究所领导、原青岛市委副书记王文华书记、团市委陆书记等各级领导，了解学校在社会捐助下发展学校特色、帮助新市民子女、促进教育均衡发展的实践。学校还先后承接了青岛市义务教育均衡发展现场会小学现场、山东省教育科研发展大会学校现场、青岛市综合实践走研活动现场、区校园文化建设现场等大项活动。

四、光大银行爱心项目——爱心圆梦

光大银行与湖岛小学结缘是由共青团青岛市委牵头，贯彻团中央和银监会联合开展的面向新市名子女的志愿活动而来，由青岛团市委和青岛银监会牵头，光大银行具体组织，2011 年 4 月 29 日在青岛湖岛小学召开了青岛市"关爱新市民子女志愿服务行动"启动仪式。此项活动受到了市委领导的高度重视，时任青岛市委副书记王文华亲临了启动仪式，并为活动揭牌。四年来，光大银行先后组织开展了金融知识进校园、美丽青岛大搜索、葫芦娃岛城圆梦、光大志愿者家访等多项活动，帮助学校近百名困难的新市民家庭和子女。

启动仪式　　　　　　　　　　　　　　　　新闻报道

中国光大银行青岛分行志愿者带领部分学生参加"美丽青岛大搜索"活动

2013年10月，青岛湖岛小学和中国光大银行青岛分行的志愿服务团的成员，针对新市民子女家庭困难，没有机会感受青岛的美的现实状况，共同组织了部分新市民同学参加到了"美丽青岛大搜索"活动中。

同学们来到了五四广场，看到了青岛的标志性雕塑《五月的风》。来到了奥帆基地，看了奥帆基地的各类建筑物，感受了奥帆基地的文化氛围，走进奥帆博物馆，学习了奥运知识，了解了很多奥运健将的成长经历，他们的拼搏精神让同学们备受鼓舞。此次活动过程中，同学们还走进了银行，在银行专业培训部阿姨的讲解下，了解了银行业的相关知识。

同学们一路走来，在感受美丽青岛的同时，开阔了视野，增长了见识，感受到了志愿服务团叔叔、阿姨们对他们的关爱，同学们纷纷表示更加热爱他们的第二故乡——青岛。

五、蓝橡树心理团队项目——梦想倾心

蓝橡树心理团队是由岛城各个阶层、各个职业的近20位持有心理咨询证书的心理咨询师组成。他们主要依靠父母学堂、心理工作坊、读书会等平台实现他们美好的愿景——让更多的人成为更加美好的自己。他们积极与学校联系，并与学校签署了合作协议，走进学校与家长进行面对面的沟通、交流。

蓝橡树心理团队 2014 年对我校家长进行了问卷调查，了解家长们迫切需要了解的内容，有针对性地走进学校，对学生习惯养成、青春期教育等问题和家长进行面对面的交流，给予家长在教育教学方面最大的支持。

蓝橡树心理团队每月都会到校一次，与家长进行面对面的交流与探讨。例如：在青春期教育这一讲座的时候，家长们在蓝橡树心理团队带领下分为"春、夏、秋、冬"四个小组，一边讨论一边记录青春期孩子都有什么不一样的表现。有的家长提出孩子"不愿与家人交流""爱美了""害羞""叛逆"等青春期的症状，蓝橡树心理团队的陈铭钰老师带领家长对这些表现进行一一分析，并进行了归纳分类。

参与培训的家长们，热情非常高涨，有的家长每周只休息一天，但是还是风雨无阻地到校参加培训，可见家长也想在教育孩子方面有更多的科学方法，能够在教育孩子时更加从容。

蓝橡树心理团队面向参加培训的家长组建了微信群和 QQ 群，定期传送育儿知识，组织育儿沙龙，针对个案进行咨询、指导。

六、家长志愿团——梦想后盾

青岛湖岛小学家长志愿团于 2011 年 9 月正式成立。家长志愿团的建立是在认识到家庭教育和学校教育互补重要性的基础上成立的，家庭教育和学校教育一方出现了忽视，学生在成长道路上就会走弯路。在家长委员会的精心策划下，我们成立了"湖岛家长志愿团"，在家长中间掀起了"我参与、我奉献、我快乐"的志愿服务热潮。目前，学校共有学生 650 名，拥有家长志愿者 153 名，家委会根据家长志愿者的专业特长、职业、职能等特点，最大限度地发挥家长的资源优势，为学生成长奠定教育基础。但之前家长志愿团的组建并不是一帆风顺的。

开始的几个月,我们通过班级飞信群、QQ群、校级网站、家长信、校报等多种形式向家长及老师宣传。成立家长志愿团的意义以及招募"家长志愿者"的方法,力求让全校每一位老师和家长都能从理论上了解成立家长志愿团的真正意义和目的。经过一段时间的宣传与发动,我们一共招募了家长志愿者12名,并通过会议抽签确定了助教班级,一些重要的事项和具体操作方法也都在会议上进行了细致的讨论和安排。然而,在即将开始运行时,部分教师对这项工作的开展提出了自己的忧虑:"家长是不是来监督我们的?""家长会不会对他们所看到的一些不能理解的管理方法在社会上进行负面宣传?"家长方面报名也不是很积极,总是感觉学校在额外地给他们增加负担,他们总是抱怨,学校出那么多幺蛾子干什么,想让我们家长干什么直接说就可以了……

老师们的忧虑引起了学校领导深深的思考:家长志愿团作为一个全新的事物,在运行中势必会遇到这样那样的困难,也会出现各种不同的声音,因此需要不断地调整和完善,需要教师、家长和社会的理解和支持。如何让家长志愿团充分发挥应有的作用呢?如何让家长志愿者活动的开展能在老师和家长的共同理解和配合下取得实质性的进展呢?

为此学校召开了专题会议,对老师进行培训、对家长进行指导,鼓励家长加入到家长志愿团组织中。邀请已经报名的家长朋友进行授课展示,做宣讲员,向全校家长进行宣讲。效果非常明显,有很多学生的父母都加入到学校的家长志愿团中。

志愿团在家长委员会和校务委员会的双重监督领导下,共建立了五个部门:

活动部——配合学校组织学生参加各种实践活动。

项目部——能够为学校的活动提供理论或者技术方面的帮助。

联络部——能够在家长、学校、社会活动中发挥联络组织作用。

宣传部——对学校的教育教学等各项工作能够不断加大宣传力度。

安全部——能够和有关部门联络,对学生进行安全讲座,配合学校让学生懂得关注生命,远离危险。

家长志愿团是在全体家长中进行招募产生的,各项目部负责人由家长选举产生,项目推进、日常工作实施完全由家长自主管理,由学校提供场地、人员和资金的支持,学校不予干涉。家长志愿团的成立,为湖岛小学更好地加强家校沟通,实践"爱心文化"打下了更加坚实的基础。

家长志愿团运行几年来,各项工作开展得扎实、有效,深得学校领导、老师和广大家长的信任。家长是站在学校背后的巨大教育资源,组织化的家长群体,已成为学校教育的重要支撑力量。

1. 家长参与学校课程开发,孩子尝到了家长授课的甜头。

在银行工作的家长开设了"反假货币"专场人民币知识讲座，并现场发放了人民币知识宣传材料。家长从人民币的设计特点、防伪标志、假币的种类和主要特征，以及真伪钞的鉴别、点钞方法等多个方面进行了详细、生动、直观的讲解。

2. 家长参与学校安全保卫，我们尝到了家长参与的甜头。

学校门前是一条进出青岛的交通运输要道，上学放学的时候人多车多，存在安全隐患。家委会下发招募启示，广泛发动家长参与，成立了63人组成的家长护校队，每天学生上学、放学时，家长们每四人一组到学校门口值班、守护。和学校保安、护导教师一起组成了强大的护卫力量，是学校门口每天清晨一道动人的风景线。

3. 家长参与学校对外宣传，我们尝到了家长配合的甜头。

志愿团宣传部参与《童心飞扬》校报的编辑工作，为《家校动态》一栏提供稿件，宣传家长中优秀的教育孩子的方法，进一步提高教子水平，为家校配合开展工作，提供了有效的帮助；每月参加到《四季风情》校园网的内容更新工作中，让每一个进入湖小网站的人能够了解学校的家校工作动态。

4. 家长参与学校组织活动，我们尝到了家长支持的甜头。

2013年4月家长开放周活动中，我们请家长志愿团成员参加学校的升旗仪式，三位家长作为升旗手，亲手升起了五星红旗，并请志愿团秘书长卢春宇同学的妈妈进行了国旗下讲话。

在校内我们开展军训、合唱比赛，邀请志愿团成员担任评委；学校博爱校园项目中的"爱心餐补"也是由志愿团成员集体讨论确定的……

在校外，志愿团成员还带领同学们走向社会大课堂，参与实践活动中。带领同学们走进部队，体验、了解军营生活，向部队官兵学习如何整理内务；带领同学们走进爱心护理院，为残疾儿童提供力所能及的帮助；带领志愿团的学生走进北岭山开展种绿、护绿活动……

5. "妈妈义工团"，我们尝到了家长传艺的甜头。

在我们学校，有些孩子的妈妈可能文化素质不是很高，但是她们来自农村，勤劳能干，她们中很多人在生活技能方面拥有自己独特的本领。有的妈妈会绣花，有的妈妈会剪纸，有的妈妈饺子、包子包得特别漂亮，而且味道鲜美。擅长包饺子的家长亲自来到学校教同学们如何和面、调馅、包饺子。当同学们把亲自包的热气腾腾的饺子端上桌的时候，同学们便边吃边感受了在"妈妈义工团"这里传艺的甜头。

6. 家长合唱团，家长和孩子一起体验校园童年生活。

2012年9月，学校成立了由家长志愿者招募的家长合唱团，40余名家长团员，每周五到学校集合，由学校音乐教师指导和训练，唱校歌、唱童年的歌，并于2013年六一儿童节和自己的孩子一起登台表演，体验了童年、童趣和亲情。

家长合唱团

【案例】

青岛湖岛小学家长志愿团队伍管理规定（节选）

第二章 服务领域与形式

第四条 志愿者服务领域：

（一）活动部：能够在走向社会课堂的活动中配合老师组织学生参加各种社会活动；能够主动参加或者组织学生参加到对学生有教育意义的活动中来。

（二）项目部：能够为学校的活动提供相应的理论或者技术方面的帮助。

（三）联络部：能够在家长工作、学校工作、社会活动中发挥联络组织的作用。

（四）宣传部：对学校的教育、教学等各项工作能够做到及时了解，并且能够通过飞信、QQ、微信、座谈交流等各种方式宣传学校的工作，让家长对学校服务于家长的理念、行动充分了解。

（五）安全部：能够和有关部门联系，对学生进行各种讲座，带领学生学会自护自救的相关知识，能够配合学校让学生更加懂得关注生命，远离危险。

第五条　志愿者服务形式：

（一）为家长们提供相关的学习资料；

（二）为学生讲授学生可以接受的知识；

（三）为老师提供有价值的教育学生的思路；

（四）为学校提供可以促进学生更好地发展的场地或者其他帮助；

第三章　申请加入与退出

第六条　本队伍常年接受志愿者加入申请。

第七条　申请者可根据湖岛小学公布的需求信息，填写申请表格，加入本队伍。

第八条　志愿者若遇特殊情况中止服务，须提前一个月向本队伍提出书面申请。

第四章　志愿者誓言、行为规范

第九条　志愿者誓言：

我志愿成为一名光荣的志愿者。我承诺：尽我所能，不计报酬，帮助家长，服务家长，践行志愿者精神，参与学校的教育教学和各类活动，宣传正确的教育思想、教育方法。为湖岛小学的发展最大限度地贡献自己的力量。

第十条　志愿者行动口号：

携手、奉献、互助、进步。

附

家长志愿团相关制度及流程

一、家长志愿者管理网络

1. 主管行政：分管家校工作的行政领导、校家长委员会主席

2. 各年级组：年级组组长、各年级组家长委员会主任

3. 各班级：各班班主任、班级家委会会长

二、实施流程

1. 每学期期初，各班级进行招募、登记工作。

2. 校、班级根据实际活动需要安排各位家长义工的具体工作。

3. 学校每学年召开家长志愿者交流会，交流工作经验，分享义工感受。

三、志愿者工作内容

1. 参与管理学校、年级、班级各类教育教学活动的秩序，如大型集会、参观访问、社区教育、外事接待等。

2. 为学校、班级各类教育教学活动提供物质上的支持或便利。

3. 参与和协助学校其他工作。

四、志愿者要求

1. 准时到岗，不迟到不早退。

2. 加强责任性，履行志愿者职责，完成志愿者的工作内容。

3. 乐于与其他志愿者、教师、学生交流合作完成任务。

4. 积极参加志愿者培训。

5. 遵守校规校纪，语言文明，服装得体，不带无关人员进校。

五、奖励

每学年评选校级优秀志愿者，颁发证书，给予表扬。

家长志愿团是以家长委员会为依托的一个群众组织，把家长资源引入学校管理，实现家校联盟，这是一个还需要多加探索的新课题。目前，我校家长志愿团的工作还处在探索阶段，许多做法还不够成熟。在今后的工作中，我们将不断创新工作思路，依托家长委员会，凝聚全体家长的智慧和力量，整合校内外教育资源，实现家校间的密切合作，共同推进素质教育，促进孩子健康成长。

第十章

拾级而上：
推窗眺望广景，爱心文化且歌且行

第一节 "葫芦娃爱心文化"的遐思

打开窗，
豆大的雨粒敲打着玻璃，
清凉的南风翩然而至，
剥开泥土的芬芳，
弥漫着时分的外壳与内延。
眼前的风景，
充满温馨甜美，
荡漾着感动的眼睛。
那身心被俗世缠绕的痛苦、
忙碌惹下的疲惫统统被卸下；
潜入内心的热爱，
带着时间的翅膀翱翔。
季节把花朵种在窗前的茶树上绽放，
樟树依然在雨中挥舞着手臂，
期待阳光来访。

（摘自互联网）

阳光使万物生长。因为有了阳光，才有雨后泥土的芬芳；因为有了阳光，才有花朵摇曳的绽放。学校的特色文化就应该是洒在师生身上的"真诚的关切"的阳光，关注人性，直抵人心。这阳光"弥漫着时分的外壳与内延"，带着时间的翅膀"潜入内心的热爱"，滋养师生成长。

在编著这一个章节的时候，想起了小时候的故事。

小时候生活在市北区登州路上，经常去爬儿童公园的大庙山。通往山顶的路有比较平缓的盘旋坡路，还有一处108级台阶路。上山前都要犹豫：走哪条路？每次都选择登台阶，因为登台阶上山速度最快。登台阶之前，还会感叹：这台阶真高！台阶路真长！心中充满期待，也有一丝犹豫。但每次登上那108级台阶，拥有更加广阔的视野，看到更加壮观的风景时，再回头看那些踩在脚下的台阶，就会忘了曾经的辛苦，只觉得这台阶不高，台阶路也不长，甚至感谢它让我眺望了广景。

此时的心境亦如小时候登上那108级台阶后。

322

郭沫若先生游览绍兴东湖景区时留下一句诗："勿谓湖小、天在其中。"初读这句诗，我竟有昭昭之中受点化的幡然醒悟，仿佛这句话为湖岛小学而作，尽管此"湖岛"非彼"东湖"。因为青岛湖岛小学孕育了"葫芦娃爱心文化"特色品牌，所以我把"天在其中"改为"爱在其中"。

"勿谓湖小"。是的，青岛湖岛小学的确是小。但"爱在其中"。这个"爱"，指的是学校立足校情,确立了"葫芦娃爱心文化"特色文化,全校师生秉承"一枝一叶总关情"的核心理念，精心描绘"爱心校园、幸福家园"学校愿景，实践着朴实的教育梦想：每一个孩子都值得爱，让每一个孩子都学会爱。

"爱在其中"，这个"爱"，指的是全体教职工秉承着"植爱、植智、植美、植行，树博爱之人"的育人目标，践行着"唯实唯新、修业修身"的教风，实现着庄严的特色品牌承诺：用爱播撒爱的种子，以爱传递爱的硕果。

"爱在其中"，这个"爱"，指的是孩子们在"葫芦娃爱心文化"浸润下，践行着"爱己爱人、自信自强"的校训，在接受爱、实践爱中感受着朴实的真理：身边有爱真好，传递爱心真好！

"爱在其中"，这个"爱"，更是家长们在"葫芦娃爱心文化"感召下，"一呼百应，携手参与"的动人写照，验证着家校沟通不变的真理：唇齿相依，心手相牵；协同育人，共塑未来！

爱，是世界上真善美的语言。葫芦娃爱心文化如同蝴蝶振翅，影响着社区，影响着家庭，影响着教师和学生，"爱"已成为湖岛小学的特色符号，逐步呈现出"爱心校园、幸福家园"的和谐美景！

第二节 大家眼中的"葫芦娃爱心文化"

第一部分 参访篇——我们眼中的"葫芦娃爱心文化"

近年来，随着学校文化的不断发展，学校的办学特色日益鲜明，我们接待了来自西安、北京、宁波、海阳、泰安、淄博等地的教育考察团参观访问，也接待了本市兄弟学校干部教师的参观学习，来宾们对学校的文化建设工作给予高度评价。同时，学校与宁波镇明中心小学结成手拉手友好学校，每年交流学校管理经验，促进共同发展。

学校文化的积淀助推学校教育教学各方面健康有序的发展，我校先后承接了以下活动：

全国梦想课程种子教师培训

中国教科院原院长袁振国调研

山东教科所原所长亓殿强调研

共青团中央青少年部调研

第五届山东省教育科研大会

青岛市义务教育均衡发展现场会

青岛市学校课程、综合实践走研活动

青岛市语文教研活动

共青团青岛市委调研

青岛市委政策研究室调研

青岛市人大调研

北京教科所调研

……

【案例1】

外出学习考察报告

泰安市宁阳县文庙街道北关小学　徐征花

2014年10月22日至10月23日，我们文庙街道小学教师学习考察团，在街道领导的精心组织和带领下，赴淄博、临淄、青岛考察了四所小学并聆听了相关讲座。这四所学校先进的办学理念和富于创新的特色课程让我们大开眼界，尤其是青岛湖岛小学给我留下了深刻的印象。因为湖岛小学和我们学校有许多相似之处，学校规模较小，务工子女较多，但是湖岛小学能围绕"文化育人、特色立校"的发展目标，凝练定出了"葫芦娃爱心文化"特色品牌，形成了特色文化发展体系，以"葫芦娃爱心文化"特色品牌的创建带动全体师生整体风貌的提升，带动了学校教育教学质量的提升，荣获区一星级、二星级特色学校。这种"广接地气"的特色品牌和"玲珑精致"的特色文化发展体系，使我为之折服。

通过实地参观学校和聆听马晖校长的经验介绍，我对湖岛小学有了更深的感受。

感受一：植爱——爱人爱己

湖岛校园内点缀地种植着许多架可爱的小葫芦，学校以充满童心童趣的"葫芦娃"为载体，凝练确定了"葫芦娃爱心文化"。这种爱心文化，如同理念标识，已成为湖岛小学的特色符号，"一枝一叶总关情"的办学理念，使全校五百多名可爱的学生像快乐的小葫芦娃一样在爱意浓浓的湖岛小学校园里生长着、摇曳着。学生中间不少是来自祖国大江南北的新市民子女，地域文化不同、方言版本不一，但在学校温暖、博大的"爱心文化"浸润下，每个孩子都学会爱自己也爱别人。卡通人物男孩"关关"、女孩"爱爱"是学生们最喜欢的吉祥物，学校会定期评选出"爱心、关爱、节俭、自立、探索、低碳、护绿、创意、快乐、健康、才艺"葫芦娃，真正做到了每个孩子都值得爱！

感受二：植美——特色鲜明

为丰富学生的课余生活，培养学生的特长及兴趣爱好，湖岛小学提出每名学生参与一个社团的目标，成立了巧手剪纸社团、键盘快手社团、串珠艺术社团、乒乓球社团、百灵声乐社团、葫芦艺术社团、葫芦娃软陶DIY社团、排球社团等八个学生社团，通过现场招募、教师考核筛选，确定社团人员。每周二下午，所有社团统一时间进行活动，各社团配备一名指导教师全程服务，既保证了社团数量和人员的最大化，又丰富了校园文化内容。

另外，湖岛小学根据学校教学融合型改革计划，在学校艺术课和体育课中尝试整合教材，分别进行腰鼓进课堂、葫芦丝进课堂的音乐课改革和排球进课堂的体育课改革。艺术和体育课教师利用教研时间分析筛检教材内容，在教学中引进腰鼓演奏教学、葫芦丝演奏教学和排球训练教学，既弥补了新市民子女家庭艺术、体育特长培养中的不足，又提高了学生的艺术情操和艺术实践能力。

感受三：植智——自主研发课程体系

湖岛小学借鉴西方领域课程理论，依据"植贤树人"的育人目标，构建出了"融合型"课程文化。将国家课程、地方课程、学校课程、社团课程整合其中，融合成"植爱学堂、植智学堂、植美学堂、植行学堂"四大板块课程，形成以葫芦文化课程、我爱我家课程、"爱在四季"德育课程、"三点梳理、主题阅读"语文课程等学校特色课程为代表的融合型课程体系，使学校"葫芦娃爱心文化"建设驶向快车道。

《葫芦学堂课程手册》是湖岛小学组织各社团教师、综合实践课程教师自主设计、开发的葫芦学堂课程体系，其中以认识葫芦和玩赏葫芦两大板块为主线，贯穿了葫芦文化研究、葫芦种植、葫芦串珠编织、葫芦绘画、电烙葫芦、葫芦创意制作等内容，满足了学生的兴趣爱好、实践培养和个性发展需要。

我们一行人欣赏了学生们的葫芦吕珠编织作品，当时有些不相信自己的眼睛，这些小巧可爱、造型奇特的"小玩意儿"竟出自学生稚嫩的小手。原材料来自于校园内种植的小葫芦，他们穿着统一的"工作服"，穿线走法和动作熟练灵活，作品形态各异，这和我们在市场或商场里买的精致的汽车挂件或室内摆件相差无几。在葫芦创意制作现场，我们看到学生分工明确，忙得不亦乐乎。有的忙着清理干枯的葫芦藤，有的忙着打磨葫芦，有的忙着在葫芦上雕刻绘画，每个人都是那么专注认真，完全沉浸在葫芦创造的艺术享受中，这种场景在我们的课堂教学中，是多么难得一见啊！

见多方能识广，这次外出学习考察使我深刻感受到：先进的教育理念是教育发展的根基，优质的师资队伍是学校发展的灵魂，丰富的特色活动是学生发展的根本，高效的课堂教学是素质教育的保障。今后，我将带着收获与感悟，不断优化教学模式，着力形成自己的教学特色。

【案例2】

给孩子一个幸福家园
——赴青岛市湖岛小学参观学习体会

文庙街道南许中心小学　王德新

为学习先进学校推进素质教育、实施课程改革和加强学校管理的经验，2014年10月，由办事处周主任带队，办事处教办、小学代表等17人到青岛进行了为期两天的考察学习。

通过听报告、座谈会、听课、现场参观，我们看到学校优美的教育环境和现代化的教学设施；各具特色丰富多彩的校园文化；完备而又精细的管理制度；理念新、素质高、责任心强的管理队伍和教师队伍，追求卓越、不断进取的工作精神，优秀的教育质量和丰硕的教科研成果，让我们受益匪浅。这次考察学习是一次非常难得的学习机会，使我们视野开阔，认识升华，方向明确，信心增强，必将对我们今后的工作起到非常重要的指导和促进作用。

在考察学习中，给我留下深刻印象的当属湖岛小学。初进湖岛小学，第一眼印象颠覆了我想象中的"高大上"。走进湖岛小学，只有一座四层楼拐角楼。操场也不大。这让我内心充满疑虑。湖岛小学是如何以自己独到的特色立足于名校林立的岛城的呢？在马校长的带领和介绍下，随着学习的深入，我们对湖岛小学有了新的认识。

湖岛小学第一个特点就是它的生源，学校地处市北区的西南角，因为周围租住着大量的外来务工人员，所以外来务工人员子女占学生总数的80%，来自17个省和自治区，家庭背景、行为习惯、个性差异、地域文化、八方方言在这里交汇。生源的差异，给学校带来挑战，也带来了机遇。

"葫芦娃爱心文化"深深吸引住了我们的眼球。我们所看、所听、所感悟的是葫芦娃作为这所学校的特色符号，已深入到学校的边边角角，深入到学校的每一位师生心目中，从门口缠绕悬挂的一个个精致的小葫芦、爱心文化形象"葫芦娃"关关和爱爱，到班级文化、学校宣传栏、班级名片，小到班徽、书签都能以葫芦的形式展示，让我们处处感悟到葫芦娃的魅力。

　　学校打造的"葫芦娃"爱心文化特色品牌,为什么在爱心文化前面加上"葫芦娃"？我想，湖岛小学正是抓住了孩子们爱看动画片《葫芦娃》，葫芦娃在孩子们心中喜闻乐见、充满童心童趣的契机，以葫芦娃为载体赋予爱心文化，更能让来自17个省和自治区，家庭背景、行为习惯、个性差异、地域文化、方言口音等各不相同的孩子们所接受和引起共鸣。更能适应通过温暖博大的爱心文化使每个孩子懂得爱、接受爱、值得爱、学会爱。这样爱心文化才能被学生理解、接受、践行。

　　"葫芦娃"是学生喜欢的动画片，学校推出了爱心文化形象"葫芦娃"关关和爱爱，并赋予了友爱、善良、包容、勇敢等品质的可爱形象，孩子们非常喜欢。学校围绕着葫芦娃做文章，创编"葫芦娃"故事、"葫芦娃"歌曲，做各类葫芦娃，给学生创造了无限的可能。学校把"一枝一叶总关情"作为学校的核心理念，学校把"爱在四季"作为学校的楼层文化，教学楼一到四层的走廊里，一面面会说话的墙向我们讲述了春夏秋冬不同的爱。

　　在考察学习中，我们适逢学校开展以素质教育为核心的特色活动——走班课程，我们刚进学校，在马校长简短的介绍后，他给我们留下了一个问题："我们学校的腰鼓队很有特色，学校小，没有专门的器械室，请各位领导找一下，我们把腰鼓放在了哪里？"带着这个问题，我们参观了学校开设的烘焙、腰鼓、丝网花、葫芦雕刻、葫芦串珠、软陶等17门"走班式"课程，让学生在学习文化知识的同时，也掌握了一门技艺。当可爱的孩子们送给我们精美的葫芦串珠时，我们真的是感动至极。我们没忘马校长的问题，我们同行的一位心细的老师找到了答案，答案在每位学生的凳子上，原来每位学生的屁股下面都设计成了单独的"储物间"，一个个小腰鼓既不占地方，又方便了学生拿放，另外，一间教室平时正常授课，每逢走班便成了走班课堂，真是独具匠心，把学校资源利用到了极致，让我们大开眼界，很受启发。

　　半天的考察学习，我们已被湖岛小学丰厚的文化底蕴和办学经验所吸引。湖岛小学"文化育人、特色立校"的办学思路给我们提供了先进的办学经验，学校立足校情，凝练特色品牌，形成了自己的特色文化，以"葫芦娃爱心文化"特色品牌的创建带动全体师生整体风貌的提升,带动学校教育教学质量的提升,值得我们学习借鉴。

【案例3】

一枝一叶总关情
——访青岛湖岛小学有感

青岛交通学校　任颐

春日的午后，走入湖岛小学，与市南市北的学校不同，这里没有宽阔的操场，没有标准的跑道，也没有气派的教学楼和先进的多功能厅，这是一所无论从哪个角度看都很平凡的小学。

但，我还是很快被眼前的一幕感动：一队小学生，大概三年级左右的样子，排着队从操场一侧走过来，见到我们这些访学的老师，一个个仰起可爱的小脸亲昵地叫着"老师好"，纯真的笑容毫不掩饰地在一张张生动的面孔上荡漾，让我有说不出的满足与温暖。而心，亦融化在这甜美纯真的笑容里。

待我利用休息的间隙，参观了他们的校园和教室之后，这种感觉也愈发强烈。

外表普通的教学楼内，一进门就看到墙壁上镌刻着他们的校训："爱己爱人、自信自强"。另一面墙上刻着"每个孩子都值得爱，让每个孩子学会爱"，沿着楼梯拾级而上，周围的墙壁上，错落有致地贴着色彩斑斓的温馨话语，楼梯的拐角处有一个身高记录尺，画成可爱的动物图形，旁边有一句话"一枝一叶总关情"。

二楼是二年级的教室，走廊并不宽敞，但布置得颇具特色，一面墙上镌刻着"爱"字的几种不同写法，并用通俗易懂的文字向孩子们解释爱的真谛和内涵。

不知不觉走入了一间空着的教室。孩子们已经放学，空空的教室里仿佛还有未及散去的孩子们的欢笑声。这间教室的布置延续了整个学校的风格，简朴中不失温馨，平实里蕴含着文化。教室四围的墙壁装饰得非常漂亮。细心的老师剪出了漂亮的葫芦图形，上面还垂着绿色的藤蔓，贴着孩子们的书法作品。其实，那不能算书法，是孩子们工工整整地抄写在方格纸里的唐诗，内容仿佛是关于春天的。从一笔一画里，可以想像那可爱的小手握笔写下的姿态。

教室的后面，没有黑板，只是用孩子们的活动照片装点起来，"心中有爱、共同进步"八个字也彰显了班级文化与校园文化的一脉相承。其中有两处细节，让我动容。

一处是教室后面的墙壁上做了一排琴键样式的挂钩，孩子们的学习资料夹整齐地挂在上面，既美观，又节约空间，还颇具想象力和艺术气息。一处是每张课桌上固定着的一个小提醒——"你今天坐好了吗？"这应该是提醒孩子们注意写字的姿势吧！

我们常说：细节决定成败。

在湖岛小学随便走进的这间教室，这两处不算显眼的细节让我感受到了这所学校校园文化的成功之处，更何况说梦想课堂上两位老师的精彩展示呢？说实话，一开始我是有点不适应的。在中学待惯了，面对的学生不同，不太习惯小学老师那略显夸张的语气和姿态。但是，渐渐地，我被感染被吸引，也积极地参与到互动之中，从而对她们生出由衷的敬意。她们是一群爱孩子的老师，是一群敬业的老师。让我难忘的当然还有那位面容温婉却颇具头脑和思想的马晖校长。尤其是当她给我们介绍学校情况而说到湖岛小学的学生80%都来自于外来务工人员子女的时候，我的敬意油然而生。孔子说过"有教无类"，湖岛小学，做到了。

活动结束，走出梦想教室。再次环顾这所小小的学校，不大的操场，略旧的教学楼，袖珍的小花园，小小的水池，可爱的小雕塑，几棵稀落的小树。再次感慨：学校虽小，教育者的心却必须很大，大到能够容纳每一个孩子的喜怒哀乐，大到能够仔细聆听每一片叶落、每一朵花开的声音。

走的时候，手里拎着湖岛小学赠送的校园文化宣传册，封面上是几个朝气蓬勃、笑容灿烂的孩子，一行文字尤其打动我心："勿谓湖小、爱在其中。"不禁莞尔，是啊！湖虽小，爱常在，一枝一叶总关情。我想，这就是湖岛小学梦想课堂的宗旨，也是湖小校园文化的精髓了吧！

【案例4】

勿谓湖小，幸福在其中
——青岛市湖岛小学学习有感

青岛二中 郝敬宏

这是一所有着光荣历史的小学，建校于1946年。建校之初学校便见证了纺织化工"上青天"的好时代。而她身处工厂之中，周边聚集了那个世纪最为先进的时代气息，周边的兴隆路、宜昌路更是寓示了产业、学业的兴隆与昌盛。

这是一所曾被幸福遗忘的小学。当产业转型来临，周边落后的化工化、破旧的厂房、恶劣的空气、最为低下的收入，这一切让越来越多的有条件的人开始搬离这里。于是，这里连同这里的这所小学一起被人们远离，以至于遗忘。

于是，来自天南海北的打工者便成了这周边的新市民，来自五湖四海的打工子女便自然成了这所学校的主要生源。

但她又是一所被打工子弟都瞧不起的小学。楼房破旧、教师积极性不高、学生生源差、教学成绩不突出，这些都让稍微有一点条件的打工子女宁愿花高价去其他学校也不愿在这里上学。

2011年，年轻的马晖校长从副校长的位子上竞聘校长成功后，这个曾多年在人们的视野中消失的学校又开始以幸福的姿态展开了她全新的旅程。

2012年7月7日，一大包教具从上海邮寄到这里。校长带着老师，与工人们一起开始了教室的粉刷、地板的铺设、课桌书架的安装。而更重要的是，随邮包一起来的还有一套完整的课程体系。

《缤纷课本剧》《世界大不同》《职业人生》《冲突处理与矛盾解决》《共创人生路》……

于是，这里有了青岛市的第一堂梦想课，在课堂上，孩子们自创了自己的手指操，手巧则心灵，心灵则幸福；

于是，这里有了青岛市思品课的第一次校本化尝试。依托于上海专家团队，在教务处牵头全体教师的参与下，传统的思品课开始华丽地转身为梦想课程。

在这些课上，孩子们的视野得到了开阔，团队合作、创新探索等多元能力得到了锻炼，孩子们变得期待学习、享受学习，其他学科成绩也得到了提高；

在这些课上，师生关系非常融洽，老师们也更加热爱教学，而且还获得了更好的专业发展；

在这些课上，问题比答案重要，方法比知识重要，信任比帮助重要。它帮助人实现了内心的成长而不是追随外部的诱惑，它给人带来广阔的视野而使其不囿于狭窄的格局，它让人坚持独立的理性判断而非寻找标准的答案，它使得人理解多元差异而因此臣服于宽容。

而今天，当梦想课程从这里越来越远地走出去的时候，越来越多的人也开始关注梦想课堂，开始关注这所曾经被遗忘的学校。于是这所小学又重新回到了人们的视野中。

这就是青岛市湖岛小学。

我们去这所小学体验梦想课堂时，我们跟着两位幸福老师一起做了他们独创的手指操，跟着他们一起画思维导图。我们这群平时在学生面前都挺严肃的高中教师被两位小学教师鼓动得如孩子一样幸福地回答问题，幸福地为了一张奖励卡片而争着举手回答问题。

从梦想教室里走出来时，外面是很好的晴天，阳光洒满了校园。已经是放学之后的时间了，校园内却还有那么多的孩子。练排球的孩子们正对着墙或击球或垫球，腰鼓队的孩子们有板有眼地打着节奏，还有合唱的孩子在教室里练着歌，乒乓球台前有几个没有回家的孩子正玩着球，一个150米跑道的操场上满是孩子们活动的身影。在这个身体素质日渐下降的年代里，湖岛小学却用她自己的理念与方式给了这些来自天南海北的孩子们一块活动的场地，一个可以培养使他们终生受益的良好兴趣与运动习惯的场地。

那天下午，我因为听错了时间，来到湖岛小学时离正式开会的时间还有近40分钟。保安非常热情地让我进了校园并告诉了我开会的具体位置。因为教室里没人，所以我就来到了教室旁边的一个小花园里，那里有一个小花圃，正好可以坐在那里读书，阳光非常温暖，洒在我的身上，有一种很温暖的感觉。

在我面前的小花圃里，用塑料膜盖着一些东西。我一开始不知道那是什么，后来才从马校长口中得知，那里是用来育苗的葫芦种子。等到天再暖和一点，这些葫芦苗就会移栽到花圃中，开始生根开花，结出供孩子们雕刻绘画的葫芦。

我相信，这个曾被人遗忘的湖岛小学也能够像这些种子一样，即使是守着一片贫瘠的土地，但只要有阳光般温暖的爱，她一样可以生根发芽，枝繁叶茂，最终开出最幸福的果子！

接待参访照片回顾

团中央志愿者一行

原中国教科所所长袁振国一行

团市委路书记一行

原山东省教科所亓殿强一行

原团市委书记陈飞一行

青岛市人大主任王文华一行

上海真爱梦想基金会一行

青岛市政策研究室一行

山西运城教育局一行

青岛市人大代表一行

山东海阳教育局一行

胶州教育局一行

第二部分　教师篇——我们眼中的"葫芦娃爱心文化"

我们手牵一群群快乐的葫芦娃；我们在校园里辛勤耕种，收获桃李芬芳。每一位湖岛教师秉承"至真至诚，修业修身"的教风，踏踏实实地经历春华秋实的轮回。

【案例1】

我眼中的葫芦娃爱心文化

青岛湖岛小学　盛晶晶

"葫芦娃葫芦娃，一根藤上七朵花。风吹雨打都不怕，啦啦啦啦。叮当咚咚当当，葫芦娃，叮当咚咚当当，本领大，啦啦啦啦。葫芦娃葫芦娃，本领大……"伴随着这样的铃声，我踏进了青岛湖岛小学。先是被校园一角的葫芦藤吸引，看到那葫芦藤下的小葫芦，就想到了"葫芦娃葫芦娃，一根藤上七朵花"，于是我走到葫芦藤下感受葫芦的神奇。一个个小葫芦好像在瞪着圆溜溜的眼睛看着我，它们似乎在对我笑，那可爱的笑脸就像一个个小孩子，让我不忍去抚摸它。后来看到校园边边角角葫芦的足迹，走廊上的葫芦娃爱心文化，我不禁深思：葫芦娃爱心文化是指什么？

我眼中的葫芦娃。葫芦娃的故事家喻户晓，葫芦娃七兄弟有七色，七色分别代表他们不一样的品格。大娃单纯、开朗，充满着激情，甘愿为理想的事业做出牺牲；二娃温柔宽容；三娃刚强坚韧，具有奋进与勇气；四娃和平慈悲；五娃愤怒不平，疾恶如仇；六娃开朗活泼，乐观向上；七娃阴沉思辨。就像歌词里所说的"葫芦娃，风吹雨打都不怕。葫芦娃，本领大"。我认为我们学校的每一个孩子都是葫芦娃，他们拥有葫芦娃七兄弟不同的品格，他们刚强，坚韧不拔，在湖岛小学阳光的沐浴下快乐成长。记得那是一个阴雨连绵的下午，我们带领孩子去国信体育场参加运动会开幕式。不巧的是刚到体育场就下起了大雨，我跟孩子们说："孩子，你们带伞了吗？咱下车的时候别淋着。"孩子很自豪地对我说："老师，没事！我们是葫芦娃，风吹雨打都不怕。"听到孩子稚嫩的话语，我心里是多么高兴呀。孩子眼神里的勇敢和坚定，让我为他们感到自豪。

湖岛小学的每个孩子都是葫芦娃,他们在这个充满阳光的葫芦藤下健康成长。

我眼中的爱心文化。爱心是具体的,琐碎的。每天上课看看学生有没有到齐,各种学习用品是否都带齐了,学生有无身体不适,遇到天冷或天热的时候,同学们的衣服穿得是否合理;学生课程跟不上,主动询问孩子,帮助孩子讲解;课后跟孩子玩他们喜欢的游戏,跟他们一起享受课间的快乐,让每个孩子的脸上绽放笑容……我认为,作为教师,关心学生就应该像关心自己的孩子一样。既要关心他们的生活,又要关心他们的健康,还要关心他们学习的方法,更重要的是关心他们是否懂得怎样做人。

我们对孩子的爱心就像葫芦的成长需要沐浴阳光一样,更要有持之以恒的耐心、无微不至的细心、足以融冰的爱心,那就一定能赢得孩子们那天真无邪的童心!让孩子拥有一个阳光灿烂的童年,让每个孩子都学会爱,努力做好爱心教育。让葫芦娃们在湖岛小学爱心葫芦藤下健康成长。

【案例2】

我眼中的葫芦娃爱心文化

青岛湖岛小学 官晓峰

在现代学校发展中,蕴含着一种精神,一种文化。她极富魅力,力量强大,这就是"校园文化"。记不得何年何月何日,我们和葫芦娃爱心文化在湖岛小学相遇,相识,相知。"葫芦娃"活泼可爱的背后,是师生审美情感的提升,是师生互爱的体验。

校园的每一种声音、每一个角落、每一处景观都在诉说着自己所蕴含的文化、科学信息、人格养成以及它所寄托的对审美的培养。师生开始哼唱葫芦娃主题歌;"葫芦娃太勇敢了,我也要做像他一样的好孩子"。"一枝一叶总关情",这不是一句口号,是那样的富有诗意,又裹含情谊,是师生间的互尊互敬,师师间的互帮互助,生生间的关关爱爱。瞧,那让人耳目一新的主题楼道,"春夏秋冬"的主题设计,凝重不失活泼,绚烂而不失庄重。承载着对孩子在学校的每一个春夏秋冬都能健康成长的美好愿望,寄托着每个孩子对自己未来的每一个春夏秋冬都能健康成长的无限憧憬。既有外形设计富有时代感的静态美,单楼层分布,相连而不失完整,又给人一种动态美。外静内动体现了我们民族外表文静、内心丰富的心理特征和审美理想。

如果校园环境是校园文化的一种释放,那师爱就是校园文化永恒的主题。

在我看来，"葫芦娃爱心文化"的核心无疑也是师爱，师生互爱是这一文化所要到达的终点。有了文化的支撑，老师对学生的爱，更爱得坦然，爱得毫不保留。动人的一幕幕随处可见：课堂上老师更注重发挥学生的自主性了，更关注全体学生了，关注得更全面了；课后，一句句关切的话语，一个个家校沟通的电话。时常听到孩子讨论："我真崇拜我们的老师，她懂得真多。""我也特别喜欢我们的老师，因为她很关心我。"这就是"葫芦娃爱心文化"的力量。她让老师和学生之间真正感受到了爱和教学相长，学生更乐学，教师更乐教。

　　或许未来某年某月某日，我再回头看"葫芦娃爱心文化"，她已经成为一种标志，或许给予我的会更多。但此时此刻，我要说的是，她已真正地渗透到我的生活中，融入教学，融入生活，如一伴侣，如影随形。

【案例3】

我心中的葫芦娃爱心文化

青岛湖岛小学　　王艳艳

　　刚到湖小，就被满校园满墙的葫芦娃文化墙吸引。还有"勿谓湖小、爱在其中"的标语，一语双关，耐人捉摸。刚开始只是觉得有趣，也许是湖岛的"湖"和葫芦的"葫"谐音的缘故吧，所以才有了这一系列的文化特色品牌。不过打从心底里佩服设计者的匠心独运。每个商品都需要特色，每所学校更需要特色的文化。

　　葫芦娃爱心文化是真正适合湖岛学情的文化。到湖岛工作的时间长了，才明白湖岛需要葫芦娃爱心文化。因为外来务工人员子女占学生总数的80%，来自17个省和自治区，地域文化在这里碰撞，八方方言在这里交汇。学校打造了"葫芦娃"爱心文化特色品牌。"葫芦娃"是学生喜欢的动画片，学校推出了爱心文化形象"葫芦娃"关关和爱爱，被赋予了友爱、善良、包容、勇敢等品质的可爱形象，孩子们非常喜欢。

　　葫芦娃爱心文化让孩子们得到更全面的发展。以葫芦娃爱心文化为特色的学校吸引住了我们的眼球。那就是以充满童心童趣为载体，通过温暖博大的爱心文化使每个孩子值得爱、学会爱的青岛湖岛小学。葫芦娃是这所学校的特色符号。学校把"一枝一叶总关情"作为学校的核心理念，把"爱在四季"作为学校的楼层文化。教学楼一到四层的走廊里，一面面会说话的墙向我们讲述了春夏秋冬不同的爱。

　　学校以素质教育为核心的特色活动更是让我们大开眼界。学校开设了烘焙、腰鼓、丝网花、葫芦雕刻、葫芦串珠、软陶等23门课程，采用"走班式"的授课方式。让学生在学习文化知识的同时，也掌握了一门技艺。当可爱的孩子们让我们品尝香喷喷的泡芙，送给我们精美的葫芦串珠时，我们真的是感动至极。

葫芦娃爱心文化让湖岛的每个孩子健康地快乐成长。湖岛小学的孩子们每天像快乐的小葫芦娃一样在爱意浓浓的校园里生长着、摇曳着。湖岛小学因孩子而富有，孩子因湖岛小学而快乐。

学校凝练确定了"葫芦娃爱心文化"特色品牌，以充满童心童趣的"葫芦娃"为载体。通过温暖、博大的"爱心文化"，使每个孩子都值得爱，让每个孩子学会爱，这就是我心中的葫芦娃爱心文化。

第三部分　学生篇——我们心目中的"葫芦娃爱心文化"

【案例1】

我心中的葫芦娃爱心文化

四年级（2）班　武艺

光阴似箭，时光飞逝。不知不觉间，我在湖岛小学已经度过四年美好时光。

我们湖岛小学每年的变化，都带给我许多惊喜。我们学校组织过许多关于葫芦娃爱心文化的活动。有"爱在阳光下"体育节、"爱在舌尖"亲子烹饪大赛、"爱在笔端"书画大赛……还有许许多多的实践活动。

在体育节里，大家都充分发挥自己的体育特长，参加跑步的运动员们跑得非常快，就像是一群在草原奔驰的骏马，让我们惊叹不已。还有跳远的运动员们，他们就像是一个个的蚂蚱，轻松地就从起跳点跳到了很远的地方。在这里，还有很多令我们惊叹的运动员，让我们惊讶，让我们激动，让我们响起热烈的掌声。

"爱在舌尖"烹饪大赛，各位同学的家长都各显神通，做出了许多美味的菜肴。其间，我们帮着家长一起完成菜肴，学会了许多平时都不会做的家务活儿。大家都做出自己的拿手菜，有香气扑鼻的炒菜，还有清凉可口的凉拌菜和水果。先吃一口炒菜，那味道真是好，回味无穷。吃饱了之后，再吃一口凉拌菜或水果，顿时让你神清气爽，清凉无比。整个操场都弥漫着阵阵香气。通过这个活动，我们体会到了家长的辛苦。

我们还参加了许多实践活动。有一次，我们到了消防博物馆。通过学习消防知识，知道了怎样逃生，还知道了怎样正确使用灭火器，这是我们平时都接触不到的东西。还看了黄岛油库大爆炸的事故，非常惊人。这让我们更加认识到火灾的危险性。

这些都是我们学校通过爱心文化传播给每一个学生，让我们在实践中成长，在爱心中长大。我希望将来带着湖岛小学的爱心文化传播到每一个角落，让大家都能把爱心传递下去。

【案例2】

我心中的"葫芦娃爱心文化"是一种宽容，一种博大的胸襟，一种信念和信仰，一种美德。

在我们学校"葫芦娃爱心文化"的熏陶下，我们每一个人都变得更加团结，更加理解，更加包容，更加善良。我们不仅学会了如何接受"爱"，更学会了如何去爱身边的人，爱我们的学校，爱我们的老师，爱我们的父母，爱我们的同学。在这里我们不仅学到了知识，更学会了"尊重、理解、包容、沟通、关爱"。

二年级（2）班　文思云

【案例3】

在我心中，葫芦娃爱心文化就是同学之间相互帮助、关心和爱护，相互鼓励。我们大家共同成长，共同进步。有一次上课我铅笔用完了，我的同桌就主动借给我一支，我想这就是我们的葫芦娃爱心文化的表现。在以后的学习和生活中，我会继续发扬葫芦娃爱心文化，让我们大家一起快乐成长！

一年级（4）班　杨家睿

【案例4】

2014年9月，我成为湖岛小学的一员。一入学，我兴奋地看到了真正的爬满架的葫芦，还有老师发给我们的葫芦娃小挂件"关关和爱爱"。老师和我们说，这就是我们学校"葫芦娃"爱心文化特色品牌的象征。因为葫芦很容易生长，到处扎根，带给我们的总是生机勃勃。就像我们学校来自五湖四海的同学一样，从祖国各地来到美丽的青岛，来到宽敞明亮的湖岛小学校园，与我成为亲密的小伙伴，我们就像葫芦兄弟一样团结。

一年级（4）班　薛扬

【案例5】

葫芦娃是什么？我对我们学校给我们学生起的名字"葫芦娃"有一定的理解。我们首先想到的是葫芦娃七兄弟，七兄弟肯定有着七种品质。坚强、勇敢、聪明、机智、礼貌……学校希望我们具有这些品质，从小培养。

葫芦娃让我想到爱心。爱心是为别人奉献，也就是为人人奉献。想给别人爱心，非常简单。当你做一件事，或去帮助人，用各种方式去奉献。那都叫爱心、奉献。学校希望我们这样帮助他人。

葫芦娃让我想到了文化。文化是要我们和陌生人或新朋友来交流。利用我们学到的知识来跟他们分享。

所以，我心中的葫芦娃爱心文化是："兼备葫芦娃其中的七种品质，奉献爱心，文化交流，德智体美，全面发展。"

五年级（2）班　郭乃睿

第四部分　家长篇——我们心目中的"葫芦娃爱心文化"

家长委员会、家长志愿团、家长合唱团……湖岛小学的家长活跃在学校工作的各个方面。家校联手，为孩子们搭建成长的平台。在构建爱心校园、幸福家园的美好愿景里，家长为我们写下浓墨重彩的一笔。湖岛小学有你，有我，有爱。

【案例1】

我眼中的葫芦娃爱心文化

一年级（5）班　王祥羽妈妈

我的孩子今年刚刚来到湖岛小学。在这快一年的学习中，我和孩子听到和看到最多的，就是关于学校的葫芦娃爱心活动。刚开始的时候，并不明白是什么意思，随着深入的接触，潜移默化的改变，深刻感受到学校已经将爱心葫芦娃转变成了一种文化，一种本能。

每个孩子都是降落到人间的天使，每个孩子都应享有平等的教育权利。上学期为帮助贫困学生，学校号召孩子们捐献废旧报纸及瓶子，我孩子回家后翻箱倒柜地把家里所有的废旧物品都拿去了。如今在路上看到旧瓶子还要捡回家留着下次捐献好，这在以前他是从来不会这样做的。能帮助其他的小伙伴，对他来说是一种光荣。学校教给他们的不仅是知识，更是爱心的传播，作为家长，我们很欣慰。

我最近看过一篇文章：《发现孩子的亮点》。书中有一段话写得非常好："每一个孩子即使不是一颗星星，也应该是一只萤火虫。有亮点，才有起点，才可以照亮黑暗、产生正向月晕效应。如果他数学不好，那语文如何？说话不好，倾听能力如何？作文不好，阅读兴趣如何？学习都不好，艺术如何？艺术不好，体育如何？"看到这里，我要为我们的学校鼓掌，学校创办了民乐团、舞蹈团、腰鼓队、合唱团、篮球队，等等，正是在点亮所有孩子心中的小星星。一个亮点只是一个起点，一根杠杆的支点，就像一把钥匙打开秘密花园之后，往往后面还能看到百花齐放。孩子除了能恢复学习热情和信心之外，还能增强智能，最重要的是能成为一名热爱生活、积极向上的人。

我认为传播爱心，传播正能量，发现每个孩子的闪光点，是学校葫芦娃爱心文化的核心。

【案例2】

让"爱"飞

一年级（2）班 谢文婧妈妈

2014 年，女儿加入了"湖岛小学"这个大家庭。开学前开了一次家长会，校长给我们介绍了学校的情况和教学理念，倡导"爱心葫芦娃文化"。老师无微不至的关爱，让孩子很快度过了忧虑期，适应了小学生活。为了孩子的安全，下雨天校长冒雨站在校门口护送学生，家长风雨无阻主动在校门口护校。在湖岛小学，爱无处不在，让"爱"飞，飞满每一个角落，孩子才能健康地成长。"感受爱，传递爱"，她学会了感恩，学会了帮助同学、老师做一些力所能及的事情。

每个生活场景都是教育孩子的资源。除了学校教育，家庭教育也很重要，也要深入贯彻“爱心葫芦娃文化”。在家里要求孩子尊敬老人，帮爷爷奶奶捶捶背，有好吃的东西，要先让爷爷奶奶品尝，比如，每天榨的第一杯果汁要让孩子先端给老人喝，第二杯才能让她喝。当然爷爷奶奶有好东东也舍不得吃，主动留给孩子。就这样传承着“尊老爱幼，互敬互爱”的家风，让“爱”飞，飞满家的每一个角落，给孩子一个幸福的成长环境。

每个人都要融入社会，对孩子的社会化教育也尤为重要，也要贯彻“爱心葫芦娃文化”。女儿每天放学是和我一起坐公交车回家，没有座位是常有的事。每次乘车都会有热心的叔叔阿姨让座给孩子，就这样，女儿在车上碰到年迈的爷爷奶奶，也会主动让座给老人。“感受爱，传递爱”，让孩子在健康良好的环境下成长。

让“爱”飞，飞遍学校、家庭、社会，小爱变大爱，承载着梦想，飞向更广阔的天地！

【案例3】

爱心活动让孩子成长

一年级（4）班 薛扬家长

我的孩子去年进入湖岛小学就读。在这一个多学期里，除了老师们对教学认真负责之外，给我感触最深的就是学校的“葫芦娃爱心文化”。尤其是这个学期，学校给孩子们发了爱心存折后，我发现孩子更加懂事了，更主动地去做好人好事。回到家里，就要给我捶背；吃完饭，就要帮我收拾碗筷；周末我在家洗衣服，就要帮我打扫卫生；外出，到了游乐场，帮助小点的小朋友爬滑梯、玩游戏；看到乱扔的垃圾，要捡起……所有这些都记录到爱心存折里，给自己加分。我觉得孩子比上幼儿园的时候，有了更明显的成熟。

我通过学校网站和网络媒体又深入了解了学校创建“葫芦娃”爱心文化特色品牌的缘由和这三年所举行的相关活动。深深感到学校领导本着把“一枝一叶总关情”作为学校的核心理念，把“爱在四季”作为学校的楼层文化，以充满童心童趣的“葫芦娃”为载体，通过温暖、博大的“爱心文化”，使每个孩子都值得爱，让每个孩子学会爱。

我希望今后学校继续把这个特色品牌继续做下去，继续拓展“葫芦娃爱心活动”的活动层面，逐步从学校深入家庭，从家庭深入至社会。比如举办跳蚤市场，让孩子们以物易物，了解“垃圾是放错位置的资源”；比如与一些外来务工的学生的原籍的学校成为友好互助学校,让孩子们与那里的小朋友结对子,相互通信，了解彼此的生活，相互鼓励；还可以组织孩子们到附近的敬老院清理卫生、表演节目，让孩子们了解"老吾老以及人之老"的传统道德观……

相信在学校领导的领导下，在学校老师的指引下，孩子们会深刻理解"葫芦娃爱心文化"的精髓，并在潜移默化之下成为一个有爱心的祖国的花朵。

【案例4】

我心中的爱心葫芦娃文化

一年级（3）班　张旭家长

"爱己爱人、自信自强。"女儿经常叨念这个校训。从我女儿的话语中接触到了湖岛小学,知道了可爱的"关关""爱爱"；感觉到学校的"一枝一叶总关情"；了解了学校的爱心葫芦娃文化；被深深地感动！

自从踏入学校的那一刻，孩子在爱心葫芦娃文化的氛围中成长，熏陶。学校在原有基础上增设的学校课程，不仅满足了孩子们的学习需求、陶冶孩子们的情操，而且让孩子们又多了一项新技能！

新市民子女入学问题一直是社会所关注的。湖岛小学作为新市民子女较多的学校之一，学校了解到家长每天早出晚归为生计奔波，早上早早把孩子送到学校，下午根本没有时间接孩子，很多孩子都是自己待在家中无人看管。针对这种情况，学校开展了校内免费托管。校内免费托管，不仅是看管孩子，为孩子安全保驾护航，更体现了学校对孩子们的关爱！

为了更好地与家长沟通，学校还开展了家长合唱团。家长在活动中，加深了对学校丰富多彩生活的了解，也感受到了师生愉快的相处过程。这个活动既发挥了家长的特长，又架起了学校与家长间的"沟通桥梁"。

学校成立的民乐团，不仅丰富了孩子们的业余生活，而且让孩子们多了一项新技能。学校为民乐团聘请专业的教练进行授课和排练，陶冶了孩子们的情操，提高他们的艺术修养，让孩子在真正的艺术中享受春天。

学校的"爱心葫芦娃文化"已在孩子们中生根、发芽，这种文化会像接力棒一样，一个一个地传下去！

【案例5】

有感于湖岛小学"葫芦娃"爱心文化

一年级（4）班　顾家睿家长

"爸爸、爸爸，我是班级里的'自立葫芦娃'了！"诧异间，猛然感觉到，这半年以来，孩子已经从一个幼儿园毕业的稚嫩娃娃。一个遇事依靠父母的孩童，不知不觉中变得懂事了，变得自立了，变得爱学习新知识了，变得爱思考了，变得更容易与人交流了……

这得益于湖岛小学特色的"葫芦娃"爱心文化，得益于学校老师的孜孜不倦的教诲。

每一个孩子都是花的种子，只是花期不同。最主要的是有一个适合孩子们成长的适宜环境。湖岛小学的老师以这样的文化理念教书育人，关注每一个孩子的特点，因材施教，培养了孩子们自主、自立、自强、团结互助的优良品格。孩子们怀着良好的状态正一天天地长大、成长起来。

学校的"葫芦娃"爱心文化，让孩子们插上理想的翅膀；老师们的爱心、耐心与坚持，让"葫芦娃"们有了放飞梦想的机会。

也许我们很小，但我们同样拥有广阔的天空；也许我们很小，但我们同样拥有美丽的花园；也许我们很小，但我们同样拥有孩子们天真的笑脸；也许我们很小，但我们同样拥有灿烂的明天……

明天，我们一定会变得很强大！因为我们有爱，因为我们有"葫芦娃"的爱心文化，因为我们珍爱每一个孩子的成长！

坚信，明天会更加美好！

第三节　闪光的足迹

第一部分　收获篇——硕果累累

青岛湖岛小学近五年学校集体荣誉（市级以上）
全国梦想课程示范学校
山东省德耀齐鲁道德示范基地

山东省第一届特色课程评选一等奖

山东省第二届优秀课程资源评选二等奖

山东省课程整合实验基地

青岛市三八红旗先进单位

青岛市教科研工作先进单位

青岛市现代化学校

青岛市标准化学校

青岛市 3A 健康校园

青岛市和谐校园

青岛市微尘基金博爱校园

青岛市地震科普示范学校

青岛市交通安全示范学校

青岛市"让我玩"体育示范学校

第二部分　交流篇——经验分享

在收获成绩的同时，学校也积极地将一些经验做法与同行们分享，学校领导和老师在各级各类会议上做经验介绍。

时　间	发言题目	发言人	会议名称
2012 年 1 月	从"有余数的除法"看学生数学素养的提升	刘晓东	区教研活动
2012 年 6 月	三点梳理、以教导学	徐峰	青岛市教研活动
2012 年 9 月	勿谓湖小、爱在其中	马晖	青岛市义务教育均衡发展现场会
2012 年 10 月	"融合型课程"的探索与实践	马晖	青岛市学校课程、综合实践走研活动
2012 年 10 月	"葫芦娃爱心文化"的探索实践	马晖	青岛市义务教育均衡发展现场会
2012 年 11 月	一所相对薄弱学校的转型性发展之路	马晖	山东省素质教育论坛
2012 年 12 月	勿谓湖小、爱在其中——梦想课程开设情况	马晖	全国梦想课程种子教师培训
2013 年 5 月	科研引领，特色发展	马晖	第五届山东省教育科研大会
2013 年 5 月	如何上好梦想课	杨枫	北京地区梦想课程培训
2013 年 7 月	提高美术专业技能的重要性	贠利	青岛市美术学科经验交流
2013 年 10 月	三点梳理、主题阅读	朱琳	青岛市语文教研活动
2013 年 11 月	我在追梦路上	杨枫	全国梦想课程种子教师培训

续　表

时　间	发言题目	发言人	会议名称
2013 年 8 月	市北区综合实践活动教学计划的撰写培训	杨枫	市北区教研活动
2013 年 12 月	融合型课程的探索实践	马晖	中国教育学会举办的第 26 届学术年会
2014 年 1 月	借鉴西方教育模式　构建学校办学文化	马晖	"台鲁"教育高层论坛
2014 年 7 月	个性化课程的探索实践	马晖	青岛市课题主持人培训会
2014 年 10 月	用课程改变学校	马晖	山东省第二届课程整合研究大会
2015 年 3 月	办一所"真诚的关切"学校	马晖	青岛市"教育家成长"系列活动——校长论坛

【山东省素质教育论坛发言稿】

勿谓湖小、爱在其中
——一所相对薄弱学校的转型发展之路

青岛湖岛小学　马晖

引言

郭沫若先生游览绍兴东湖景区时留下一句诗："勿谓湖小、天在其中。"初读这句诗，我竟有昭昭之中受点化的幡然醒悟，仿佛这句话为湖岛小学而作，尽管此"湖岛"非彼"东湖"。因为湖岛小学孕育了"葫芦娃爱心文化"特色品牌，所以我把"天在其中"改为"爱在其中"。

"勿谓湖小"。是的，青岛湖岛小学的确是小。占地面积 6600 平方米，有 13 个教学班，教师 36 人，学生 469 名，其中新市民子女 379 人，占学生总数的 78%，是四方区接收新市民子女最多的学校之一，也是四方区教师和学生人数最少的学校之一。

但"爱在其中"。这个"爱"，指的是全校师生秉承"一枝一叶总关情"的核心理念。精心描绘"爱心校园、幸福家园"学校愿景，实践着朴实的教育梦想：每一个孩子都值得爱，让每一个孩子都学会爱。

"勿谓湖小、爱在其中，"——对于湖岛小学来说，真是再合适不过了，八个字涵盖了我们所有的愿望和追求。

学校的历史回顾

2010 年 8 月前，学校的环境是这样的：

门窗陈旧　　　　　　墙面斑驳　　　　　　场地狭小

　　学校操场的三分之一被一家汽修厂和废品回收站租用，师生只能在大约两个篮球场的校园里活动；教学楼内没有上下水，师生用水要到校门口传达室的唯一水龙头上接；墙面严重破损，教学楼内门窗陈旧、腐朽，雨天，教室和走廊内满是积水；大风天，破旧门窗呜呜作响；因为学校环境和地理位置都不具吸引力，导致优秀教师留不住，十年内没有一位教师获得过市级荣誉称号；社会美誉度不高，学区内学生择校问题严重，据不完全统计，学区内学生的流失率每年都在 50% 以上。

　　2010 年暑假，四方区政府、四方教体局出资三百多万元扩建校园、为学校操场铺设塑胶跑道、教学楼进行防震加固、更换所有的门窗。并按照青岛市标准化学校要求，为学校配备了教育教学硬件设施，为学校实现转型性发展打下良好的物质基础。

学校的文化定位

　　2009 年，学校在四方区"文化育人、特色立校"创建活动中，将学校文化定位为"关爱教育"。确立了给予思想、给予温暖、给予力量的育人模式，开展了内容丰富的关爱活动。新市民子女关爱工作得到社会各界的支持和关注。

　　2011 年，在各级专家、领导的指导与帮助下，学校进一步提炼了文化核心价值观，将学校特色文化由原来的"关爱教育"拓展为"爱心文化"，为什么要做这样的拓展呢？"关爱"的本意是关心和爱护，一般指长辈关心、爱护小辈。从视角上看，属于俯视，是强者对弱者的关怀。它很好地表达了学校有教无类、关爱学生的美好愿望。但是特色文化建设是为学生服务的，最终目的是促进学生的发展，我们要培养怎样的学生呢？显然，"关爱教育"在育人方向的诠释上尚有欠缺。

　　爱心则是相互的，是发自于内心的情感，是培养学生的根本。"爱心文化"在继承中华"仁爱"思想传统美德，体现中国"和谐"核心价值观的基础上，明确了学校办学宗旨，就是每个孩子都值得爱，让每个孩子学会爱。即通过温暖、纯净、博大的"爱心文化"让学生由接受爱、感受爱到认识爱、传递爱，经历由受爱到施爱，由施爱到爱的自觉的人性完善过程。培育富有爱心、具有社会

345

责任感的公民。

经常有人问我："你为什么要在'爱心文化'前面加上'葫芦娃'。"我们的认识是"爱心文化"是培育学生的载体，因此"爱心文化"要用学生听得懂的话来表达、用学生想得懂的生活经验去实施，只有找到充满童心童趣的载体，文化才能被学生理解、接受、践行。全校师生几经论证、筛选，选定学生熟悉、喜欢的动画片《葫芦娃》作为爱心载体。《葫芦娃》主题歌这样唱道："葫芦娃，葫芦娃，一根藤上七朵花。七个兄弟一颗心"，讲的是友爱，团结；"风吹雨打，都不怕""葫芦娃金刚神通广大"讲的是勇敢、智慧。"友爱、团结、勇敢、智慧"的葫芦娃精神正好契合学校爱心文化的主旋律。"葫芦娃爱心文化"一经推广，就被学生们接受和喜爱。

学校的特色文化实践

在此基础上，学校借鉴企业文化识别系统精髓，从 MIS（理念识别）、VIS（视觉识别）、EIS（环境文化识别）、BIS（行为识别）四个系统开展学校的特色文化建设。

一、理念识别系统——爱心，是一面旗帜

办学宗旨：每个孩子都值得爱 让每个孩子学会爱

核心理念：一枝一叶总关情

发展愿景：爱心校园、幸福家园

育人目标：植贤树人——植爱、植智、植美、植行，树博爱之人

校训：爱己爱人、自信自强

教风：唯实唯新、修业修身

文化歌曲：《爱在四季》

学校确立"葫芦娃爱心文化"，核心理念为"一枝一叶总关情"，将郑板桥的这句诗确定为学校办学方向的精神内核。

勾画出"爱心校园·幸福家园"的学校发展愿景。

修订校训为"爱己爱人、自信自强"，教育学生在爱己中有爱人的胸襟，乐观进取、积极向上，做生活的强者。

征集教风为"唯实唯新、修业修身"，引领教师修业修身，以爱育爱，成己成人。

从特色文化要促进学生全面发展的角度确立了"植贤树人"的育人目标，即植爱、植智、植美、植行，树博爱之人。

创作了优美、富有激情的文化歌曲《爱在四季》。

二、视觉识别系统——爱心，是一种熏陶

"葫芦娃爱心文化"理念识别系统梳理完成后，我们又以最有效、最直接的视觉识别设计赋予特色文化新的内涵。用温馨、明快的形象定位，使其成为学校发展新阶段的精神承载。

品牌标识—爱

品牌标识以金黄为底色，寓意洒满阳光的爱。以红色和绿色两个"人"形相互拥抱而成一颗幸福的心。标识又像一张快乐的笑脸，寓意师生在"葫芦娃爱心文化"的润育下，幸福成长，并让爱的种子生根发芽，传承不息。

文化形象——关关和爱爱

爱心葫芦娃关关头顶一片绿叶，爱爱头戴一朵鲜花，寓意在"一枝一叶总关情"的理念培育下，孩子们——枝繁叶茂，快乐成长。

"葫芦娃爱心文化"文化宣传色

主色为黄色，寓意洒满阳光的爱心校园；辅色为绿色和红色，寓意朝气蓬勃的学生和满腔爱心的教师。

视觉文化系列产品

鼠标垫　　文化挂表　　　　文化旗　　　文化杯　　文化笔

    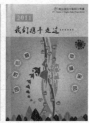

年鉴　　　宣传册　　　爱心读本　　　成长手册　　评价手册

三、环境文化识别系统——爱心,是一种浸润

2011年,学校开始实施以"爱"为主题的校园环境建设,现已基本完成。整体设计可以概括为三首打油诗:

操　　场:一亭一池休闲处,两侧区域种植园。

　　　　　三面墙壁会说话,四园景色各不同。

教学楼内:植贤树人教学楼,春夏秋冬蕴其中。

　　　　　一步一景细品味,大爱无声胜有声。

班级文化:班牌挂表显特色,宣传文化秀风景。

　　　　　照片墙面人人爱,一路关爱一路情。

　　操场一角　　　　　　一楼大厅　　　　　三楼走廊　　　　班级宣传画

四、行为识别系统——爱心,是一份责任

在特色学校建设过程中,我们初步形成"核心理念引领、三大文化推进"的特色文化发展新格局。学校在行为文化建设过程中以下方面做得比较好:

（一）构建富有学校特色的融合型课程体系

美国一位课程专家说:"你揭开每一间教室的屋顶,俯瞰这所学校,你看到的一切都是课程。"因此学校树立大课程观,将国家课程、学校课程、德育课程和社团课程融入其中,着力进行具有自己特色的"融合型"课程文化建设。以课程促进学生全面发展,以课程适应社会进步、教育发展和学校文化建设的客观要求。

这一建设的核心就是国家课程校本化和校本课程特色化。力争实现"三个融合",即课时融合、内容融合和学科融合。

"融合型"课程由幸福学堂和葫芦学堂两大课程体系组成（见"融合型"课程框架）。

青岛湖岛小学融合型课程实施方案		
	葫芦学堂（选修）	葫芦种植课程（社团课程）
		葫芦文化研究课程（三到六年级综合实践课程）
		葫芦串珠编织（学校课程和社团课程）
		葫芦绘画课程（学校课程和社团课程）
		电烙葫芦课程（学校课程和社团课程）
		葫芦创意制作（学校课程和社团课程）
		葫芦丝吹奏课程（学校课程、音乐课和社团课程）
"融合型"课程框架	幸福学堂（必修）	国家级课程（一到六年级）
		我爱我家特色课程（一到六年级思品课每周一节）
		混龄走班制学校课程：（三到六年级） 学科拓展类：软笔书法、动漫设计、美术编辑 体育活动类：排球、乒乓球、武术、花样毽球 艺术体验类：腰鼓、绘画、形体、合唱、剪纸、丝网花 生活实践类：西点烘焙、软陶、手工制作
		"爱在四季"德育课程（一到六年级） 植智季：经典诵读节（学校五大节庆之一） 春节、四方糖球会 植爱季：学校特色文化节（学校五大节庆之二） 六一儿童节、母亲节、毕业典礼 植行季：阳光体育节（学校五大节庆之三） 开学典礼、教师节、建队日、国庆节、中秋节 植美季：爱心体验节（学校五大节庆之四） 社团展示节（学校五大节庆之五） 元旦、寒假
		家校亲子课程：活动（一到六年级）
		《湖岛小学爱心文化读本》（三到六年级语文课、思品课）
		《湖岛学生会唱的爱心歌曲集》（一到六年级音乐课）
		《湖岛学生会背的爱的经典集》（一到六年级语文课）
精品学堂		葫芦娃社团： 合唱社团、葫芦丝社团、舞蹈社团、七巧板社团、文学社团、美编社团、绘画社团、书法社团、腰鼓社团
		"爱心葫芦娃"学生志愿团：（三到六年级） 爱心小督查、路队小先锋、安全小救护、环保小卫士、校园小记者、书吧小管家、文明小使者

在葫芦学堂上，师生们走进葫芦文化，"人们能不能种出像《葫芦娃》动画片里的彩色葫芦？""神话故事中，神仙为什么经常手托着葫芦？""不知葫芦里面卖的什么药，是什么意思？"这些都是孩子们提出并通过研究解决的问题。

为了让孩子们开阔视野，了解葫芦的生长过程，学校特意在植爱园里开辟了葫芦种植园。联系了即墨科技蔬菜种植园的专家上葫芦种植课，孩子们种葫芦、育葫芦、收葫芦，亲身经历葫芦生长的全过程，体会到了与葫芦同成长的快乐；工艺制作课上，学生用晾晒好的葫芦进行葫芦手工串珠、葫芦绘画、电烙画等手工制作，童心妙想，巧手巧艺，学生的葫芦作品让人啧啧称赞；社团课程中，孩子们爱心体验、多元互动、参与实践、兴趣盎然、其乐融融。

在幸福学堂里，我爱我家特色课程为学生搭建了"我与自己""我与家庭""我与学校""我与自然""我与社会"五个板块的课程框架。学生们通过心理辅导、科普体验、手工操作、绘本拓展、表演想象以及理财六大系列的课程内容，构建起融合性知识体系；四大门类17门学校课程的开设，更是充分尊重学生兴趣和爱好。学校组织教师根据特长自主申报任教学校课程，外聘教师担任学校课程指导教师，学生自由选择课程，学校采取混龄走班制实施学校课程。孩子们学剪纸、练刺绣、学书法、练武术、学雕塑、做糕点。有趣的课程满足了孩子们的学习需求，陶冶了孩子们的情操，文化的力量显现勃勃生机。

"爱在四季"德育课程"润物细无声"。"植爱季"里的特色文化节，"爱的瞬间"摄影比赛、"爱在笔端"手抄报比赛……诵、唱、编、摄、画、书特色活动让师生们浸润在爱的氛围中；"植智季"里的经典诵读节，师生吟诵爱的经典篇章，让爱的文化源远流长；"植美季"里的体育节，抢收抢种、同心圆等亲子、家校合作游戏搭建爱的桥梁；"植行季"里的爱心体验节，学校开展"给你爱的人一个惊喜"等亲孝活动。五年级（1）班潘玉婷同学去年刚刚从临沂农村老家来到父母身边，她在体验日记中写道："爸爸妈妈带着弟弟在青岛打工，我从小在老家跟着爷爷奶奶，和妈妈很生疏。在爱心体验节中，我本来想给妈妈洗洗脚，但是觉得不好意思，就给妈妈梳了梳头，还盘了一个花。妈妈搂着我高兴地说，我是她的小棉袄。这可是我来青岛后妈妈第一次搂我，我很高兴。"

（二）构建富有学校特色的爱心团队

为实现学校的育人目标，培养博爱之人，学校为孩子们创设爱心的环境，培育爱心教师，给孩子们搭建传递爱心的平台。

1. 构建"爱心文化大团队"。学校联系青岛新市民之家、七彩华龄志愿团和青岛大学师范学院英语系的志愿者联手开办"新市民子女梦想学堂"。义务为新市民子女补习文化、传授艺术技能；成立"新梦想新市民子女合唱团"参加各级演出活动；成为青岛红十字微尘基金"博爱校园"，为学生免费提供爱心餐补、爱心眼镜、爱心奖学金，把社会的爱心送到学生心中；成立"家长志愿组织"，把"爱心文化"延伸到家庭，大家一起把爱传递下去；与上海真爱基金会合作，建设"梦想中心"，开设"梦想课程"，让学生自信、有尊严地成长。

2. 打造"爱心教师团队"。四季家访、师生结对，悄悄地帮扶困难学生，育师德；携程团队、牵手名师、"文游四季"书友会等系列活动，培师能；教师教学文化节、教育教学年会、校园讲坛等活动，练师技。我们坚信：让老师们拥有一种物质、精神和心灵的幸福生活，爱心文化才能得到更好的张扬。

3. 组建"爱心葫芦娃"学生志愿团。学校号召师生在接受社会、学校关爱的同时，也要把爱传递、让爱发扬！学校成立了"爱心葫芦娃"学生志愿团，为学生志愿团设计了团旗和徽标；订做了醒目的标志——七色背心。书吧小管家、礼仪小雅士、爱心小督查……穿着"七色背心"的小小身影每天活跃在校园里，开展图书借阅、环保宣传、安全救护，关心学校、服务他人；他们走进军营、走进社区、走进敬老院，参加社会公益活动，在实践爱、传递爱中感受着助人的快乐。

（三）构建富有学校特色的爱心评价体系

1. 学生爱心评价体系。制订《湖岛小学学生发展性评价方案》。设计"爱心伴我行，采摘宝葫芦——学生发展性评价手册"，订制富有学校特色的评价章、贴、奖项，采取递进式评价，周评得章，月评积章得贴，期末积贴得奖。关爱葫芦娃、自立葫芦娃、创意葫芦娃等 11 个不同奖项的葫芦娃评选活动。把特色文化与学生发展性评价有机结合，让每个孩子都体验到成功的快乐！

2. 教师爱心评价体系。一年来，学校探索实行期初有目标、期中有反思、期末有鼓励的"五维度"教师综合评价法。即学生、家长、自评、他评和绩效考核相结合的教师评价体系。通过评选最受学生欢迎教师、特色教师、教师团队等，鼓励教师以爱育爱，成己成人。

"葫芦娃爱心文化"的探索、实践让湖岛小学找到了可持续发展的金钥匙，学校实现了转型发展。从学校的发展之路，我们深深体会到：其实每所学校都有着潜在的特色和能量，只要被发现、被释放，成为好学校皆有可能。

湖岛小学也是如此！

【青岛市美术教研活动发言稿】

提高美术专业技能的重要性

青岛湖岛小学　贠利

各位领导、老师：

大家好！

非常高兴能和在座的专家、一线教师们一起交流我的教学心得，我将从"我看到的""我想到的""我做到的""我分享的"四个环节谈一谈我对"提高美术专业技能的重要性"的一些粗浅的认识。有不当之处还请各位专家、老师批评指正。

一、我看到的——美术教学现状分析

美术教学就是要让学生把自己的情感转变为可见的线条、形状、色彩、造型。因此，教学中要通过教师有目地诱导、引导、启发，围绕教学任务来展开，促使学生全身心地主动参与到教学活动中去，并且能基本上形成一个新的教学模式。但同时也使不少老师遗忘了美术教学中的一个最基本的、最直观的教学方法——示范法。

示范，是教师与学生面对面地交流，是心与心的沟通，是与现实的直接对应，是真真切切的艺术上的对话。比如中国画的笔墨表现形式，教师用笔、墨、纸边演示边给学生讲解，中国画的用线、用笔、用墨，干湿、浓淡，皴、擦、点、染，中国画的构图、色彩、水分的控制等技法，既展示教师的基本功，又让学生零距离感受到中国画的运笔用墨的神趣。如果教师不示范，只是看屏幕图片，点点键盘说说而已，学生如何知道运笔的方法、动势、速度？如何体验线条在画纸上的运动轨迹？如何体验画家的情绪所带来的笔触？一个优秀的美术教师在示范过程中的表现，就是直观为学生演示，这不仅让学生羡慕教师的绘画本领，也体现教师的亲和力，更让听课教师钦佩讲课人的扎实功力。

通过示范，可以给学生一种心境，可以创造一种氛围，可以产生一种情绪，可以激发一份冲动。通过示范，学生对知识的理解、对技能的认识和由此带来的愉悦感是非常重要的。

美术课是技术性非常强的课程之一，没有一定的美术基本功是难以上好美术课的。随着多媒体的使用，无论多难的技法都可以事先在动画软件中准备好，电脑完全可以实现直观的演示。电脑作为教学手段是辅助教学的工具，合理运用现代教学工具是为了更好地、更充分地将美术教学发挥得更完善，让美术课更引人入胜、更精彩；但，不能滥用多媒体。自从有了电脑，美术老师课上的所有的当堂演示就变成了电脑演示，只要老师轻点键盘，只要会使用课件，方法步骤尽收眼底，没有美术基本功同样也能上美术课。教师只会"动口"而不"动手"，黑板上不写一个字、不画一笔画，老师不用笔、不用纸、不用带任何工具，就可以面对学生和听课的老师将一堂课"说"完。这样一来，美术课"技术性强"的特征缺失了，"美术味儿"冲淡了。为了现代教学手段，教师把所有的精力都花在制作课件上了，似乎有一个好课件就等于万事俱备了。然而，这种所谓现代手段，只不过充当了教师徒手演示的工具，替代了教师直观的演示，使美术的亲和力丢失，美术教学的语言散失。导致其他学科老师听过美术课以后误认为：现在的美术老师不用画了，不用写了，不用做示范了，多简单。有的老师风趣地说："你们美术老师真好当，还是教美术好，只要上网找些图片，会按键盘就行了，干脆改行教美术算了。"

二、我想到的——提高美术专业技能的重要性

1. 教学示范是美术课堂的精彩之道

综观许多长期从事美术教育的优秀教师，他们的课堂教学得以成功和精彩之道，还不是广泛使用了范画。他们设计的教学过程，安排的教学环节，采用的教学手段，都没有抛弃范画，都没有把范画赶出课堂，都以范画为主线展开多形式的课堂活动。在有限的课堂时空里，有的让欣赏范画、步骤范画、启示范画、对比范画、课堂范画"一齐上阵"，有的选其中部分"穿插突破"，课堂气氛活跃，学生朝气勃勃，兴趣始终浓厚不衰。由于范画大多数准备于上课之前，使得课堂结构异常紧密。一"浓"一"紧"，使原先长时间还说不清楚的内容，学生轻松地"过目不忘"在片刻之内，从而留下了比较充裕的时间供学生动手操作。范画教学，集审美、直观、趣味、创造、实践性多项原则于一身，作为一个美术教师，必须津津乐于此道，勤于此道。

2. 教学示范是激发创作的重要环节

教学示范正如一出戏，人们不但要看到剧的结局，还要看到剧的起因、发展、高潮。一幅画固然重要，有说不尽的美妙之处，但学生也很想知道它是怎么画出来的，如果不示范，那么这个过程对于学生来说永远是个谜，永远不能了解艺术的真谛。我们以能看到大师的原作为幸事，但我们更能以能看到大师的创作过程为幸。我们的学生如果几年下来没有看到老师一次示范的过程岂不悲哉？岂能感受美术的魅力？岂能陶冶身心？岂能培养学生应有的审美能力？又怎能使学生对美术课产生浓厚的兴趣？如今的美术课堂出现了两个极端，有的教师上课时依然是一本书、一支粉笔，"空对空"对学生说教，使原先情趣盎然、艺术感染力很强的内容被讲得干巴巴的，枯燥得没有一点儿"味道"。

有的教师花了很多的时间制作课件让学生欣赏，让学生提高审美能力、激发想象力。但学生很多时候最想知道的是这幅画怎么画出来的，或者会产生这些大师们的作品是我们学生遥不可及的东西这种想法。长期下去，不光使学生听不懂，不能完成作业，更可怕的是对美术课失去兴趣甚至厌恶，这就是我们美术教育工作者的悲哀了。美术课要培养学生的情感，陶冶学生的情操，还有什么比示范更直截了当的吗？在示范的状况下，学生身临其境，是近距离的，是最能引起学生共鸣，让学生产生创作欲望的。

教学示范之所以成为广大中小学美术教师必不可少的教学手段，其原因就是它最直观地将绘画的知识、技能有序完整地展示给学生。事实证明，示范是美术教学中没有任何别的形式可以替代的。由此可见，教师的示范是提高教学效率的有效内驱力，美术课堂教学离不开美术教师自身专业技能的不断提高。

三、我做到的——教师、学生、学校"三赢"

1. 互动游戏——思维导图

①美术教师专业技能包括哪些方面？（计时1分钟）

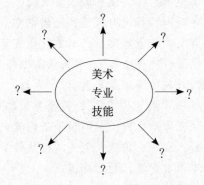

②请写出最多的老师读一读。

③请其他老师进行补充。

④总结：老师们对美术学科专业技能的认识非常全面，但是我们怎样从这么多技能中找到切实适合自己、适合学生发展的方向呢？

学校美术特色的发展往往依托于美术老师的自身特长。例如，有些老师在书法方面十分擅长，于是学校的特色就建立在老师书法的专长，从而得以发展。下面我来谈一谈我在立足学校文化，教师个人专业技能提高与学生、学校发展这三者之间的一点做法。

2. 学校文化促进教师专业发展

在2011年，我校确立了学校文化——葫芦娃爱心文化，我们正是以葫芦为载体，让每个学生能够在爱心文化的浸润下，自信、从容、有尊严地成长。

基于学校文化，我思考了一个问题：学校种植园收获了近300个葫芦，每一个葫芦的成熟就代表孩子成长的过程，如果把葫芦经过美术加工，那就不单单是成熟那么简单，更是学生成长阶段中最有意义的一个片段。那我该从美术的哪个方面入手，既能发展学生能力，又具有很强的可操作性呢？

3. 互动游戏——教师专业技能与学生发展的关系

假设每位教师目前就要指导学生在葫芦上进行美术加工，请老师从刚才的图中画出认为学生可以操作的技能。

①请2~3名老师谈谈自己所得的结果，并说明理由。

②总结：

我在最初选择的和老师们大致相同，由于最初的立场是"安全""可操作性强"，这就要求老师的专业技能不仅仅局限于"我擅长的""我喜欢的"，而要转向"适合学校发展的""学生可以操作的"。于是我在2012年8月确立了"葫芦绘画"和"串珠葫芦"。所谓"串珠葫芦"，就是用相同的珠子经过计算并且串联起来，形成葫芦形。所谓"葫芦绘画"，就是在葫芦的表面，根据葫芦自然生长的形态进行适合纹样的设计。

葫芦绘画的难度要远远大于串珠葫芦，因为葫芦的形态完全是天然形成的，并且葫芦是一个不规则的立体形体，要在上面设计任何图案都要考虑它形态的变化和多角度观察所带来的美感。为了设计一个葫芦，我往往要推翻好多个方案，才能最终确立一个方案。并且绘画的过程中几乎不能修改，这就对老师本身的专业技能提出了更高的要求。

在指导学生进行葫芦绘画的时候，我重点引导学生"多角度观察"，对于一个葫芦要从多个角度去想象，确立多个设计方案，再从中找到与形状最契合的方案，而且有些学生已经可以创作一个系列的作品。

这两个社团经过一个学期的不断研究，已经基本具有规模和特色，而且葫芦串珠作品作为我们学校的特色礼物，在省、市、区级现场会都是受到与会领导和老师一致好评的作品。在学校，我们美术组的两位老师分别成立了"葫芦绘画"和"串珠葫芦"两个社团，并且在学校课程中开设了这两门课程。（第一阶段）

4. 教师专业发展带动学生发展

尽管在最初的尝试过程中我们已经取得了一些成绩，但是我们不满足于现状。在与校长沟通的时候，校长的一个比喻给了我新的思路，她把葫芦绘画比作在葫芦上做加法，她说："咱们在葫芦上做加法，始终是1+1=2，但是如果我们换一种思路，用减法呢？或者我们用加减混合运算……"这给了我灵感，或许我们可以尝试新的技能了。

当学生已经掌握了在葫芦上画画的这种技法之后，本学期我着手于"烙画葫芦"和"葫芦雕刻"。这两种技能具有很高的危险性，在最初的尝试中，我们确实遇到重重困难，老师的两只手经常会被烙画笔烫伤，并且在烙画的过程中要始终保持一个姿势不变，经常烙一个图案要一节课不能动。葫芦雕刻的危险性就不言而喻了，雕刻葫芦与我们雕刻木头截然不同，木头是一个平面，我们的力度比较好掌握；但是葫芦的表面是圆弧状，力度很难控制，稍有不当，左手就会被刻刀划伤，但是这并没有阻止我们继续研究。

经过一个学期的尝试，我们的社团中已经形成了具有一定规模的梯队，一、二年级的学生重点是葫芦绘画和简单的葫芦制作，也就是我们前面提到的"做加法"，三到六年级的学生则根据自己的喜好分成烙画葫芦、串珠葫芦和葫芦雕刻，也就是"做减法"（第二阶段）。

在未来的新学期，我们将继续研究"加减混合运算"，希望可以呈现出更具特色的作品。我想，一个学生的发展离不开教师的指导，然而一个学校的发展，离不开老师、学生的共同进步，这也就形成了师、生、校"三赢"的局面。（如图）

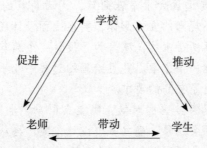

如果我停止在最初的保守思想，放不开、不敢放，时至今日，学生的能力也不会得到提高，始终局限在初级阶段，而我自身的专业技能也不会得以提高。

2012年11月，在青岛市综合实践活动现场会上，我执教了一节《我的葫芦——我做主》，便是将学校文化特色与美术学科有机地整合。2012年12月，这节课还作为四方区公开课，向四方区的美术教师展示了我校的学生在学校特色文化的引领下，自信、快乐地成长。

4.学生发展推动学校发展

记得美国一位课程专家说："你走进一所学校，你揭开每一间教室的屋顶，俯瞰这所学校，你看到的一切都是课程。"正是因为我们基于学校文化结合教师专业发展共同搭建了学生展示的平台，学生能力才得以发展与提高。学校被评为四方区一星级特色学校。我校融合型课程的探索与实践成为山东省"十二五"重点课题个性化教育的子课题学校；学校承办了青岛市义务教育均衡发展现场会；多次接待国家、省、市相关领导和兄弟学校的参观学习。

我想，教师的发展依托学校的发展，教师专业技能的提高带动学生的发展。正是由于学生的稳步发展与提高,学校的特色文化建设才得以推进,"教师""学校""学生"三者实现了相互带动、相互推进、共同发展的新局面。

四、我分享的

最后，我想和在座的老师们分享一句话，那就是一直鼓励我的校长曾经说过的一句话——"方向比速度更重要"。当我们在追求成功的路途中，方向正确了，走得再慢也是在一步步接近成功；反之，方向迷失了，走得越快，差距越远。

五、我希望听到的

在我校特色文化初步发展的今天，我更加希望听到在座的领导、老师们能够从美术专业技能的角度给我提出今后努力的方向。

【区数学教研活动发言稿】

从"有余数的除法"谈学生数学素养的培养

青岛湖岛小学　刘晓东

《有余数的除法》是在学生学习了乘除法的意义，会用乘法口诀求商的基础上进行教学的，也是学生学习多位数除法竖式和进一步应用除法解决问题的基础。

信息窗 1，教材以野营活动中四个小朋友分东西为情境，学生通过操作学具经历把平均分后有剩余的现象抽象为有余数除法的过程；理解余数和有余数除法的意义，结合具体情境通过对比算式理解余数和除数的关系；培养抽象概括能力和创新能力，积累基本数学活动经验，提高运算能力，从而提升学生的数学素养。

基于以上认识，我将本节课的教学目标设计为：

1. 结合具体情境理解余数和有余数除法的意义；会读写有余数的除法算式；知道余数和除数的关系，能利用有余数除法解决一些简单问题，提升发现问题、提出问题、解决问题的数学素养，提高运算能力。

2.经历探索余数和有余数除法的意义的过程，在获取知识的过程中通过观察、操作、讨论、交流等数学活动，提升推理能力，形成数感，积累基本数学活动经验等数学素养。

3.在解决问题的过程中感受数学与生活的联系，体会数学的意义和作用，激发学习数学的乐趣，学会与人合作，学会倾听，敢于质疑，增强创新意识。

本节课的教学重点是理解掌握有余数除法的意义及计算方法，难点是理解余数比除数小的道理。

为了实现以上教学目标，有效突破这节课的重难点，切实提升素养，教学中我设计了这样五大环节：

第一个环节：创设情境，提出问题。

导课的时候，根据教材我创设野营的情境，学生观察情境图，找出数学信息，可能找到的数学信息是：有4个同学在分东西；有9个面包、10碗方便面、11瓶矿泉水、12根火腿肠、13个香蕉、14个橘子、15个苹果、18瓶酸奶。然后学生根据这些数学信息提出问题，我板书本节课要重点解决的问题："9个面包，平均分给4个人，可以怎样分？""18瓶酸奶可以平均分给几个人？"这样使学生理解问题产生的合理性，从分东西的情境出发，有条理地观察事物，发现信息，提出有实际意义的数学问题，从而产生学习数学的兴趣和愿望。提高学生的观察能力、语言表达能力，提升发现问题、提出问题的数学素养。

第二个环节：解决问题，探究方法。

这一环节解决"9个面包，平均分给4个同学，怎样分？"和"其他食品怎样分？"这两个问题。通过解决这两个问题，认识余数和有余数除法的意义。我通过如下方法突出重点，提升学生的数学素养。

1.估一估。解决分面包问题的时候，我先让学生估一估每个同学能分到几个面包。目的是让学生学会合理、灵活地用多种方法考虑问题，培养估算的习惯，形成数感。

2.摆一摆。在估算的基础上，让学生先用学具表示面包，自己动手摆一摆，然后和同桌说一说自己是怎样摆的。目的是让学生在摆一摆的过程中明白算理，通过同伴交流，深化对算理的认识：不管怎样分，每人都是分到2个，剩下1个。教师要引导学生明白实际上分掉了多少？还剩多少？为什么不能再分了？允许学生有不同的分法，但要关注学生的语言表达是否清楚准确。

3.说一说。教师结合课件演示指出："把9个面包平均分给4个人，每人分得2个，还余1个。"课件突出余下的一个面包，分面包的过程用算式表示为：$9 \div 4 = 2$（个）……1（个），板书算式及读法。然后让学生结合题目说算式的意义、商和余数的意义，加深认识，实现知识的内化。

4.算一算。"其他的食品怎样分？"我采用让学生自主列式的方式，使学生进一步理解有余数除法的意义，提高解决问题的能力，培养运算能力，提升数学素养。在巡视时关注学生的算式写得是否正确规范，提醒学生注意商和余数单位名称的变化。

第三个环节：沟通优化，促进发展。

在这一环节，通过解决"18瓶酸奶可以平均分给几人？"这个问题，让学生分析比较算式，发现余数比除数小的规律，突破本节课的难点。在之前估一估、摆一摆、笔算的基础上，让学生口算：18瓶酸奶，如果每人分2瓶，你能用算式表示分法吗？每人分3瓶呢？每人分4瓶呢？等等。

根据学生的回答板书算式：

18÷2=9（人）

18÷3=6（人）

18÷4=4（人）……2(瓶)

18÷5=3（人）……3(瓶)

18÷6=3（人）

18÷7=2（人）……4（瓶）

这样的设计使得计算的难度慢慢提升，在逐步提高难度的过程中提高运算能力，提升数学素养。

在解决了这个问题之后，我通过课件出示本节课所有的有余数除法算式：

9÷4=2（个）……1（个）

10÷4=2（碗）……2(碗)

11÷4=2（瓶）……3(瓶)

13÷4=3（个）……1（个）

14÷4=3（个）……2（个）

15÷4=3（个）……3（个）

18÷4=4（瓶）……2（瓶）

18÷4=4（人）……2(人)

18÷5=3（人）……3(瓶)

18÷7=2（人）……4（瓶）

目的是使学生通过对比算式，观察余数和除数的大小关系，发现余数都比除数小的特点，并让学生结合其中任意一道算式说一说原因，发展学生的推理能力，进一步体会余数比除数小的道理，从而突破本节课的难点。

第四个环节：联系实际，灵活运用。

这一环节，我设计了三道练习题。

第一题

（1）14朵花，每个花瓶里插（   ）朵，插了（   ）瓶，还剩（   ）朵。

14÷□＝□（瓶）……□（朵）

（2）14朵花，平均插在（   ）个花瓶里，每个花瓶插（   ）朵，还剩（   ）朵。

14÷□＝□（朵）……□（朵）

承接野营的情境，同学们采了很多野花，插在花瓶里，借助花瓶直观地理解有余数除法算式的写法及意义。这是一道基础性题目，可以使学生通过练习巩固本节课的重点。

第二题：解决问题。还有一些同学在玩跳绳，可是他们没带短绳，有一个同学想出一个好办法，把长绳剪成短绳：一根11米的长绳，可以剪成几根2米长的短绳？还剩几米？

在解决问题的过程中培养学生的运算能力和思维能力，使学生感受到数学和生活的密切联系，感受到学习数学的意义。

第三题：拓展题

（1）□÷8＝□……（ ）

（ ）最大能填几？为什么？

（2）□÷（ ）＝□……4

（ ）里最小能填几？

（3）＿＿÷7＝3……（ ）

横线上可以填几？

提高难度，灵活运用余数比除数小的特点解决问题。第（1）小题和第（2）小题让学生通过自己思考、小组讨论的方式解决，一方面锻炼学生的独立思考能力，另一方面发挥小组学习的有效性。因为学生能力的不同，所以给出的答案可能不一样。但是通过小组的交流，就会发现（　）里最大、＿＿＿＿＿最小分别能填几。第（3）小题是一个发散题，给不同层次的学生提高的机会。

　　第五个环节：回顾整理，总结提升。

　　在整节课学习的基础上，让学生尝试从所学到的知识方面、掌握的方法方面以及自己的感受谈收获。这样使学生从小养成从多方面进行总结的习惯，培养学生的归纳能力和语言表达能力。

第四节　教师获奖荟萃

青岛湖岛小学 2012 年—2014 年教师获奖情况统计

时间	教师姓名	获奖内容	授奖部门
2012 年 9 月	于倩	四方区"讲述幸福教育故事，做学生最喜欢的老师"师德演讲比赛一等奖	四方教体局
2012 年 6 月	马晓	山东省中小学教育科研优秀成果论文一等奖	山东省教育科学研究所
2012 年 6 月	解明慧	山东省中小学教育科研优秀成果论文一等奖	山东省教育科学研究所
2012 年 6 月	周媛	山东省中小学教育科研优秀成果论文一等奖	山东省教育科学研究所
2012 年 6 月	周静	山东省中小学教育科研优秀成果论文一等奖	山东省教育科学研究所
2012 年 11 月	杨枫	山东省综合实践优质课评选一等奖	山东省教育教研室
2012 年 12 月	杨枫	青岛市小学生研究性学习成果荣获优秀辅导教师称号	青岛市普通教育教研室
2013 年 5 月	陈园园	第七节全国小学英语课堂教学优秀课展评荣获二等奖	国家基础教育实验中心外语教育研究中心
2013 年 6 月	马晖	山东省中小学教育科研优秀成果论文一等奖	山东省教育科学研究所
2013 年 6 月	王新玲	山东省中小学教育科研优秀成果论文一等奖	山东省教育科学研究所
2013 年 6 月	尚文花	山东省中小学教育科研优秀成果论文一等奖	山东省教育科学研究所
2013 年 6 月	刘薇	山东省中小学教育科研优秀成果论文一等奖	山东省教育科学研究所

续　表

时间	教师姓名	获奖内容	授奖部门
2013 年 6 月	马晓	山东省中小学教育科研优秀成果论文一等奖	山东省教育科学研究所
2014 年 5 月	程熙孟	市北区优秀青年志愿者	市北团区委
2013 年 12 月	王春燕	2013 年绿色作业展评优秀指导教师	市北区教育研究发展中心
2013 年 10 月	负利	第十届"市北教体局杯"沙滩绘画指导一等奖	市北教体局
2014 年 8 月	陈园园	青岛市优秀教师	青岛市教育局 青岛市人力资源和社会保障局
2014 年 7 月	刘晓东	市北区中小学优质课比赛一等奖	市北区教育研究发展中心
2014 年 10 月	马晖	山东省首届特色课程评选一等奖	山东省教科所 山东省教育学会
2014 年 10 月	周媛	山东省首届特色课程评选一等奖	山东省教科所 山东省教育学会
2014 年 10 月	王春燕	山东省首届特色课程评选一等奖	山东省教科所 山东省教育学会
2014 年 10 月	杨枫	山东省首届特色课程评选一等奖	山东省教科所 山东省教育学会
2014 年 10 月	负利	山东省首届特色课程评选一等奖	山东省教科所 山东省教育学会
2014 年 10 月	朱琳	山东省首届特色课程评选一等奖	山东省教科所 山东省教育学会
2014 年 8 月	马晖	山东省教育科研优秀论文一等奖	山东省教育学会
2014 年 8 月	王华	山东省教育科研优秀论文一等奖	山东省教育学会
2014 年 11 月	马晓	市北区中小学生排球比赛优秀教练员	市北区教育局
2014 年 7 月	马晓	市北区中小学教师优质课比赛二等奖	市北区教育研究发展中心

后　记

　　"你挑着担，我牵着马，翻山涉水，两肩霜花……一路豪歌向天涯，向天涯……一番番春秋冬夏，一场场酸甜苦辣，敢问路在何方，路在脚下……"我特喜欢豪迈、坚定地唱《敢问路在何方》这首歌。每当唱到最后一句"敢问路在何方，路在脚下……敢问路在何方，路在脚下！"我总是做歇斯底里、仰天长啸状（管她什么淑女形象，"啸"完再做淑女），愣是要从"啸"中唱出自己的心声，才觉得痛快。

　　《西游记》里唐僧师徒历经九九八十一难，最终修成正果。教育之路又何尝不是一条"一番番春秋冬夏，一场场酸甜苦辣"的取经之路呢！我做校长只有五个年头，2000 个日夜在青岛湖岛小学的文化建设探索与实践中悄悄滑过。"翻山涉水，两肩霜花"的路程影像回忆着过去，记录着现在。正是这些或近或远的、或清晰或模糊的影像书写着我们或平凡或精彩的教育旅程，同时也昭示着我们或肤浅或深邃的心路历程。

　　一直以来，"出书"这件事在我看来就是"阳春白雪"，是专家和学者的事，是名校长和名师的事。和他们相比，我和我的团队就是"下里巴人"。我们这些长期奋战在教育教学一线的教师，在自己工作的舞台上进行着大胆的、丰富多彩的教育实践，积累了一定的管理思想和教育经验。虽然勤于思考和行动，但疏于总结和提升，更没想过会有"阳春白雪"的这一天，因此编著这本书的过程一直是诚惶诚恐。由于受到时间、研究水平等诸多因素的影响和制约，我们的研究成果还十分有限，在诸多方面还存在一些不足，恳请有识之士多加指导指正。

　　《真诚关切："葫芦娃爱心学校"的实践探索》——最终被确定为本书书名。"真诚的关切"浓缩了青岛湖岛小学发展之路上的人文情怀、教育智慧和文化精髓；见证了青岛湖岛小学的文化建设之路，体现了教育管理者对教育的虔诚、对人性的尊重、对问题的思索、对工作的执著……

　　我们希望通过这本书的撰写，能够如实记录学校特色文化建设的思考和实践，寻找理论依托，使理论与实践相融，诠释文化内容，提炼经验精华，为下一步更好地开展学校文化建设打下坚实的理论和实践基础。如果能为同类学校提供借鉴的样本，共同实现教育的高位均衡发展，那是再好不过的了。

在该书即将付梓之际，谨向关注本书出版的人们表示衷心的感谢！

感谢青岛市教科所于立平所长为我们撰写的序。之所以请于所长写序，是因为她和青岛市教科所专家指导团队长期关注并指导学校的青岛市"十二五"教育科研重点课题《以学校特色为实践载体的弱势群体子女教育研究》课题研究工作，见证了湖岛小学在课题引领下的成功转型发展，也见证了我作为青岛市教育科研访学站第四期学员从科研理论的学习、研究方式的追问到贴地行走的尝试成长之路。

感谢我们的编委会成员，他们在承担大量的教育教学工作之余，利用业余时间协助我补充编写章节内容，努力把参与学校环境、制度、课程建设的感想、经验总结归纳出来，全面展示学校"爱心文化"风貌。

感谢为本书编著提供大量鲜活、有生命力的论文、案例、感悟和教案的老师、家长和同学们，正是有了你们的精心实践、爱心执教、用心体会，才实现了湖岛小学对学生的"真诚的关切"的教育思想。

感谢孩子们，你们一张张如鲜花般绽放的笑脸，你们自信、从容、有尊严地成长，就是学校特色文化建设写就的最美答卷。

马 晖

2015 年 4 月

主要参考文献

［1］史洁.校园文化的内涵及其结构.中国高教研究，2006.

［2］袁先潋.学校文化力建设策略.西南师范大学出版社，2009.

［3］官根苗.论学校制度文化的涵义、制度与功能.现代中小学教育，2009.

［4］袁振国.教育新理念.教育科学出版社，2007.

［5］余文森.论有效教学的三条"铁律".中国教育学刊，2008（11）.

［6］刘晓东.解放儿童.江苏教育出版社，2008.

［7］邢至晖，韩立芬.特色课程8问.华东师范大学出版社，2013.

［8］朱小蔓.关注心灵成长的教育.北京师范大学出版社，2012.